विनायक

[उपन्यास]

विनायक

रमेशचंद्र शाह

राजकमल प्रकाशन

ISBN : 978-81-267-1992-1

मूल्य : ₹895

पहला संस्करण : 2011
चौथा संस्करण : 2021
This book is printed on **Print on Demand** Technology : 2026

प्रकाशक : राजकमल प्रकाशन प्रा.लि.
1-बी, नेताजी सुभाष मार्ग, दरियागंज
नई दिल्ली-110 002

शाखाएँ : अशोक राजपथ, साइंस कॉलेज के सामने, पटना-800 006
पहली मंजिल, दरबारी बिल्डिंग, महात्मा गांधी मार्ग, प्रयागराज-211 001
1, अनमोल सोराबजी संतुक लेन, धोबी तलाव, मरीन लाइंस, मुम्बई-400 002
वेबसाइट : www.rajkamalprakashan.com
ई-मेल : info@rajkamalprakashan.com

VINAYAK
Novel by Rameshchandra Shah

'गोबरगणेश' से 'कमबख़्त इस मोड़ पर'
तक
मेरे सभी उपन्यासों के
ज्ञात और अज्ञात समस्त
पाठकों-आलोचकों
के नाम

अनुक्रम

ख़ुशबू	11
माइ डियर वीनू!	16
दुखती रग	23
नींद की नदी में उगा...	31
जल्दी मत मचाना चंदू!	39
कोपभवन में	42
सच बोल रहे हो विनायक?	53
क्या बात है मालती?	60
डियर डिपार्टेड	64
संवाद और स्वगत	72
दुनिया बदल रही है	83
मुझे कहने दो मालती	87
मिस्टर और मिसेज़ रैणा	94
यह वह जगह...जहाँ...	100
दैट इज़ नॉट दि प्वाइंट एट ऑल	107
शकुंतला	112
एक सार्वजनिक एकांत	119
क्या तुम्हें पता है?	124
सचमुच का सपना	130
चेंज की ज़रूरत	137
मध्यान्तर	142
मुँहमाँगी मुराद	149
जहन्नुम में जाओ	152
गरुड़ के पंख	158
सॉरी माइ डियरेस्ट	161

सुबह की सैर	165
इनसाइडर-आउटसाइडर	177
एक चुम्बकीय क्षेत्र	186
क्यों नहीं हो सकता!	197
'ठीक कहता है नरैण'...	203
त्रिभुवन की पार्टी में	209
आख़िरी दिन	220
'सेक्स ऑन द माइंड एंड...'	228
एक सार्वजनिक भाषण	237
विनायक स्वगत	245
फ़ैसला और उसके बाद	253
उपसंहार : प्रतिस्मृति	*257*

विनायक

1

ख़ुशबू

अपने कमरे से लगी बालकनी में यूँ ही टहलते-टहलते विनायक सहसा ठिठक गया। यह कैसी ख़ुशबू है? कहाँ से आई? अरे! वह तो जैसे अपने ही भीतर गुम हो गया है। और भूल ही गया है, वह किस धुन में था अभी-अभी। ख़ुशबू ने जैसे खदेड़ ही दिया है एकबारगी सबकुछ को...

विनायक की आँखें आप से आप मुँदी जा रही हैं। बग़ैर हिले-डुले वह चुपचाप उसी जगह खड़ा एक अतल में धँसा जा रहा है; धँसते ही जाना चाह रहा है; यह उसे हो क्या रहा है? नहीं! वह यह भी नहीं जानना चाहता कि उसे हो क्या रहा है। कुछ भी नहीं सोच रहा है वह, कुछ भी।

बस एक तनिक सी मोहलत! टिकनी नहीं है यह—और यह ख़याल ही जैसे अचानक उभरते ही उसकी होशमंद बेहोशी में ख़लल डालने लगा है। और, वह अब ऊपर आ रहा है। अपने बावजूद, अपने रोज़मर्रापन के साथ ऊपर आ रहा है। आवाज़ें जो गुम थीं अभी तक, सुनाई देने लगी है : मुँदीं आँखें, जिन्हें वह खोलना नहीं चाहता, अपने-आप खुली जा रही हैं। एक गहरी साँस ली है उसने—मानो हाथ से छूटी जा रही उस ख़ुशबू की डोर को ही किसी तरह थाम लेना चाह रहा हो। मगर वह तो छूट ही गई। क्या हो गया? कहाँ ग़ायब हो गई वह ख़ुशबू?

विनायक की आँखें फिर से मुँद गईं। नहीं, वह गेंदे की नहीं, चमेली की भी नहीं,...मसली हुई नींबू की पत्तियों की भी नहीं। मिट्टी की? हाँ, हाँ, मिट्टी की ख़ुशबू थी वह...नहीं! वह भी नहीं? तो फिर?...

सेंसेशन नहीं, तो क्या कहें इसे!

नाश्ते की मेज़ पर बैठा हुआ है विनायक और मालती से बतिया रहा है। मगर दूसरा मन उसका वहाँ कॉलेज के अपने कक्ष में पहुँच गया है जहाँ उसके सामने जो उससे मुख़ातिब है वह मालती नहीं, शकुंतला उर्फ़ मिसेज़ दुबे है। नहीं! यह अनुभव...यह सेंसेशन, तो उसे भी नहीं कहा जा सकता। यह तो गूँगे का गुड़ है—

हालाँकि, पता नहीं क्यों–अंग्रेज़ी कैसा परदे का काम कर जाती है कभी-कभी। ऐसी नितांत निजी और व्यक्तिगत बात भी अंग्रेज़ी में कहके राहत पा ली जा सकती है–जैसे कोई लिटरेरी प्रॉब्लम डिस्कस कर रहे हों यूँ ही। कितना अजीब है यह, कि विनायक अभी-अभी जो उसके साथ घटित हुआ–चाहे तो भी, मालती के साथ–अपनी पत्नी के साथ–उसका साझा नहीं कर सकता। जबकि मिसेज़ दुबे–जो आख़िरकार है तो एक कलीग ही उसके अंग्रेज़ी विभाग की–के साथ इस रहस्य का साझा करने की वह सोच सकता है। सोच ही क्यों, चाह भी सकता है।

आज तो लगता है, चमत्कारों का ही दिन है। पहला लेक्चर निपटाके अपने अध्यक्षीय कक्ष में पैठा ही था विनायक, कि मिसेज़ दुबे हाथ में एक लिफ़ाफ़ा लिये प्रकट हुईं और उसे विनायक की ओर बढ़ाती हुई बोलीं–सर, लीजिए, आपकी यह चिट्ठी जाने कब से स्टाफ़ रूम के बॉक्स में पड़ी हुई थी।

यह क्या! विनायक लिखावट देखते ही ख़ुशी से उछल पड़ा है–अपनी कुर्सी को पीछे धकेलता हुआ। "अरे! यह तो कमाल ही हो गया मिसेज़ दुबे। थैंक्यू। थैंक्यू सो मच। इससे बड़ा तोहफ़ा भला और क्या हो सकता है मेरे लिए! मैं तो कब से इंतज़ार कर रहा था इसी का।

"किसकी चिट्ठी है सर?"–मिसेज़ दुबे जब कभी इस तरह मुस्कुराती हैं तो जैसे मिसेज़ दुबे नहीं रह जातीं–कुछ और ही हो जाती हैं। विनायक आज भी–दस बरसों के आरपार भी–आदी नहीं हो पाया है उनकी इस मुस्कराहट का। इतनी संजीदगी के भीतर से फूटती ऐसी विलक्षण मिठास...ऐसी उजली स्निग्धता, जो आपके चेहरे को, आपके समूचे वजूद को ही पल भर में रूपांतरित कर दे–क्या कहीं और भी देखने में आई? तो फिर इसे भी 'सेंसेशन' ही नहीं, तो क्या कहें!

'लच्छू मेरा बालसखा–मेरा सबसे प्यारा, सबसे पुरातन बंधु, मिसेज़ दुबे। मैं आपको बता नहीं सकता,'...विनायक कहते-कहते अचानक चुप हो गया। किस क़दर बचकाना और अजीब लग रहा होगा वह मिसेज़ दुबे को!

'बैठिए न मिसेज़ दुबे। आपसे एक बहुत ज़रूरी बात करनी है,'–विनायक हड़बड़ाते हुए बोला। चिट्ठी को अपने पोर्टफोलियो के हवाले करता हुआ।

'अरे, पहले चिट्ठी तो पढ़ लीजिए,'–मिसेज़ दुबे बोलीं।

'अभी नहीं, बाद में! सेंसेशन बना रहेगा तो पढ़ने में और ज़्यादा मज़ा आएगा।'

'सेंसेशन?'...मिसेज़ दुबे चकराईं। सर को आज हो क्या गया है!

विनायक एक क्षण मिसेज़ दुबे की हैरान मुखमुद्रा का मज़ा लेता रहा, फिर बोला, 'बैठिए तो। पर पहले यह तो बताइए, प्रीवियस में क्या गुल खिलाके आ रही हैं आप?'

'कीट्स!'–मिसेज़ दुबे मुस्कुराती हुई कहती हैं। सुनते ही सर के चेहरे पर कैसी

रौनक़ आ गई? क्यों भला?

'बस, एक आख़िरी 'ओड' भर बचा है। दरअसल कल और आज भी मैं कीट्स की चिट्ठियाँ ही 'डिस्कस' करती रह गई।'

'सच में!'–विनायक के मुँह से चीख़ सी निकल गई। 'कितनी अजीब बात है मिसेज़ दुबे, कि आज मैं सुबह से कीट्स को ही लेकर आपसे बात करने को छटपटा रहा हूँ। अगर आप इजाज़त दें, तो...।'

मिसेज़ दुबे के चेहरे पर फिर वही रहस्यमयी मुस्कान खिल आई है। मुस्कुराहट क्या, मौन निमंत्रण ही कहो। 'इसमें इजाज़त की क्या बात है?'

विनायक की आँखें मिसेज़ दुबे के ही मुख पर गड़ी हुई हैं। कुछ बात है इस स्त्री में, जो उसे उसके और तमाम सहयोगियों से अलग और विलक्षण बनाती है। अकसर ख़ाली पीरियड में वह स्टाफ़-रूम में न जाकर उसी के कक्ष में चली आती है। उसे पता है, यह विशेषाधिकार इस बेहद चुप्पे और गंभीर प्रोफ़ेसर के यहाँ एकमात्र उसी को हासिल है। बहुत-बहुत ही बिरले उदाहरण होते हैं ऐसे, जहाँ आदमी उम्र बढ़ने के साथ और अधिक आकर्षक लगने लगे–बल्कि अपनी युवावस्था से भी कहीं अधिक। क्या रहस्य है इस अक्षय ताज़गी का–कई बार पूछते-पूछते रह गया है विनायक। वह महसूस करता है, अच्छी तरह जानता है इस बात को, कि मिसेज़ दुबे के मन में उसकी जो इमेज़ है वह कितनी ऊँची है। उसके अपने ख़ुद के आत्मबिंब से कहीं बेहतर...। जैसा सहारा और जैसी पुष्टि उसके 'ईगो' को–किसी ज़माने में मालती से मिला करती होगी, वैसी अब इस शकुंतला उर्फ़ मिसेज़ दुबे नाम की महिला से ही मिल पाती है। और उससे कहीं ज़्यादा तुष्टि देने वाली। क्योंकि, इसका संबन्ध केवल भावना से नहीं, बल्कि बुद्धि से है–बौद्धिक ऊँचाई से। जो कहीं ज़्यादा सुरक्षित जगह है आदमी के 'ईगो' को टिकाने और चमकाने के लिए। ऐसा सहारा, ऐसा 'ईगो-सेंटर' ज़रा भी इधर से उधर खिसकने न पाए, इसका भरपूर जतन करना होगा कि नहीं? क्या इसीलिए, इसी कारण विनायक शकुंतला से अपने संबंध को लेकर शुरू से ही कुछ अतिरिक्त सतर्कता और अतिरिक्त सावधानी भी नहीं बरतता आया है?

'कहाँ खो गए आप? कुछ कहने जा रहे थे न मुझसे?'–मिसेज़ दुबे का स्वर कान में पड़ा तो विनायक एकबारगी चौंक पड़ा।

'अरे, हाँ! आपने कीट्स की जो चिट्ठियाँ 'डिस्कस' कीं, उनमें वो वाला जुमला भी तो रहा होगा। वही...'ओह फॉर अ लाइफ़ ऑफ़ सेंसेशन्ज़ रादर दैन थॉट'...वाला।'

'नैचुरली,'–मिसेज़ दुबे को हँसी आ गई। 'उसके बिना कैसे चलेगा? वही तो कुंजी है कीट्स के कवि-जीवन के कच्चे दिनों की।'...

सुनकर विनायक ने ऐसे मुँह बिचकाया जैसे उसे इतनी चतुर, सयानी और विलक्षण विदुषी स्त्री से ऐसे घिसे-पिटे जवाब की क़तई उम्मीद नहीं थी।

'अच्छा तो आप यह कहना चाहती हैं कि 'सेंसेशन' एक कच्ची और बचकानी चीज़ है और क्या आदमी, क्या उसकी कविता, दोनों तभी सयाने और पक्के कहलाएँगे जब 'सेंसेशन' की जगह 'थॉट' आ जाए? क्यों?'

मिसेज़ दुबे के माथे पर तीन सल पड़ गए। 'देखिए सर, आप या तो मुझे बेवकूफ़ बना रहे हैं या जान-बूझकर मुझे उकसा रहे हैं। आप अच्छी तरह जानते हैं कि 'सेंसेशन' यानी सनसनी में जीना सबसे नीचे के धरातल पर जीना है—जो मनुष्य और पशु में एक समान है। भला यह भी कोई बहस का विषय है? व्हाइ लेबर द ऑब्वियस?'

'हू सेज़ इट्ज़ ऑब्वियस?'—विनायक ने लगभग डपटने के अंदाज़ में कहा। 'सेंसेशन कहते किसे हैं आप जानती भी हैं? समाधि में उतरते हुए, गहरे ध्यान की अवस्था में योगियों को जो अनुभव होते हैं, वे भी 'सेंसेशन' ही तो होते हैं। बेशक बहुत असाधारण और बारीक़। मगर, सौ फ़ीसदी 'सेंसेशन्ज़' ही। तो फिर आप मुझे बताइए, जिसे आप 'थॉट' कह रही हैं, वह सेंसेशन से ऊँची चीज़ किस तर्क से हुआ?'

'चलिए, छोड़िए'—मिसेज़ दुबे अपनी कलाई पर बँधी घड़ी पर निगाह डालती हुई उठ खड़ी हुईं। 'चलूँ, क्लास का समय हो रहा है।'

विनायक को मिसेज़ दुबे का इस तरह उसकी वाग्धारा में ख़लल डालना अच्छा तो नहीं लगा। फिर भी वह जबरन मुस्कुराता हुआ स्वयं भी उठ खड़ा हुआ। 'रुकिए, मैं भी चल रहा हूँ। मेरी भी तो क्लास है।'

'इट्ज़ ऐन इंटरेस्टिंग आइडिया,''—कमरे से बाहर निकलते हुए मिसेज़ दुबे ने जड़ ही दिया विनायक के मुँह पर। 'इंटरेस्टिंग, बट इम्प्लॉज़िबल। आप दो सर्वथा बेमेल चीज़ों को ज़बर्दस्ती एक-दूसरे से गड्डमड्ड करने की—कोशिश कर रहे हैं...।' वह कहते-कहते ठिठकी, फिर जैसे अचानक कुछ याद आ गया हो, इस तरह अचानक खिलखिला पड़ी। 'कमाल है, अपने बालसखा की चिट्ठी को—जिसे देखते ही आप उछल पड़े थे मारे उत्तेजना के—उसे तो आपने एक बार खोलके देखने तक की ज़हमत नहीं उठाई। इससे क्या साबित हुआ, बताइए। यही ना, कि आपको अपने विचारों से जितना मोह है, उसका शतांश भी अपने बालसखा की चिट्ठी पाने के सेंसेशन से नहीं।'

'बिलकुल ग़लत, मिसेज़ दुबे, सही बातों से ग़लत निष्कर्ष निकालना कोई आपसे सीखे। मेरे लिए अपने बालसखा की चिट्ठी पाना ही इतना ज़बर्दस्त सेंसेशन है कि मैं उसकी ताज़गी को यथासंभव जितनी देर तक हो सके, यथावत् क़ायम रखना चाहता हूँ। उसे 'थॉट' में 'रिड्यूस' करने की उतावली मुझे क्यों हो!...आप ही बताइए।'

मिसेज़ दुबे इस पर ज़ोर से खिलखिला पड़ीं।...'ओके-ओके। यू आर वेरी वेलकम टु योर सेंसेशन्ज़। मुझे तो साफ़ महसूस हो रहा है कि आज का दिन ही कुछ ऐसा 'सेंसेशनल' है कि आप पूरी तरह 'सेंसेशन' की ही गिरफ़्त में रहेंगे। तो, ठीक है, कल तक आप शायद विचार के धरातल पर उतर आएँ। तभी आपसे बात होगी। ठीक?'

विनायक इस पर कुछ जड़ने की सोचता, इससे पहले ही मिसेज़ दुबे लपककर अपनी क्लास में दाख़िल हो गईं।

2

माइ डियर बीनू!

माइ डियर बीनू, उर्फ़ विनायक उर्फ़ गोबरगणेश!

पूरे पंद्रह साल बाद तुम्हें मेरी सुध आई। चलो, कोई बात नहीं, वो क्या कहते हैं–'देर आयद, दुरुस्त आयद'। देर से ही सही, मेरी सुध ली तो तुमने। तुमने लिखा है कि वेल्श के पहाड़ों में तुम्हें अपना पहाड़ दिखाई दिया–घर की ऐसी याद ने तुम्हें पहले कभी नहीं सताया-तड़पाया। 'नराई' लगना कहते हैं जिसे–तुमने बिलकुल ठीक लिखा है। तुम अपनी पहाड़ी बोली अभी तक नहीं भूले, यह देखके मुझे कितना अच्छा लगा तुम्हें बता नहीं सकता। यार, यह वेल्श कहाँ है? कभी सुना नहीं नाम। क्या इंग्लैंड में ही है? वहाँ तुम अंग्रेज़ी पढ़ाने ही तो गए होगे? बात कुछ पल्ले नहीं पड़ी अपने। अंग्रेज़ों को अंग्रेज़ी सिखाने जाने का क्या तुक है? हिन्दी पढ़ाने गए होते तो कुछ बात भी थी। चलो ख़ैर, सचमुच बढ़िया जगह होगी वह, जिसने तुम में अपनी जन्मभूमि की याद जगा दी और हम लोगों की नराई लगा दी! स्वदेश लौटकर तुम सबसे पहले यहीं–अपने घर–आना चाहते हो, यह तो बड़ी ख़ुशी की बात है। त्रिभुवन तो उछल ही पड़ा जैसे ही मैंने उसे बताया। त्रिभुवन की याद है? अरे वही अपना जी.आई.सी. वाला दगड़ुवा। आजकल यहीं रानीखेत में है। कर्नल है कर्नल–समझे? कभी मिलेगा तुमसे वहीं बम्बई में। उसके लड़के का दाख़िला हुआ है अभी वहीं मेडिकल कॉलेज में। मिलेंगे तुमसे वह और विभा–उसकी मिसेज़। अरे, तुम्हें पता है, मैंने अपने होटल का नाम भी 'स्वदेश' ही रक्खा है उसी के कहने से। यहाँ होटल खोलने का आइडिया ही उसका था–समझे? जबकि तुम जानते हो, दोस्त तो वह तुम्हारा था, मेरा नहीं। याद है कैसी भद्दी गाली निकाली थी मैंने उसको–जब होली का चंदा माँगने गए थे उसके बँगले पर? वह तो, लगता है, भूल ही गया उस बात को। याद भी होगा तो कभी जताया नहीं उसने। मुझे तो क़तई उम्मीद नहीं थी, मुझे पहचानेगा। मगर, वह तो तुम्हारा नाम लेते ही मुझसे लिपट गया। कहाँ मिलते हैं ऐसे पुराने क्लासफेलो!

तुम्हें 'संदेश' पत्रिका की याद है? क़र्नल को ख़ूब याद है। हाँ, मैं उसे कर्नल

ही कहता हूँ। पहले बहुत चिढ़ता था—'क्या कर्नल-कर्नल करते रहते हो? नाम नहीं है क्या मेरा?' पर अब वह भी आदी हो गया है। विभा को उसकी देखोगे तो ग़श खा जाओगे। मिलेंगे तुमसे जल्द ही ये लोग—इसलिए चेताए दे रहा हूँ पहले से। मैं तो उसका लच्छू भाई बन गया हूँ पहले दिन से ही। मोहिनी माया है वह। सच में। लोकल गार्जियन उनके लड़के का तुमसे बेहतर और कौन मिलेगा? वहीं डॉक्टरी पढ़ रहा है तुम्हारे बॉम्बे में ही।

अब तुम बाक़ी लोगों के हाल-चाल जानना चाहोगे। नहीं? तुमने ख़ुद तो अपनी तरफ़ से कुछ पूछा नहीं। मगर तुम्हें कुतूहल तो होगा कुछ कि नहीं? अभी तुमसे यहाँ भेंट होते-होते, पता नहीं कितना वक़्त लगेगा! यूँ तुमने लिखा है तुम अल्मोड़े का 'स्नोफॉल' देखना चाहते हो। बड़े नासमझ हो, ये क्या चाहते हो? तुम क्या अख़बार भी नहीं पढ़ते? पहाड़ अब वो पहाड़ नहीं रहा बीनू, जो तुमने बचपन में देखा था। ख़ुद मुझी को अल्मोड़े में स्नोफॉल देखे की याद नहीं। छह-सात बरस तो हो ही गए होंगे। और चाहे जिस तरह का 'फॉल' कहो, दिखा सकता हूँ तुम्हें यहाँ। पर 'स्नोफॉल' तुम्हें दिखाने का ज़िम्मा मैं नहीं लेता। अरे, अब तो हिमालय तक को हिम के लाले पड़े हुए हैं। सारी जमा-पूँजी उसकी यूँ ही पिघली जा रही है और नई बर्फ़ की आमद यूँ ही दिनोदिन घटती जा रही है। क्या सचमुच तुम्हारे तक यह 'बुरी ख़बर' अभी तक नहीं पहुँची? लगता है तुम देश में रहके भी विदेश में ही रहते हो। अरे, एक के बाद एक ग्लेशियर नंगे और काले पड़ते जा रहे हैं। यही हाल रहा, प्यारे, तो वो दिन दूर नहीं जब लोग एक लोटा गंगाजल तक के लिए तरस जाएँगे। सुनो, तुम तो ऐसा करो बीनू, मेरे साथ इन गरमियों में गंगोत्तरी चले चलो। मैं तो तीन-चार बार हो आया हूँ वहाँ। मेरे गुरु रहते हैं वहाँ—स्वामी अभयानंद महाराज। उनका नाम तो सुना ही होगा कम-से-कम तुमने? नहीं सुना? अरे, वही अभय महाराज, जो अकेले दम पर अलख जगाए हुए हैं कब से! हिमालय को बचाने का। हम सभी तुम्हारे दगड़ुवे उनसे जुड़े हुए हैं इस अभियान में। त्रिभुवन, विभा, हरीश, विनोद, सोहन घंटी, चंदू सबके सब। तुम्हें भी हमारा साथ देना है। नारायण तो पूरे जी-जान से इसमें जुट गया है। तुम स्वामीजी से मिलोगे तो तुम्हारी तबीयत ख़ुश हो जाएगी। आंध्रप्रदेश के हैं। पंद्रह वर्ष की उम्र में घर छोड़के आ गए थे तब से डटे हैं वहीं गंगोत्तरी में। कहते हैं—'यही तो उद्गम है, सोर्स है उस सबका, जिसने भारत को भारत बनाया। इसी के बूते तो ज़िंदा हैं हम। इसका जतन करना—यही मेरी तपस्या है।' चप्पा-चप्पा छान चुके हैं समूचे हिमालय का। एक से एक दुर्गम स्थानों के फोटो लिये हैं ख़ुद। किसी के पास नहीं होगा, इतना बड़ा ख़ज़ाना—समझे? हमारे कर्नल साहब पर यूँ तो किसी का जादू नहीं चलता मगर अभी पिछले साल यहीं रानीखेत में मिलाया उनसे, तो चारों खाने चित हो गए। दो के दो। अभी जमुनोत्तरी जाके आए हैं स्वामीजी के साथ दोनों। तुम आओ तो सही एक

बार यहाँ। देखो क्या-क्या ख़ातिर करता हूँ तुम्हारी।

अब रहे बाक़ी सहपाठी हमारे। बताता हूँ यार, तुम्हें उनके बारे में भी। ख़ुदा का शुक्र समझो प्यारे, कि सबके सब यहीं हैं–हमारी पहुँच के भीतर। वरना ऐसा कहाँ होता है! संयोग ही समझो कि ज़्यादातर बचपन के दोस्त अपने को यहाँ पर सुलभ हैं और सबके सब जुड़े भी हैं एक-दूसरे से। एक तुम्हारी ही क़सर थी; सो अब तुम भी पकड़ में आ ही गए समझो।

विनोद के बारे में तुम्हें पता ही है। बस एक उसी का तो ज़िकर किया है तुमने। क्यों नहीं करोगे–अंग्रेज़ी वाला जो ठैरा! आता है कभी-कभी यहाँ भी लेक्चर झाड़ने। त्रिभुवन से झड़प हो गई थी उसकी–विभा ने बीच-बचाव किया। अब तो साला पहले सीधे उन्हीं के यहाँ जाता है और वहाँ से फ़ोन करके मुझे बुलाता है। पियक्कड़ जो ठैरा, साला। तुम भी लगाते ही होगे। क्यों?

हरीश मुच्ची को भूल गए? यहाँ कुमाऊँ यूनिवर्सिटी में सोसियोलॉजी का प्रोफ़ेसर है। हाल ही में सुना, उसने कोई बड़ा धमाका कर मारा है। क्या?–यह मैं क्या जानूँ? मैं तो सोसियोलॉजी का क ख ग भी नहीं जानता। पर...लौंडे-लपाड़े, सुना टूटे पड़ रहे हैं उसके डिपाटमेंट में दाख़िला पाने को। सो कुछ तो बात होगी। विनोद तक उससे जलता है। यूँ बहुत अंग्रेज़ी झाड़ता है; मगर जहाँ हरीश चालू हुआ कि साले की सिट्टी-पिट्टी गुम हो जाती है। हरीश मुच्ची सिर्फ़ लेक्चर नहीं झाड़ता। वो, क्या कहते हैं उसे–फील्ड वर्क, यानी सोशल वर्क–उसमें, सुना बड़ा माहिर है वह। यहाँ सल्ट के इलाक़े में धूम मचा रक्खी है उसने। नरैण की याद है तुझे? अरे वही नारायण राम। उसके बारे में बाद में बताऊँगा। हरीश से उसकी बहुत पटती है। नेताजी बनाके ही छोड़ेगा लगता है उसे हरीश। जो भी हो, हरीश ने चार-पाँच बरसों में ही कायापलट करके रख दी है इलाक़े की। औरतों को आगे लाके, लड़के-लड़कियों को जुटाके। जाड़े के दिनों में, जब पूरा पहाड़ सोया रहता है, हरीश के पढ़ाए लौंडे यहाँ प्रौढ़-शिक्षा और जाने क्या-क्या दंद-फंद चलाते रहते हैं। बाबा लोगों के भी ऐसे चेले और भगत नहीं बनते होंगे जैसे गाँव वाले हरीश के बन गए हैं। रानीखेत नज़दीक है, सो मिलता रहता है हम लोगों से। जितने भी एन.जी.ओ.-फैन.जी.ओ. यहाँ ख़ामख़ाह बमक रहे थे–हराम का बिदेसी पैसा कबाड़ के–उन सबकी, सुना उसने हवा निकाल के रख दी है। यह मैं नहीं कह रहा हूँ, त्रिभुवन और विभा कहते हैं ऐसा। कमाल है, पहले त्रिभुवन कितनी हँसी उड़ाता था उसकी–मगर दो साल के भीतर-भीतर ही लोहा मान गया उसका। मैं तो कभी गया नहीं सल्ट–मुझे अपने होटल से ही फ़ुरसत नहीं मिलती। मिलती भी है तो वहाँ अल्मोड़े का घर भी तो मुझी को देखना पड़ता है न! यूँ, हरीश मुच्ची से खार खाने वाले भी कम नहीं। मगर वो ठेंगे पे रखता है उनको। वैसा ही निगरगंड है, आज भी, जैसा उन दिनों था। मगर क्या ही लैन पकड़ी पट्ठे

ने! तुम सोच सकते थे कभी वो सोशियोलॉजिस्ट बनेगा और ऐसा समाज-सेवा के काम में नाम कमाएगा? मैं तो नहीं सोच सकता था। इसी का नाम ज़िंदगी है प्यारे! तुम्हारे बारे में पूछता रहता है। मैं भी अनाप-शनाप कुछ तो भी हाँकता रहा। कैसे किस मुँह से कहता उससे, कि तुमसे मेरा कोई कॉन्टेक्ट नहीं? उसके हिसाब से तो तुम्हीं मेरे लँगोटिया यार ठैरे।

सुनो–तुम्हारा चंदू अब चंदू भगत हो गया है। गायत्री परिवार का सबसे बड़ा कर्ता-धर्ता पहाड़ में। तुमने उसे भी तो चिट्ठी लिखी होगी। नहीं? बहुत याद करता है तुम्हें। अरे, ऐसे दोस्त तुम्हें कहाँ मिलेंगे जो तुम्हारे नाम को रोते रहते हैं। भले तुम्हें कभी सपने में भी उनकी सुध न आवे। अरे हाँ यार, वो मुझे अपने गुरुजी यानी श्रीराम शर्मा की आत्मकथा की दो प्रतियाँ दे गया था कि मैं तुम्हें पठा दूँ। अंग्रेज़ी में है। मगर इतनी अंग्रेज़ी तो, प्यारेलाल, कर्नल की यारी निभाते-निभाते अपने पल्ले भी पड़ ही जाती है। आख़िर होटल चला रहा हूँ इतना बड़ा। हर तरह के टूरिस्ट निपटाने पड़ते हैं यार। अंग्रेज़ी के बग़ैर इंग्लिस्तान में भले काम चल जाए, यहाँ तो नहीं ही चलता। तो मैं पढ़ गया वह क़िस्सा, और बहुत ही मज़ा आया पढ़ने में मुझे। तेरे को भी आएगा। आ ही रहा है तो यहीं ले लेना मुझसे। या फिर भेज ही देता हूँ–तेरा कोई ठिकाना नहीं। पता नहीं कब आएगा तू।

और, हाँ तुम्हारा वह मनमोहन अगासतक्कू तो सुना, बड़ी भारी फ़िल्मी हस्ती बना जा रहा है। दो-दो मसाला फ़िल्में 'हिट' हो चुकी हैं उसकी। मैंने ख़ुद तो नहीं देखी, मगर त्रिभुवन और हरीश ने देखी हैं। त्रिभुवन तो कुछ नहीं कहता, सिर्फ़ कंधे उचका देता है। मगर हरीश उससे बेहतर चिढ़ता है। बकौल उसके, अगासतक्कू ने अपनी एक फिल्म में मॉडर्न मदर इंडिया पर हाथ साफ़ किया है और दूसरी में पुरानी 'मदर इंडिया' पर। दोनों में–हरीश का कहना है–उसने स्वदेश को जमके बेचा है। सुना, उसका एक पाँव देहरादून में रहता है और दूसरा अमरीका में। हरीश मुच्ची तो यहाँ तक कहता है कि वह अमरीका में भी दिल्ली और बम्बई के कुछ एन.जी.ओज़ के साथ मिल के 'भारत तोड़ो' अभियान चलाने में लगा हुआ है। कई सारी बिदेसी एजेन्सियों से अंधाधुंध पैसा कबाड़ के। अब, ये तो भइया, हद ही हो गई। कामयाब होना, हिट होना कब से इतना बड़ा जुर्म हो गया? यह तो हरीश की सरासर ज़्यादती है। लगता है, मनमोहन के साथ अपने लड़कपन के दिनों की खुन्नस अभी गई नहीं उसके दिमाग़ से। मगर...क्या पता, वही सही हो। त्रिभुवन तो कुछ बोलता नहीं, मगर डिफेंड भी नहीं करता मनमोहन को। विभा ज़रूर हरीश की हाँ में हाँ मिलाती है। वैसे फ़ालतू हाँकने या दूसरों के ऐब निकालने की आदत तो है नहीं हरीश में। अपन को ही कहाँ सारी बातें पता चलती हैं। अपन उतने पढ़े-लिखे भी नहीं। अब तुम आ ही रहे हो तो अपनी चंडाल-चौकड़ी ख़ूब ज़ोरों से जमेगी।

धपोलाजी को भी बुला लूँगा। अरे वही धपोला, जो अपनी रामलीला में विस्वामित्र का रोल करते थे। उनका हिस्ट्री डिपार्टमेंट भी, सुना ख़ूब धमाल मचा रहा है। आए दिन ख़ुदाई में लगे रहते हैं। कभी चम्पावत, कभी सोर, कभी लखनपुर। जाने कितने तो शिलालेख और सिक्के और दान-पत्र वगैरह ढूँढ़ निकाले हैं। ख़ासा म्यूज़ियम खड़ा कर मारा है। अभी पिछले महीने ही तो मिले थे हल्द्वानी में। तुम्हारी बड़ी तारीफ़ कर रहे थे। कोई लेख छपा देखा था किसी अख़बार में तुम्हारा—उसी का गुणगान कर रहे थे। मैं तो चकरा गया सुनके। तुम तो यार, इंग्लिश के प्रोफ़ेसर ठैरे। तुम्हें ये हिस्टीरिया कब से हो गया? क्या-क्या शौक पाल रक्खे हैं तुमने? तुमने तो घर से बाहर क्या क़दम रक्खा—इतने बाहर निकल गए कि हर जगह टाँग घुसेड़ने लगे। हाँ, मैं तो भूल ही गया था, हरीश मुच्ची भी तो एक दिन यही कह रहा था। जाने कौन सा लेख पढ़के आया था तुम्हारा अख़बार में—बस आते ही कीर्तन शुरू कर दिया तुम्हारा। उधर यह कर्नल और उसकी बीवी अलग से तुम्हारी किसी अंग्रेज़ी में छपी किताब पे लहालोट हैं। जाने कहाँ से कबाड़ लाए किताब! मुझे तो सालों ने नहीं दिखाई—मुझे उस लायक़ ही नहीं समझा होगा। नेपाल-नेपाल कर रहे थे। तो मैंने कहा—लो अब हिस्टरी के साथ-साथ जौगरफी पर भी हाथ साफ़ करने लगा क्या? तो दोनों हँसते-हँसते बेहाल। पता चला ये वो नेपाल नहीं है; ये तो किसी अंग्रेज़ी में लिखने वाले मशहूर लेखक का नाम है।

हद हो गई यार। सभी को मालूम है तुम्हारी करतूतें। एक मुझी को नहीं। क्या-क्या करते रहते हो तुम? मन्नी मॉनीटर भी एक दिन अल्मोड़े के बाज़ार में मिल गया था मुझे। तुमसे टकरा गया था कहीं किसी रेल-यात्रा में—बता रहा था। कब की बात होगी ये? शायद दो-तीन साल पहले की। तब से उससे मेरी भेंट नहीं हुई। सुना, आजकल हिमाचल प्रदेश की कमान सम्हाले हुए है। बाक़ी तो हमारे सारे दगडुवे कहाँ से कहाँ पहुँच गए। बस एक यह मन्नी मॉनीटर ही अपनी उसी धुन में आज भी उसी तरह लगा हुआ है। आज भी वो मॉनीटर ही है : बेशक, एक बहुत बड़ी क्लास का। मानना पड़ेगा प्यारे, आदमी में लगन हो तो ऐसी। अपनी एक धुन के पीछे इस तरह अपना सर्वस्व होम कर देना कोई मज़ाक है क्या? घर-बार भी नहीं जोड़ा, पूरी उम्र खपा दी इसी एक धुन के पीछे। किसके लिए? अपनी मातृभूमि के लिए ही न? काश, कि ये लोग ज़रा पढ़ने-लिखने में भी उतने ही तगड़े होते। त्रिभुवन को भी मिला था एक बार—त्रिभुवन ही बता रहा था। उसका भी यही कहना है कि ये लोग दिमाग़ से थोड़ा पैदल हैं। मॉडर्न तो होना ही पड़ेगा न! बस वहीं पर ये लोग गच्चा खा जाते हैं। कमज़ोर और फिसड्डी साबित होते हैं—ऐसा त्रिभुवन का कहना है। तुम्हारा क्या ख़याल है? तुम क्या सोचते हो इस बारे में?

बस तो...थोड़ा लिखा, बहुत समझना। या फिर, बहुत लिखा, थोड़ा ही समझना।

ठीक है? और...जल्दी से यहाँ आने का पक्का पुरोगम (मन्नी मानीटर प्रोग्राम को पुरोगम बोलता था—याद है?) बनाना और मुझे पहले से ख़बर कर देना। सुनो, पहले सीधे यहीं आना। ख़ामख़ाह अल्मोड़े का नाम जपते रहते हो। कौन मिलेगा तुम्हें वहाँ—एक चंदू को छोड़के? और...तुम्हारा चंदू जो है ना, साला बोरियत की मीनार है। तुम्हें गायत्री परिवार में भरती करने को तैयार ही बैठा है वो। बचके रहना उससे। नारायण के बारे में ज़िकर कर ही दिया मैंने। तुम्हें ताज्जुब हो रहा होगा ना? अरे, यही तो प्रजातंत्र का चमत्कार है। बुला लेंगे यार, उसे भी बुला लेंगे। यहीं सल्ट से चुनाव लड़ेगा। अब वो वो नरैण नहीं रहा भैया। पक्का नेता बन गया है । देखोगे तो पहचान भी नहीं पाओगे, समझे? हरीश से उसकी बहुत पटती है और हरीश भी और किसी से नहीं, उसी से दबता है। 'दबता है' तो कैसे कहूँ—वो तो ख़ुद ही सबसे दबंग है। मगर दोनों को ज़रा आपस में बात करते देखो-सुनो, तो यही लगेगा कि वह नारायण राम की राय को कुछ ज़्यादा ही अहमियत देता है। लगता है, हरीश ने उसे जितनी सोसियोलॉजी सिखाई उससे ज़्यादा अब वह हरीश को सिखा रहा है।

तो...देखा—तुम्हारे स्वाधीन क्लब की टीम अभी भी ज़िंदा है और ख़ूब फल-फूल रही है। एक मैं ही बेकार साबित हुआ। बाक़ी सब साले कहाँ के कहाँ निकल गए। मगर मैं भी इतना बेकार नहीं प्यारे! याद नहीं हनुमान का रोल मैंने कैसे लड़-झगड़ के कबाड़ा था। यूँ ही, सेंत-मेंत में नहीं मिल गया था मुझे। गाना नहीं आता था तो क्या हुआ? हनुमान क्या गाने-बजाने आए थे? कुछ कर दिखाने के लिए आए थे वो, जो और किसी के बूते का नहीं था। तो अपना रोल मैं अच्छी तरह जानता हूँ और अभी भी निभा रहा हूँ।

तुम सीधे यहीं आना। यहीं से अल्मोड़ा चले चलेंगे। ठीक? मेरे यहाँ जगह की कोई कमी नहीं। जाड़े में वैसे भी यहाँ आता कौन है! पूरा होटल उजाड़ पड़ा है तुम्हारे इंतज़ार में। फोकट में बढ़िया फर्निश्ड डबल बेडरूम तुम्हारे लिए रिज़र्व है। और, तुम्हें क्या चाहिए? सीज़न में आओगे तो कॉटेज बुक करा दूँगा तुम्हारे लिए। ठीक है? फैमिली को ज़रूर लाना। अकेले मत आना। मेरी फैमिली तो यहाँ नहीं रहती। तुम्हारी भौजाई को रानीखेत जमता ही नहीं, तो मैं क्या करूँ? तुमने तो, साले, अपनी भौजाई की शक्ल तक नहीं देखी। बड़ी बरबाद चीज़ हो। बाल-बच्चों के बारे में तो पूछा तक नहीं। आख़िर तुम्हारे भी होंगे ही। क्या दंद-फंद है उनके, कुछ तो बताते। किसने नाम रक्खा था तुम्हारा गोबरगणेश—तुम्हें याद है? बिलकुल ग़लत था वो। तुम तो साले, शुरू से ही अपना मतलब गाँठने में उस्ताद रहे हो। गोबरगणेश तुम्हें कौन कहेगा! तुम्हें जानने वाले तो क़तई नहीं कहेंगे तुम्हें गोबरगणेश। तुम तो नारद हो, या फिर काकभुशुंडि। समझे? अरे, मुझसे ज़्यादा तुम्हारी पोल-पट्टी कौन जानेगा? तुमने तो अपनी शादी तक में हमें नहीं बुलाया। उड़ती-उड़ती ख़बर भर सुनी थी कि

किसी मारवाड़िन को भगा लाए हो अजमेर से। चलो, अच्छा है। ख़ुश रहो प्यारे! क्या ठाठ हैं तुम्हारे? किसका डायलॉग है यह? ज़रा बताओ, याद करो। तुमने मैंने साथ-साथ देखी थी यह फिल्म यहीं रीगल टाकीज़ में—याद है? दूकान से पैसे चुरा के। क्या नाम था उस फिल्म का—बताओ। पहेली नहीं बुझा रहा हूँ। 'क्विज़' कर रहा हूँ। चलो, कोई बात नहीं, इसमें फेल हो गए, तो। दूसरा 'क्विज़' लगाता हूँ। बहुत आसान है—तुम्हें फ़ौरन याद आ जाएगा। बताओ उस फिल्म का नाम क्या था, जिसे देखने के बाद तुम उसकी हिरोइन के पीछे ऐसे पागल हो गए थे कि मूसलाधार बरसते पानी में रीगल सनीमा के पिछवाड़े जो मल्ला फील्ड था—जहाँ हम क्रिकेट खेलते थे—उस फील्ड में दो घंटा भीगते हुए तुम इस इंतज़ार में खड़े रहे थे कि हिरोइन कभी तो ऊपर खिड़की से झाँकेगी और तुम्हें उसका दीदार हो जाएगा। साले, तुम तब सेवन्थ क्लास में पढ़ते थे और तुम्हें यह भी पता नहीं था कि फिल्म और नाटक में क्या फ़र्क़ होता है। क्या नाम था उस हिरोइन का—बताओ जिसने तेरह साल के उस छोकरे को ऐसा मजनू बनाके रख दिया था। 'सँभाला होश तो मरने लगे हसीनों पर। हमें तो मौत ही आई शबाब के बदले?'...तुम्हीं पे लिखा गया होगा। क्यों? अब भी तुम्हारा वही हाल है? पुरानी आदतें ज़रा मुश्किल से ही छूटती हैं। साल भर झख मारते रहे वहाँ वेल्श में—तो यूँ ही तो नहीं पड़े रहे होगे। मिली कोई शोभना समर्थ वहाँ तुम्हें? उफ़! ख़ामख़ा बता बैठा। चलो, कोई बात नहीं। इस ख़त का जवाब लौटती डाक से देना। याद है, उस फिल्म में जो लक्ष्मण बना था, वह अपने ही सुनार मुहल्ले का लड़का था। नाम याद है उसका, कि भूल गए? अरे वही, जिसके पिताजी ने तुम्हें अपने बाग से भुट्टे चुराते पकड़ लिया था और जमके धुनाई होती तुम्हारी, अगर मैं तुम्हारे बदले पिटने नहीं पहुँच जाता मौक़े पर। बस तो, जल्दी लिखना

—तुम्हारा लच्छू

3

दुखती रग

लच्छू की चिट्ठी मिले भी महीना भर से ऊपर हो गया। विनायक अभी भी दुविधा में पड़ा है—जाऊँ कि न जाऊँ? साइकोलॉजिकल केस है वह, ऐसा भी कैसे कहें? फिलॉसॉफिकल या रेलीजस केस हो सकता है। पर ऐसा तो कभी सुना नहीं! मेंटल हॉस्पिटल या साइकियेट्री संस्थान तो सुने हैं; पर रेलीजस या फिलॉसॉफिकल हॉस्पिटल तो कभी सुनने में नहीं आए। फ्रायड के ऐंटीडोट कार्ल गुस्ताव युंग पर कभी एक लेख छपाया था विनायक ने 'प्रबुद्ध भारत' में। कुछ ही दिन पहले, अचानक एक पुरानी फाइल में मिल गया था उसे; तो जाने क्या सोचकर उसने वह लेख अपने सहकर्मी रैणा साहब को दिया था पढ़ने। रैणा के साथ अकसर बहस हो जाती है उसकी। ऐसे ही किसी बहस के दौरान युंग का ज़िकर छेड़ बैठा था और इस लेख का भी। तो रैणा के ही आग्रह पर दिया था उसे पढ़ने को। क्यों दे बैठा?—पछताता है अब विनायक। अजीब सिनिक है यह रैणा! एक तरफ़ तारीफ़ के पुल बाँधेगा और दूसरी तरफ़ ऐसी महीन मार कर जाएगा कि आप छटपटाते रह जाएँ घंटों। क्या बोला था रैणा? यही ना, कि एक तरफ़ आप तैंतीस करोड़ देवताओं के भरे-पूरे प्रजातंत्र का नागरिक होने का दावा करते हैं और दूसरी तरफ़ ये 'युंग-फुंग' की दुहाई देते हैं। क्या ज़रूरत है इन नौसिखियों को इतना सिर चढ़ाने की? माफ़ कीजिएगा, ऐसे गोरा-रिझाऊ अध्यात्म से आपके देवताओं की वापसी नहीं होगी।

इसे कहते हैं मियाँ की जूती मियाँ के सर। नहीं? रैणा आर्यसमाजी तो कहीं से भी नहीं, मगर आर्यसमाजियों जैसी बातें करता रहता है। ख़ब्त सा है उसको बहुदेववादी हिन्दू धर्म को गरियाने का और उसी को चुप करने के लिए यह बात कही होगी विनायक ने कभी। चुप भी हो गया था वह उस वक़्त। मगर, मौक़ा पाते ही कैसा पलटवार कर गया! जो भी हो, विनायक को मज़ा आता है रैणा से बात करने में। अफ़सोस यही, कि बहुत कम मिलता है। पार्ट-टाइम लेक्चरर है—सो हफ़्ते में महज़ दो पीरियड लेने होते हैं उसे। मिसेज़ रैणा ज़रूर विनायक के अपने विभाग में

हैं; पर उनसे टकराहट तो क्या, आमना-सामना भी मुश्किल से कभी हो पाता है। भली हैं, नियमित कक्षाएँ भी लेती हैं। पर 'इंटरेस्टिंग माइंड' जिसे कहा जा सके, वैसी नहीं हैं वो। वैसे भी रिजर्व नेचर की हैं। ड्यूटी भर निभाने का रिश्ता रखती हैं कॉलेज से। फ़ालतू गपियाने की फ़ुरसत नहीं है उन्हें।

कुल मिलाकर, ठीक-ठाक ही है यह विनायक का इंग्लिश डिपार्टमेंट। मगर...इसके बाहर उसके लिए क्या है? विनायक जिस मित्र-मंडली का, जिस राष्ट्रीय बल्कि अंतर्राष्ट्रीय बौद्धिक बिरादरी का सदस्य मानता रहा है अपने को मन ही मन, उसे सचमुच बनाने का, कम-से-कम अपने देश और समाज की सचमुच चिंता करने वाले रचनात्मक बुद्धि वाले लोगों को ही एक जगह जुटाने का सपना तो उसका अभी तक ख़ाली सपना ही न रहा आया है! कहाँ है ज़रा भी गुंजाइश उसके लिए इस महानगरी बम्बई में?

तो जो यहाँ नहीं हो पाया, वह वहाँ हो जाएगा—उस दूर-दराज़ के बिछड़े पहाड़ी क़स्बे में—क्यों? सिर्फ़ इसलिए, कि वह उसकी जन्मभूमि थी या है? सिर्फ़ इसलिए, कि लड़कपन में अपने मुहल्ले के और स्कूल के कुछ लड़कों को इकट्ठा करके उसने जो एक क्लब खड़ा किया था, वे सबके सब, बकौल लच्छू, अभी तक ज़िंदा हैं और उसी की बाट जोह रहे हैं कि कब वह आए और न केवल उस 'स्वाधीन क्लब' को फिर से ज़िंदा कर दे बल्कि उसमें पूरे देश और पूरी दुनिया के सपने उँडेल दे। एक चिट्ठी, महज़ एक चिट्ठी किसी बालसखा की—वह भी ऐसे बालसखा की, जिसका इस विनायक नाम के 'डॉन क्विकज़ोट' के मनोरथों से कुछ भी लेना-देना नहीं—क्या एक पढ़े-लिखे, भले-चंगे सयाने आदमी को जो अपने को पता नहीं कहाँ का तीसमारख़ाँ समझता है—उसे इस तरह पगला दे सकती है? कौन यक़ीन करेगा इस उलटबाँसी पर? सिवा एक उसको ख़ुद को छोड़कर? और, उसका ख़ुद का भी हाल क्या है? बस, 'जाऊँ न जाऊँ' की दुविधा में गिरफ़्तार है जब से। अब भला यह भी कोई समस्या है! बेबात की समस्या खड़ी करना कोई इस विनायक से सीखे। डॉन क्विकज़ोट को भला कहाँ कोई दुविधा थी? मगर मुश्किल तो यही न है कि वह मध्ययुगीन शेखचिल्ली डॉन क्विकज़ोट के साथ-साथ ठेठ बीसवीं बल्कि इक्कीसवीं सदी का भी नागरिक और ख़ासा बुद्धिजीवी नागरिक भी अपने को लगाता है। क्या वह जानता-समझता भी है ठीक-ठीक, कि वह दरअसल चाहता क्या है? क़ायदे की चाहत हो तो उसका जुगाड़ बिठाने में ऐसी क्या दिक्क़त है? रिटायर होने में अभी तीनेक साल बाक़ी हैं। ऊपर से दो साल और एक्सटेंशन कबाड़ लेना भी कोई ऐसी टेढ़ी खीर नहीं है। बड़ी अंधेरगर्दी है इस मुल्क में, हमने माना। तो भी प्रोफ़ेसर विनायक को असफल या कुंठित आदमी तो कहा नहीं जा सकता। अरे, बम्बई सरीखी महानगरी में अपना ख़ुद का चार-चार कमरों का फ्लैट कबाड़ लेना क्या मामूली बात

है? तिस पर थोड़ा बैंक-बैलेंस भी है ही। कुछ नहीं तो दस-बारह लाख तो होगा ही। बच्चे दोनों अपनी-अपनी पढ़ाई की सारी सीढ़ियाँ फलाँग कर विदेश की उड़ान भरने को तैयार बैठे हैं। अब क्या दिक्क़त आड़े आ रही है विनायक के एक छोटा-सा कॉटेज कबाड़ लेने में? वहाँ अपने पहाड़ में?

साल भर इंग्लैंड रहा। वेल्श की पहाड़ियों में अपने किसी पूर्वजन्म की सुधि सरीखे घरेलू पहाड़ों की छवियाँ निहारता रहा। तभी तो इस क़दर मस्त रहा आया वहाँ। बड़कू मियाँ कहते भी हैं—"तुम इतने स्वीट और स्मार्ट तो पापा कभी नहीं लगे थे हमको। मगर यहाँ लौटने के पंद्रह दिनों के भीतर ही तुम फिर से वैसे ही, उतने ही चिड़चिड़े और बूढ़े लगने लगे हो। तुम तो इंग्लैंड ही चले जाओ पापा, फिर से।" चौंक गया था बुरी तरह विनायक बड़कू की इस बात पर—क्यों? इसीलिए ना, कि बात सच्ची थी, घनघोर सच्ची। पुनर्जन्म जैसी बातों पर बिलकुल विश्वास नहीं विनायक को, पर वह पुनर्जन्म जैसा नहीं तो और क्या था? इसी शरीर और इसी-इसी मन के भीतर से मानो एक ब्रैंडन्यू शरीर और ब्रैंडन्यू मन को प्रकट होते और चलते-फिरते महसूस किया था उसने? पुनर्जन्म जैसा कुछ होता है अगर, तो वह इसके अलावा और क्या हो सकता है! हाँ, बच्चे बिलकुल ठीक कहते हैं। बच्चे?...क्या उन्नीस और इक्कीस की उम्र के अच्छे ख़ासे नौजवान भी इस बचकाने देश में बच्चे ही कहलाएँगे? कभी वयस्क नहीं होंगे? बँधे ही रहेंगे अपनी माँ के पल्लू से? जबकि,...मालती इतनी सख़्तजान और अनुशासनप्रिय मा है—माँ से कहीं ज़्यादा पिता का रोल निभाया है उसने, सच में। तब फिर बच्चे ही उसकी चिंता के केन्द्र में नहीं होंगे तो और कौन होगा! बच्चे और उसका वह सोशल वर्क...जिसे वह 'आश्रम' कहती है। और, जिससे विनायक को कुछ लेना-देना नहीं। बड़कू ने टोका भी था एक बार कि पापा, मम्मी का मन रखने को ही सही, कभी तो एकाध चक्कर उनके आश्रम का लगा आओ। कितना सयाना समझदार हो गया है बड़कू! क्या कहा था इस सुझाव पर उसने बड़कू से तब, याद है? "ठीक है बेटा, तुम फ़िकर मत करो। हम ध्यान रखेंगे आगे से।" क्या ध्यान रक्खा विनायक ने—ख़ाक़? 'पसंद नहीं'...क्या मतलब? तुम्हारे जो अपने फ़ितूर हैं, उनको झेलने-ढोने के मामले में तो मालती की पसंद-नापसंद कोई मायने नहीं रखती। तो फिर साफ़-साफ़ कहो ना, कि तुम्हारे से अलग और स्वतंत्र भी कोई इच्छा या ज़रूरत तुम्हारी पत्नी की हो सकती है, यह तुम स्वीकारना तो दूर, सोच तक नहीं सकते। है ना यही बात? फिर तुम काहे के मॉडर्न और काहे के इंटेलैक्चुअल?

विनायक यह सब इतनी दूर तक सोच नहीं सकता। यह उसके सोच का हिस्सा ही नहीं उस तरह। और..., अगर ऐसा था तो क्यों नहीं शुरू से ही मालती ने उसे यह अहसास कराया—अपने अलग होने का अहसास? किसी भी चेंज को सहज रूप

में स्वीकार करने के लिए पहले से कुछ मानसिक तैयारी तो होनी चाहिए कि नहीं? दस-पंद्रह बरस साथ गुज़ार के भी अगर कभी पता न चले कि आपकी कोई अलग से भी एक शख़्सियत है जिसकी अपनी अलग माँगें हैं, अपनी अलग ज़रूरत भी, तो इसमें विनायक ही क़सूरवार है, यह कैसे कहा जा सकता है? और फिर प्रोफ़ेसर विनायक राव का पढ़ने-लिखने का काम कोई ऐसा-वैसा फ़ितूर है क्या? समूची जीवन-ऊर्जा जिसमें खपानी पड़े रात-दिन, उसमें और किन्हीं बातों के लिए गुंजाइश ही कहाँ बचती है। इसे स्वार्थीपना कहके भला कैसे निबटाया जा सकता है। पत्नी अगर आपके जीवन-कार्य को मूल्यवान् समझने और उसमें सचमुच रुचि लेने, यानी सहधर्मिणी होने का विश्वास उपजाती है और उस विश्वास को भरसक क़ायम रखती चली आती है, तो आदमी इससे संतुष्ट और निश्चिन्त होने के अलावा और कर क्या सकता है? ध्यान देने की भी कोई सीमा होती है कि नहीं?...सबसे निकट जो होता है, उसी पर तो सबसे कम ध्यान जाता है। चिराग़ तले अँधेरा जैसी कहावत यों ही नहीं बन गई होगी। जहाँ प्रेम है, आपसी सहानुभूति है, उस प्रेम और समझदारी की बरसों की जमी-जमाई अभ्यस्ति और तयशुदा लीक है, उस लीक से हटकर अलग से सामनेवाले को देखने की नौबत ही कहाँ आती है! वह भी तब, जब आपके दिन-रात...एक-एक घड़ी उस आपके अपने चुने हुए काम के—यानी उस जानलेवा फ़ितूर के हवाले कर दिये गए हों।

मालती इतनी सोशल—बल्कि इतनी 'सोशल ऐक्टिविस्ट' निकल आएगी, किसने सोचा था? कहीं ऐसा तो नहीं, कि विनायक की यही बेध्यानी और ख़ब्तुलहवासी इसका कारण रही हो? जाने-अनजाने इसी से मालती के भीतर कहीं चुपचाप सोए पड़े बीज को हवा-खाद-पानी मिलता रहा हो? हो सकता है ऐसा; क्यों नहीं हो सकता? बरसों छोटे-छोटे क़स्बों में रहे आए—कोई कम्पनी नहीं, कोई गुंजाइश नहीं तरह-तरह के लोगों से मिलने की, ख़ुद अपनी संभावनाओं को ही जानने और परखने की। बम्बई आने के बाद ही मालती को दुनिया कितनी बड़ी है, इसका अनुभव हुआ होगा। अपने 'सोशल' व्यक्तित्व का भी ठीक-ठीक अहसास उसे तभी हुआ होगा जब उसे जगाने वाले लोग और परिवेश उसे पहली बार नसीब हुए होंगे। फिर इसी बीच विनायक की दिनचर्या भी तो आमूलचूल बदल गई ना। पहले मुश्किल से दो-तीन घंटे घर से बाहर निकलना होता था। अब नई ज़िम्मेदारियाँ, नई महत्त्वाकांक्षाएँ और उन्हें जमाने और तृप्त करने वाला वातावरण...। मानो घर से बाहर, घर की एकरसता को भंग करने वाला, मगर वैसी ही गरमाई और सुरक्षा देने वाला एक दूसरा घर मिल गया हो। तभी न दस बजे से शाम पाँच बजे तक कॉलेज या कॉलेज की लायब्रेरी में पड़े रहने की लत पड़ गई। क्या उसी तरह मालती के लिए भी उसकी यह सोसाइटी एक नई और बरसों के बासीपन को झाड़ देने वाली ताज़ा हवा के झोंकों जैसी

स्फूर्तिप्रद अनुभूति नहीं रही होगी? जो बात विनायक पर लागू होती है, वह मालती पर भी लागू होनी चाहिए, इस सत्य को विनायक क्यों नहीं समझना चाहता? समझता तो शायद उसे मालती में आया बदलाव इतना चक्कर में नहीं डालता।

मगर...कैसा चक्कर–किस बात का चक्कर? इससे अच्छी बात और क्या हो सकती थी–मालती के लिए ही क्यों, ख़ुद विनायक के लिए भी? कुछ लोगों को अपनी असली रुझान और अपनी सामर्थ्य का पता ही बहुत बाद में चलता है। इससे उनके जीवन को वह उद्देश्य मिल जाता है, वह अर्थ मिल जाता है, जो अभी तक नहीं मिला था। मिसेज़ रैणा समझती हैं इस बात को। विनायक को कन्विंस करने के चक्कर में नहीं पड़तीं, यह अलग बात है, पर क्यों पड़ें ख़ामख़ाह? जितना बन सके, उतना साथ देती हैं मालती को–यही क्या कम है? रैणा-दम्पती के कारण ही तो विनायक साल भर की अपनी अनुपस्थिति में भी निश्चिंत रह सका था अपने घर-परिवार को लेकर। यह ज़िम्मेदारी वह क्या मिसेज़ दुबे पर डाल सकता था? नहीं डाल सकता था। भले ही मिसेज़ दुबे से उसकी कलीग के तौर पर कहीं ज़्यादा गहरी अंतरंगता हो। सब एक जैसे नहीं होते दुनिया में। किसी में कोई ख़ूबी होती है, किसी में और कोई। और हरेक की ख़ूबियों के साथ कुछ सीमाएँ भी लाज़िमी तौर पर जुड़ी रहती हैं। मिसेज़ दुबे मिसेज़ दुबे हैं; मिसेज़ रैणा मिसेज़ रैणा। जो मिसेज़ दुबे कर सकती हैं, वह मिसेज़ रैणा नहीं कर सकतीं और जो मिसेज़ रैणा कर सकती हैं, वह मिसेज़ दुबे के लिए संभव नहीं।

पर...विनायक को विस्मय होता है एक बात को लेकर। वह यह, कि मिसेज़ दुबे की तुलना में मिसेज़ रैणा ज़्यादा घरेलू यानी अपने घर-परिवार को लेकर संतुष्ट और उसी में अपने को खपा देने वाली महिला कही जा सकती हैं–इस तथ्य के बावजूद कि वे एक कॉलेज में पढ़ाती हैं और सफल अध्यापिका कही जा सकती हैं। परंतु, उनका यह काम उनके लिए वैसा व्यसन, वैसा रमाने वाला उत्कट पैशन नहीं है, जैसा कि मिसेज़ दुबे के लिए है। फिर भी वे मालती के इस 'सोशल वर्क' को विनायक की अपेक्षा कहीं ज़्यादा सहानुभूतिपूर्वक समझ पाती हैं, उसे उसकी अनिवार्य आत्माभिव्यक्ति मानती हैं–मज़बूती से पक्ष लेती हैं उसका। एक बार, बस एक ही बार उनसे बहस हो गई थी विनायक की, इसी को लेकर। यही तो कहा था मिसेज़ रैणा ने–कि सोशल वर्क को लेकर आपकी जो भी राय हो, जो भी पूर्वग्रह हो, उसे आप मालती जी पर नहीं थोप सकते क्योंकि वह उनकी ज़रूरत है, आपकी नहीं। जैसे कि, लिटरेचर आपकी ज़रूरत है, मालती जी की नहीं। अगर इस सामाजिक कर्म से उन्हें ऐसी संतुष्टि मिलती है जैसी सिर्फ़ घर-परिवार में अपने को खपा देने से नहीं मिलती या नहीं मिल सकती, तो यह उन्हीं के लिए क्यों, उनके घर-परिवार के लिए भी फ़ायदे की ही बात होनी चाहिए। ऐसा तो है नहीं, कि मालती मैडम इस नई

व्यस्तता के कारण अपने घर-गिरस्ती के प्रति लापरवाही बरतने लगी हों। यह आरोप तो उन पर आप लगा नहीं सकते। तब फिर आपको क्या परेशानी है? आपको तो ख़ुश ही होना चाहिए कि मालती जी कुछ ऐसा काम कर रही हैं जो आप नहीं कर सकते, करना चाहें भी तो नहीं कर सकते क्योंकि यह आपकी रुचि या सामर्थ्य के दायरे से बाहर का काम है।

बस एक बार, केवल एक बार भर चर्चा छिड़ी थी मिसेज़ रैणा और प्रोफ़ेसर विनायक के बीच इस प्रकरण को लेकर। कब? एक शाम जब रैणा-दम्पती घर पधारे थे और मालती घर में नहीं थी और काफ़ी इन्तज़ार करने के बाद भी नहीं लौटी थी अपने आश्रम से। तभी, कुढ़कर विनायक के मुँह से कुछ ऐसा निकल गया होगा जिसने मिसेज़ रैणा को उकसा दिया होगा। मालती का पक्ष लेकर इतनी खरी-खरी विनायक को उसके मुँह पर ही सुना देने को। यह एकदम ही नया और सर्वथा अप्रत्याशित रूप था मिसेज़ रैणा का विनायक के लिए। इसी में से–जितना जो कहा मिसेज़ रैणा ने उसी में से नहीं–बल्कि जो नहीं कहा, फिर भी जो उनकी टोन से संप्रेषित हो गया–इसी चर्चा से विनायक को पहली बार यह पक्का अहसास हुआ कि मिसेज़ रैणा और मालती के बीच का संबंध मामूली जान-पहचान और शिष्टाचार से कहीं ज़्यादा गहरा है और इसीलिए मिसेज़ रैणा को मालती और ख़ुद उसके बारे में जितना वो समझता था, उससे कहीं ज़्यादा जानकारी है। कुछ तो उन्होंने ख़ुद भाँपा होगा और कुछ मालती ने भी उनको बताया हो सकता है। क्या? यही, कि प्रोफ़ेसर साहब को सोशल ऐक्टिविस्टों से ही एलर्जी है। 'डू गुडर्ज़' कहके मख़ौल उड़ाते रहते हैं वे हमेशा उनका। यह भी, कि एन.जी.ओ. के नाम से चलने वाली सारी स्वैच्छिक संस्थाएँ परोपजीवी हैं–विदेशी भीख पर पलने वाली। देश और देशवासियों का भला करने का दम भरने वाले ये एन.जी.ओज़ दरअसल जाने-अनजाने हमारे दुश्मनों का ही हित साध रही हैं। यानी, अपनों का नहीं, उन परायों का, जो हमारे मुल्क को मज़बूत और आत्मनिर्भर बनते नहीं देख सकते और इसीलिए हमारी पारंपरिक संस्थाओं को ही नहीं, हमारे सांस्कृतिक आत्मविश्वास को भी नष्ट करने पर तुले हुए हैं। यह सारी गतिविधियाँ ऊपर से देखने पर तो बड़ी परदुखकातर, बड़ी लोकहितकारी दीखती हैं; पर उनके पीछे न तो मानवी दुख की वास्तविक समझ है, न हमारे लोक की। वे अपने हिसाब से, अपनी उसी साम्राज्यवादी मनोवृत्ति के तहत ही ग़ैर-यूरोपीय सभ्यताओं-संस्कृतियों की जड़ काटने में लगे हुए हैं ताकि दुनिया में उनके सिवा और कोई विकल्प बचे ही नहीं, सब कुछ उन्हीं की मर्ज़ी से चले। बदक़िस्मती हमारी यह है कि हमारे ऊपर जो लोग हुकूमत चला रहे हैं, आज़ादी के बाद जिनके हाथ में हर तरह की सत्ता आई है, वे भी इसी सुर में सुर मिलाने के आदी हो गए हैं। ख़ुद एक बंजर और पूरी तरह औपनिवेशिक शिक्षा-पद्धति की उपज होने के कारण वे यह देख

पाने में सर्वथा अक्षम हैं कि यह सारा प्रगतिवाद और मानवतावाद और सेक्युलरवाद जो उन्हें रटाया गया है, यह सब उसी साम्राज्यवादी लिप्सा के नए मुखौटे हैं।

"सर,...आप तो जैसे मानकर चल रहे हैं कि मालती जी को यह सब बिलकुल पता नहीं है और वो ऐसे ही किसी लगुवे-भगुवे एन.जी.ओ. के चक्कर में अपना वक़्त बरबाद कर रही हैं। आपको पता है इस संस्था को जन्म देने के पीछे किसकी पहल है? क्यों मालती जी इससे जुड़ने को उत्साहित हुईं? कभी पूछा आपने उनसे? कभी ख़ुद जाके देखा वे क्या काम कर रही हैं और क्यों कर रही हैं? किनके साथ कर रही हैं? यह तो बड़ी ज़्यादती है आपकी, ऐसा मान बैठना कि यहाँ समाज-सेवा के नाम पर जो कुछ भी हो रहा है, वह सारा का सारा नक़ली, झूठा और विदेशी मिलीभगत है। ऐक्टिविज़्म के नाम से ही आप ऐसे खार खाए बैठे हैं जैसे हमारे यहाँ के कर्मयोग में उसकी कोई गुंजाइश ही नहीं। ठीक है, सकर्मक सामाजिक संवेदना की दिशा में ठोस काम अपने यहाँ कम है। पर है ही नहीं, या हो ही नहीं सकता, यह आपने कैसे ठान लिया? विदेशी प्रभाव देखना हर चीज़ में–यह भी मेरी समझ में नहीं आता। और चलिए, मान लें, वह है। तो इससे क्या? क्या आपका लिटरेचर एकदम अछूता है विदेशी प्रभाव से? क्यों आप रिसर्च करते-करवाते हैं प्रभावों पर? अगर वह इतनी ही बुरी चीज़ है तो? भूमंडलीकरण की बात, मान लिया अब हो रही है; मगर क्या विश्व-इतिहास की गति अनिवार्य रूप से इसी की ओर नहीं ले जा रही थी? कौन सी सभ्यता या संस्कृति ऐसी है जिसने दूसरी सभ्यताओं या संस्कृतियों से कभी कोई प्रभाव ग्रहण नहीं किया हो–बताइए... ।"

उस दिन तो विनायक को मात खाना ही था। मिस्टर रैणा जो पहले उसका पक्ष ले रहे थे बड़े ज़ोर-शोर से, वे भी कब चुपके से मिसेज़ रैणा की तरफ़ झुक गए, पता ही नहीं चला। मगर, वो दिन था और ये दिन है, विनायक और मिसेज़ रैणा के बीच उस विषय में आगे किसी डिस्कशन में उलझने की नौबत ही नहीं आई। आती भी तो विनायक के अकस्मात् विदेश-गमन से इतना लम्बा अंतराल पड़ गया कि फिर दोबारा उस विषय पर चर्चा करने का अवसर ही नहीं मिला। विदेश से लौटा है, तब से कुछ ख़ास मिलना-जुलना भी नहीं हो पा रहा है उनसे। सुना, कश्मीर गई थीं अकेले और अभी हाल लौटी हैं। तब से मूड भी उनका उखड़ा हुआ है। घर भी नहीं आईं इस बीच। हो सकता है मालती से मुलाक़ात होती हो उनकी। पर मालती तो अपनी तरफ़ से कभी कुछ बताती नहीं और ख़ुद तो विनायक मालती से कभी पूछता नहीं। क्यों पूछे? आदमी का ईगो बड़ी अजीब और नाज़ुक चीज़ है। ख़ासकर, जिन्हें आप सीधा-सादा विनम्र और कभी पलटकर जवाब न देने वाला समझ के मन-ही-मन संतुष्ट रहे आते हैं, वे अगर एक दिन अचानक इस तरह अपने को 'एस्सर्ट' करने लगें और खरी-खरी सुना दें आपके मुँह पर ही, तो आप ऐसी जगह चोट खा जाते

हैं, जिसकी आपने उस तरह कभी कल्पना ही नहीं की होती। ऐसे में चोट भी कुछ ज़्यादा ही लगती है। यानी जितनी लगी, उसकी तुलना में कई गुना ज़्यादा महसूस होती है। आप यह जानते हैं, अच्छी तरह जानते और समझते हैं कि सामने वाले ने जो कहा, वह उस तरह ग़लत या अन्यायपूर्ण नहीं था; आपने ख़ुद ही वैसी प्रतिक्रिया आमंत्रित की–जिसके लिए आपको प्रस्तुत रहना चाहिए था। पर यहीं तो मानव-स्वभाव की जटिलता आड़े आती है। अच्छे भले सयाने और समझदार लोग भी मात खा जाते हैं। मात न भी खाएँ, अगर अपने 'ईगो' को बीच में न लाएँ तो। मगर यह कहने में जितना आसान लगता है, उतना वास्तव में है नहीं। तभी तो बुद्धिजीवी कहलाने वाले लोग ही एक-दूसरे से इस क़दर जलते और झींखते–यहाँ तक कि बैर भी ठान लेते नज़र आते हैं। वैसे मिसेज़ रैणा और विनायक के बीच कोई उस तरह का टेंशन नहीं है। ऐसा क़तई नहीं है कि विनायक के प्रति उनके सम्मान में रत्ती भर भी फ़र्क़ पड़ा हो उस बातचीत से। विनायक को भी कहाँ इतनी फ़ुरसत है कि एक ज़रा सी बात को लेकर अबोला ठाने या मन-ही-मन विरोध का भाव पाले। कृतज्ञता जता चुका है कई बार वह रैणा-दम्पती के प्रति, कि किस तरह उसकी लम्बी अनुपस्थिति में उन्होंने उसका भरपूर साथ दिया। मालती और बच्चों का इतना ख़याल रक्खा। फिर भी.कुछ तो है ही, जो उसके मन में अभी भी रह-रहके करक जाता है। वह क्या है? क्या विनायक इसे जानता है, समझता है? या कि समझना ही नहीं चाहता?

क्या है वह दुखती रग–जिसे उस दिन मिसेज़ रैणा ने अनजाने ही छेड़ दिया था बुरी तरह? सिर्फ़ उसका ईगो? सिर्फ़ उसकी अपने बारे में यह निश्चिंत और पक्की धारणा, कि वह किसी के प्रति अन्याय नहीं कर सकता–मालती के प्रति तो कभी नहीं। अचानक मिसेज़ रैणा ने मानो एक ही झटके में उसकी इस ख़ुशफ़हमी को धूल चटा दी और उसे यह भी अच्छी तरह जता दिया कि वह अपने को चाहे जितना मॉडर्न और उदार और संवेदनशील लगाता रहे, पति के रूप में वह न केवल अपनी पत्नी के स्वतंत्र व्यक्तित्व की संभावना तक को नकारता है, बल्कि, घर के दायरे के बाहर उसने जो भी काम अपने लिए चुना है, उसे इस क़दर घटिया और निरर्थक मानकर चलता है कि वह दरअसल है क्या, यह जानने तक में उसकी कोई दिलचस्पी नहीं; जैसे, उसका अज्ञान और पूर्वग्रह ही काफ़ी हों उसे सिरे से खारिज कर देने के लिए।

किसी के अहं को ठेस पहुँचाने के लिए इतना काफ़ी नहीं है क्या? वह भी उसके द्वारा, जिसके मुँह से आपको 'सर-सर' ही सुनने की आदत पड़ी हुई है। जो किसी चालाकी या महज़ चमचागिरी के तहत नहीं, बल्कि सचमुच और सहज रूप से, हमेशा आपके 'अहं' को सहलाती-बहलाती ही रही थी–क्या सार्वजनिक और क्या निजी, दोनों स्तरों पर।

4

नींद की नदी में उगा...

नींद के भीतर सुराख़ करती फ़ोन की घंटी बज रही है कब से। अजीब है यह मालती। कुछ भी हो जाए कभी उठेगी नहीं। इत्ती सुबह तो कोई फ़ोन नहीं करता।...रॉन्ग नम्बर होगा। उठा के पटक देता हूँ फ़ोन ही।

"हैलो बीनू! क्या कर रहे हो? जगा तो नहीं दिया?"...अरे, यह तो लच्छू है, लच्छू। क्या हो गया?

"क्यों? क्या हुआ लच्छू? अधरात के छल जैसा तू..."

'स्नोफॉल बीनू, स्नोफॉल। तू देखना चाहता था ना? आया क्यों नहीं? मुझे पता है विंटर वैकेशन होती है दस दिन की सब जगे। तेरे यहाँ भी होगी। त्रिभुवन से बात हुई होगी–उसने नहीं कहा तुझसे? वह तो कह रहा था तू भौजी के साथ आने का बना रहा है। झूठ क्यों बोला उससे?'

"अरे यार, मन तो था...मगर, मन से क्या होता है! यहाँ किसी को फ़ुरसत नहीं...सर्दी में पहाड़ के नाम से ही कँपकँपी छूटती है इनको। गर्मियों में आएँगे यार, पक्का...।"

"तू ज़रा बात करा मेरी भाभी से। दे तो सही फ़ोन उनको।"

विनायक को हँसी आ रही है ज़ोरों से। "अबे, वो घोड़े बेचके सो रही है। पता है साले, अभी क्या टाइम है? चार भी नहीं बजा अभी। वह सात के पहले नहीं उठती। ढोल-नगाड़े भी बजा दो, तो भी नहीं।...पर क्या...सचमुच वहाँ स्नोफॉल हो रहा है? तू सच बोल रहा है या ख़ाली गप्प हाँक रहा है?"

"और नहीं तो क्या मुझे पागल कुत्ते ने काटा है, जो फ़ोन किया!"–लच्छू की झुँझलाहट भरी आवाज़...। "सुन ज़रा ध्यान लगाकर। कितनी बेआवाज़ होती है यह बर्फ़ गिरने की आवाज़। याद है बीनू, हमको कैसे पता चल जाता था आज रात बर्फ़ गिरेगी! और सुबह उठके सीधे भागते थे–देखते थे सचमुच छत पर, बाज़ार में आधा फुट मोटी बर्फ़। याद है, माँ थाली में गुड़ बिछाके छत पर रख देती थी। कितना मज़ा

आता था ताज़ी आइसक्रीम खाने में!''

''हद हो गई—याद भी आया तो क्या आया तुझे! चटुवा-खदुवा कहीं का। बिलकुल नहीं बदला लच्छू के बच्चे, तू। तुझे तो दानसिंह मलाई बर्फ़ वाला होना था। अरे यार, क्या ठाठ हैं तुम लोगों के! पता है मेरी याददाश्त में जो सबसे पुरानी तस्वीर है, किस चीज़ की है? इसी स्नोफॉल की, लच्छू। दो बरस से ज़्यादे का नहीं रहा हूँगा मैं तब। खिड़की पर खड़ा पहाड़ मुक्तेश्वर का मुझी को देख रहा है और मैं उसको। बर्फ़ जम रही होगी उस पर...चारों तरफ़ सफ़ेद ही सफ़ेद। स्नोफॉल से मेरी पहचान तब की है लच्छू। पूर्वजन्म की जैसी। अब तो हमीं बर्फ़ हो गए हैं।...पता है, एक दिन अचानक वेल्श में स्नोफॉल देखते हुए मुझे वह पूर्वजन्म का देखा दृश्य याद आ गया। सच कहता हूँ लच्छू...मुझे समाधि जैसी लग गई। पता नहीं, इतने बरसों-युगों से वह स्मृति कहाँ कितने गहरे में गड़ी होगी जो उस दिन अचानक मेरे भीतर से उग आई और मुझे जाने कहाँ उड़ा ले गई। सुन, क्या तेरे साथ भी ऐसा कुछ होता है कभी?''

''पता नहीं यार, अपन को कुछ याद नहीं रहता। चल, फिर बात करेंगे। तेरी भौजाई नाराज़ हो रही है। चल फिर रखता हूँ। बाइ!''

''बाइ लच्छू! कुछ फ़ोटो लेके भिजवा देना यार। कम-से-कम फ़ोटो में ही देख लूँगा स्नोफॉल।''

''फ़ोटू-वोटू मैं कुछ नहीं जानता। वो त्रिभुवन का शौक है, उसी को बोलना। वो और विभा जाने वाले भी हैं शायद बंबई अगले महीने। अच्छा, बाइ...''

फ़ोन रखके विनायक कुछ क्षण अनिश्चित-सा वहीं खड़ा रहा। फिर से बिस्तर पर ढह जाने का मन नहीं किया। अपने स्टडी में घुसा, टेबल लैम्प ऑन करके मेज़ पर जम गया।

विनायक की मुँदी आँखों के सामने एक समूचा लैंडस्केप उभर आया। उसके बचपन का लैंडस्केप। बचपन में ही सुना था किसी के मुँह से वह नाम। बेशक मनगढ़न्त, मगर कितना सुंदर लगा था वह नाम। 'अल्मोड़ा' में वो बात कहाँ! अलकापुरी। हाँ, हाँ, अलकापुरी। विनायक को लगा उसका शरीर भारहीन होकर हवा में तैर रहा है। उसी लैंडस्केप के ऊपर मँडराता हुआ। मेघ की तरह। मेघमाश्लिष्ट सानुः। कैसी है यह अलकापुरी! कैसी पसरी हुई है उत्तर-दक्षिण, पूरब-पश्चिम चारों दिशाओं में...यह जो चोटी है कासारदेवी की...यह मस्तक है उसका। समूचे लैंडस्केप के ऊपर/उसे निहारता अपने आपको ही मानो। और यह जो पूरब-पश्चिम में उठे हुए शिखर हैं...।

मार्गरेट!...मार्गरेट!...विनायक बुदबुदा रहा है। यही तो है मार्गरेट। उसकी सबसे बड़ी उपलब्धि, उसकी स्वप्न-सुंदरी। नहीं, हक़ीक़त। सचमुच हाड़-मांस की एक स्त्री

जिसे उसका रोआँ-रोआँ जानता है, पहचानता है—अपनी, नितांत अपनी स्त्री की तरह. ..। वह किसने कहा है कि सत्य कल्पना से भी ज़्यादा विचित्र हुआ करता है, किस क़दर सच है। जिस सुख की जिस साहचर्य की कल्पना तक नहीं कर सकता विनायक अन्यथा, वह कैसे विधाता के वरदान की तरह...अलभ्य वरदान की तरह...अनायास ही उसकी मुट्ठी में आ गया था। वह भी, परदेस में।

स्नोफॉल वहाँ भी तो हो ही रहा होगा। क्या कर रही होगी मार्गरेट इस समय? क्या समय हुआ होगा वहाँ? पाँच घंटों का अंतर देखा था यहाँ और वहाँ के बीच। लौटा तब से फ़ोन भी नहीं किया—बस एक बार किया था। फ़ोन पर कैसे बात की जा सकती है मार्गरेट से? नहीं की जा सकती, यह तभी समझ में आया था। अपनी ही आवाज़ अपनी नहीं लगती मार्गरेट को फ़ोन करते हुए।...नहीं! यह फ़ोन नाम की चीज़ चाहे जितनी काम की हो—मार्गरेट से बात करने के लिए तो नहीं बनी—बिलकुल निरर्थक बातों का आदान-प्रदान होता है—मन की बात तो मन में ही रह जाती है। निकलती ही नहीं मुँह से। वैसे भी घर में बैठकर इत्मीनान से मार्गरेट को फ़ोन नहीं कर सकते। और ऑफिस तो ऑफिस ही हुआ।

बस, चिट्ठी का ही सहारा है। मगर चिट्ठी लिखने में भी कितने दिन लग गए! पहुँचने में भी कम-से-कम दस दिन तो लगेंगे ही। तब प्रतीक्षा की घड़ियाँ शुरू होंगी। मगर...चिट्ठी लिखना जिस तरह विनायक को रास आता है, क्या ज़रूरी है कि मार्गरेट को भी रास आ ही जाए! विनायक जैसे लोग तो लिखके ही जान पाते हैं कि उन्हें क्या लिखना है और क्या नहीं! मगर, सबके साथ ऐसा हो ही, यह क्यों ज़रूरी है? मार्गरेट को वह जानता है जिस तरह, उसे लगता है, वह उसी तरह उसके साथ चिट्ठी में बतिया सकता है। लेकिन मार्गरेट? क्या लिखेगी मार्गरेट उसे? लिख सकेगी—लिखना चाहेगी भी तो? क्या वह उसकी भाषा होगी—उसकी अपनी नितांत अपनी वह भाषा, जिसमें वह विनायक को प्यार करती है? प्यार करती हुई मार्गरेट बिलकुल दूसरी ही मार्गरेट होती है—जिसका विदुषी मार्गरेट से मानो कोई संबंध नहीं।. ..'ओह फॉर अ लाइफ़ ऑफ़ सेंसेशंस रादर दैन थॉट'...क्या सबसे ज़्यादा ख़ुद मार्गरेट पर ही लागू नहीं होता? मिसेज़ दुबे को यह बात समझाई नहीं जा सकती। समझाने की नहीं, समझने की बात है वह। नहीं,...समझ तो उसके लिए बनी ही नहीं। तो फिर, किसके लिए बनी है समझ?

मार्गरेट को विनायक की चिट्ठी मिल तो चुकी होगी अब तक। क्या सोच रही होगी वह? जवाब लिख रही होगी क्या? घर का फ़ोन नम्बर माँगा था उसने। नहीं दिया विनायक ने; साफ़ मना भी नहीं किया। क्यों नहीं किया? अपने घर के बारे में, मालती के बारे में, जो कुछ भी उसने बताया है मार्गरेट को, उसमें झूठ और सच की मात्रा का क्या अनुपात है?

"क्यों तुम कबसे उठे हो? क्या हुआ?"

विनायक जैसे गहरी नींद से झिंझोड़कर किसी ने जगा दिया गया हो, इस तरह मालती को देख रहा है। पता ही नहीं चला कब सुबह हो गई। यों तो रोज़ सुबह की बेड-टी बनाने का ज़िम्मा विनायक का है। आज ही इस नियम में कैसे व्यतिक्रम हो गया?

"लच्छू ने फ़ोन किया था चार बजे,"—वह कहता है। मालती के हाथ से चाय का प्याला लेते हुए।

"क्यों क्या हुआ! इतनी सुबह फ़ोन करने का क्या तुक था?"

"अरे, कुछ नहीं। वहाँ स्नोफॉल हो रहा है—यही मुझे बताने को।"

"इसमें बताने की क्या बात थी?"—मालती कहती है—"पहाड़ है और विंटर सीज़न है तो स्नोफॉल भी होना ही है। क्या तुम्हारे यहाँ बर्फ़ गिरने का भी त्योहार मनाते हैं?"

विनायक चुपचाप चाय के घूँट भर रहा है। उसे मालती की यही आदत अखर जाती है। हर चीज़ में तुक ढूँढ़ने की। मालती क्या जाने 'स्नोफॉल' कितनी चमत्कारी चीज़ है। कभी देखा हो तो पता चले। मालती के लिए तो जो रोज़मर्रा की रूटीन है, वही 'लाइफ़' है। रूटीन से अलग हटके ही—लाइफ़ लाइफ़ होती है, यह मालती को कैसे समझाया जाए? समझाया भी उसी को जा सकता है जो समझना चाहे। इस मालती में तो कुतूहल नाम की कोई चीज़ ही नहीं। साल भर विदेश रहा—क्या-क्या घटा उसके साथ, कैसे लोगों के बीच रहा, क्या किया—कुछ भी कभी अपनी तरफ़ से दिलचस्पी ले के पूछा कभी मालती ने? कभी नहीं। और जब कभी विनायक ने अपनी तरफ़ से कुछ बताने का उपक्रम किया तो मालती का अनमनापन उसके सारे उत्साह पर ठंडा पानी डाल देता रहा। क्या मालती सदा से ऐसी ही थी या कि यह बम्बई से आने के बाद उसने अपनी जो एक अलग-सी दुनिया बसा ली है, उसका नतीजा है? यह सवाल अगर कभी विनायक के मन में उठता था तो अब नहीं उठता। एक मूक समझौता सा चल पड़ा है दोनों के बीच, कि—मेरी दुनिया अलग, तुम्हारी दुनिया अलग; न मेरी दुनिया से तुमको मतलब, न तुम्हारी से मुझको।

सबसे बुरी बात यह, कि पहले जिस तरह, जब विनायक की दुनिया बहुत छोटी थी और घर ही केंद्र में था तब विनायक जो भी उसके भीतर या बाहर घटित होता था, उसका अनायास ही साझा कर लेता था मालती से। अब कई बरसों से इसका ठीक उलटा हो रहा है और वह चाहकर भी अपनी एकाएक चौड़ी हो गई दुनिया में मालती की कोई भूमिका नहीं देख पा रहा। न ही वह इस परिस्थिति के लिए ख़ुद को कहीं से भी ज़िम्मेदार मान पाता है। अनायास ही एक दुराव-छुपाव दोनों के बीच पनपता गया है। और उसी के चलते चीज़ें अपने हाल पर छोड़ दी जाती हैं। जो चल

रहा है, चलने दो—क्योंकि कुछ नहीं किया जा सकता—कुछ भी।

''और क्या कह रहे थे तुम्हारे दोस्त? आख़िर आधी रात को कोई फ़ोन करता है तो सिर्फ़ यह बताने को तो नहीं कर सकता कि बर्फ़ गिर रही है। मैं मान ही नहीं सकती।''

विनायक मालती के इस सवाल का क्या जवाब दे? मगर कैसे भी जवाब की व्यर्थता को जानते हुए भी कुछ तो कहना ही होगा।

''मालती, तुम्हें तो पता ही है, लच्छू मेरा बचपन का दोस्त है—सबसे घनिष्ठ। हम लोग स्नोफॉल को बहुत एन्जॉय करते थे। तुम्हें अनुभव नहीं है ना, कैसा रोमांच होता है वह—पहली-पहली बर्फ़ देखने का। हम सिमतोला नामक एक पहाड़ी है, वहाँ जाते थे स्नोफॉल का मज़ा लेने। तरह-तरह के खेल करते थे। लच्छू वही सब याद दिला रहा था मुझे। सुनो, बहुत पहले मैंने एक कविता लिखी थी—होश सँभालने के बाद जो पहला ही हिमपात मैंने देखा होगा—मुश्किल से दो-ढाई बरस का रहा हूँगा मैं तब—वह अचानक मुझे याद आ गया तो उसी पर मैंने लिखी थी वह कविता। युग बीत चुके उस घटना को भी। आज लच्छू का फ़ोन आते ही मुझे उस कविता की याद आई तो मैंने पुरानी कॉपियों के ढेर में से उसे खोज भी निकाला।''

''अरे, तो क्या फ़ोन पर कविता सुना रहे थे अपने दोस्त को,''—मालती ने यूँ ही कहा। पर विनायक को लगा मालती उसका मख़ौल उड़ा रही है। वह भीतर-ही-भीतर कुढ़ गया।

''मैं कविता सुनाने की बात नहीं कर रहा था।''—उसने कहा। ''तुम भी मुझे सुनाने को कहो, तो भी नहीं सुनाऊँगा। तब फिर लच्छू को क्यों सुनाता मैं! लच्छू को वैसे भी कविता से कुछ लेना-देना नहीं।''

मालती इस पर कुछ कहती, न कहती, इतने में फ़ोन की घंटी दुबारा बजी। मालती ने फ़ोन उठाया और तुरंत ही—''तुम्हारा फ़ोन है; कोई त्रिभुवन बात करेंगे,''—कहते हुए किचन की ओर चल दी।

''हैलो त्रिभुवन, सुना वहाँ बर्फ़ पड़ रही है। लच्छू बता रहा था।''

''अच्छा तो...तुम्हें मालूम है,''—उधर से आवाज़ सुनाई दी। ''मेरे पास भी आया था लच्छू का फ़ोन। अल्मोड़े से। आजकल वहीं है। सीज़न ठंडा पड़ा है ना, इसलिए। यहाँ रानीखेत में तो स्नोफॉल हो चुका। तुम स्नोफॉल देखने आने वाले थे। क्या हुआ? क्यों कार्यक्रम रद्‌द किया तुमने। हम तो बड़ी इन्तज़ार में थे।''

विनायक चुप रहा।

''सुनो, मैं होली बाद आ रहा हूँ बम्बई। विभा भी साथ रहेगी। तुम्हें बताया ही होगा लच्छू ने, कि हमारा बेटा वहीं मेडिकल कॉलेज में पढ़ रहा है। विभा के पिताजी के जो गुरु थे—वहीं बम्बई में रहते थे—उनकी पुण्यतिथि भी उसी बीच पड़ रही है।

देश-विदेश के उनके भक्त-अनुयायी इकट्ठे होते हैं। हम हर साल जाते हैं बम्बई इन दिनों। तुमने सुना तो होगा ना उनका नाम।—नहीं?—बड़े भारी योगी थे। ज्ञानयोगी। मगर इस मानी से और तमाम साधुओं से अलग, कि वे दो-एक साल हिमालय की कंदराओं में रहे ज़रूर, मगर फिर घर लौट आए और परिवार के साथ ही रहे आए वहीं बम्बई में। दो कमरों के अपने छोटे से मकान में। उन्होंने कोई मठ नहीं बनाया। न कोई चेले, न कोई दीक्षा। वैसे तो उन्होंने कोई ग्रंथ भी नहीं रचे उस तरह। फिर भी देशी-विदेशी एक से एक नामी विद्वान् लोग चुम्बक की तरह खिंचकर आते थे उनके पास। वे उनके प्रश्नों के उत्तर देते थे। वह सारी बातचीत रिकॉर्ड की हुई है मराठी में। वह अंग्रेज़ी अनुवाद में भी उपलब्ध है और हिंदी में भी। और दुनिया भर में एक आधुनिक स्पिरिचुअल क्लासिक के रूप में मशहूर हो चुकी है वह किताब। यूँ मुझे इस बाबागिरी में—तुम जानते हो—कभी कोई दिलचस्पी नहीं रही। पर इस किताब ने मेरी नास्तिकता की चूलें हिलाकर रख दी हैं। असली अथॉरिटी तो विभा है—मैं तो इस मामले में उसका शागिर्द बनके ही संतुष्ट हूँ। ऐसा नहीं बीनू, कि इससे मेरी सारी दुविधाएँ कट गईं। मगर...कुछ बात तो है इस आदमी में, जो किसी और में नहीं मिलेगी।...ख़ैर,...तुम अपनी सुनाओ! क्या हाल-चाल हैं तुम्हारे? गर्मियों में आना तो तय है ना तुम्हारा? चलो ठीक है। बहुत सारी बातें जमा हो गई हैं और तुम्हारे पास भी होंगी ही। यूँ हम मिल तो रहे हैं अभी इसी माह—मगर कई जगह जाना है हमें—ज़्यादा वक़्त रहेगा नहीं हमारे पास।''

''तुम हमारे साथ ही ठहरना,''—विनायक कहता है, ''हमारे पास जगह की कमी नहीं। बच्चे दोनों जा रहे हैं अगले माह। कितना अच्छा होता तुमसे मिल लेते। पर कार्यक्रम तय हो चुका है उनका।''

''हमारे रहने की चिंता मत करो बीनू!''—त्रिभुवन की आवाज़ आती है। ''विभा के मामा वहीं हैं। हमें उन्हीं के पास ठहरना है। नहीं तो बुरा मान जाएँगे।''

''अरे यार...यह तो तुमने मेरे सारे उत्साह पर ठंडा पानी डाल दिया। ठीक है, एक-दो दिन तो हमारे लिए निकाल ले सकते हो। फिर, चले जाना जहाँ जाना हो''।

''ठीक है, देखो। तुम अभी से क्यों इस चक्कर में पड़ते हो!''—त्रिभुवन कहता है। ''मेरा लड़का भी तुमसे मिलेगा। और सब ठीक है?...ओके, बाइ...''

अचानक विनायक को कुछ याद आया तो वह हड़बड़ाकर मेज़ के नीचे की दराज़ में एक कॉपी निकाल लाया और पन्ने उलटने-पुलटने लगा। ओह, यह रही वह कविता! अभी कहा क्या था मालती ने उससे?...'फ़ोन पर तुम कविता सुना रहे थे?'...ओके मैडम, मैं वही करने जा रहा हूँ। आप भी क्या कहेंगी?

उसने वापस त्रिभुवन का नम्बर मिलाया। मगर फ़ोन त्रिभुवन ने नहीं, विभा ने उठाया। ''अरे, मैं विनायक बम्बई से। आप कैसी हैं?...अभी त्रिभुवन से बात हो रही

थी। फ़ोन रख दिया तब याद आया उसे कविता सुनानी थी एक।''

इस पर विभा की खिलखिलाहट।...''वो तो बाथरूम में घुस गए हैं और अभी कम-से-कम बीस मिनट लगेंगे उन्हें बाहर निकलने में। सुनिए विनायक भाई, आप जब कविता सुनाने के मूड में हैं ही तो मैं भी कोई बहुत बुरी श्रोता नहीं हूँ। सुना दीजिए न मुझी को! अपने दोस्त को फिर दुबारा सुना दीजिएगा। सॉरी! प्रोफ़ेसर साब, आप भी क्या सोच रहे होंगे। मैं...।''

''अरे...कोई बात नहीं विभाजी, मैं आपको ही सुना देता हूँ।''

फिर वही हँसी! कितनी मोहक कितनी मीठी!...''विभाजी नहीं, भाई साहब! सिर्फ़ विभा कहिए मुझको आप।'' ''ओह!'' विनायक...थोड़ा अचकचाया। पर फिर तुरंत ही अपने को सँभाला उसने। ''ओके, ओके विभा–मैं कविता सुना रहा हूँ आपको। सुनिये।

''प्लीज़...सुनाइए ना, मैं सुन रही हूँ। हज़ार कानों से।''–विभा की वही खनकती हुई आवाज़। विनायक बहुत अटपटा महसूस कर रहा है। ऐसी स्थिति की तो वह कल्पना भी नहीं कर सकता था।

''हाँ विभा, सुनिए...कविता का शीर्षक है–'स्मरण'। मेरे जीवन का पहला ही हिमपात जो मैंने देखा होगा–उसी का आवाहन समझ लीजिए। तब मैं दो वर्ष से ज़्यादे का नहीं रहा हूँगा।''

''दो वर्ष!''–विभा का विस्मित स्वर–''इतना पीछे तक जाती है आपकी याददाश्त?''

''आइ एम ऐब्सोल्यूटली श्योर अबाउट दैट।...लीजिए, सुनिए...

''नींद की नदी में उगा/कलरव करता झरना एक
धँसता अपने भीतर अपने भीतर जहाँ
खिड़की पर पहली पहली बर्फ़ से घिरा बच्चा
और...उससे भी ज़्यादा
अवाक्
एक पहाड़।''

''वाह! बहुत ही अच्छी कविता है भाई साहब। 'पहली-पहली बर्फ़ से घिरा पहाड़। और उससे भी ज़्यादा अवाक् एक पहाड़!'...अब मुझे यक़ीन हो गया भाई साहब, कि यह स्मृति दो बरस के बच्चे की ही हो सकती है। आप कवि भी हैं यह तो मुझे पता ही नहीं था। त्रिभुवन ने भी नहीं बताया।''

अब खिलखिलाने की बारी विनायक की है। कितना सहज बना दिया है उसे विभा ने!

“ठीक ही किया त्रिभुवन ने, जो नहीं बताया तुमको विभा,”–वह कहता है। “बताने लायक़ कुछ हो तब न? कविता छोड़े मुझे कम-से-कम पच्चीस बरस हो गए होंगे। कहते हैं, कवि भले ही कविता को छोड़ दे; कविता कवि को कभी नहीं छोड़ती। उसका भूत उसके पीछे लगा ही रहता है। पर...मैं तो अच्छा-ख़ासा अपना काम कर रहा हूँ और कभी कविता भी लिखता था, मुझे याद ही नहीं आता।”

यह क्या?...फ़ोन कट क्यों गया? पता नहीं, कब कटा। विभा ने पूरी बात सुनी भी कि नहीं?

5

जल्दी मत मचाना चंदू!

चंदू यार,

तुझे चिट्ठी लिखने की आदत नहीं, तूने लिखा है। और फिर भी प्यारे, तूने इतनी प्यारी चिट्ठी लिखी मुझे, कि मेरी उम्र कम-से-कम तीस-चालीस बरस घटा दी–घटा दी मतलब बढ़ा दी। तू समझ रहा है? तेरे सिवा ऐसा जादू मेरे ऊपर कौन फेर सकता था, बता। तू ही तो है मेरा असली दगड़ुवा। सबसे पहला और सबसे आख़िरी। तू जल्दी मत मचाना चंदू। अपन परलोक का सफ़र भी इकट्ठे ही करेंगे। बिलकुल वैसे ही, जैसे हम लोग बचपन में स्याहीदेवी और बानड़ी देवी और देवथल और कासारदेवी और...जाने कहाँ-कहाँ भटकते थे, वैसे ही चंदू, हम स्वर्ग में भी भटकेंगे। बिना तेरे मेरा मन लगने वाला है क्या वैकुंठ में भी? लच्छू को भी साथ ले चलेंगे। त्रिभुवन चाहेगा तो उसे भी। ठीक है?

सुन यार, मैं स्नोफॉल देखने तो नहीं आ सकता। मगर इस बरस की शिवरात्रि और होली मैं बाल-बच्चों के साथ वहीं बिताना चाहता हूँ। तेरे पास। रानीखेत बाद में लौटते हुए हो लेंगे। अभी तो मैं बच्चों से कह रहा हूँ–तेरी भाभी से भी, कि सालो, एक बार देखो तो सही, ख़ुद अपनी आँख से, कि कल्चर किस चिड़िया का नाम है। चंदू, मेरे बच्चे बहुत होशियार हैं–एकदम टॉप। तुम लोग मुझे होशियार बताते थे ना? ये मेरे बाप हैं। पर इनने देखा क्या है चंदू! ये क्या जानें, संवत्सर क्या होता है, ऋतु-चक्र क्या होता है, होली क्या होती है, शिवरात्रि क्या होती है! अपन इन्हें भी ले जाएँगे देवथल। कोसी में नहाएँगे, तैरेंगे, गन्ना चूसेंगे ख़ूब–पैदल जाएँगे; पैदल लौटेंगे उसी तरह। उपवास करेंगे दिन भर और शाम को ओगल की रोटी और चुए के लड्डू और कद्दू का रायता उड़ाएँगे और रात भर धूनी जलाके गाएँगे-बजाएँगे। आलू के गुटके उड़ाएँगे। पूरे पाँच दिन होली खेलेंगे। रोज़ नई जगह बैठक करेंगे। याद है चंदू, हमारे म्यूज़िक मास्टर लेले साहब क्या कहते थे? यही ना, कि 'होली के ऐसे पक्के राग-रागिनियाँ मैंने कहीं नहीं सुनीं,'...। पर वे तो हमारी दस-दिनी

रामलीला के बारे में भी यही कहते थे। चंदू, हम कम-से-कम दस बरस तो और जिएँगे ही ना? दस बरस बहुत होते हैं यार! मैं हर साल इन्हें लेकर वहाँ आना चाहता हूँ : इस साल शिवरात्रि-होली में, अगले साल बरसात में—जब जन्माष्टमी और खतड़ुवा और नंदादेवी का मेला लगता है; फिर उसके अगले साल इन्हें वहाँ का नवरात्र करवा देंगे, रामलीला दिखा देंगे। गाँव की भी, शहर अल्मोड़ा और रानीखेत की भी। फिर, चंदू, अगले साल की दीवाली हम वहीं मनाएँगे। यार, ऐसा है, अपने पास तो फ़ुरसत ही फ़ुरसत है। मगर इनके पास तो नहीं है ना। तेरी भाभी ने तो ऐसा खटराग पाल रक्खा है कि तुझे क्या बताऊँ!...बच्चे तो बच्चे ही ठैरे। अपना भविष्य बनाना है उन्हें। और तू तो जानता है, आजकल कैसी मारामारी मची हुई है। हमसे दूना-तिगुना अपनी जान झोंकेंगे ये अभागे। तब जाके अपनी ज़िंदग़ी का कुछ बना सकेंगे। मगर इसको तेरी भाभी को जाने क्या हो गया है? सारी उम्र घर सँभालते, बच्चे पालते गुज़ार दी। अब जब आराम से बैठने और मेरे साथ सैर-सपाटा करने की घड़ी आई तो ये दुनिया-जहान का बोझ उठाती घूम रही हैं जैसे इन्हीं के किए दुनिया बदल जाने वाली हो : इन्हीं को एकमुश्त ठेका मिल गया हो दुनिया भर को सुधारने का!

मगर...चंदू, मैं भी नम्बर एक का ज़िद्दी हूँ। जो ठान लेता हूँ, करके ही दम लेता हूँ। अरे, इनने देखा क्या है? बचपन जैसा बचपन जीने को नहीं मिला, तो जवानी जैसी जवानी भी क्या ख़ाक जिएँगे? बग़ैर अपनी आँख से देखे, अपने कानों से सुने क्या 'कल्चर' आता है? कल्चर-वल्चर मैं कुछ नहीं जानता चंदू। ये तो इनकी ज़ुबान है, मेरी नहीं। मगर इनको समझाना है तो आख़िर इनकी ज़ुबान में ही तो समझाना पड़ेगा। मैं इन्हें दिखाना चाहता हूँ कैसे हम लोगों की बारहमासी ज़िंदगी इसी को लेके चलती है। कैसे हर दिन, हर माह, हर ऋतु एक लगातार चलने वाला उत्सव है, अनुष्ठान है। क्या मतलब है रिश्तों-नातों का, क्या मतलब है पेड़-पौधों, नदी-नालों, जंगलों-पहाड़ों का? क्या मतलब है सूरज...और सितारों का?...चंदू, मैं अपने बच्चों को रोज़ एक मंदिर घुमाने ले जाना चाहता हूँ तुझे साथ लेकर। मैं उन्हें दिखाना चाहता हूँ हर चोटी पर विराजमान देवियाँ और हर घाटी में बसे शंकर महादेव। चंदू तेरा-मेरा दिन कहाँ से शुरू होता था? घर के देवता-थान से आती घंटी की आवाज़ से ही ना? मेरे घर में देवता-थान नहीं है चंदू,—कैसे होगा?...और चंदू, मुझे लगता है, जिसके बचपन में देवताथान की जगह ख़ाली रह गई, उसके भीतर हमेशा-हमेशा के लिए एक खोखल रह जाता होगा जिसे भरना बहुत मुश्किल, मगर बेहद ज़रूरी है। मतलब, कुछ तो भरपाई हो ही जानी चाहिए उसकी। नहीं? अब तुम्हारी भाभी मेरी तरह इस खोखल को नहीं देखती, नहीं समझती, तो क्या मैं इन बच्चों के बाप की अपनी ज़िम्मेदारी भी न निभाऊँ? मेरे बच्चे समझदार हैं चंदू। मेरा दर्द भी वे बेशक अपने ढंग से अपनी ही पढ़ाई-लिखाई के बूते समझते होंगे। ज़माना बहुत ख़राब है चंदू।

मगर ज़माना कब जो ख़राब नहीं होता? हमारे ज़माने में क्या नहीं थी अपनी ख़राबियाँ? फिर भी हम-तुम बिगड़े नहीं, तो क्यों नहीं बिगड़े? हमने भी तो ख़ूब जान झोंकी, हमने भी तो अपने ही ढंग से इस बेरहम दुनिया से लगातार पंगा लिया और जमके लिया। लिया कि नहीं लिया? कैसे लिया? कुछ टिकने को था सहारा कहीं हमारे भीतर–तभी न लिया? क्या था वह सहारा, जब मैं पूछता हूँ अपने आपसे, तो;...यार चंदू, इस सवाल के जवाब में मेरे सामने जो दिखाई पड़ता है, वह वही मेला है जो मैं बच्चों को दिखाना चाहता हूँ। तू समझ रहा है ना, मेरी बात? सारी हाड़मारी, सारी मुसीबतों और सारी ग़लाज़त के बावजूद, हमारे पास एक भरा-पूरा बचपन था, ऐसे संगी-साथी थे; ऐसा देवता-थान था, ऐसी धरती और ऐसा आसमान और ऐसे ज़िंदादिल हीरा-मोती सरीखे लोग, ऐसे मेले-कौतुक, ऐसी सदाबहार लीला...जो अभी तक, हाँ चालीस बरसों के बनवास के बावजूद मेरे भीतर ज्यों-की-त्यों ज़िंदा है। तो. ..चंदू, मैं चाहता हूँ, इनको भी पता चले इनकी कैसी क्या विरासत है, जिसमें इनका हिस्सा कोई नहीं मार सकता और जिसे महज़ ज़िंदा रखना ही नहीं, आगे बढ़ाना भी इनका धर्म है। चंदू, 'धर्मो रक्षति रक्षितः'...हमारे पुरखे जो कह गए क्या यूँ ही कह गए? यह सारी जमा-पूँजी तुम्हारे लिए–तुम्हें तुम्हारे जीवन-संग्राम में मदद देने के लिए ही है। मगर,...यह भी तो तुम्हारी मदद तभी करेगी, तुम्हारे काम तभी आएगी, जब तुम भी इसका जतन करोगे, इसकी क़ीमत समझोगे। ठीक है कि नहीं चंदू? बस तो. ..थोड़ा लिखा बहुत समझना। या बहुत लिख गया हूँ तो भी बहुत थोड़ा समझना। मैं अपने बाल-बच्चों को लेके आ रहा हूँ तेरे पास। तेरे ही भरोसे हूँ यह कहने की ज़रूरत नहीं। तू तो बस, इनकी होली जैसी होली, शिवरात्रि जैसी शिवरात्रि करा ही दे इस बार। जान लें ये भी, कि चंदू चाचा भी क्या चीज़ है!

अगर...मेरी बदक़िस्मती से...ये लोग मेरा साथ नहीं दे पाते, तो मैं अकेले ही आ जाऊँगा। पक्का समझ। अपने दगड्डुवे पुराने जो-जो भी मिलें, सबको बता देना। लच्छू को भी। उसे अलग से नहीं लिख रहा हूँ। तुम्हें लिखा कि लच्छू को लिखा–एक ही बात है। है कि नहीं? बस, तो...

–तुम्हारा बीनू

6

कोपभवन में

"इट्ज़ इम्पॉसिबल पापा! तुम कैसी बात कर रहे हो? हमारे पास वक़्त ही कहाँ बचा है! देख ही रहे हो, कितने काम अभी सलटाने बाक़ी हैं।"

"अच्छा चलो, शिवरात्रि छोड़ो। बस एक हफ़्ता होली भर के लिए निकाल लो।"

"कैसे निकालें! हमें इक्कीस मार्च की फ़्लाइट पकड़नी है। कैसे होगा? और इससे फ़ायदा क्या? इस अफ़रातफ़री में हम एन्ज्वॉय क्या करेंगे? कुछ तो कॉमनसेंस से काम लो पापा!"

"हाँ-हाँ, कॉमनसेंस का ठेका तो तुम्हीं ने ले रक्खा है। ठीक है। तो फिर मैं अकेला ही हो आता हूँ। मैंने चंदू से 'कमिट' कर दिया है।"

"ओह पापा! यू आर इम्पॉसिबल। हू इज़ दिस ब्लडी चंदू? कमिट कर दिया है क्या मतलब? क्या हम लोगों के प्रति आपका कोई कमिटमेंट नहीं?"

"डोंट बी सिली। तुम्हारी ख़ातिर ही तो बनाया था मैंने यह प्रोग्राम। तुम नहीं चाहते तो बात ख़तम।"

"सवाल हमारे चाहने न चाहने का नहीं है पापा। अभी तक आप कहाँ थे? आज तक तो कभी आपको हमें पहाड़ दिखाने की नहीं सूझी। अभी ही क्यों सूझी, जब हम बिलकुल भी इस हालत में नहीं। याद करिए ज़रा, आप जब विदेश जाने वाले थे तो सारे घर को किस तरह सूली पै टाँग दिया था। अब हमारी बारी आई है तो आपको यह बच्चों का खेल लग रहा है। क्यों मम्मी?"

"बेटा, इनको जाना है तो जाने दो ना। वैसे भी ये कौन तुम्हारी तैयारियों में मदद कर रहे हैं। हम लोग कर लेंगे सब। जिस दिन तुम्हारी फ़्लाइट है उस दिन यहाँ पहुँच जाएँ बस। या, रहे आएँ वहीं अपने अल्मोड़े और रानीखेत में। तुम तो यहीं से इनको 'टा-टा' कर दो।"

विनायक जल-भुनकर सीधे अपनी कोठरी में जा घुसा। भीतर से दरवाज़ा बंद करने की आवाज़ आई—फटाक्। माँ-बेटे एक-दूसरे का मुँह ताक़ते रह गए।

“पापा हैज़ गॉन सेनाइल।”—छुटकू या भास्कर से रहा नहीं गया।

“रियली। आइ जस्ट फेल टु अंडरस्टैंड व्हॉट्ज़ गॉन रॉङ् विद हिम। पर्टीकुलरली आफ़्टर हिज़ रिटर्न फ्रॉम इंग्लैंड।”

“फ़िकर मत करो बेटा। तुम्हारे पापा ‘मूडी’ हैं। जब जिस मूड में हुए, उसे छोड़कर उन्हें कुछ नहीं दिखाई देता। वो जब से इनके उस रानीखेत वाले दोस्त की चिट्ठी आई है, तब से इन पर पहाड़ का भूत सवार है। भूत तो भूत ही होता है बेटा। अपने-आप उतर जाएगा। मैं तो इसीलिए बीच में पड़ती नहीं। जानती हूँ कुछ भी कहने से भूत और भड़क जाएगा। पहले तो मेरी रोक-टोक का इन पर असर भी होता था। अब बिलकुल उलटा असर होता है।

“इसका मतलब...मॉम, आप भूल गईं भूत उतारने की विद्या, जो आपको आती होगी किसी ज़माने में।”—बड़कू ज़ोरों से हँस पड़ा।

“आती है। अब भी आती है बेटा। मगर यह भूत अभूतपूर्व है। इससे पहले इस ब्रांड के भूत से मेरा कभी साबक़ा नहीं पड़ा था। मुझे लगता है, यह तभी उतरेगा जब तुम्हारे पापा उसे सचमुच आमने-सामने फेस करेंगे।”

“व्हॉट डू यू मीन मॉम?”

“जाने दो ना इनको एक बार। हो आने दो। भूत ही भूत को उतार देगा। शौक मिट जाएगा सारा अपने आप। मैं क्या तुम्हारे पापा को नहीं जानती?”

विनायक अपने कोपभवन में बैठा है। मेज़ पर दोनों कुहनियाँ और हथेलियों पर अपना माथा टिकाए। क्या उसने सुना मालती ने जो अभी-अभी कहा? कैसे सुनेगा? कुछ भी हो? मालती के आत्मविश्वास की दाद देनी पड़ेगी। विनायक लाख इन दिनों अपने मन में और अपने मुँह से भी कहता फिरे कि उसका पहाड़ हमेशा उसके भीतर उसके साथ ही चलता-फिरता है, इस अजीबोग़रीब तथ्य का हम या उसका परिवार क्या करे कि तीस बरस बीत चुके पहाड़ से उसके महाभिनिष्क्रमण को; और इन तीस बरसों के दौरान उसने भूलकर भी कभी पहाड़ का रुख़ नहीं किया। एकदम शुरू के बरसों में ज़रूर पहाड़ और मैदान के बीच थोड़ी आवाजाही रही। उधर से भी घर के कुछ लोग विनायक जहाँ भी रहा, उसके पास आते रहे। पर फिर वह सिलसिला भी आप से आप ख़त्म हो गया। सच पूछें तो हमारा चरितनायक दो-दो, बल्कि तीन-तीन दुनियाओं में एक साथ रहता आया। और वे दुनियाएँ भी ऐसी, जिनमें आपस में कोई तालमेल नहीं। अब यह बात अलग है कि तीनों उस पर एक सरीखा हक़ जमाती हैं। और विनायक की भी ज़िद है कि वे तीनों पूरी तरह जुड़कर एक ही हो जाएँ।

कोई पंद्रह वर्ष पहले विनायक को उसके घर के विश्वविद्यालय ने ‘रीडर’ पद के लिए इंटरव्यू कॉल भिजवाया था—अपनी तरफ़ से पहल करके। विनायक सपना

ही देखता रहा था जिस मौक़े का, वह अनायास उसके हाथ लग गया था। उसके बहुत पुराने सहपाठी विनोद तिवारी ने—जो ख़ुद वहाँ रीडर के पद पर काम कर रहा था—और जिसे दरअसल विनायक को अपने विभाग में बुलाने से लाभ के बदले हानि ही होने की संभावना थी—उसने अपनी ओर से पक्का आश्वासन विनायक को दिया था कि इंटरव्यू तो महज़ औपचारिक होगा; विनायक की नियुक्ति पक्की है। उससे अधिक योग्यता वाला उम्मीदवार मिलना असंभव है...विभागाध्यक्ष उसके काम से परिचित हैं, मामला पहले से ही 'फिक्स' है, इत्यादि-इत्यादि। कोई यक़ीन करेगा कि इस दुनिया में ऐसा भी होता है? कि, जानते-बूझते कोई आपको अपने सिर पर ला बिठाने को आतुर हो? इसे कहते हैं मैत्री। इसे कहते हैं अहैतुक, निःस्वार्थ प्रीति। सच में, विनायक से भी कहीं ज़्यादा विनोद उत्साहित था उसे नैनीताल में जमाने को।

फिर क्या हुआ? क्यों नहीं गया विनायक इंटरव्यू देने? क्यों उसने ऐसे दुर्लभ अवसर को भी अपने हाथ से निकल जाने दिया? जैसे-जैसे इंटरव्यू की तारीख़ नज़दीक आती गई, वैसे-वैसे तमाम तरह की शंका-कुशंकाएँ क्यों उसे सताने लगीं? क्यों फन्दे-ही-फन्दे दिखाई देने लगे उसे? निगल जाने को आतुर उसे। क्या रक्खा है वहाँ अब उसके लिए? जिस अतीत की परछाइयों से जान छुड़ाने को उसने इतने हाथ-पाँव मारे—अब क्या वापस लौट के उसी में क़ैद हो जाए? रिश्ते-नातों के उस जंगल में फँसने का अर्थ है—जो असली रिश्ता इतने बरसों में, उसने कमाया है, बनाया है—उसी का उजड़ जाना। क्या विनायक यह जोखिम उठाने के लिए तैयार है? क़तई नहीं, हरगिज़ नहीं। सच्चा लगाव, सच्चा प्यार पाने के लिए और दे पाने के लिए भी दूरी अनिवार्य है—यह इतनी कठिनाई से सीखा हुआ सबक़ क्या भुला देने के लिए ही सीखा था? घर से दूर छिटक के ही तो घर घर की तरह बुलाता और बोलता है। घर ही घर की जकड़बंदी में तो घर का दम ही घुट जाने का ख़तरा है।

विनायक नहीं गया। विनोद को उसकी इस 'सबके सामने उसे नीचा दिखाने वाली विश्वासघाती हरकत' से ऐसा धक्का लगा कि इस घटना के बाद उसने विनायक से संबंध ही तोड़ लिये हमेशा के लिए। 'आफ़्टर सच नॉलेज व्हाट फारगिवनेस!' उसने उस दो लाइन की आख़िरी चिट्ठी का समापन करते हुए लिखा था। विनायक को हँसी आई थी इस पर, कि पट्ठा मुझे तलाक़ भी दे रहा है, तो टी.एस. एलियट की दुहाई पर दे रहा है। इस हलके-फुलके अंदाज़ में शुरू करके उसने बहुत लम्बा रोना रोया था। अपना पक्ष समझाते हुए अपने बाल सखा को। मगर चिट्ठी ख़त्म होते-न-होते उसकी समझ में आ गया था कि यह गुत्थी इतनी जटिल है कि उसे खोल के सुलझाने-समझाने की चेष्टा ही हास्यास्पद और अनर्गल है। वह

ख़ुद ही आश्वस्त नहीं है अब,...जब...'चिड़िया चुग गई खेत'।...तो फिर विनोद को कैसे आश्वस्त करेगा? सो चिट्ठी उसने फाड़कर फेंक दी और चुप्पी ओढ़ ली। दूसरी तरफ़, विनोद ने भी उतनी ही अभेद्य चुप्पी अख़्तियार कर ली। इस तरह, जिसे वह अपना एकमात्र घरेलू, मगर धाकड़ इंटेलैक्चुअल बंधु कहता और मानता था, वह भी उसके हाथ से जाता रहा।

ऐसा भी तो नहीं, कि वह फ़ैसला करने के बाद ही विनायक को चैन पड़ गया हो। कई बार उसने पाया कि उसमें पछतावे जैसा भाव उमड़ आता है और तब वह उलटे अपने परिवार को ही क़सूरवार ठहराने लगता है कि उन्हीं की अनिच्छा और प्रकट विरोध के कारण उसे वह सुनहला 'ऑफ़र' ठुकराना पड़ा। उस पिछड़े हुए और सर्द इलाक़े में पटक दिया जाना भला उन्हें क्यों सुहाता जहाँ उनके लिए कोई माहौल नहीं, कोई 'स्कोप' भी नहीं! यह बहाना ऊपर से ठीक-ठाक लगता हुआ भी भीतर से तब कितना खोखला था, यह विनायक भी अच्छी तरह जानता है। फिर भी क्यों वह गाहे-बगाहे उसी को आगे करने से नहीं चूकता?

मगर...पछतावा किसलिए? इसीलिए ना, कि मन में कहीं एक गाँठ है विनायक के। जिसे अपनी अंतरात्मा का घर मानता-कहता रहा है सदा, वहाँ क्या सचमुच अपना कहा जा सकने वाला घर कभी रहा? कभी भी तो नहीं रहा। अपने-आपके सामने भी जिसे कभी क़बूल नहीं कर सकता, वह बदले की भावना जैसी चीज़ क्या उसके भीतर-ही-भीतर नहीं पकती रही? कैसी भावना? यही ना, कि जहाँ उसके पास अपना घर कहने लायक़ कोई चीज़ कभी रही ही नहीं, जहाँ उसके कच्चे और असहाय बाल-मन को लगातार खरोंचा जाता रहा, जहाँ वह तिरस्कार और तिरस्कार से भी अधिक मर्मान्तक दया का पात्र ही समझा जाता रहा, वहाँ, हाँ वहीं एक ऐसा सचमुच का ठोस घर खड़ा करके दिखा देगा—ऐसा घर, जो उन सारे दयाकुशल लोगों के घर से भी कई गुना भव्य होगा। ऐसा कलात्मक और आधुनिक सुख-सुविधाओं से भरा-पूरा घर, जो पहाड़ के पारंपरिक स्थापत्य का भी अनूठा उदाहरण बनेगा। हाँ, विनायक इस सपने को साकार किए बिना चैन नहीं पा सकेगा, चाहे उसे दुनिया भर की और सारी नियामतें हासिल क्यों न हो जाएँ। जिस अनंतरमणीय, किंतु विपन्न परिवेश ने उसके अपने माता-पिता और भाई-बहनों को मामूली से मामूली चीज़ों तक के लिए आजीवन तरसाया और कलपाया, उससे यह मौलिक प्रतिशोध लिये बिना विनायक को यह मुक्ति भी, सचमुच मुक्ति सरीखी कैसे लगेगी?

गहरे में जाके देखो, तो किस क़दर घटिया और टुच्ची लालसा है यह—इसे क्या विनायक ख़ुद नहीं जानता? रोआँ-रोआँ जानता है उसका। इसके बावजूद—जिस लालसा को—कह लें, कुंठा को—विनायक का सयाना विवेक कभी का नकार के कूड़े में फेंक चुका था, वह क्या अब भी किन्हीं कमज़ोर क्षणों में उसे दबोच नहीं लेती

अपनी गिरफ़्त में? लच्छू के पत्र का उत्तर देते हुए क्या विनायक के भीतर गहरे कहीं दबी-छुपी वह लालसा ही नहीं उभर आई थी?...कि, 'यार, जब तुम रानीखेत सरीखी पलटनिया छावनी में तक होटल खोल सकते हो–जिस तरह का करिश्मा कर दिखाने की लियाक़त के कभी कोई लक्षण तुममें मुझे तो क्या, किसी को भी नहीं दीखे होंगे,– तो क्या तुम मेरे लिए वहीं कहीं एक कॉटेज का जुगाड़ भी नहीं कर सकते? ज़रा याद करो उन बचपन के दिनों को, लच्छू, जब तुम और मैं–दोनों फटेहाल–अपने रईस दोस्तों, यानी त्रिभुवन, हरीश और विनोद तिवारी के बँगलों को किस हसरत से ताकते रहते थे और वैसा ही बँगला अपने लिए भी ख़रीदने का सपना देखते थे–याद नहीं? चंदू ने बाज़ार में ही सही, तुम ख़ुद मुझे बता रहे हो, कि अपना घर दुगुना-तिगुना बढ़ा लिया है। उसे भी कहूँगा–वही कुछ ज़मीन-वमीन का जुगाड़ करे मेरे लिए। पर वह बाद में। अभी तो तुम वहीं रानीखेत में मुझे एक छोटी सी कॉटेज दिलवा दो।''. ..अरे, लच्छू क्या इतना गया-बीता है कि अपने बालसखा के लिए इतना भी न कर सके!

विनायक ने तो सिर्फ़ लच्छू को पुकार लगाई थी। और हाँ चंदू को भी। और तो किसी का उसने ज़िक्र तक नहीं किया था। याद ही कहाँ आई थी उसे इतने सारे लोगों की, जिनके बारे में लच्छू और चंदू इतने उत्साह से उसे बता रहे हैं! कमाल है कि नहीं? कि खेल-खेल में रचा गया वह 'स्वाधीन क्लब' अपने सारे मेम्बरों के साथ ज्यों का त्यों मानो, भूगर्भ के भीतर से साबुत निकल आया! वो क्या नाम बताया लच्छू ने उस ऐंशिएंट इंडियन हिस्ट्री के प्रोफ़ेसर का–वही, जो अपने क्लब में भी था और हमारी रामलीला में विश्वामित्र का और अंगद का पार्ट किया करता था। धपोला? हाँ, धपोला। तो अपना लच्छू किस धपोला से कम है जिसने ज़िंदा लोगों का ऐसा ख़ज़ाना खोद निकाला? लच्छू के चाबी घुमाने भर की ही तो देर थी– कैसे उसके भीतर के अँधेरे बंद कमरे खटाखट खुलते चले गए! लच्छू को भी याद न होंगे–इतने सारे चेहरे और इतनी सारी घटनाएँ...। पूरी-की-पूरी रील, जो जाने कहाँ गड़ी थी अभी तक। कमाल है, मनुष्य का यह मायावी मन, जो एक तरफ़ तो सब कुछ बिसर जाने देता है और, दूसरी तरफ़ सब कुछ सहेज के रक्खे रहता है। जाने कब से विनायक मन-ही-मन जिस एक राष्ट्रीय बल्कि अंतर्राष्ट्रीय मंडली का सपना सँजोए हुए है जिसमें हर तरह के, हर फ़न और विद्या के माहिर लोग हों और फिर भी वे महज़ अपनी विशेषज्ञता के बंदी न हों; बल्कि भरे-पूरे जीवन से छलछलाती मनुष्यता के धनी लोग हों। ऐसे, जो इस जीवन-संसार को उसकी समग्रता में जीने-समझने और नए सिरे से रचने का माद्दा रखते हों। ऐसे एक से एक नमूने जुटा के उन्हें स्वाधीन क्लब की तरह एक जगह बटोरने का सपना उसके भीतर जाने कब से पलता रहा है। बिलकुल प्रलय से पहले ही हर प्राणी का बीज

बटोर के रख लेने वाले हज़रत नूह की तरह। तो क्या अब लच्छू (ऑफ़ ऑल पीपुल) विनायक के उस सपने को चरितार्थ करने का निमित्त बनने जा रहा है अपने अनजाने ही?

मज़ा तो ख़ूब आएगा उन सारे नमूनों के फिर से उसी तरह एक जगह जुट आने से। मगर यार लच्छू! तुम्हारी वह पुरानी आदत–मुझे ख़ामख़ाह डराने वाली आदत–अभी तक नहीं गई। 'बच के रहना चंदू से'...अरे, क्यों बच के रहना? क्या कर लेगा बेचारा चंदू और उसका गायत्री-परिवार इस विनायक का, जो अब तुम्हारा वह पहले वाला गोबरगणेश नहीं रहा; एकदम सिद्धिविनायक बनने की राह पर है। ठीक है, कि यह विनायक कभी किसी सभा-सोसाइटी का बाक़ायदा मेम्बर नहीं बना आज तक। 'स्वाधीन क्लब' की वही पुरानी टेक और वही पुराना ठसका उसमें अभी तक बरक़रार है जो उसे हर तरह की साम्प्रदायिक सामाजिकता से दूर ही रखती आई है। किंतु जहाँ भी सचमुच के समाज का, सचमुच लोकहितकारी ढंग का कुछ काम हो रहा होता है–ऐसा कैसे हो सकता है कि सिद्धिविनायक की उसमें कोई दिलचस्पी ही न हो? अरे, कौन नहीं जानता कि धर्म-वर्म के नाम पर बेइन्तहा ठगी-लूटपाट, बेइन्तहा ढकोसले और एक से एक अनर्थ-अनाचार होते रहे हैं इस दुनिया में और आगे भी होते रहेंगे। मगर...दूसरी ओर, जो ये धर्म-कर्म से कोई मतलब न रखने वाली, बल्कि, खुल्लमखुल्ला धर्मद्रोही यानी धर्मनिरपेक्ष और अपने को सौ टंच इंटेलैक्चुअल और परम पुण्यात्मा बताने वाली तथाकथित विचारधाराएँ हैं, वे सब क्या दूध की धुली हैं?–उनके नाम पर भी उतना ही अनर्थ और अनाचार नहीं उपजा और आगे भी नहीं उपजेगा–यह किसने कह दिया? धर्मद्रोही और धर्मनिरपेक्ष होने का दावा भी उनका एक निकृष्टतम कोटि के मज़हबी जुनून के साथ मज़े में खपता नहीं रहा है क्या? सच पूछो तो उनकी असली अपील, असली आसुरी संपदा ही वही है–यही मज़हबी जुनून, जो अब इस सर्वथा नए भेस में प्रकट हुआ है। अरे कपटमुनियो! तुम सबकी आँखों में धूल झोंक सकते हो, पर हमारे विनायक को नहीं बहका सकते।

धर्म-अध्यात्म तो पहचान है हमारी। सबसे गहरी और सबसे विलक्षण पहचान। उससे ख़ुद को काट के हमारे ये तथाकथित बुद्धिजीवी–जो हमारे करोड़ों गूँगे-बहरे देशवासियों की क़ीमत पर साक्षर बने बैठे हैं–आख़िर जाएँगे कहाँ? दुःशासनों की जेब में? बुद्धि की धर्म और अध्यात्म से कोई पैदाइशी दुश्मनी है क्या? इस विनायक को ही देख लो। न सही यह वैशम्पायन, न सही यह सूतजी, फिर भी, देखा नहीं, इसके उन अधकचरे व्याख्यानों को सुनने उस वज्र परदेस में भी जितनी भीड़ जुटती थी, उतनी तो यहाँ उसके 'स्वदेश' में भी–जहाँ अपना ख़ून जलाता रहा है कब से–वहाँ भी कभी नहीं जुटी। तो वह क्या मदारी का तमाशा था या सँपेरे का नाच था? आख़िर उन्होंने कुछ देखा होगा, कुछ पाया होगा विनायक में, तभी न उस पर इतनी तवज्जो

निछावर की; तभी न उसके प्रेम में पड़े! इसीलिए न पड़े कि उन्हें महसूस हुआ कि यह आदमी हमको हमारी ही ज़मीन पर बराबरी से भेंट रहा है—पूरी सहानुभूति और समझ-बूझ के साथ? और...फिर भी बात अपने ही सेंटर से, अपने ही भीतर के स्नायुकेंद्र से कर रहा है। कुछ तो है ज़रूर इसके पास अपना कहने को—और हमको भी जताने को—कुछ ऐसा, जो कभी हमारा भी था, मगर जिसे हम अपनी ही करनी और भरनी से बिसरा और गँवा बैठे हैं। मगर जो है सचमुच मनुष्य-मात्र की संपत्ति। मनुष्य मात्र उसमें बराबरी का साझीदार हो सकता है। साथ ही, वह किसी एक जाति या क़बीले या गिरोह की श्रेष्ठता का दर्पीला दम्भ भी नहीं, जैसा कि तमाम सारे मज़हबी साम्राज्यवादियों में, मिशनरियों में और उन्हीं के भाई-बंद इन तथाकथित परोपजीवी सेकुलरिस्टों, कम्युनिस्टों और जाने किन-किन इष्टों में देखा जाता है। कहीं गहरे में अपने भीतर उन्होंने महसूस तो किया ही होगा कि इस वाणी-विनायक की वाणी में वह बुनियादी नम्रता से उपजा आत्मविश्वास है जो समूचे विश्व का अवधारणात्मक वशीकरण करने पर तुली हुई इस शैतानी सभ्यता को उसके सही नाम से पुकारते हुए उसे निर्णायक चुनौती दे सकती है। अरे, विनायक, जिस मित्र-मंडली का सपना देखता आया जनम-भर, उसी का एक मूर्तिमान रूप उसके सामने उजागर हुआ था कि नहीं? वहाँ उस वेल्श में?

मगर...तब क्या विनायक, तुम क्या अपनी ही बात को बुरी तरह नहीं काट रहे हो? वैसी मित्र-मंडली तो तुम्हें पीटर ब्रुक के 'महाभारत' के पात्रों की तरह समूची दुनिया से बटोर के लानी पड़ेगी ना! उस छोटे से तुम्हारे पहाड़ी क़स्बे में यह कैसे बन जाएगी? तुम मानो न मानो विनायक, तुम्हारे भीतर अब भी वही लड़का उछल-कूद कर रहा है जो हर आते-जाते को अपना माई-बाप समझकर उससे दुनिया भर की सहानुभूति और दुनिया भर की समझदारी की भीख माँगना—नहीं, भीख वसूल कर लेना—चाहता था बारम्बार धकियाए-लतियाए जाने के बावजूद। कैसा प्यार, कैसी सहानुभूति, विनायक?...जब प्यार—सचमुच का अवढरदानी प्यार—तुम्हारी देहरी पर दस्तक देता है, तब तुम सहमकर पीछे हटने लगते हो, और...अंत में, उलटे पाँव भाग खड़े होते हो। हर बार तुमने यही किया है विनायक। तुम कब तक अपने भीतर के अराजक अंधकार का सामना करने से कतराते रहोगे? और...अब तो विनायक, तुम न बच्चे रहे, न किशोर, न वयस्क; अब तो आज की तारीख़ में तुम अपनी ज़िंदगी के आख़िरी मोड़ पर खड़े हो। सच-सच बताओ अपनी अंतरात्मा को हाज़िर-नाज़िर जानकर, कि इतने सारे बरसों के दौरान तुमने इस दुनिया के साथ और दुनिया ने तुम्हारे साथ क्या-क्या किया? यह भी, कि जैसा जो भी सबक़ तुमने सीखा या कबाड़ा, वह क्या सचमुच ऐसा सबक़ है या होगा, जो सबके साथ साझा करने लायक़ हो?

नहीं विनायक, नहीं। मैं तुम्हारे साथ अन्याय नहीं कर रहा। मैं तुम्हें समझना चाहता हूँ। तुम्हारे अंतरंग और बहिरंग दोनों को। तुम्हारे उस रूममेट सक्सेना की ही तरह–जिसकी तुम्हें तो अब याद भी न होगी–मेरी भी एक आँख में ख़ुर्दबीन ठुँकी है और दूसरी में दूरबीन। मैं आख़िर तुम्हारा रचयिता हूँ–तुम मेरे अंश हो–मेरे ही अंशदान से तुम जीवित और सक्रिय हो। और...फिर भी तुम्हें पूरी छूट है मेरे चंगुल से निकल भागने की। जो भी तुम सोचते होगे कि तुम हो या बनना चाहते हो–वही हो जाने की। तुम्हीं बताओ विनायक–आख़िर, मैं तुम्हारा अहित कैसे सोच सकता हूँ? कैसे तुम्हारे साथ अन्याय कर सकता हूँ या अन्याय होते देख सकता हूँ? उससे मेरा कौन सा स्वार्थ सिद्ध होगा? मुझे कहने दो विनायक! मैं तुम्हें अपने रस की रस्सी से बाँधने को या कठपुतली की तरह तुम्हें नचाने नहीं बैठा हूँ। मैं भी तुम्हें तुम्हारे अपनेपन में–तुम्हारी उजली-से-उजली संभावनाओं में–और जो आज़ादी, तुम कहते हो, तुम्हें अपनी जान से भी ज़्यादा प्यारी है–उस आज़ादी में ही मुक्त होकर उड़ते देखना चाहता हूँ। मगर...सब सवालों का सवाल तो यही न है विनायक, कि क्या तुम मुक्त होना भी चाहते हो सचमुच? क्या तुम निश्चिन्त हो, आश्वस्त हो पूरी तरह, उस आज़ादी के अर्थ को लेकर, जिसका दावा तुम अपने जन्म लेने की घड़ी से लेकर आज दिन तक मेरे सामने पेश करते आ रहे हो?

अब, देखो तुमने क्या हालत बना ली है अपनी ज़रा सी बात को लेकर! अभी तक तुम्हें सूझा क्यों नहीं वह सब, जो अब सूझ रहा है? क्या ग़लत कहता है लड़का! इस तरह कोपभवन में जा पैठना–क्या यह तुम्हारे योग्य आचरण है? पहले ही क्यों नहीं हो आए रानीखेत-अल्मोड़ा? लच्छू की चिट्ठी मिले भी दो महीने गुज़र गए। अरे. ..ये लड़के कहाँ भगे जा रहे हैं! जो अभी तक नहीं हो पाया, न सही कुछ दिन और। लौट के तो आख़िर उन्हें यहीं आना है यहाँ–छुट्टी में भी आएँगे ही। तब फिर ख़ूब फ़ुरसत से, इत्मीनान से सैर करेंगे पहाड़ की तुम्हारे साथ। अभी ऐसा कौन सा मुहूर्त टला जा रहा है? महज़ इसलिए, कि तुमने मन में ठान ली एक बात, तो सब काम छोड़ के ये सब तुम्हारी सनक पूरी करें–यही न ज़िद ठाने हुए थे तुम? क्यों? तुम्हारी इच्छा सर्वोपरि है, औरों की सुविधा-असुविधा तुम्हारे लिए कोई माने नहीं रखती? इससे ज़्यादा बचकानी हरकत भला और क्या होगी विनायक! ज़रा ठंडे दिमाग़ से सोचो तो!

वैसे...यह सब बहाना है तुम्हारा अपनी कमज़ोरियों को ढाँपने का–समझे? बच्चे तो बेचारे महज़ एक आड़ हैं। जब कहीं कोई दिक्क़त नहीं थी, तुम इतने दिन ख़ामख़ाह टालमटोल करते रहे कि नहीं? किसने तुम्हें रोका था? देख आते स्नोफॉल। मिल आते उन सबसे, जिनसे मिलने को तुम, एक ओर इतने लालायित और दूसरी ओर इतने शंकित हो। याद है, सक्सेना ने तुम्हें एक बार किसी प्रसंग में डरपोक कह

दिया था तो तुम्हें कैसा डंक लगा था। सुनो विनायक, मुझे आज कह ही लेने दो वह, जो तुम अपने आपसे कभी नहीं कहोगे। सुनोगे? तुम्हें यह बताए बिना अब न मेरी गुज़र है, न तुम्हारी। तुम अनिर्णय के शिकार हो—तुम कभी सही वक़्त पर सही निर्णय नहीं ले सकते। टालते रहते हो, समस्याओं को, कतराते रहते हो सचमुच सामना करने से उनका। और फिर जिसको-तिसको अपनी बदहाली के लिए ज़िम्मेदार ठहराने का स्वाँग करते हो। दरअसल तुम्हें फिर से एकाएक वही डर सताने लगा था कि कहीं वहाँ जाकर, उनसे मिलकर तुम्हारा मोहभंग न हो जाए। क्यों? है न यही बात? तो हो जाने देते ना। जो सच्चाई है, उससे कतराते क्यों हो? सामना क्यों नहीं करते उसका, यथातथ्य?

दरअसल...मुझे लगता है, तुम डरपोक उतने नहीं हो, जितने आत्मलीन। तुम दिन-रात अपने बारे में सोचते रहते हो। ऐसा क्यों है—तुमने कभी सोचा, कि दूसरों के दूसरेपन में सचमुच पैठने की तुम्हें न उतनी इच्छा या उत्सुकता होती है, न धीरज। मुझे लगता है विनायक, यह जो तुम आठों पहर अपने आपसे ही घिरे रहते हो, यही तुम्हें सही आत्म-ज्ञान से, सही क़दम उठाने से और समस्याओं से सचमुच निबटने की सूझ-बूझ से वंचित करता रहा है। अरे, इतना अपने आपसे चिपके रहोगे तो अपने आपको दिखोगे कैसे? अपने आपसे निबटोगे कैसे? वे सबके सब तुम्हारी तरह वयस्क और प्रौढ़ हो चुके हैं विनायक! बेशक, अपने-अपने ढंग से, अपने-अपने कर्मों के अनुसार। तुम किस स्वतंत्रता की बात करते हो विनायक? तुम उतने ही स्वतंत्र हो जितनी स्वतंत्रता की गुंजाइश तुम दूसरों के लिए छोड़ते हो। फिर चाहे वे तुम्हारे आज के या कल के दोस्त हों, चाहे तुम्हारे घर-परिवार के लोग।

स्नोफॉल तो तुम देख चुके। अब अगले साल का देखना। अभी तक नहीं जा सके तो अब गर्मी की छुट्टियों में जाना। बच्चे तो इसी महीने उड़ जाएँगे। मालती को ले जाना। साथ में, शकुंतला को भी। मालती को मनाना इतना मुश्किल नहीं है विनायक, जितना तुमने समझ और बना रक्खा है। तुम्हें मनाने, तुम्हारे सारे नखरे झेलने का ज़िम्मा तो तुम्हारे घर के लोगों का ही क्यों, सारी दुनिया का है; मगर तुमसे तो किसी को कोई शिकायत करने का मानो हक़ ही नहीं है। क्यों? तुम सुखी तो जग सुखी, तुम दुखी तो जग दुखी। है ना? यह कैसे चलेगा विनायक? दुनिया वही नहीं रही जो तुमने कभी देखी थी। अपनी आँखें बदलो विनायक, दुनिया तुम्हारे चाहने से नहीं चलती। तुम्हारे लड़कों को अब जिस दुनिया में अपने लिए जगह बनानी है, वह वह दुनिया नहीं है, जो तुमने देखी थी। उनकी दुनिया को समझो और उनको भी समझो। ऐसे कोपभवन में जाके बैठने से काम नहीं चलेगा। तुमसे कहीं ज़्यादा बच्चों पर मालती ने ख़र्च किया है अपने को। बच्चे चले जाएँगे तो जितनी उनकी

कमी तुमको अखरेगी उससे दस गुना ज़्यादा मालती को अखरेगी। तुम्हारा क्या, तुमने तो अपनी एक अलग ही दुनिया बना रक्खी है जिसे तुमने कवच की तरह ओढ़ रक्खा है। हाँ-हाँ, ठीक है; पता है मुझे, तुमसे ज़्यादा ही पता है कि मालती की भी अपनी एक दुनिया है; पर वह तुम्हारे जितनी स्वायत्त और अलग-थलग दुनिया नहीं है। वह दुनिया भी उसका परिवार ही है। उसमें उसे अपने यानी तुम्हारे परिवार के झंझटों से कोई मुक्ति मिल जाने वाली नहीं है। तो,...जाओ, बच्चों की यात्रा की तैयारी में उनकी मदद करो, उनका हौसला बढ़ाओ, उन्हें प्रसन्न मन से विदा करो और मालती को भी लफ़्ज़ों से नहीं, अपनी करनी से अहसास कराओ कि वह अकेली नहीं है, तुम उसके साथ हो।

अल्मोड़ा, रानीखेत, नैनीताल जहाँ भी तुम जाना चाहो, ज़रूर जाओ। मगर अभी नहीं। अभी मालती अकेली पड़ जाएगी। वैसे ही तुम्हारे उसके बीच एक खाई सी खुल गई है। वह बिलकुल ही अलंघ्य हो जाए, इसके पहले ही उसे पाट देना तुम्हारे लिए पहला कर्तव्य होना चाहिए। तब फिर हो सकता है, वह भी तुम्हारे साथ पहाड़ का दौरा करने को राज़ी हो जाए। कोशिश तो कर देखो। सब्र से काम लो, जैसे मालती ने भी बरसों तुम्हारे साथ सब्र ही सब्र से काम लिया था—तुम मानो, न मानो। उसके बाद भी वह नहीं ही माने, तो कोई बात नहीं। तब फिर तुम अकेले जाने के लिए स्वतंत्र हो। ठीक है?

जाओ विनायक और देख के आओ ख़ुद अपनी आँखों से, कि तुम्हारी उस शाश्वत ठहरी हुई मिथक सरीखी दुनिया में कितनी तोड़-फोड़ हो चुकी है। और कितना नवनिर्माण हुआ है। वह कुल दो हज़ार घरों तक सिमटा हुआ शहर आज किस क़दर सुरसा के मुँह की तरह अंधाधुंध फैल चुका है। जाओ और मिलके आओ हरेक से। उस त्रिभुवन से, जो दो-दो लड़ाइयों में जमकर भाग ले चुका है। ऐक्शन का आदमी है वह, उसके तजुर्बे तुम्हारे बड़े काम के होंगे। अपनी ही मत हाँकते रहना, उसकी भी सुनना। वहाँ हरीश है, विनोद है, धपोला है, नारायण है, सबकी ख़बर लेना, सबकी गतिविधियों में रस लेना। जाओ और जब मन भर जाए तुम्हारा, तब लौट आना अपनी उसी दुनिया में, जिसे तुम्हीं ने बसाया था और जिसे अब तुम ख़ुद ही अपनी दुनिया मानने से कतराने लगे हो। अरे, तुम मुझसे कितना और क्या-क्या छुपाओगे विनायक? आख़िर मैंने ही तो तुम्हें खड़ा किया है—तुम्हें क्या नहीं जानता मैं? सुनो, यह जो तुम मेल-अनमेल का रोना रोते रहते हो, इससे उबरो अब। मेल-अनमेल कई बार तुम्हारे कच्चे या पक्के 'ईगो' का उत्पात ही होता है। इस चक्कर को अभी तक तुम्हें समझ और साध लेना चाहिए था। मुझे खेद है विनायक, कि अभी तक की तुम्हारी हरकतें ऐसी समझदारी का प्रमाण देती नहीं लगतीं। सत्तावन बरस की उम्र में पहुँचकर भी अगर कोई आदमी मेल-अनमेल का ही रोना

रोता रहे तो यह उसकी कचाई और बेवकूफ़ी का ही सबूत माना जाएगा। ख़ैर...चलो इस बारे में फिर कभी। मुझे पता है, यह तुम्हारी सबसे ज़्यादा दुखती रग है। अभी तो तुम अपने कोपभवन से निकलो और अपनी फैमिली की फैमिलियेरिटी के ही पुनर्वास का उद्यम करो। तभी तुम अपनी जन्मभूमि की भी परिक्रमा मज़े-मज़े में निबटा सकोगे।

7

सच बोल रहे हो विनायक?

बम्बई के जिस कॉलेज में विनायक पिछले कोई दस-बारह बरसों से पढ़ा रहा है उसका एक बड़ा लाभ यह है कि उसे जो कमरा मिला है विभागाध्यक्ष की हैसियत से, उसकी खिड़की पर समुद्र लहराता है। वह चाहे तो घंटों पर्वताकार लहरों को उठते और पछाड़ खाकर गिरते देख सकता है। यह एक ऐसा सदाबहार सेंसेशन है जिसे वह और किसी सुख से नहीं बदलना चाहेगा। शायद अपने पहाड़ी लैंडस्केप से भी नहीं। अरे, जब समुद्र की उत्ताल तरंगों में ही पल-प्रतिपल नई-नई पर्वत-शृंखलाओं को उभरते देखने का नित्य-नूतन रोमांच सहज सुलभ है तो पहाड़ जाने की भी क्या ज़रूरत है! परंतु... यह सुख छिन जाएगा, तब? तब क्या? बारह बरस कम नहीं होते। बारह बरसों से वह यह सुख भोग रहा है। और...अभी तो पूरे तीन वर्ष रिटायरमेंट को बाक़ी हैं। क्या पता, दो वर्ष और एक्सटेंशन मिल जाए। अब तो उसकी ख़ासी साख बन गई है। झंडा जो गाड़कर आया है विदेश में।

वेल्श में समुद्र और पर्वत, दोनों का सान्निध्य एक साथ सुलभ था। पूरा एक साल मानो सपने सा गुज़र गया। सपना आख़िर सपना है—सपने को बहुत लम्बा भी नहीं खिंचना चाहिए। विनायक चाहता, तो साल-छह माह और बढ़ा सकता था। मार्गरेट—प्यारी मार्गरेट—तो मानकर ही चल रही थी कि विनायक इतना बढ़िया और उसके मन का प्रोजेक्ट—जिससे ख़ुद वह भी दिलोजान से जुड़ी थी विनायक के ही कारण—कभी बीच में छोड़कर नहीं जाएगा। नहीं छोड़ता—विनायक का बस चलता, तो। मगर क्या सब कुछ आपके अपने हाथ में होता है?

हेडशिप का भी तो चक्कर था। तुरंत ज्वाइन नहीं करता तो कोई दूसरा आकर इस कुर्सी को हथिया लेता और यह असह्य होता विनायक के लिए। पदोन्नति तो उसे चाहिए ही चाहिए। विभागाध्यक्ष की कुर्सी और यह कमरा, जिस पर जाने कब से उसकी आँख लगी हुई थी। पंड्याजी के रिटायर होते ही उसकी बारी लगनी तय थी। किंतु तभी, जब वह तुरंत ज्वाइन कर ले। कॉलेज की प्रबंध समिति कोई रिस्क

नहीं लेना चाहती थी। छह-छह माह करके दो बार छुट्टी बढ़ा दी, इसका मतलब यह तो नहीं कि विभाग उसके इंतज़ार में बैठा रहेगा? तिस पर विदेश में मौज मार रहे आदमी का क्या भरोसा! लौटे, न भी लौटे। गोया, कॉलेज न हुआ, विदेश छलाँग लगाने के लिए एक स्प्रिंगबोर्ड हो गया।

आसान नहीं था विनायक के लिए अपने उस स्वर्ग से वापस धरती पर लौट आने का निर्णय लेना। किंतु...और करता क्या! सत्तावन वर्ष की उम्र में अब कौन उसके लिए अनंत संभावनाओं के द्वार खुलने वाले हैं। काश, उसके पास सिर्फ़ दस बरस और होते! यानी, यह जो निमंत्रण मिला विदेश का, वह दस बरस पहले ही मिल गया होता। तब विनायक बड़े इत्मीनान से इस पदोन्नति को ही क्यों, कुछ भी ठुकरा सकता। जोख़िम उठाए बिना—एडवेंचर के बिना—ज़िंदगी का लुत्फ़ ही क्या! यूँ, तब जोख़िम जैसा भी उसमें क्या था? समय ही समय होता उसके पास—कैसी भी चुनौतियों से निपटने को। अब क्या! फँस गए अब तो बुरी तरह। मालती बम्बई छोड़ने से रही, बम्बई आकर ही तो उसे अपनी असली रुझान का पता चला। ऐसी अपनी जन्मभूमि से भी ज़्यादा गरीयसी कर्मभूमि को छोड़कर मालती वेल्श क्या, कहीं भी जाने को क्योंकर तैयार होगी! रहे दोनों लड़के, तो वे दोनों अपना भविष्य बनाने को इसी माह यहाँ से विदेश की उड़ानें भरने को तैयार बैठे हैं। माँ यहाँ अकेली रहें और पिताजी वेल्श-विहार करें यह उन्हें कैसे सुहाएगा? क्यों होनी चाहिए आपकी कैसी भी लालसाएँ या ज़रूरतें भी, अब इस स्टेज पर? जब आपके पास बाक़ी बची उम्र पर आपकी औलाद का हक़ पहले है, आपका बाद में।

मालती जीवन-संगिनी है। जीवन-संगिनी से सहानुभूति न हो, यह कैसे संभव है? मगर क्या विनायक भी उतनी ही, बल्कि मालती की तुलना में कुछ अधिक ही, सहानुभूति का पात्र नहीं? विनायक ख़ुद को अकसर 'लेट स्टार्टर' कहा करता है अकसर, तो क्या यूँ ही? सब कुछ विलम्ब से ही घटित हुआ उसके जीवन में। समय पर सब कुछ होता चलता तो उसकी महत्त्वाकांक्षा ख़ुद उसके घर के लोगों को अनर्गल लगती? मालती तो कई बार यह बात दुहरा चुकी है कि रिटायरमेंट की दहलीज़ पर खड़े आदमी को अपने लिए नहीं, अपने बच्चों के लिए जीना चाहिए। उन्हीं के बारे में सोचना चाहिए। उन्हीं की सफलता में अपनी सफलता और उन्हीं की ख़ुशी में अपनी ख़ुशी देखनी चाहिए।—क्यों साहब, क्यों? आपने क्या अपना यह आश्रम बच्चों की ख़ुशी के लिए खोला है?...तो फिर? 'पर उपदेश कुसल बहुतेरे'...।

मार्गरेट...हाँ, हाँ, मार्गरेट तक ने उस दिन क्या कह दिया था जिससे विनायक का बल्ब एकदम 'फ्यूज़' हो गया था। 'एम्बिशन कम्ज़ व्हेन अर्ली फोर्स इज़ स्पेंट' (महत्त्वाकांक्षा तब जागती है जब प्राणऊर्जा का असली सोता सूख चुका होता है)। उसने तो यों ही सहज भाव से जो उसे सूझा या याद आ गया उस प्रसंग में अनायास,

उसी को व्यक्त भर किया था। विनायक कहीं से भी लक्ष्य नहीं था उस सूक्ति का; मगर पता नहीं क्यों विनायक को वह बात चुभ गई थी। बेचारी मार्गरेट को तो इसका भान ही नहीं था रत्ती भर, कि अनजाने में यूँ ही, उसके मुँह से निकल गया जुमला विनायक को कितने गहरे विषाद में डुबो गया। मगर क्यों? ऐसा क्या था उस जुमले में? उसका कार्टून सरीखा बनाता हुआ?

समुद्र आज कुछ ज़्यादा ही उफान पर है। तभी तो विनायक अपनी आँख ही नहीं हटा पा रहा उससे। उत्ताल तरंगों पर तरंगें चढ़ती-फिसलती...और फिर उत्तरोत्तर ऊँची होती जातीं पर्वतमालाओं सी। वाक़ई समुद्र आज कुछ अजीब ही मूड में है। ऐसे में ही विनायक के भीतर सोया पड़ा वह लैंडस्केप जाग जाता है जो उसे मानो किसी पूर्वजन्म की सुधि की तरह आकुल-व्याकुल कर देता है। जाने कैसे कब से एक कविता की पंक्ति उसके भीतर रह-रहकर घुमड़ रही है–

'क्यों हाहाकार स्वरों में/वेदना असीम गरजती।'

आज से पहले तो यह पंक्ति कभी इस तरह विनायक को याद नहीं आई थी। तब फिर आज ही क्यों याद आ रही है?

विनायक के कान बहुत चौकन्ने हैं। अभी-अभी उसे जो आहट मिली, वह पहले भी मिल चुकी है। पर उसे अनसुना किया है उसने। परसादीलाल चपरासी कम-से-कम तीन बार चक्कर काटता हुआ कमरे में झाँक चुका है। और, साहब हैं कि हिलते ही नहीं अपनी जगह से। ये उठें किसी तरह, तो वह भी कमरे पर ताला मारे। छुट्टी हो उसकी। और सारे विभाग तो कभी के बंद हो चुके। एक यही अपने साहब, पता नहीं क्यों, दफ़्तर से चिपके ही रहते हैं। घर जाना अच्छा नहीं लगता क्या इन्हें? बाक़ी सारे प्रोफ़ेसरों को घर पहुँचने की जल्दी रहती है, जैसे कि परसादीलाल को भी रहती है। तो फिर एक इन्हीं को क्यों नहीं? चक्कर क्या है?

सच में...यह सवाल तो परसादी के अलावा भी कइयों के मन में उठता होगा। कि, आख़िर क्या कारण है कि प्रोफ़ेसर विनायक को घर पहुँचने की जल्दी नहीं? क्यों वे सबसे पहले अपने विभाग में दाख़िल होते और सबसे बाद में ही उससे बाहर आते दीखते हैं?

क्या यह बेचारे परसादी के साथ ज़्यादती नहीं है? काहे की ज़्यादती? 'टेन टु फाइव' ड्यूटी है उसकी। अभी तो साढ़े चार भी नहीं बजे। क्यों लगाता है चक्कर ख़ामख़ाह? कामचोर कहीं का।

वैसे यह स्कूल नहीं कॉलेज है। यहाँ 'टेन टु फाइव' कोई भी नहीं रुकता। तीन-चार घंटों से ज़्यादा किसी का काम नहीं पढ़ाने का। अनिवार्य नहीं है किसी भी व्याख्याता या प्रोफ़ेसर के लिए अपने लेक्चर्स निबटा चुकने के बाद भी कॉलेज में बने रहना।

परंतु, अगर प्रोफ़ेसर विनायक को अपने घर से कहीं ज़्यादा अपने काम करने की जगह में ही सुकून मिलता है, मनचाहा एकांत भी, तो इसमें किसी को क्यों परेशानी हो!

बम्बई के इस सबसे टॉप कॉलेज से विनायक का घर—यानी फ़्लैट—मुश्किल से तीनेक किलोमीटर के फ़ासले पर होगा। कितना कहा मालती ने, ड्राइविंग नहीं सीखी तो नहीं सीखी। यह भी कोई बात हुई? लाखों उससे भी ज़्यादा उम्रदराज़ लोग हाँक लेते हैं गाड़ी। और,...नहीं सीखा तो नहीं सीखा। गाड़ी चलाना सीखना कब से बड़ा भारी पराक्रम हो गया?

पर...बुरा तो लगता ही है कभी-कभी, कि लाखों लोग जो काम आँख मूँदकर कर सकते हैं, वह भी तुम्हारे लिए असंभव पुरुषार्थ क्यों हो गया? मालती चला लेती है गाड़ी और विनायक नहीं चला सकता—क्या यह डूब मरने जैसी बात नहीं? भास्कर चलाता है, सुदर्शन चलाता है। जितने भी विनायक के कलीग्स हैं सभी तो चलाते हैं। एक विनायक ही है जो गाड़ी नहीं चला सकता। क्यों भला?

मार्गरिट मज़े-मज़े में सिखा देती। सिखा ही रही थी। सीख लिया होता उसी से, तो कितना अच्छा होता! उसका सिखाया विनायक भूल नहीं सकता था। वह भी एक यादगार चीज़ होती—जब-जब गाड़ी चलाता, बग़ल में बैठी उसे सिखाती मार्गरिट दीखती महसूस होती। कितना अच्छा होता! चकित हो जाते यहाँ घर के लोग सबके सब—उसे अचानक इतने आत्मविश्वासपूर्ण लाघव के साथ गाड़ी चलाते देखकर। तब वह निस्संकोच बताता उन्हें, कि कैसे किसने सिखाया। मार्गरिट के साथ विनायक को क्यों हमेशा ऐसा लगता रहा जैसे उसमें शक्ति-ही-शक्ति है, जैसे उसकी उम्र भी बीस बरस घट गई है। क्यों लगता था ऐसा? उम्र का अहसास ही जैसे एकबारगी बिला गया था। और, वही क्यों, घर-परिवार की चिंताएँ, असुरक्षा और अपराध-बोध की गहरे घर कर चुकीं ग्रंथियाँ...सब की सब कहाँ बिला गई थीं अपने-आप? मानो विनायक यहाँ पढ़ाने नहीं, पढ़ने आया हो—सब कुछ सही और सहज बना देने वाले प्रेम का पाठ। नए सिरे से। एक तरह से क्या वह पुनर्जन्म जैसा ही नहीं था उसका? पुनर्जन्म या पुनरुज्जीवन और कहते किसे हैं? मेधावी महिलाओं की यूँ अपने यहाँ भी कहाँ कोई कमी है—विनायक के विभाग में ही नहीं हैं क्या एक से एक?...मगर, मार्गरिट की तो बात ही निराली थी। इतने गहन गाम्भीर्य के भीतर इतनी उत्ताल तरंगें भी हो सकती हैं—कौन कह सकता था! कुछ लोगों की असलियत का पता बहुत धीरे-धीरे और बाद में चलता है, जब संपर्क उत्तरोत्तर प्रगाढ़ होता चलता है और भावना के धरातल पर निकटता स्थापित हो जाती है। तभी ऐसे व्यक्तित्व अपनी असली रंगत में आते हैं। शान्तम् भी तो ऐसी ही थी। नहीं, नहीं! तुलना करना व्यर्थ है, अनर्गल है। इस संसार में कोई भी किसी और जैसा नहीं। हर व्यक्ति विलक्षण

है, अद्वितीय है। यहाँ कोई किसी का 'सब्स्टीट्यूट' नहीं बन सकता। शान्तम् शान्तम् थी; मार्गरेट मार्गरेट है। फिर भी...जाने क्या बात है कि विनायक के भीतर अकसर ही दोनों की छवियाँ, मुद्राएँ, हरकतें एक-दूसरे के साथ गड्डमड्ड होने लगती हैं। बरबस, अनायास। जबकि...क्या लेना-देना है एक का दूसरे से! कहाँ कुछ भी कॉमन था दोनों के बीच? परिस्थिति, परिवेश, स्वभाव...सभी कुछ तो अलग था।

पता ही नहीं चला, कब किनारे खड़े धूप में नहाते-नहाते नदी अपने अदृश्य वेग से ही गहरे पानी के भीतर खींच ले गई...कब उस तेज़ बहाव में पाँव उखड़ गए। नहीं!...उखड़ते-उखड़ते भी पाँव रोप ही दिए थे मँझधार में। नदी को चिंता नहीं थी बेशक; मगर, तैरने वाले को तो थी।

सच? सच बोल रहे हो विनायक?...या कि, यह महज़ घटना घट चुकने के बाद की बुद्धिमत्ता बघार रहे हो? पश्चाद्बुद्धि! अरे, इस मामले में सभी तो पश्चाद्बुद्धि ही होते हैं। तुम क्या दुनिया से न्यारे हो? कौन है जो अपने को औरों से अलग विशिष्ट-विलक्षण नहीं समझता?

मगर...हैरानी की बात तो है ही। आख़िर क्यों विनायक के साथ ही ऐसी घटनाएँ घटती होंगी? कहाँ कोई गुंजाइश थी अब उम्र के इस मोड़ पर यह सब देखने-भोगने की। पर, क्यों नहीं? हम क्या जानते हैं, कितना जानते हैं अपने आपको और दुनिया को? सब कुछ क्या अपने ही हाथ में होता है? घटना-चक्र भी क्या हमारे घुमाए घूमता है? फिर भी, इतना तो सभी जानते हैं, मानते भी हैं कि विनायक कोई उच्छृंखल स्वैराचारी नहीं, एक ज़िम्मेदार पति और पिता है। साथ ही एक आदर्श अध्यापक और खोजी विद्वान् की भी ख्याति उसने कमाई है तो यूँ ही नहीं कमा ली। फिर...अपनी युवावस्था में जो एक बार ऐसे जानलेवा भँवर में फँस चुका हो, और फँसकर मरणासन्न जैसी हालत भुगतने के बाद उस भँवर से साबुत उबर भी आया हो, वह क्या अब इस वृद्धावस्था की दहलीज़ पर, जानते-बूझते अपने को फिर से वैसे ही एक और भँवर के हवाले हो जाने देगा? नहीं! कदापि नहीं; किसी हालत में नहीं।

क्यों विनायक के साथ ही ऐसा होता है कि जो भी स्त्री उसके घनिष्ठ संपर्क में आती है, वही उस पर छा जाना चाहती है, उसके होशोहवास उड़ा देती है? जिस निश्शंक गहरे विश्वास का पात्र वह ख़ुद अपने को कभी नहीं पाता, वैसे अंधे-अतलान्त विश्वास का पात्र वह कैसे क्यों बन जाता है स्त्रियों के लिए? और वह भी असामान्य रूप से बुद्धिमती और व्यक्तित्ववान् स्त्रियों के लिए।

निस्संदेह ख़ुद उसी के वेदन-तंत्र में कोई ऐसी जगह होगी—एक बेहद स्नायविक और सुकुमार जगह, जहाँ पर रन्ध्र फोड़कर स्त्री उसके भीतर दाख़िल हो जाती है; उसके मन-प्राण को वशीभूत कर लेती है। इसमें उसका क्या दोष है? दोष तो विनायक का ही हुआ न! कि वह उसी जगह वेध्य और वध्य है, निरस्त्र भी, जहाँ

उसे सर्वाधिक आत्मजयी और सजग-सावधान होना चाहिए। क्योंकि यह वध्यता, यह 'वल्नरेबिलिटी' ही तो उसकी प्राण-ऊर्जा और भाव-ऊर्जा का अक्षय स्रोत है, जो दूसरे की भी वैसी ही प्राण-ऊर्जा और भाव-ऊर्जा को चुम्बक की तरह अपने वृत्त में खींच लेता है।

विनायक को अपनी इस दुर्बलता का अहसास ही न हो, ऐसा तो नहीं कहा जा सकता। पिछले पच्चीस-तीस वर्षों के दौरान क्या ऐसे प्रलोभन-प्रसंग उसके जीवन में आए ही नहीं? आए ही; तो फिर विनायक कैसे उनसे हर बार बाहर निकल आता रहा? इसी बूते ना, कि सारी कमज़ोरियों के बावजूद उसके भीतर एक आदर्शवादी पैठा हुआ है जो अपने दाम्पत्य को कवच की तरह ओढ़े रहता है! और, यह क्या सहज नहीं था—ऐसा होना? आख़िर विनायक ने विवाह भी तो प्रेमविवाह की ही शर्तों पर किया था। अब यूँ तो प्रेमविवाह भी अधिकतर तो असफल ही होते देखे हैं ख़ुद विनायक ने। दूर क्यों जाएँ अपने ही विभाग के रेड्डी को ही ले लो।...मगर, विनायक को ऐसे मामलों से सहानुभूति नहीं होती। अरे...तुम ही न थे, जिसने सच्चा प्रेम करने का दम भरा था! तो अब उसे निबाहने की ज़िम्मेदारी किसकी है—तुम्हारी ही नहीं तो? यह तो अपनी ही पराजय स्वीकार करना है—अपने ही विवेक, अपनी ही भाविक सामर्थ्य को ख़ुद अपने ही सामने निहायत कच्चा और अविश्वसनीय साबित कर देना है। अपनी ही बनाई कसौटी पर बुरी तरह फेल हो जाना है। कैसे कोई आदमी इतनी बड़ी हार क़बूल कर लेता है अपने आप के सामने, यह विनायक की समझ से बाहर है। अरे, जब तुम पहले दाँव में ही चित्त हो गए तो दूसरा-तीसरा दाँव लगाकर भी क्या कर लोगे? यह मनुष्य-जीवन क्या जुआड़ी का दाँव है? इससे बड़ी आत्म-प्रवंचना और क्या होगी कि तुम जिस स्त्री को अपनी बनाने के लिए आकाश-पाताल एक किए हुए थे, उसे सचमुच पाकर भी उसके साथ नहीं निभा सके; और अब, उससे पिंड छुड़ाकर नए सिरे से फिर वही चक्कर चलाना चाहते हो—इसी दुराशा में, कि इस बार सब ठीक हो जाएगा। ख़ाक़ ठीक हो जाएगा! दाम्पत्य कोई प्रयोगशाला है क्या बायलॉजी या केमिस्ट्री की?

बेशक, विनायक की यह राय प्रेमविवाह को लेकर बनी है; विवाह-मात्र को लेकर नहीं। हालाँकि उसका आदर्शवादी संस्कार तो यही कहता है कि जैसे तुम ज़िम्मेदार नहीं, वैसे ही, जो औरत तुम्हारे गले बाँध दी गई, वह कहाँ से, कैसे ज़िम्मेदार ठहराई जा सकती है? तुम अकेले कैसे पल्ला झाड़ के अलग हो सकते हो?...तो भी, जहाँ पहले से ख़ुदी खाई निरंतर और-और चौड़ी ही होती जानी है—ऐसे अनमेल विवाह का नरक भुगतते रहने से तो बेहतर है, अलग ही हो जाओ। इतना विनायक मान लेगा। मगर, प्रेम विवाह के मामले में कहीं कोई समझौता नहीं करेगा। अरे, तुम्हें एक-दूसरे को देखने-परखने का भरपूर अवसर मिला। बच्चे नहीं थे तुम; ख़ासे सयाने और

पढ़े-लिखे थे। यह तुम्हारा पूरे होशोहवास में लिया गया निर्णय था और उसका भी। अब तुम दोनों में कोई भी उसे निबाहने की ज़िम्मेदारी से नहीं कतरा सकता। ठीक है, सब कुछ तत्काल उजागर नहीं हो जाता। कई सारे कोने होते हैं—क्या पुरुष और क्या स्त्री के भी स्वभाव और व्यक्तित्व के—जिनका पता शुरू से नहीं चलता... धीरे-धीरे ही चलता है—जब वे तीखे कोने आपको बुरी तरह गड़ने लगते हैं। मगर इस सबके लिए तो आदमी को तैयार रहना ही चाहिए। और, जहाँ दोनों के बीच एक तीसरा—यानी बच्चा—आ जाए, वहाँ तो फिर सवाल ही नहीं उठता अलग होने का। वैसा सोचना ही अपराध है—अक्षम्य अपराध उस नन्ही जीवात्मा के प्रति, जिसने तुम सरीखे नालायक़ों को चुना इस दुनिया में उतरने के लिए।

8

क्या बात है मालती?

यह क्या हुआ? दरवाज़ा खोलकर मालती एक क्षण को भी नहीं रुकी। उलटे पाँव भीतर चली गई—आँख उठाकर देखा तक नहीं उसकी ओर। ऐसा तो आज तक कभी नहीं हुआ।

"क्या बात है मालती?"—मुँह से बोल तक नहीं फूट रहा विनायक के। उस सर्द और कठोर मुख मुद्रा ने इस क़दर सहमा दिया है उसे।

विनायक स्तम्भित-अवाक् खड़ा है। मुड़कर दरवाज़ा तक बंद नहीं किया उसने। अकस्मात् जैसे कोई अशुभ-अनिष्ट घट गया हो जिसकी परछाईं पूरे घर पर मँडरा रही है। धीरे से दरवाज़ा बंद करके वह रसोई घर में दाख़िल हो रहा है जहाँ मालती उसकी ओर पीठ किए गैस के चूल्हे के सामने खड़ी है। पर, न तो चूल्हे पर कुछ चढ़ा हुआ है, न वह किसी और काम में व्यस्त दीख रही है। बस खड़ी है चुपचाप गैस के चूल्हे को घूरती हुई।

विनायक एक क्षण ठिठकता है। फिर धीरे से मालती के कंधे पर हाथ रखता हुआ फुसफुसाता है—"क्या हुआ मालती?"

मालती चुप। विनायक को महसूस हो रहा है जैसे उसकी बाँह झटक दी गई है। जबकि कुछ झटकी-वटकी नहीं है। सिर्फ़ जहाँ उसका हाथ है, वहाँ उसी जगह पर कंधे में थोड़ी हरकत सी हुई है जो विनायक को हाथ झटक देने जैसी लगी है।

"बोलती क्यों नहीं? गूँगी हो गई हो क्या?"—ज़ोर से चिल्ला पड़ा है विनायक। पर मालती में कोई हरकत नहीं। वह अब भी उसी तरह अपने में गुमसुम ख़ामोश खड़ी है।

विनायक झुँझलाता हुआ अपनी स्टडी में जा घुसा है और अब उसकी फटी-फटी आँखें अपनी मेज़ को घूर रही हैं जिस पर एक एयरमेल वाला लिफ़ाफ़ा खुला पड़ा है।

विनायक दोनों हथेलियों से सिर को थामे मेज़ पर ढेर हो गया है। ऐसा तो आज

तक कभी नहीं हुआ कि मालती ने उसके नाम आई चिट्ठी को ख़ुद ही खोलकर पढ़ लिया हो। ज़ाहिर है, यह उस चिट्ठी का जवाब है जो विनायक ने अभी पिछले माह ही मार्गरेट को लिखी थी। क्या लिख दिया होगा मार्गरेट ने, जिसे पढ़कर मालती इस क़दर बौखला गई है।

विनायक ने अभी तक लिफाफे को छुआ तक नहीं। कहाँ तो उसका रोम-रोम उत्कंठित और व्यग्र था इस चिट्ठी को पाने के लिए। और, कहाँ!...मगर...हद कर दी उसने भी। क्या ज़रूरत थी घर के पते पर चिट्ठी मँगवाने की? कॉलेज का पता नहीं दे सकता था? उफ़, यह तो सूझा ही नहीं विनायक को। क्यों नहीं सूझा? यूँ, बड़ी होशियारी बरती थी कि घर का फ़ोन नम्बर तक नहीं दिया था मार्गरेट को। क्यों? इसीलिए ना, कि मालती कहीं कोई बखेड़ा न खड़ा कर दे। फ़ोन उसे वैसे भी नहीं जमता। क्या यह संभव है कि मार्गरेट की आवाज़ उसके कानों में पड़े और वह फ़ॉर्मल ढंग से बात कर सके? हलकी-फुलकी औपचारिकता के टोन में? किया तो था एक बार कहीं से। कैसी हालत ख़राब हो गई थी! तब से हिम्मत ही नहीं पड़ी। वह भी समझ ही गई लगता है। क्या? यही, कि इस आदमी से फ़ोन पर प्रेमालाप करना असंभव है।

विदेश-प्रवास के और तमाम क़िस्से तो सुनाए ही थे मालती को, बच्चों को। यही एक क्यों दबा गया? मालती से यूँ कभी भी कुछ भी छिपाया है उसने? छिपाने जैसा था भी क्या? कितनी सारी बातें होती हैं जिनका किसी के भी साथ साझा नहीं किया जा सकता और जो अपने ही घट के भीतर घटती रहती हैं। जब उन तक आपकी ही पहुँच मुश्किल से हो पाती है तो दूसरे को उनमें क्या दिलचस्पी होगी और क्यों होगी? मित्र जिसे कहा जा सके, अंतरंग सखा जिसे कहते हैं, वैसा तो कोई मिला नहीं। कोरा क़ाग़ज ही विनायक का एकमात्र विश्वस्त सहचर है। हालाँकि डायरी से भी वह भूख कहाँ मिटती है,...गहरे साहचर्य की भूख—उस अंतरंग 'दूसरे' के सामीप्य की भूख, जो दूसरा होते हुए भी, अपने से अलग होते हुए भी, अपनी ही एक कला सा लगे...अपने ही आत्म-दर्पण सरीखा। रिश्ते-नाते सब अपनी-अपनी जगह ठीक हैं; मगर अधूरे। और अतिपरिचय के कारण ही वे बासी भी पड़ ही जाते हैं। हमारी भावनाओं के समूचे वर्णपट को छेड़ सके, बजा सके, हमें पूरी तरह जीवंत अनुभव करा दे, ऐसे सहचर की तलाश होती है हमें। जिससे मन तृप्त हो, परंतु अघाए कभी नहीं। ऐसा हमको दिए हुए, या संजोग से मिले हुए रिश्तों में कहाँ होता है? नहीं हो सकता। उसे तो खोजना पड़ता है, कमाना पड़ता है। फिर भी वह कभी मिलेगा ही, कोई नहीं कह सकता। मिलेगा भी, तो वहाँ मिलेगा जहाँ उसकी कोई उम्मीद या कल्पना भी नहीं की जा सकती थी। एकदम परदेस में, बेगाने लोगों के बीच।

ऐसा कुछ जब घटता है हमारे साथ, तो वह किसी को भी बताने की बात नहीं

होती। उसका साझा करने की बात ही मन में नहीं आती। वह गोपन होकर ही अपना सत्य, अर्थात्–कह लो–अपनी ताज़गी, अपना अद्वितीय 'सेंसेशन' क़ायम रख सकता है। वेल्श-प्रवास की असली उपलब्धि तो वही न थी? किंतु, इस अंतर्घट की बात को किसे बताए और कैसे–यदि कभी कुछ बताने की इच्छा मन में जागे भी, तो? सच्चा अंतरंग मित्र होता कोई, तो शायद बताए बिना नहीं रह पाता। कभी इच्छा ही नहीं हुई, ऐसा भी कैसे कहे? वैसा कोई है नहीं विनायक के जीवन में। मालती को क्या बताता? कैसे बताता? ठीक है, कुछ तथ्यों का उल्लेख तो कर ही सकते थे कि एक बड़ी ही मेधावी महिला मिली वहाँ, जिसका नाम मार्गरेट था और जो उसकी सबसे अच्छी मित्र बनी...वग़ैरह-वग़ैरह...। बिना कहीं से भी यह जताए कि आप भावनात्मक स्तर पर इस क़दर उसके साथ उलझ गए थे। यानी, मालती को पहले से थोड़ा ज़िक्र कर दिया होता तो ख़ामख़ाह उसे इतना भीषण कुतूहल भी नहीं होता। समझ लेती कि साथ काम करने वाली किसी रिसर्च असिस्टेंट का पत्र होगा, जिसमें पढ़ाई-लिखाई की ही बातें होंगी। तब वह खोलती ही क्यों लिफ़ाफ़ा? विनायक ने ख़ुद ही यह आफ़त बुलाई–पूरे प्रकरण को ही छुपाकर, उसका चलताऊ तथ्यात्मक ज़िक्र तक दबाकर। अब भुगतो।

ऐसा तो है नहीं, कि विनायक के नाम कभी किसी महिला की चिट्ठी आई ही न हो। किंतु पहले तो मालती को कभी ऐसा कुतूहल या संदेह उस पर नहीं हुआ। बता ही दिया होता बताने लायक़ कुछ भी मार्गरेट के बारे में, तो भी नहीं खोलती। पढ़ाने के उसी धन्धे में जो आपके साथ काम करते रहे हैं, वे क्या आपस में संपर्क नहीं रखते? संदेह की इसमें बात ही कहाँ उठती है? संदेह तब होता है जब एकदम ही नया और अप्रत्याशित कुछ सहसा सामने आता है। देखते ही मालती चकरा गई होगी। कौन है यह मार्गरेट? कभी तो इसका ज़िकर नहीं आया। पहली बार नाम सुन रही हूँ। मगर...ज़ाहिर है यह इतना भारी लिफ़ाफ़ा इसने भेजा है तो पता नहीं क्या लिखा है। ज़रूर कुछ मुझसे छुपाया गया है। बस, एक बार यह बात जहाँ मन में आई कि फिर तो जो आगे होना था, वही हुआ। भुगतो अब अपनी बेवकूफ़ी की सज़ा।

चलो...कुतूहल हो, यह तो स्वाभाविक है। मान लिया। थोड़ा संदेह...वह भी हो गया। फिर भी विनायक के नाम का निजी लिफ़ाफ़ा इस तरह फाड़कर चिट्ठी पढ़ लेना! यह तो बहुत ही वाहियात बात है। और जो भी शिकायतें हों विनायक के मन में, और जो भी कमियाँ-ख़ामियाँ उसे दीखती रही हों अपनी पत्नी में–इधर कुछ ज़्यादा ही–कम-से-कम, शक्कीपन तो उसमें नज़र नहीं आया था कभी।

विनायक लिफ़ाफ़ा उठाता है और फिर से रसोईघर में घुस जाता है। स्वर को यथासंभव स्वाभाविक और संयत रखते हुए और फ़ालतू मुस्कराने की चेष्टा करते हुए...।

"क्यों भई, पढ़ली मेरी चिट्ठी? क्या लिखा है मार्गरिट ने? तुम्हें इतनी उतावली क्यों हो गई, जो...।"

अब जाकर मालती ने गर्दन मोड़कर उसकी तरफ़ देखा है। कैसे देख रही है? जैसे चोर की दाढ़ी में तिनका दीख गया हो। विनायक जबरन मुस्कराए जा रहा है। मालती की मुखमुद्रा कुछ ढीली तो पड़ी है। शायद अचकचा-सी गई लगती है। शायद उसे उम्मीद नहीं थी विनायक इस तरह उलटे उसी से जवाब तलब करेगा।

"मुझसे क्यों पूछ रहे हो? ख़ुद क्यों नहीं पढ़ लेते? चिट्ठी तुम्हें लिखी है कि मुझे?"

विनायक को अपने भीतर कुछ पिघलता-सा जान पड़ा। "अरे वाह!" वह किलक पड़ा। "मैं तो पढ़ूँगा ही। मगर तुमने मुझसे पहले ही चिट्ठी चख ली है, जूठी कर ली है, तो तुम्हीं बता दो ना, खट्टा-मीठा-तीता-चरपरा जैसा जो भी लगा हो तुम्हें।"

जवाब में मालती ने मुँह फेर लिया। विनायक थोड़ी देर सहमा-सा खड़ा रहा। फिर पलटकर अपने कमरे में आकर चिट्ठी निकालकर पढ़ने लगा। कुरसी उसने घुमा के दरवाज़े की तरफ़ कर ली और टाँगें पलंग पर फैला दीं। चिट्ठी पढ़ते हुए विनायक का चेहरा कैसे रंग बदलता है, मालती को यह भी देखने का कुतूहल हो सकता है। तो वह उसकी ओर पीठ क्यों करे? कोई चोरी की है क्या? तुम्हें शक हो ही गया है तो चलाओ ना अपनी जासूसी।

9

डियर डिपार्टेड

डियर डिपार्टेड!

तुम्हें ऐसे क्यों पुकार रही हूँ, मैं ख़ुद नहीं जानती। तुम्हें ठेस तो नहीं लगी? चौंकोगे तो सही, पर तुम्हें चौंकाना मेरा मक़सद नहीं। न तुम्हें ठेस पहुँचाना।

तुम्हारा ख़त मैंने पहले तो अपने कमरे में ही बैठकर पढ़ा। फिर स्वान्ज़ी समुद्र-तट की उसी रेती में लोटकर, जहाँ तुम्हारे सान्निध्य में जाने कितनी साँझें गुज़ारी थीं। क्या तुम यक़ीन करोगे, तुम्हारी रुख़सती के बाद मैंने एक बार भी उधर का रुख़ नहीं किया। जबकि तुम जानते हो वह जगह मुझे कितनी प्रिय है। अब वह तुम्हारी उपस्थिति से—नहीं तुम्हारी प्रेत-आत्मा से—इस क़दर एकजान हो चुकी है कि वहाँ अकेले जाने की कल्पना तक नहीं कर सकती। मैं तुम्हें बिलकुल याद नहीं करना चाहती विनायक, मैं तो तुम्हें पूरी तरह भुला-बिसरा देना चाहती हूँ—जैसे इस नाम का कोई व्यक्ति मेरी ज़िंदग़ी में कभी दाख़िल ही नहीं हुआ। इसीलिए...हाँ, इसीलिए तो मैं तुम्हारी जगह एक बड़ा सा सिफ़र टाँगकर, उसी को संबोधित कर रही हूँ जो अब तुम्हारे मेरे संबंध की हक़ीक़त है। क्या मैं तुमसे भी यही उम्मीद कर सकती हूँ? आख़िर तुम पुरुष होकर भी वह क्यों नहीं कर सकते जो मैं स्त्री होते हुए भी कर सकती हूँ, कर रही हूँ!

इधर मैं इस झाड़-फूँक में लगी हूँ और उधर तुम हो कि मुझे उसी तरह पुकार रहे हो। उसी तरह मेरे कानों में फुसफुसा रहे हो जैसे तुम अभी भी यहीं मेरी पहुँच के भीतर हो और मैं जब चाहूँ, तुम्हें छू, पकड़ और निगल सकती हूँ। बस...मेरे चाहने भर की देर है। ज़ाहिर है, तुम्हें कोई फ़र्क़ नहीं पड़ा। पर तुमने कैसे यह मान लिया मेरे प्रेमी प्रेत, कि तुम्हारी मार्गरेट को भी फ़र्क़ नहीं पड़ता? तुम्हारी बुद्धिमत्ता की मैं सदा क़ायल रही हूँ। क़ायल क्या, सौ जान से उस पर निछावर हूँ। किंतु यह तुम्हारी बुद्धिमत्ता या विद्वत्ता का क्षेत्र तो नहीं न है!

तुम्हारा यह पुलिन्दा भी बिलकुल तुम्हारी तरह निकला। पहले तो देखने-छूने तक

से परहेज़ करता–सामने वाले से चार हाथ की दूरी बनाए रखता...और फिर, अकस्मात्, बग़ैर किसी नोटिस के इस क़दर झपटकर अपने आलिंगन में भींच लेता कि दम ही निकल जाए। भला कौन सोच सकता है यह किसी सत्तावन बरस के बूढ़े की करतूत है! अंग्रेज़ी तुम्हारी मादरी ज़ुबान तो क्या, सेकिंड लैंग्वेज तक नहीं है, ऐसा तुम कहा करते थे। शायद हम अंग्रेज़ों के सताए वेल्श लोगों को ख़ुश करने के लिए। पर, अगर यह तुम्हारी अपनी ज़ुबान नहीं है तो इसमें ऐसी...,ऐसा चुम्बक कैसे? तुम्हारे सरीखा ऊपर से बड़ा धीर-गंभीर और भीतर से इस क़दर 'विकेड ओल्ड मैन' कोई हो सकता है, होगा?–मैं तो कल्पना भी नहीं कर सकती। जबकि तुम्हारी नज़रों में तो, उलटे, मैं ही तुम्हें बिगाड़ने वाली हुई–तुम तो बस...मेरी उँगलियों के इशारे पर चलने वाले निरीह निर्दोष ठंडे तार भर हुए वायलिन के–जिन्हें अपने भीतर सोए संगीत का कभी पता तक नहीं चलता, अगर...मैं आसमान से उतरकर न आई होती उन्हें छेड़ने को। यही ना?

तुम्हें पाश्चात्य संगीत से बहुत लगाव है, तुम कहते। और मैंने भी मान लिया था कि सचमुच ही तुम्हें लगाव है क्योंकि पहली ही बार जब तुम मेरे घर आए तो तुमने बीथोवन लगाने को कहा। कैसे तुम ताड़ गए मेरे व्यसन और मेरी रुझान को! मैं आश्चर्यचकित रह गई थी क्योंकि हमारे-तुम्हारे बीच तब तक संगीत तो बिलकुल नहीं आया था। सचमुच महान् संगीत सुनने के बाद साहित्य और, उसमें भी विशेषकर काव्य की चर्चा सचमुच उस धरातल को स्पर्श करने लगती है जिस धरातल पर उस काव्य का जन्म हुआ था–ऐसा तुम्हारा कहना था। और सचमुच इस बात को मैंने अपने अनुभव में साक्षात् किया। सचमुच तुम्हारे साथ मैंने 'दि वेस्टलैंड' और 'फोर क्वार्टेट्ज़' का, और-और भी कई रचनाओं का ऐसा आस्वाद पाया, जैसा पहले कभी नहीं पाया था। तुम जानते हो विनायक–निस्संदेह जानते हो–कैसे किसी स्त्री के अंतर्घट तक पहुँचा जाता है,' कैसे किसी स्त्री की अंतरतम भावनाओं और अभीप्साओं को जगाया'उकसाया जाता है। तुम कहते ज़रूर थे और अब भी वही दुहरा रहे हो कि मुझी से तुमने अपना चरमोत्कर्ष हासिल किया; किंतु मुझे पता है, तुम्हारी अपेक्षा यह बात मेरे लिए कहीं ज़्यादा सच है। तुम्हारा सान्निध्य पाने से पूर्व मैंने कभी इस तरह अपने भावावेगों को–उनकी ऐसी उत्कटता को जाना ही नहीं था। तुम जानते हो, सचमुच जानते हो, एक स्त्री को कैसे रिझाया और पगलाया जा सकता है। क्या मैं तुम्हें कोस रही हूँ?...नहीं प्रेतात्मा, नहीं। आख़िर मैंने भी तो अपनी रीझ-बूझ में वही सब किया जो तुम मुझसे चाहते थे। आत्मदान जिसे कहते हो तुम अपना, उसे उकसाने का निमित्त तो मैं ख़ुद ही बनी ना? और इसमें ग़लत क्या था? आत्मकेंद्रित ही सही, कुल मिलाकर तुम एक बेहद जानदार और दिलचस्प आदमी तो हो ही। और...अपने ही ढंग से, अपनी ही शर्तों

पर, अच्छे और सच्चे भी। नहीं? प्यार अगर आख़िरकार तुम्हारे अपने ही शब्दों में किसी अन्य के माध्यम से अपनी ही चरम अनन्यता को हासिल करने का नाम है तो वह ख़ुदगर्ज़ी—बेशक बड़ी बारीक़ और बेमालूम सी ख़ुदगर्जी—नहीं तो क्या है? प्यार क्या आदमी अपना आपा खो बैठने के लिए करता है? कदापि नहीं; सौ बार नहीं। आपा वह खोता ज़रूर है; मगर एक क्षण भर के लिए ही। वैसे ही, जैसे छुरी पर सान चढ़ाई जाती है। और ज़्यादा कसके अपने अहं की धार पैनी करने के लिए। बाइ द वे, तुम्हारा हिन्दू मेटाफिजिक्स क्या कहता है इस बारे में? बताया तो था तुमने एक बार मुझे,—याद आता है—कुछ तंत्र-वंत्र भी समझाया था। हालाँकि मेरे पल्ले तो कुछ नहीं पड़ा था। भले, तुम्हें ख़ुश करने को मैंने बड़ी रीझ-बूझ का—तुम्हारी सुयोग्य शिष्या होने का अभिनय किया हो। पर जो एक चीज़ तुम्हारे कैरेक्टर में कभी-कभी खटक जाती थी मुझे, वह भी मैं तुम्हें अब बता ही दूँ। क्यों? बता दूँ? बुरा तो नहीं मान जाओगे? मानते रहो, अब इससे क्या फ़र्क़ पड़ता है! मन में जो बात है, उसे ज़ाहिर किए बग़ैर कल भी तो नहीं पड़ती। तुम एक तरफ़ तो बड़ा जीवन-दर्शन बघारते थे कि आदमी को कभी भी अपने 'मूड' को महत्त्व नहीं देना चाहिए—उसे ऐसे अनदेखा करना चाहिए, जैसे उस मूड का उसके वास्तविक रूप से क़तई कोई संबंध ही न हो। और, दूसरी तरफ़ तुम कभी-कभी इतने मूडी हो जाते थे जैसे तुम्हारे 'मूड' पर ही दुनिया टिकी हुई हो। जाने कहाँ बिला जाती थी तुम्हारी सारी बुद्धिमत्ता तब! एक प्रसंग जो अभी तक मुझे गड़ता है, वह तुम्हें याद दिलाऊँ? पता नहीं तुम्हें याद भी होगा कि नहीं। ऐसी असुविधाजनक बातों को तुम्हारे जैसे प्रेमी बड़ी आसानी से भुला देते होंगे। है ना? हाँ, तो ऐसे ही किसी 'मूड' में तुमने मेरे सामने किसी एलिज़ाबेथ नाटक का वह संवाद 'कोट' कर मारा था—याद है?

क्या इसी—महज़ इसी के लिए
निछावर किए जाते रहे
बड़प्पन बड़े-बड़ों के
एक पगलाए क्षण से उपजी
उड़न-छू तसल्ली के लिए?+

किसको सुना रहे थे तुम? अपनी प्रेयसी को ही न? अपने ही 'बिविल्डर्ड मोमेंट' और उसके 'पुअर बेनेफिट' की दुहाई देते हुए तुम अपने उस उखड़े-पुखड़े मूड के लिए भला और किसको जिम्मेवार ठहरा रहे थे? उसी को ही ना?

\+ Are Loveships sold to maintain ladyships
For the poor benefit of
A bewildered moment?

और...हाँ, तुमने तो मुझसे वादा किया था ना, कि तुम बहुत जल्द मुझे वहाँ किसी इंटरनेशनल सेमिनार में बुलवाने वाले हो और, जहाँ भी वह होगा, वहाँ ख़ूब सैर-सपाटा कराने के बाद तुम मुझे बम्बई ले चलोगे और वहीं से वापसी की उड़ान भरने से पूर्व मुझे हफ़्ता-दस दिन तुम्हारी मेज़बानी का लुत्फ़ उठाने के लिए तुम्हारे घर में ही रहना होगा। तो क्या भारतीय पत्नियाँ ईर्ष्या जैसे सर्वव्यापी मनोविकार से इस क़दर ऊपर उठी होती हैं? तुमने ज़िकर तो किया ही होगा मेरा अपनी सहधर्मिणी से। (क्या नाम उनका...मैं तो भूल ही गई) पर, इस ख़त में तुमने उनका कोई ज़िक्र नहीं किया, यह तुम्हारी ख़ुदगर्जी का एक और प्रमाण हुआ कि नहीं? एक बात बताओ...मुझे तब तो नहीं हुआ था शक तुम्हारी बातों पर;...पर अब हो रहा है। तुम क्या सीरियस थे उक्त वादा मुझसे करते हुए? याकि, यों ही मेरा मन रखने, मुझे बहलाने के लिए तुमने वह प्रस्ताव किया? इतने लम्बे ख़त में तुमने एक बार भी उसका ज़िक्र नहीं किया, इससे किसी को क्या लगेगा? भले आदमी! मेरा मन रखने को ही सही, अपना वादा यूँ ही दुहराते तो सही! न तुमने प्रोफ़ेसर राउलैंड्स का ही कुशल-क्षेम पूछने की ज़रूरत समझी, जो तुम्हारे-मेरे बीच सेतु बने थे। कैसे कृतघ्न हो तुम! स्वदेश लौटने के बाद एक ख़त तक नहीं लिखा उन्हें। लिखा होता तो वे मुझे बताते नहीं? सुना, तुमने दो साल बाद फिर से उनका आमंत्रण स्वीकार करने का वादा किया है। बड़े उस्ताद निकले तुम। सबको अपने वादों पर ही टाँगे रहते हो।

तुम्हारी महत्त्वाकांक्षा पूरी हो गई? विभागाध्यक्ष बन गए तुम—जिसके लिए इतने लालायित थे? कहीं ऐसा तो नहीं कि यहाँ भी एक बरायनाम के फ़ायदे की ख़ातिर अपनी लॉर्डशिप गिरवी रख देने का अफ़सोस सालने लगा हो? सिर्फ़ दो साल मिलेंगे तुम्हें इस कुर्सी का सुख भोगने के लिए? यहाँ तो पैंसठ साल तक भी प्रोफ़ेसर रिटायर नहीं होता, तुम्हारे ही यहाँ ऐसा मूर्खतापूर्ण नियम क्यों है? हो सकता है सिर्फ़ तुम्हारे बम्बई में हो, अन्यत्र नहीं। तब तो तुम कहीं भी यह सुख भोग सकते हो; वेल्श आने की ज़हमत क्यों उठाओगे! अपनी पत्नी से पूछा इस बारे में? तुम तो कहते थे उसका अपना स्वतंत्र व्यवसाय है जिसमें वह पूरी तरह मगन रहती है और यूँ भी बच्चों को छोड़कर नहीं आ सकती। बच्चे?...अरे, क्या तुम्हारे यहाँ अठारह-बीस बरस के नौजवान भी बच्चे ही कहलाते हैं? अब, यूँ तो...किन्हीं क्षणों में तुम ख़ुद भी बच्चे ही लगने लगते थे...। तुम कहीं अपनी पत्नी को मत पढ़ा देना मेरा यह चिट्ठा। क्या सोचेगी वह मेरे बारे में। तुमने तो अपना फ़ोन नम्बर तक नहीं दिया मुझे। नहीं तो, मैं ही बात कर लेती—कम-से-कम आवाज़ तो सुन लेती उनकी। तुम्हें पता है मुझे इसमें महारत हासिल है, आवाज़ भर सुनके किसी भी व्यक्ति के स्वभाव और चरित्र को पढ़ लेने की। क्यों? डरते हो? सचमुच? मुझे भुला देना चाहते हो? निकाल बाहर कर देना चाहते हो अपने हरम से मुझे? लगता तो नहीं तुम्हारे इस पुलिन्दे से वैसा।

मैं ज़रूर तुम्हें मिटा देना चाहती रही हूँ—ऐसे, जैसे तुम कभी दाख़िल हुए ही नहीं थे मेरे जीवन में; ऐसे, जैसे किसी सपने में मिले थे तुम। बात जमी नहीं कुछ। सपना तुम्हारे लिए होगा, पैदाइशी 'ड्रीमर' जो हो! मैं भी तुम्हारे लिए एक स्वप्नसुंदरी ही तो थी (तुम्हें याद होगा, ऐसा कुछ तो भी तुमने कहा भी था—कब?—एकदम शुरुआत के दिनों में)। हाँ, मैं भी तुम्हारे लिए एक सपना ही तो थी, जिसे हक़ीक़त में बदलने का श्रेय तुम भले मुझी को देते रहो, पर मैं जानती हूँ वह श्रेय किसको जाता है। तुम्हीं ने तो मुझे अपने सपने में साझीदार बनाया—मुझे ख़ुद इस बीमारी की छूत लगा दी। नहीं! सिखा तो अपनी समझ से तुम मुझे कुछ और ही रहे थे और उसमें अपनी तरफ़ से तुमने कोई क़सर भी नहीं छोड़ी—जी भर के लुटाया मुझ पर तुमने, जितना जो कुछ भी तुम्हारे पास लुटाने को था। उसके लिए मैं दिलोजान से तुम्हारे प्रति कृतज्ञ हूँ और रहूँगी आजीवन। तुम्हारी योग्य-से-योग्य शिष्या या शिष्य भी मेरे सामने नहीं ठहर सकेंगे, समझे? मगर मैं फ़िलहाल उसकी बात नहीं कर रही हूँ। जिसकी कर रही हूँ, तुम्हें पता है। तुम्हारा कर्मसिद्धान्त क्या कहता है? क्या तुम अपने कर्मों का फल भोगने से इसी बिना पर इनकार कर सकते हो कि वह तुमने नहीं किया था, बस, अनजाने में तुमसे हो गया था। अब तुम अबोध बनने का अभिनय मत करो। जितना मेरा इल्म है इस बारे में—बेशक, बिलकुल किताबी—उसके मुताबिक़ तो तुम यह बहाना आगे करके बिलकुल नहीं बच सकते। मैं यह क्या कह—नहीं, लिख बैठी? क्या पत्र में ऐसी बातें कही जा सकती हैं? कही जानी चाहिए? तुम्हीं इसके लिए पूरी तरह ज़िम्मेदार और क़सूरवार हो...मुझे कहने दो।

यस-यस...यू आर दि कल्प्रिट। क्यों लिखा तुमने मुझे यह इतना लम्बा ख़त, जिसे पढ़ने में ही मुझे पूरा दिन लग गया और फिर भी...अभी जाने कितनी बार पढ़ना पड़ेगा। सुनो...जब तुम सब कुछ पर एकबारगी पटाक्षेप करके चल दिए (जबकि कम-से-कम छह माह और रुक सकते थे, इतना निहोरा किया गया था तुमसे!) तो तुम्हें अब भी मुझे यह जताने की ज़रूरत ही क्यों पड़ी कि मैं तुम्हारे लिए क्या हूँ, क्या रहूँगी? इससे फ़ायदा? तुम्हें ज़रूर इससे भावनात्मक राहत मिली होगी। पर क्या तुम्हें होश है—कुछ पता भी है तुम्हें, कि तुमने मेरे साथ क्या किया है? प्रेतबाधा से छुटकारा पाने के लिए की गई मेरी सारी झाड़-फूँक बेकार गई? उफ़, किस क़दर तुमने वह सब एकबारगी फिर से छेड़ और उकसा दिया है, जिसे मैंने अपने भीतर कहीं गहरे में गाड़ दिया था। अब तुम उसे फिर से खोद लाए हो और चाहते हो, मैं तुम्हारा साथ दूँ। साथ देने से मगर तुम्हारा अभिप्राय क्या है? प्रोफ़ेसर विनायक! क्या तुम जानते हो तुम क्या कह रहे हो जब आध्यात्मिक रिश्ते की दुहाई दे रहे होते हो? मैं तो सिर्फ़ यह जानती हूँ कि तुम्हारे इस तथाकथित आध्यात्मिक रिश्ते के भी टिके रहने के लिए हवा के साथ-साथ कुछ खाद-पानी भी चाहिए निरंतर, जो तुम दे नहीं

सकते और मैंने मान लिया था, पचा लिया था इस तथ्य को, कि तुम्हारा-मेरा साथ बस उतना ही बदा था मेरे हिस्से में।

नहीं! मुझे किसी सेमिनार-वेमिनार में नहीं आना। मुझे चिढ़ हो गई है इन सेमिनैरिस्टों—वो क्या कहा था जॉर्ज ऑरवेल ने उनके बारे में—इंटरनेशनल कॉलग़र्ल्स! मुझे इंटरनेशनल कॉलग़र्स बनने की कोई लालसा नहीं। तुमसे मिलने की लालसा अवश्य थी जो कि तुम्हीं ने इस बहाने मुझमें जगा दी। पर...अब मुझे लगता है, कोई दम नहीं है इस लालसा में भी। क्या तुम नहीं जानते?...ज़रूर जानते होगे, कि कई बार हम जिनसे मिलने को तड़पते हैं, उनसे मिलने के बाद उलटे और अधिक बिछुड़ जाते हैं। वह मिलना न मिलने से भी अधिक त्रासद सिद्ध होता है। तुम कहोगे बड़ी आई फ़ल्सफ़ा छाँटने वाली! मगर मैं फ़ल्सफ़ा क़तई नहीं छाँट रही हूँ—क्या तुमने भी कई बार ऐसा अनुभव नहीं किया कि हम ख़ुद ही हमेशा अपने क़द के बराबर नहीं निकलते; या तो कम निकलते हैं या ज़्यादा। तो जो हमारा प्रतिरूप होता है, वह 'दूसरा', जिसे हम चाहते हैं, वही क्यों हमारी कामना के क़द में यथावत् क़ायम रहेगा? यदि मैं तुम्हारे साथ के अपने साक्षात् अनुभव से जानती हूँ कि मैंने तुम्हारे सर्वोत्तम को छू लिया है, पा लिया है तो अब उससे कम मैं तुम्हें कैसे झेल सकूँगी? मुझे डर लगता है—बेहद डर लगता है इस दुस्संभावना से, कि यही होना है, यही होगा। ज़िंदगी बहुत ही क्रूर और त्रासद है प्रोफ़ेसर! वह किसी को नहीं बख़्शती—चाहे मनुष्य का अवतार ग्रहण किए ईश्वर ही क्यों न हो! सच-सच बता दूँ तुम्हें—मैं दुबारा नहीं मिलना चाहती तुमसे; जिस शिखर को हमने जाना है, जिस शिखर पर हम साथ-साथ रह लिये, उससे आगे अब बस उतार ही उतार दीखता है, ढलान-ही-ढलान। अब हम कभी भी शायद उस तरह नहीं मिल सकते। ईश्वर के लिए...तुम अपनी यह ज़िद छोड़ दो। वहीं बने रहो—उसी ऊँचाई पर, जो दुबारा चढ़े जाने के लिए नहीं थी; नहीं है। मुझसे अब वह मत चाहो, जो मैं तुम्हें नहीं दे सकती। यह मैं तुमसे नहीं, अपने आपसे ही कह रही हूँ। क्योंकि जानती हूँ अपने मन के भी मन में, कि तुम भी मुझे वह दे नहीं पाओगे, जो तुम दे चुके हो। हम सब अपनी संभावना—संभावना क्या, वास्तविकता कहो उसे—उससे, नीचे ही बने रहने को अभिशप्त हैं। कुछ भी दुबारा घटित नहीं होता हमारे साथ—इस जीवन में। दुबारा उसे घटित करना तुम्हारे या मेरे हाथ में नहीं है। तुम्हारी दुर्दम्य लालसा ही उसे अनहुआ कर देगी। यह सच है, यही सच है मेरे प्यारे प्रोफ़ेसर! बाक़ी सब मिथ्या है। हमारे मन का मायाजाल।

मुझे अब जी-जान से जुट जाना है अपने काम में। उस जगह तो तुम मेरे परमानेंट पथ-प्रदर्शक हो और हमेशा-हमेशा रहे आओगे। मंगन पर काम करूँगी अब—चकराओ नहीं। ये येट्स-वेट्स बहुत हो गया। मन भर गया अब उससे मेरा।

अब उसका जो प्रतिपक्ष है—लगभग ऐंटीडोट—यानी, ज्वाइस, उसकी पसंद से ही चलने की मैंने ठान ली है। क्लेरेंस मंगन चूँकि ज्वाइस की पहली पसंद है, इसलिए मेरी भी। इसे विश्वासघात तो नहीं कहोगे? आख़िर तुम्हारे ही कहने से मैंने इतना ख़ून जलाया आयरिश सीखने में। अब मैं तो ख़ुद तुम्हीं को सिखा सकती हूँ आयरिश। मंगन का पुनर्मूल्यांकन करना है मुझे—ब्रैंड न्यू पुनर्मूल्यांकन। और इस काम में मुझे मेरे गुरु प्रोफ़ेसर राउलैंड्स मदद करेंगे। अब मैं उन्हीं की शरण में जा रही हूँ। तुम क्यों उनसे जलने लगे—तुम्हारे इस क़दर मुरीद हैं वे। इस क़दर तुम्हें चाहते हैं। हूँ तो आख़िर में उन्हीं की शिष्या। तुम तो बहुत बाद में नमूदार हुए।

तो...अलविदा मेरे प्यारे प्रेत! अब जब भी मुझे चिट्ठी लिखने की खुजली तुम्हें सताए, तुम पढ़ने-लिखने की ही बात करना। फ़ालतू बातें बिलकुल नहीं। ठीक है? वैसी बातों से तुम मुझे तो तक़लीफ़ पहुँचाओगे ही, ख़ुद भी कम तक़लीफ़ नहीं भोगोगे। तुम्हारा ही मुहावरा तुम्हारे मुँह पर दे मारूँ?...तुम यहाँ थे मेरे पास, तो मैं बहुत बुरा मानती थी—उपट भी देती थी तुम्हें, कि यह अपने को बारम्बार 'ऐन ओल्ड मैन इन अ हरी'+ कहने की कुटेव छोड़ो। न तो तुम ओल्डमैन हो, न किसी हड़बड़ी में हो। उलटे, तुम तो एक ऐसे बच्चे का नमूना हो, जो अभी तक 'मैं जन्म लूँ कि न लूँ' इसी दुविधा में गिरफ़्तार है। हाँ, मैंने जाने कितनी बार तुम्हें टोका है। पर...अब मुझे लगता है मुझे अपना तौर-तरीक़ा बदलना पड़ेगा। तभी तुम मानोगे और सही राह पर आओगे। अब, मुझे तुमसे जो चाहिए, वही असली गिफ़्ट होगी तुम्हारी। जीवन भर साथ देने वाली। वह किताब जो तुम्हें लिखनी है, जिसकी आहट तुम्हें—तुम कहते थे ना मुझसे—कि—कभी कभी ही मिलती है; पर मिल करके भी बारम्बार गुम हो जाती है।...वही, जिसके बारे में कहा जाता है कि 'ही हैज़ रिटन दि बुक ऑफ़ हिज़ लाइफ़'...। तो अब तुम सब कुछ छोड़-छाड़ के उसी आहट को सुनने और उसी को मूर्त रूप देने में अपने को खपा दो।

और...यह तभी संभव होगा जब तुम जिस किसी के सामने थिएटर करने के लिए नहीं, बल्कि पूरे होशोहवास में अपने आर-पार देखते हुए सौ टंच खरेपन के साथ कह सकोगे कि...'हाँ, मैं जानता हूँ मैं वृद्ध हो गया हूँ।' और,...यह भी, कि 'मुझे अब सचमुच ही जल्दी है। अपना असली काम कर जाने की। और, मैं प्रसन्न हूँ, जैसे डाल पर पक रहा फल प्रसन्न होता है कि मेरा समय आ रहा है—कृतार्थता का वह क्षण, जब मैं अपनी परिपक्वता को पूरे होशोहवास में और इस जीवन-संसार को, मेरे बाद आने वाली पीढ़ियों को पूरे आत्म-दान में अर्पित कर जाऊँगा। सारे

+ बूढ़ा आदमी—उतावली में

ऋणों से मुक्त होकर अपने विधाता में समा जाऊँगा। तभी तुम इस मार्गरेट से (जिसे तुमने 'महामाया' कहा है अपने इस ख़त में) भी सचमुच मुक्त हो पाओगे। और, उसे भी मुक्त कर पाओगे। यानी अपनी मुक्ति में उसे भी बराबरी का साझीदार बनाओगे।'

बस,...तो अलविदा मेरी आत्मा के मित्र, मेरे सहचर संयोगलब्ध...और, अब,... केवल...योगलभ्य...।

—तुम्हारी मार्गरेट

10

संवाद और स्वगत

रसोई से रोने-सिसकने की आवाज़ आ रही है। पहले बहुत धीमी, फिर क्रमशः तेज़ होती हुई। विनायक दोनों हाथों से अपना सिर थामे, कुहनियाँ मेज़ पर टिकाए बैठा है।

ऐसा नहीं कि यह कोई अनहोनी घटित हुई हो। कुछ-न-कुछ उपद्रव तो होता ही रहता है इस घर में। बिना बहस किए कभी कोई मानता नहीं कुछ भी। बेबात की बात बढ़ेगी, खिंचेगी, और खिंचती चली जाएगी। पता भी नहीं चलेगा कब कहाँ से एक बगूला उठा और बवंडर बन गया। कारण हमेशा अकारण होगा—बेतुका, बेकार और ऐसी चिल्ला-चोट के लिए सर्वथा अनर्गल। लगेगा जैसे घर ईंट-सीमेंट का नहीं, नस-नाड़ियों का ही बना हो। क्या इलाज है इस रोज़मर्रा की कट-कट का? कोई नहीं। इलाज़ उसका होता है, जिसे रोग की तरह पहचाना और क़बूला जा सके। यहाँ सबके 'ईगो' बुलन्द हैं, कोई किसी से कम नहीं; कोई कभी ग़लत नहीं, कोई किसी के सामने—यहाँ तक कि ख़ुद अपनी सहज बुद्धि (कॉमन सेंस) के सामने भी झुकने को तैयार नहीं। सबको अपनी-अपनी बुलन्दियों पर ही क़ायम रहना है। असहमति का अधिकार ही यहाँ सब कर्तव्यों का कर्तव्य है : 'स्पिरिट ऑफ़ कॉण्ट्रैडिक्शन' ही सारे मूल्यों का मूल्य। मंद्र या मध्यम कब तार सप्तक में बदल जाएगा—कोई ठिकाना नहीं। 'सुर नीचा करो पहले,'—चीख़ता है विनायक—'अगर मुझसे बात करनी है।'... पर, बात करनी हो सचमुच में, तब न! नीचा सुर वह करे जो नीचा देखने को तैयार हो। यहाँ सब अपने-अपने लिए हैं। कोई किसी के लिए जगह क्यों छोड़े? सहमति या सर्वानुमति लिजलिजेपन के पर्याय हैं। समझौता कौन किससे करे? यहाँ सब बराबर हैं। बराबरों के बीच समझौता कैसा? भले बराबरों में भी हमेशा ही कोई कम बराबर और कोई ज़्यादा बराबर होता रहे। यह कोई ऊँच-नीच थोड़े है! भेद-बुद्धि थोड़े है!

अकस्मात् विनायक ताव खा गया। कुर्सी पीछे धकेली और उठ खड़ा हुआ। यूँ

सिर थामे बैठे रहने का मतलब होगा—तुम सचमुच ही कल्प्रिट हो, अपराधी हो, चोर-डकैत-ख़ूनी हो और रँगे हाथ पकड़ लिये गए हो। और इसीलिए चूहेदानी में जैसे चूहा फँसा रहता है चुपचाप, बिना चूँ भी किए, वैसे ही तुम बिल्ली के इंतज़ार की धुकधुकी में गिरफ़्तार हो। माना, आज का मामला कुछ ज़्यादा ही संगीन है—और दिनों की तुलना में कुछ ज़्यादा ही। इस मानी में, कि घर का मुखिया आज ख़ुद को ही पिंजरे में पा रहा है। अन्यथा तो, अकसर ही वह एक अचानक रस्ता चलते टकरा गए नुक्कड़ नाटक का निरीह दर्शक भर होता है; या फिर...बहुत ही बिरले अवसरों पर, एक ऐसे न्यायाधीश की भूमिका में, जिसे कोई विदूषक से ज़्यादा भाव देने को तैयार नहीं—इस तथ्य के बावजूद, कि कई बार यह विदूषक न्याय ही उस तूफ़ान के बीचोबीच शान्त रस की अवतारणा संभव कर जाता है। इतना श्रेय तो इस बेचारे विनायक को देना ही पड़ेगा। और देते ही हैं लोग शायद उस नाज़ुक मौक़े पर मन ही मन। प्रकट मुद्रा तो उनकी खिझलाहट या खिसियाहट की ही होती है—फिर भी।

फ़िलहाल...मगर हम प्रोफ़ेसर विनायक को बोलते नहीं, सीधे तारसप्तक में चीख़ते-चिल्लाते सुन रहे हैं।

''बंद करो यह रोना-धोना। अभी मरा नहीं मैं; ज़िंदा हूँ।''

उधर से सिसकियाँ एकाएक थम गई हैं और फिर उससे भी तीखा सुर प्रत्युत्तर में गूँजता है। ''चिल्लाओ मत। तुम्हें मुझ पर चीख़ने-चिल्लाने का कोई हक़ नहीं है।''

''क्यों?''—और इस 'क्यों' के धक्के से ही विनायक सीधे रसोई घर में फिंका गया। ''क्यों नहीं है हक़ मुझे?...और,...मेरी निजी चिट्ठी खोलकर पढ़ जाने का हक़ तुमको कब से हासिल हो गया?''

''मुझसे जवाब तलब कर रहे हो तुम? मुझसे?''—मालती का तमतमाया चेहरा अब ऐन उसके सामने था—''अपना पाप ढकने के लिए?''

''चिल्लाओ मत—भगवान के लिए...। और...माइंड योर लैंग्वेज। पाप-पुण्य का एकमुश्त ठेका क्या तुम्हीं ने ले रक्खा है?''

''अच्छा!''...मालती झपटकर 'स्टडी' में घुसी और मार्गरेट की चिट्ठी को झंडे की तरह लहराती हुई बोली—''यह क्या है? तुम्हारे पापों का ही बखान...भंडाफोड़ नहीं, तो क्या है? पढ़ो ज़रा, क्या लिखा है यह?''

विनायक ने झपटकर मालती के हाथ से चिट्ठी छीन ली। उसे वापस मेज़ पर पटकते हुए बोला—''ईश्वर के लिए,...मालती ऐसा सीन क्रिएट मत करो। तुम्हें भारी ग़लतफ़हमी हुई है।''...उसने मालती को अपनी बाँह में घेरते हुए बैठक की ओर धकेला। ''मालती, बैठो ज़रा शान्ति से और मेरी बात सुनो। मैंने ऐसा कुछ नहीं किया जिसके लिए तुम मुझे इस तरह अपमानित करो। मुझे चिट्ठी मत बताओ। मैं पढ़

चुका हूँ पूरी और तुम भी पढ़ चुकी हो। क्या पढ़ा तुमने इसमें, साफ़-साफ़ बताओ।''

मालती ने आँखें तरेरकर अपने पति को देखा और उसकी बाँह छुड़ाकर झटक दी।...''एक तो चोरी, तिस पर सीनाज़ोरी। तुमने मुझे समझा क्या है? क्या मुझे इत्ती भी अंग्रेज़ी नहीं आती? मैं सब समझती हूँ। और मैं तो क्या, एक बच्चा भी समझ ले, इस तरह इस बेहया ने सारा कच्चा चिट्ठा परोस के रख दिया है। आने दो बच्चों को। पढ़ने दो उन्हें भी अपनी वीरगाथा। फिर कहना मुझसे, तुम्हें ग़लतफ़हमी हुई है।''

इस पर विनायक आपे से बाहर हो गया।

''तो, जाओ मरो। जो करना है, करो। मुझे बात ही नहीं करनी तुमसे। चोरी और सीनाज़ोरी तुम कर रही हो, कि मैं? शर्म नहीं आई तुम्हें मेरी चिट्ठी खोलके पढ़ते हुए? ऊपर से 'पाप-पाप' रटे जा रही हो—क्या मतलब है तुम्हारा? तुम्हारी अंधी आँखों को जो पाप जैसा दिखाई दे रहा है, उसे अगर छुपाना ही होता मुझे, तो उसे अपने घर का पता क्यों देता? दिमाग़ नाम की कोई चीज़ है कि नहीं तुम्हारी खोपड़ी में? अगर यही लिफ़ाफ़ा कॉलेज के पते पर आता तो तुम्हें ऐसी चिल्ला-चोट मचाने का मौक़ा मिलता? बोलो।''

मालती के होंठ फड़फड़ाए। पर...सिर्फ़ फड़फड़ाए। खुले नहीं। उसके चेहरे पर नज़र गड़ाए विनायक को लगा उसका दाँव ख़ाली नहीं गया। मालती के दोनों कंधों को अपने दोनों हाथों से दबाते हुए उसने उसे तख़्त पर बिठा दिया जबरन और ख़ुद उसके सामने अपनी कुर्सी में जा धँसा।

''मालती, तुम्हें इन फ़िरंगियों के तौर-तरीक़ों का—उनकी 'टोन' और 'टेम्पर' का—बिलकुल अंदाज़ा नहीं है ना,...इसलिए ग़लतफ़हमी होना बिलकुल स्वाभाविक है। मैं समझता हूँ मालती। यह बिलकुल सच्ची बात है कि यह महिला, जो वहाँ कार्डिफ़ यूनिवर्सिटी में मेरी सहकर्मी ही नहीं, शिष्या भी रही, अपनी असाधारण बुद्धिमत्ता और उतनी ही विलक्षण आत्मीयता और खुलेपन के कारण मेरी विशेष स्नेहभाजन बनी। तुम तो जानती हो, मैं आसानी के साथ किसी के निकट नहीं आ पाता। पर इसके हँसमुख-मिलनसार व्यक्तित्व के कारण इसके साथ मेरी पटरी बैठ गई तो; नेचुरली... मैं इससे कुछ ज़्यादा ही खुल गया था। मालती ज़रा अपने को मेरी जगह रखके देखो। मैं कहाँ जाता हूँ! घर से बाहर निकलना ही नहीं चाहता मैं तो। तुम्हीं ने तो मुझे ज़बर्दस्ती ठेला था यह 'ऑफ़र' स्वीकार करने के लिए—तुम्हें याद नहीं? मालती, ज़रा सोचो, परदेस में ऐसा अपनापा मिल जाना मेरे जैसे आदमी के लिए कितनी बड़ी राहत होती है। अपने घर-परिवार से बिछुड़ा मेरे सरीखा निहायत घरेलू और घरघुस्सू आदमी परदेस में चौबीसों घंटे अपनी प्रोफ़ेसरी ओढ़के सबसे अलग-थलग पड़ा रहेगा क्या? ऐसा अपनापा पाकर भी। मालती, तुम्हें पता नहीं ये वेल्श लोग अंग्रेज़ों से कितने

अलग होते हैं? मुझे ख़ुद ही कहाँ पता था। इनके सर्किल में दाख़िल हुआ पहली बार, तभी मुझे भी पता चला। ये लोग चुप्पा और फॉर्मल नहीं होते अंग्रेज़ों की तरह। इस क़दर भावुक और इतनी जल्दी आपके साथ घुल-मिल जाते हैं कि तुम्हें क्या बताऊँ! मैंने तो कभी सपने में भी नहीं सोचा था मेरा ऐसा स्वागत होगा वहाँ; इस क़दर हाथोहाथ लेंगे ये लोग मुझे। जैसा आदर और जैसा प्यार मुझे उन लोगों से मिला–मैं तुम्हें बता नहीं सकता। कभी जाओगी मेरे साथ वहाँ, तो अपनी आँखों से देखोगी-समझोगी। वे मुझे फिर से बुलाने का निहोरा कर रहे हैं। पर मैं तभी जाऊँगा जब तुम भी मेरे साथ चलोगी।

विनायक थोड़ा ठिठका। मालती के चेहरे को ग़ौर से पढ़ना चाहता है वह। पर मालती का सिर कुछ इतना नीचे झुका हुआ है कि उसका चेहरा पढ़ पाने की कोई गुंजाइश नहीं। हलकी सी निराशा के बावजूद वह फिर चालू हो गया।

''तुमसे ज़्यादा इस बात को कौन जानता है मालती, कि मैंने कितनी उपेक्षा और अवमानना झेली है–किस तरह रात-दिन मर-खपके मैंने अपने लिए साँस लेने की थोड़ी जगह बनाई है। लोग विदेश जाने के लिए क्या-क्या तिकड़में नहीं करते! तुम तो ख़ुद ग़वाह हो मालती, मैंने कभी उस तरह की लालसा पाली नहीं। ज़रा याद करो, जब यह वेल्श का आमंत्रण मुझे मिला, मैंने क्या कहा था तुमसे। कि दस बरस पहले आया होता यह ऑफ़र, तो भी कोई बात थी। अब इस आख़िरी वक़्त में परदेस भटकने से मुझे क्या मिल जाने वाला है? तब किसने मुझे हौसला बँधाया था? किसने मुझे यह मौक़ा कबाड़ लेने को उकसाया था–तुम्हीं ने नहीं तो? तुम्हीं ने मुझे प्रेरणा दी और...अब तुम्हीं मुझे...।''

विनायक का गला रुँध गया। वह उठा और वॉश बेसिन तक जाकर गला खखारकर, मुँह पर पानी के छींटे मारकर लौटा। कमरे में ख़ामोशी छाई रही। मालती चुपचाप सिर झुकाए उसी मुद्रा में बैठी रही। विनायक को उसकी साँस लेने की आवाज़ सुनाई दे रही थी। बीच-बीच में हलकी सिसकी सा भी कुछ। विनायक का हाथ यंत्रचालित-सा मालती की पीठ पर जा टिका। उसे लगा पीठ में हलका सा कम्पन जैसा कुछ...।

''मालती, ज़रा मेरी तरफ़ देखो। जो तुमसे मुझे नहीं मिल सकता, वह दूसरे किसी से मिल सकता है, इस चक्कर में मुझे पड़ना ही होता तो अभी तक नहीं पड़ चुकता? मेरा आख़िर क्या है जो तुमसे छुपा हुआ है? रोना-झगड़ना जो भी है, सब तुम्हारे सामने है। आज तक अपने लिए कोई शरण खोजने कहाँ-कहाँ गया मैं, तुम्हीं बताओ। तुम्हारे साथ रहते हुए कम-से-कम पचीस बरस हो गए। आज पहली बार तुम मुझ पर ऐसा इल्ज़ाम लगा रही हो–आख़िर, क्यों? ज़रा बताओ तो सही मुझे, इन तमाम बरसों में तुम्हें मेरे लम्पट-व्यभिचारी होने के कितने सबूत मिले जो तुम

ऐसी वाहियात बातें अपनी ज़ुबान पर ला रही हो?''

हठात् मालती की सिसकियाँ फिर तेज़ हो गईं। पीठ बुरी तरह हिलने लगी। विनायक पीठ सहलाता रहा...शून्य में अपनी आँखें गड़ाए। अचानक उसने पाया उसके ओठ आप से आप फुसफुसाने-बुदबुदाने लगे हैं।

''कोई बात नहीं मालती, चिट्ठी खोलके पढ़ ली तो। कभी ज़िकर नहीं आया था...तुम्हारा कुतूहल जगना स्वाभाविक था। इसमें मेरे इतना बौखलाने की कोई बात नहीं थी। अरे, मैं तो तुम्हें ख़ुद ही चिट्ठी पढ़के सुना देता यदि तुमने थोड़ा सब्र से काम लिया होता तो।...तब यह ग़लतफ़हमी... ।''

''रहने दो, रहने दो,''—अकस्मात् तड़पकर मालती ने विनायक का हाथ अपनी पीठ से हटाते हुए ज़ोर से झटक दिया। एक क्षण को तो विनायक तिलमिला गया; मगर अगले ही क्षण उसका हाथ फिर वापस वहीं पहुँच गया।

''मालती, आज तक कभी भी तुमने मुझ पर ऐसा अभियोग नहीं लगाया। पता नहीं तुमको आज हो क्या गया है! सुनो, तुम्हें जो भी मुझसे कहना-सुनना है, जो भी शिकायतें तुम्हारे भीतर मेरे ख़िलाफ़ पिछले कुछ बरसों के दौरान इकट्ठा हुई होंगी, तुम मुझी से कहो। हमारे-तुम्हारे बीच जो भी समस्याएँ हैं, उन्हें हमीं सुलझाएँगे। तुम बच्चों को बीच में क्यों ला रही हो? बच्चों के सामने सीन क्रिएट करके क्या होगा...? उन्हें लम्बे समय के लिए हमसे बिछुड़कर परदेस-प्रवास करना है। बेचारे रात-दिन लगे हैं अपनी तैयारियों में...एक मिनट की भी फ़ुरसत नहीं उन्हें। ऐसे में, ख़ामख़ाह टेंशन पैदा करना...टेंशन बढ़ाना उनका...ज़रा सोचो तो सही—कैसा लगेगा उनको! हमको लेकर वे किस क़दर परेशान रहेंगे! इस वक़्त तो हमें उनका मनोबल बढ़ाना है, हौसला बढ़ाना है; प्रसन्न मन से उन्हें विदा करना है ताकि वे हमारी ओर से बेफ़िकर होके जाएँ इतनी दूर, अपनी ज़िंदगी सँवारने में लगें। कितना परिश्रम करना है उन्हें—ज़रा उनकी तरफ़ से सोचके तो देखो। हमीं ऐसा करेंगे तो बेचारे कैसे मन लगा के अपनी पढ़ाई कर पाएँगे? अरे...यह हमारे बीच का रगड़ा है। ऐसे झगड़े-टंटे तो होते ही रहते हैं। किस घर में नहीं होते?...और...इसमें ऐसी क्या मुसीबत आ गई?...कभी मैं तुम्हें नहीं समझ पाता, कभी तुम मुझे नहीं समझ पातीं। हम दोनों एकदम विपरीत पृष्ठभूमियों की उपज हैं तो हमारी आदतें, हमारे टेम्परामेंट भी अलग-अलग होंगे ही। तो भी...हमने हर तरह के सुख-दुख साथ-साथ रहके मिले झेले हैं कि नहीं? बहुत सारे डिफ़रेंसेज़ हैं हमारे बीच, तो क्या हुआ? बहुत सारी मिलती-जुलती बातें भी तो हैं। बिना आपसी मेल-जोल के, बिना प्रेम और विश्वास के क्या ऐसे ही निभ गई हमारी ज़िंदगी?''

हठात् मालती ने अपना सिर उठाया और सीधे विनायक की आँखों में अपनी आँखें गड़ा दीं। एक बहुत ही क्षीण मुस्कराहट की छाया-सी उसके मुख पर उभर

आई। बोली—"प्रेम-वेम छोड़ो। निभाने की बात और है। आख़िर मैं भी तुम्हें निभा ही रही हूँ। लाखों-करोड़ों लोग निभा रहे हैं। और वे उसका बखान नहीं करते। तुम्हारी लम्पटता के सबूत मुझे नहीं चाहिए। तुम्हीं घसीट लाए इसको। मुझे कोई एक्सप्लेनेशन नहीं चाहिए तुमसे।"

"तो क्या चाहिए तुम्हें, बताओ,"—विनायक बोला, एक ठंडी साँस छोड़ते हुए।

मालती ने मुँह फेर लिया। कितना कुछ मन में उबल रहा है बाहर आने को। पर उससे होना क्या है? कुछ भी तो नहीं। क्या वह नहीं जानती, विनायक के मन में उसके लिए कितनी जगह है। पहले की बात और थी। अब सिवा ऊब और खीझ के, विनायक के पास क्या बचा है उसके लिए? फूट-फूटकर रोना चाहती है वह। मगर...अकेले में। इस आदमी के सामने नहीं, जो उसका पति है। उसके बच्चों का बाप।

उसे अचानक अपने पति और अपने बीच के दिन पर दिन चौड़ी होती गई खाई समंदर की तरह अलंघ्य लग उठी। कितनी अजीब बात है! जब इतने दिन अनुपस्थित था तो घर में हर जगह उसकी उपस्थिति महसूस होती थी। लगता था, कहीं कुछ भी ग़लत या गड़बड़ नहीं हुआ। सब अपने मन का वहम है। मैं भी दिन भर की थकी-माँदी घर आती हूँ तो इससे कुछ उम्मीद करती हूँ, तो क्या ग़लत करती हूँ? और...यह है कि उलटे मुझी से खार खाए बैठा रहता है कि मैं इसको बिलकुल तवज्जो नहीं देती। और वही शिकायत, वही खिझलाहट मुझे भी होती है। मेरा काम तो इसको काम जैसा लगता ही नहीं। नफ़रत करता है यह आदमी मेरे काम से। यही तो खुन्नस है इसकी, कि इस मालती को अचानक क्या हो गया? जो काम मुझे क़तई पसंद नहीं, जिससे मेरा कोई संबंध नहीं, वह इसकी 'टॉप प्रायोरिटी' कब से हो गई? और...मैं तो जैसे अब इसकी चिंता के हाशिए पर भी नहीं। अब इसको क्या पता कि मेरे भीतर जो ख़ालीपन था, उसे भरने के लिए यह एक अदद पति नाम का प्राणी किस क़दर नाकाफ़ी था! मुझी को मेरी ख़बर कहाँ थी? वह तो ग़ैरों से ही लगी—वह भी बम्बई आने के बाद। ग़ैर ही अपने निकले। मेरी ज़रूरत से आपको क्या लेना! आपको पता तो तब चले जब आपको अपने अलावा भी कुछ दिखता हो, सूझता हो। ठीक है आपकी आदतें जो बिगड़ी हैं, थोड़ी-बहुत मेरे कारण भी बिगड़ी होंगी—मैं क़बूल करती हूँ। उस उजड़े देहात में, उस वाहियात क़स्बे में और था क्या मेरे लिए आपके सिवा? और आपके लिए भी क्या था मेरे सिवा?

और...अब? क्या बचता है इसके बाद अब! क्या?

क्या यही वह आदमी है जो एक दिन मालती के पीछे भी इसी तरह पड़ा था? जान देने पर उतारू हो गया था?...क्या यही है वह पुरुष, जिसकी ख़ातिर मालती ने अपने मम्मी-पापा को, अपनी भरी-पूरी दुनिया को रातोरात अलविदा कह दिया और

कभी मुड़कर पीछे नहीं देखा?

किसके लिए? कौन है यह आदमी–उसके बच्चों का पिता? नहीं-नहीं! यह तो विनायक नहीं है। फिर कौन है?

मालती के मन में आया कह दे–बहुत हो गया। अब नहीं सहा जाता। ऐसे साथ रहने से तो अच्छा है, एकबारगी अलग ही हो जाएँ। तुम जाओ वहाँ, जहाँ तुम्हें प्रेम मिल रहा है। तुम्हारी आरती उतारी जा रही है। मैं तो पत्थर हूँ। मेरा यह जन्म तो तुम्हारे गिले-शिकवे ढोने और तुम्हारे बच्चों को पालने में ही ख़त्म हो गया। तुम्हें पहचानने में मुझसे बड़ी भारी भूल हुई। तुम पति और पिता होकर भी अपनी कुंठाओं को पोसने और मनमानी करने को आज़ाद हो। मैं पत्नी और माँ होकर भी तुम्हारे खूँटे से बँधी रहूँ और तुम्हारे ईगो को चुपड़ती-सहलाती रहूँ–यही न तुम चाहते हो? मेरी अपनी कोई इच्छा न हो, मेरा मन भी मेरा न हो, बस, तुम्हारी पसंद-नापसंद ही मेरी भी पसंद-नापसंद हो–यही न थी, यही न है तुम्हारे लिए तुम्हारे प्रेम और तुम्हारे पौरुष की परिभाषा और कसौटी, जिस पर मुझे खरी उतरना चाहिए था और मैं खरी नहीं उतरी। यही न तुम मुझे दिन-रात जताते रहे हो?...तो, विलम्ब से ही सही, मेरे सामने भी तुम्हारी असलियत आख़िरकार उघड़नी ही थी और उघड़ गई। तुम भी मेरी कसौटी पर खरे नहीं उतरे, निहायत खोटे साबित हुए। अब तो यह कहने की छूट मुझे दोगे? कि अब भी नहीं दोगे?

ठीक है, यह चिट्ठी मुझे खोलनी नहीं थी। तुम तो क्या बताते मुझे! बड़े पाक-साफ़ बने फिरते हो। पर यह कचरा मेरे मुँह पर फेंकने की बेशर्मी कहाँ से लाते? उतावली कर दी मैंने और इत्ती बातें मुझे सुनाने का मौक़ा दे दिया तुम्हें ख़ामख़ाह। मैं क्या बाद में नहीं पढ़ सकती थी तुम्हीं से माँग के या तुम्हारे पीठ पीछे? कहाँ छुपाते आख़िर उसे? छुपाना तुम्हारे बूते की बात नहीं। कन्फेस किए बिना रहा नहीं जाता तुमसे अंततः। पुण्यात्मा जो ठहरे। तुम्हें क्या पता, मालती पर उलटा ही असर होता है इसका। पुरानी भूली-बिसरी बातों को कुरेदने का मुझे शौक नहीं। याद भी नहीं आती उसकी–अगर यह उत्तरकांड नहीं छिड़ा होता। तब तुमने रोते हुए 'कन्फेस' किया था और मैं हँस रही थी मन-ही-मन, कि देखो, इन महाशय को, इत्ता भी पता नहीं है कि मुझे सब कुछ पता है।

वह, चलो, बहुत पुरानी बात हो गई। तूल नहीं दिया मैंने–माफ़ कर दिया तुम्हें, तो ठीक ही किया। इसके लिए पछताने की भी नौबत नहीं आई कभी। नहीं आने दी तुमने–यह भी मैंने मान लिया। मगर...अभी वेल्श से लौटने के तुरंत बाद जो घटना घटी, वह? तुम्हारी चिट्ठी मैं नहीं खोलती अगर उस दिन मेरे सहजविश्वासी मन में वह काँटा नहीं चुभता। तुम्हारी चिट्ठी मैंने इसलिए खोली कि तुम्हारी ही ख़ातिर मैं ख़ुद को भरोसा दिलाना चाहती थी। जो संदेह का बीज मेरे मन में पड़ गया था, उसे

एकबारगी उखाड़ फेंकना चाहती थी। मान लेना चाहती थी कि वह मेरे मन का वहम भर था, और कुछ नहीं। तुम्हारे हिसाब से तो वह वहम भी नहीं, कुंठा ही कहलाएगी ना मेरी? क्यों? याद नहीं, तुमने ख़ुद ही मुझसे कहा था एक दिन, जब किसी बात को लेके झड़प हुई थी हम दोनों के बीच? यही न कहा था तुमने, कि 'मालती, तुम्हारी असली प्रॉब्लम तुम्हारा 'ईगो' है, और कुछ नहीं। बहुत कच्चा और वाहियात ईगो है तुम्हारा। जो तुम्हें सुधरने नहीं देता; कभी भी अपनी भूल-ग़लती क़बूल ही नहीं करने देता...इसीलिए तुम्हारा मानसिक विकास कुंठित हो गया है और आज भी तुम वहीं हो, जहाँ पचीस बरस पहले थीं।' यही न कहा था तुमने, जिसका डंक, मुझे अभी तक साल रहा है, और जो कभी नहीं जाएगा। इसी ख़ुशफ़हमी के चलते, कि तुम लाख कुबोल बोलो, लाख रुखाई बरतो, हो तो आख़िर मेरे ही।

मेरे इस भरोसे को उस दिन भारी ठेस लगी, जब उस दिन अचानक मैंने तुम्हें तुम्हारी उस कलीग के साथ—क्या नाम उसका?—दुबे?, हाँ मिसेज़ शकुंतला दुबे—को तुम्हारे साथ होटल में घुसते देखा। तुम लोगों की पीठ मेरी तरफ़ थी—तुमने मुझे नहीं देखा। पर मैंने तो तुम्हें देख ही लिया था ना अपनी आँखों से। कभी कुछ कहा-सुना नहीं, पूछा तक नहीं तुमसे उस बारे में। तो, मैंने तो उस शक के कीड़े को कुचलने के लिए ही तुम्हारी चिट्ठी खोली थी। मिसेज़ दुबे के साथ तुम्हारा चक्कर चल रहा है—ऐसा तो एकाएक मन में आया नहीं था मेरे। अच्छी भली शादीशुदा महिला है। तुमसे कम-से-कम बीस साल छोटी होगी। वह भला तुम्हारे साथ क्या चक्कर चलाएगी और क्यों चलाएगी? पर...क्या पता! इस उम्र में भी तुम्हारे ऐसे लच्छन हैं—किसने सोचा था? जब तुम वहाँ परदेस में इतनी दूर तक जा सकते हो, तो यहाँ भी चक्कर चला ही सकते हो। तुम्हारे जैसे मर्दों का क्या ठिकाना?

तुम अब भी अपने को 'जस्टिफाइ' करने पर ही तुले हुए हो। मालती तुम्हारे लिए तुम्हारे घर की मालकिन ज़रूर है; पर तुम्हारे दिलोदिमाग़ से निष्कासित। रही होगी कभी वह तुम्हारे लिए 'इम्पोर्टेंट'। अब नहीं है। अब वह तुम्हारे भीतर केवल ऊब और चिढ़ और विरक्ति ही उपजाती है। उपजाती है कि नहीं? तुम्हें रोमांस चाहिए, ऐडवेंचर चाहिए इस बुढ़ापे की दहलीज़ पर भी। जो मैं—तुम्हारी पत्नी, तुम्हारे दो-दो सयाने लड़कों की माँ और सैकड़ों निराश्रित, समाज से बहिष्कृत बच्चों के लिए घर और स्कूल जुटाने में लगी स्त्री तुम्हें भला कैसे सुलभ करा सकती है! वह तो कोई मिसेज़ शकुंतला दुबे या कोई विदेशी रमणी ही जुटा सकती है। नहीं! मिसेज़ दुबे तो बेचारी ख़ुद ही खूँटे से बँधी ठहरी। तुम्हारी सहकर्मिणी है, देखने में स्मार्ट और तरोताज़ा लगती है, अपने विभागीय कमरे में उसे बुलाके आँखें सेंक लो, गपियालो, या बहुत ही हुआ तो किसी होटल में जाके उसके साथ चाय पी लो। इससे ज़्यादा तो वह तुम्हारे लिए कर ही क्या सकती है! मुझे नहीं लगता उसके साथ चक्कर चलाने

की इससे ज़्यादा गुंजाइश तुम्हारे भरे-पूरे कॉलेज के परिवेश में होगी।

मगर यह मार्गरेट...? ज़ाहिर है तुमने ख़ूब गुलछर्रे उड़ाए हैं उसके साथ। बेशरम ख़ुद ही बखान कर रही है तुम्हारे कारनामे। चुड़ैल जाने क्या समझती है अपने को, कि जैसे तुम तभी तक ज़िंदा थे, जब तक उसकी मुट्ठी में थे! और अब भूत-प्रेत हो गए हो चूँकि अपने घर पहुँच गए हो जहाँ उसका कोई टोना नहीं चल सकता। तो जब मिल ही गई है यह चुड़ैल तुम्हें एक ब्रैंडन्यू प्रेयसी के रूप में, तो फिर चले क्यों नहीं जाते उसी के पास? लालसा तो बेहद है, मगर हिम्मत नहीं पड़ रही है। है ना?

फ़ालतू बात। मेरा भी क्या दिमाग़ ख़राब हो गया है। तुम भला क्यों ख़ामख़ाह बैठे-ठाले यह जोख़िम उठाओगे। पत्नी तो है ही तुम्हारे पास, दूसरी क्यों चाहिए? जो तुम्हें चाहिए, वह तुम्हें वह परदेसी चुड़ैल दे ही रही है। छुट्टा साँड़ हो। खूँटे से क्यों बंधना चाहोगे? जब बिना बँधे ही तुम्हारी सारी मुँहमाँगी मुराद पूरी हुई जा रही है। चुड़ैल दीवानी ज़रूर हो गई है तुम्हारे पीछे; मगर दीवानगी में भी होशोहवास पूरी तरह दुरुस्त रक्खे हुए है। तुम्हारे बारे में उसे वैसी कोई भ्रान्ति नहीं है जैसी मुझे हुई थी। कि तुम उसके पीछे ऐसे पागल हो गए हो कि उसकी ख़ातिर अपना बसा-बसाया घर-परिवार ही उजाड़ने पर उतारू हो जाओगे। कोई मामूली चीज़ नहीं है यह मार्गरेट। बहुत ही खेली-खाई, चतुर-सयानी औरत है जो तुम्हारी सारी पोल-पट्टी जान चुकी है, तुम्हारी नस-नस से वाक़िफ़ हो चुकी है। 'विकेड ओल्ड मैन' तुम्हें तुम्हारे मुँह पर ही कह रही है, तो क्या यूँ ही कह रही है? तुम उसकी 'इंटेलिजेंस' पर लट्टू हो ना? यही ना कह रहे थे अभी मुझसे? इंटेलिजेंट तो है ही वह, जो एक हाथ से तुम्हारे मुँह पर चाँटा भी रसीद कर रही है और दूसरे हाथ से तुम्हें सहला-पुचकार भी रही है। तुम्हारे क़दम-क़दम पर चूते-टपकते 'ईगो' को कैसे चुपड़ना और कैसे अपनी मुट्ठी में रखना—ख़ूब जानती है यह मार्गरेट! मालती को यही तो नहीं आता। सिखाया ही नहीं किसी ने। ऐसी कला उसे आती होती तो यह नौबत ही क्यों आती!

लम्पट मैंने नहीं कहा तुमको। तुम्हारी मार्गरेट कह रही है डंके की चोट पर और तिस पर लहालोट भी हुई जा रही है। 'विकेड ओल्ड मैन' का मतलब और क्या होता है! बताओ। तुमने ख़ुद ही अपनी दाढ़ी में यह तिनका फँसाया। मैं तो तुम्हें सिर्फ़ उस रोमैंटिक तबीयत की याद दिला रही थी जो किसी ज़माने में मुझ पर भी निछावर हुई थी। अरे, मुझसे क्या, दुनिया की किसी भी औरत से, जो दो-दो बच्चों की माँ हो, महज़ घर की गाड़ी चलाने की ख़ातिर जिसने बरसों बियाबान में गुज़ारे हों—उससे क्या अब उम्र की ढलान पर ऐसा पागलपन झेला जा सकता है? इतना तो वह मायाविनी भी जानती है। तभी न अपने 'विकेड ओल्ड मैन' को धंधे से लगा रही

है! तभी न बार-बार 'लिखो-लिखो' की रट लगाए है। यह अच्छा शगल रहा है आपका—अपनी स्टूडेंटों को ही फँसाने का। पचीस बरस पहले भी आपने यही किया था जिसका भुगतान मैं अभी तक कर रही हूँ। और, अब इस चौथेपन में भी आप वही कर रहे हो। फ़र्क़ बस इतना ही, कि इस मार्गरेट की बच्ची को कोई भुगतान नहीं करना है। या फिर...क्या पता! ख़ैर, छोड़िए—मुझे अब कुछ भी जानने की नहीं पड़ी। बड़ी आई मर्म तक पहुँचने वाली! होंगे बड़े तीसमारख़ाँ आप उसके लिए। मगर...'नो मैन इज़ अ हीरो टु हिज़ वाइफ़' आप क्या ख़ुद ही नहीं जड़ते रहे हैं मेरे मुँह पर, जिस-तिसके सामने? यह जानते-बूझते, कि ज़्यादातर बीबियों के लिए इस अभागे मुल्क में उनके मरदुए 'हीरो' ही हुआ करते हैं। मेरे जैसी तो इक्की-दुक्की ही कोई हो, तो हो, जिसे न अपने बच्चों को बिगाड़ने का शौक है, न अपने पति को।

अब अचानक पता चला कि ऐसी बेवक़ूफ़ औरतों को पैदा करने का ठेका सिर्फ़ इस मुल्क ने नहीं ले रक्खा। ये रंगरेज़िनें भी कोई कम नहीं। तो ठीक है प्रोफ़ेसर साब, आप होते रहिए हीरो उस चुड़ैल के लिए, जो आपको एक ही साँस में 'प्यारा बच्चा' और 'बूढ़ा बदमाश' दोनों कह सकती है—कहने का हक़ हासिल कर चुकी है। मुबारक हो प्रोफ़ेसर साब, आपको मुबारक हो चौथेपन का यह बैंड बाजा। और...उस नागिन को भी, जिसने आपके मर्मस्थल को—क्या लफ़्ज़ इस्तेमाल किया है उसने?—वल्नरेबल, हाँ वल्नरेबल जगह को—डस लिया है। और ऊपर से आपको यह प्रवचन भी पिला रही है कि उसी जगह से आपका पौरुष भी असली उड़ान भरेगा, वहीं से निकलेगी आपकी ज़िंदगी की किताब। मानो, मैं तो आपसे अभी तक शोकगीत ही लिखवाती रही हूँ।

तो ठीक है प्रोफ़ेसर साब, आप जाइए और उसी नागिन को गले लगाइए। वही लिखवाएगी आपसे आपकी ज़िंदगी की किताब। यहाँ तो आपको ऐसे क़द्रदान मिलने से रहे! यहाँ आपको अपनी आदर्श अध्यापक की छवि धूमिल हो जाने और रँगे हाथों पकड़े जाने का भय सताता होगा। वहाँ आप बेफ़िकर होकर कैसी भी किसी की भी खेती चरने को आज़ाद थे। यहाँ तो आपकी खोपड़ी पर एक अदद धर्मपत्नी और दो अदद सयाने तेज़तर्रार लड़के लदे हुए ठहरे, जो ऐसी कोई हरकत उजागर होते ही आपका जीना हराम कर दे सकते हैं। तभी मैं कहूँ कि अकेले विदेश जाने के नाम से ही जिसे कँपकँपी छूट रही थी वह शख़्स कैसे तीन माह के बदले साल भर वहाँ खींच ले गया। यहाँ तो मारे फ़िकर के हमारी जान निकली जा रही थी...और, वहाँ, आप जनाब साँड़ की तरह मस्ती काट रहे थे। अब जाकर खुला वो राज़, जिस पर आप परदा डाले हुए थे।

अँधेरा घिर आया है। मगर मालती या विनायक किसी को भी उठकर स्विच ऑन करने की नहीं पड़ी। विनायक सुन रहा है क्या मालती का यह आन्तरिक एकालाप? कैसे सुनेगा, जब ख़ुद उसके भीतर भी वैसी ही ज़िंदा मशीन चालू है?

मालती उठकर चल दी। कहाँ? और कहाँ जाएगी मालती? इस फ्लैट के ही एक कमरे से दूसरे कमरे में ही न? अब जाकर बत्ती जली है। विनायक ने ही जलाई है। 'मालती! मालती!'...पुकार भी और कौन लगाएगा? पर मालती तो बैठक में ही सोफ़े पर ढेर हुई पड़ी है। आज से यही उसका बेडरूम है। कोपभवन भी। विनायक हैज़ टु बी टॉट अ लेसन।

पर...यह क्या इतना आसान है? बच्चों से क्या कहेगी? बच्चे इसी सप्ताह विदेश की उड़ान भरने वाले हैं। उन्हें पता नहीं चलना चाहिए इस बवंडर का। इत्ता नाटक तो निभाना ही पड़ेगा ना! मालती की यही मुश्किल है। वह डैम सीरियस है, डैम सीरियस। थिएटर उससे नहीं बनता। अभी बच्चे चले जाएँगे तो क्या होगा? कैसे निभेगी ज़िंदग़ी इस आदमी के साथ?

11

दुनिया बदल रही है

बड़कू (भास्करानंद) का पासपोर्ट तैयार है। इसी सप्ताह उड़ान भरनी है उन्हें। बड़कू ने अभी इसी वर्ष आई.आई.टी. बम्बई से टॉप किया है और अब आगे की रिसर्च डिग्री उन्हें अमरीका की सुप्रसिद्ध कॉर्नेल यूनिवर्सिटी से कबाड़नी है। दाख़िला आसानी से मिल गया। साथ में तगड़ा वज़ीफ़ा जैसा भी कुछ। विनायक पर कोई वित्तीय बोझ नहीं पड़ेगा।

उनके छोटे भाई सुदर्शन ने बंगलौर से बिज़नेस मैनेजमेंट की उपाधि प्राप्त की है। उन्हें भी सिंगापुर की कोई अंतर्राष्ट्रीय कम्पनी बहुत महँगे दामों पर ख़रीद रही है। दोनों भाई एक ही दिन दो विपरीत दिशाओं में उड़ेंगे।

घर में बड़ी अफरा-तफरी मची हुई है। बच्चों के कारण ही तो रौनक़ रहती है घर में। और वे ही घर को सूना किए जा रहे हैं। इधर उनके मम्मी-डैडी के बीच शीतयुद्ध छिड़ा हुआ है। विनायक के सारे नाटकीय करतब भी इस भारी बर्फ़बारी को पिघला नहीं पा रहे।

ऐसे में एक दिन-दोपहर, जब घर सुनसान पड़ा था—मालती हस्तमामूल अपने 'पुनर्वास' आश्रम (या स्कूल) गई हुई थी और छुटकू भी जाने कहाँ, किस चक्कर में नदारद थे, बड़कू यानी भास्करानंदजी अपने डैडी की स्टडी में नमूदार हुए। डैडी, आज पता नहीं क्यों छुट्टी लेकर घर पर ही आराम फरमा रहे थे। शायद सिरदर्द की ख़ुशी में। बड़कू को एकदम अपने सिर पर खड़े देखा तो अचकचा गए।

"कहो बड़कू, क्या हाल हैं? तैयारियाँ पूरी हो गईं?"

बड़कू बड़ी संजीदगी से मुस्कराए। "मेरी तैयारी की आप चिंता न करें। मुझे तो आपसे सिर्फ़ इतना ही पूछना था कि आपने मम्मी के साथ अबोला क्यों ठान

रक्खा है? किस तुफ़ैल में?"

प्रोफ़ेसर विनायक सकपकाए। जबरन होंठों पर मुस्कराहट बिछाते हुए बोले–"अबोला किसी ने नहीं ठाना बड़कू। काहे को फ़ालतू बातों में उलझते हो? चिंता मत करो, सब सही हो जाएगा।"

"ख़ाक़ सही हो जाएगा!" बड़कू झल्लाए। "घर है कि जंगल है?...डैडी, आप विदेश गए थे तो घर में बड़ी शान्ति थी। अब बताइए यह कौन सा नया गुल खिलाया है आपने?"

"क्या मतलब?" विनायक के मुँह से चीख़ निकल गई। "तुम किस तरह बात कर रहे हो? तमीज़ से बात करो।"...उठकर बैठ गया वह–लड़के को घूरता हुआ।

बड़कू एक पल को चुपचाप अपने पिता की गुस्सैल भंगिमा को निहारते-तौलते रहे। फिर बोले–"देखिए, चिल्ला-चोट मत मचाइए। मैं इसीलिए आपके साथ बात नहीं करना चाहता। मगर...यह क्या आए दिन तमाशा होता रहता है आपके और मम्मी के बीच?...फॉर गॉड्ज़ सेक, डैडी, प्लीज़ स्पेयर अस दिस नॉनसेंस। हम तंग आ गए हैं आप लोगों की इन बचकानी हरकतों से। बस, चार-छह दिन बचे हैं, हम दोनों ही यहाँ नहीं रहेंगे। तब कैसे आप लोग इस तरह अपने-अपने दड़बों में बंद होके रहेंगे? मुझे बताइए। यू सर्टेनली ओ अस एन एक्सप्लेनेशन फॉर दिस।"

"सर्टेनली नॉट,"–प्रोफ़ेसर गुर्राए। "इट्ज़ अ मैटर बिटवीन मी ऐंड माइ वाइफ़। यू पीपुल हैव नथिंग टु डू विद इट। माइंड योर ओन बिज़नेस ऐंड लीव अस अलोन।"

कह तो दिया तैश में आके, जो कभी नहीं कहा था आज तक। और, जो अभी भी नहीं कहना था।...पर, कहने के साथ ही विनायक को लगा यह तो अनर्थ हो गया।

बड़कू जो अभी तक आततायी की मुद्रा में खड़े थे, अब कुर्सी खींचकर आराम से बैठ गए। एक व्यंग्य भरी मुस्कराहट उनके ओठों पर खेलने लगी।

"ओ हो"...वे बोले। "सो...शी इज़ जस्ट योर वाइफ़ ऐंड नथिंग एल्स–इज़ण्ट इट?...ऐंड यू कैन सो ईज़िली अफोर्ड टु फॉरगेट दैट शी इज़ अवर मदर ऐज़ वेल।"

"यस...सो व्हॉट?"–तीर छूट ही चुका था एक बार हाथ से, तो अब मुँह से कुछ भी निकल सकता है, कुछ भी।

"इफ़ यू कैन सो ईज़ली अफोर्ड टु फॉरगेट दैट आइ ऐम योर फ़ादर।"...वाक्य उन्होंने अधर में ही टँगा छोड़ दिया।

इस पर बड़कू जो बड़बड़ाया, विनायक को अपने कानों पर विश्वास नहीं हुआ "यस, वी कांट। हमारी बदक़िस्मती है, कि हम कभी एक क्षण को भी नहीं भूल पाते कि आप हमारे ऑलमाइटी फ़ादर हैं।"–बड़कू कह रहा था। फिर थोड़ा अटकते हुए–"आइ विश आइ वेपर नेवर बॉर्न..."

यह क्या? प्रोफ़ेसर विनायक को यह क्या हो गया? वह अपना सिर क्यों पीट

रहा है? और...फूट-फूट कर रोना इस तरह! वह भी जेठे-पाठे बेटे के सामने!

बड़कू सहमकर उठ खड़ा हुआ। कंधे पकड़ के झकझोर रहा है अपने पिता को। "प्लीज़-प्लीज़ पापा, आइ ऐम सो सॉरी पापा...।"

"टेक इट बैक। टेक इट बैक। इट्ज़ आइ हू डिज़र्व दैट सेन्टेन्स,"—विनायक बिलख रहा है। उसे कुछ भी नहीं सुनाई दे रहा है जो कुछ भी बड़कू उसे दोनों बाँहों में भींचे बड़बड़ा रहा है।

"प्लीज़ पापा, आयम सो सॉरी—आई वॉज़ सो अनहैप्पी पापा...आइ लव यू...आइ नो, आइ अंडरस्टैंड यू पापा। बट यू डोंट एक्सपेक्ट अस टु टेक साइड्ज़ पापा। वी हैव नथिंग अगेन्स्ट यू पापा, वी डोंट ब्लेम यू, वी आर सो प्राउड ऑफ़ यू पापा। डोंट वरी...इट विल बी ऑल राइट...पापा। रेस्ट ऐश्योर्ड एवरीथिंग विल बी ओके पापा...।"

बड़कू दोनों बाँहों से कसकर भींचे हुए है अपने पिता को। बड़कू सिसक रहा है, बड़बड़ा रहा है। बड़कू अपने सिर से ही पिता के सिर को थपका रहा है।

"डोंट...प्लीज़ डोंट...उसे भुला दो पापा। मैंने वापस लिया वो जुमला...आइंदा कभी ऐसा नहीं होगा पापा, मुझे माफ़ कर दो। भगवान के लिए ऐसा मत करो पापा...हमको छोड़ के मत जाओ पापा।"

विनायक का तूफ़ान एकबारगी जहाँ-का-तहाँ थम गया। उसने अपने लड़के का सिर उठाया उसकी आँखों में झाँका। "यह तुम क्या कह रहे हो बड़कू? तुमसे किसने कह दिया मैं तुम लोगों को छोड़ के जा रहा हूँ? यह बात तुम्हारे मन में आई ही कैसे?...क्या तुम्हारी मा ने...?"

"प्लीज़ पापा।"—बड़कू ने अपने हथेली विनायक के मुँह पर रख दी। कुछ मत कहो, कुछ मत पूछो पापा। मम्मी जल्द ही नॉर्मल हो जाएगी पापा। "तुम बेफ़िकर रहो...।" वह एक क्षण चुप रहा। जैसे हिचक रहा हो, फिर बोला—"पापा, तुम भी अजीब हो। कुछ तो ख़याल रक्खा करो। आख़िर तुम्हें वह चिट्ठी घर के पते पर मँगाने की क्या ज़रूरत थी? क्यों सब जानते-बूझते भी आफ़त बुलाते हो?"

विनायक चौंक गया बुरी तरह। ठीक यही बात तो उसके भी मन में आई थी।

पर इसे कह कौन रहा है? बड़कू! अगर बड़कू की जगह वह ख़ुद होता, और बड़कू उसकी जगह, तो क्या वह इतने निधड़क ढंग से इतना साफ़-साफ़ अपने बाप को उसके मुँह पर कह सकता? कहना तो दूर, उसके सोच तक में आ सकती थी ऐसी बात?

दुनिया सचमुच बदल रही है। दुनिया सचमुच बदल गई है।

बेटा बाप पर तरस खाके उसे दुनियादारी सिखाने को मज़बूर है। वह साफ़ कह रहा है उससे—हमें पता है तुम लोगों की आपस में पटरी नहीं बैठती। हमें पता है,

तुम कितनी तक़लीफ़ में हो। हमें तुमसे सहानुभूति है और...जैसे भी तुम्हारी तक़लीफ़ कम हो, तुम्हें राहत मिले...हमें कोई परेशानी नहीं, ख़ुशी ही होगी। मगर...तुम थोड़ा टैक्ट से तो काम लो। तुम्हें राहत पाने के लिए जो करना है, करो। मगर इतनी सावधानी तो बरतो कि...।

ठीक कहते हो बड़कू। थैंक्यू सो मच। फैक्ट इज़ द ओनली थिंग दैट मैटर्स इन अवर लाइफ़ नाउ।

12

मुझे कहने दो मालती

यह घर है कि ग्लेशियर?

ग्लेशियर तक धीरे-धीरे ही सही, पिघलते तो हैं! यहाँ तो पिघलने के कोई आसार नहीं। चार कमरों के इस बियाबान में कोई जासूस अगर अदृश्य रहकर इसकी गतिविधियों का जायज़ा ले तो वह हैरत में पड़ जाएगा। कहीं कोई हलचल नहीं, कुछ नहीं। आधे समय तो यह बंद ही रहता है सुबह दस से शाम पाँच या छह बजे तक। कभी रसोई में कुछ खटर-पटर भर सुनाई दे जाती है। बस खटर-पटर भर...और कुछ नहीं। मनुष्य का कंठस्वर मुश्किल से ही कभी सुनाई देगा। जबकि दो मानव-आकृतियाँ यहाँ ज़्यादातर अपने-अपने दड़बों में बंद...बीच-बीच में बैठक या डायनिंग रूम में मँडराती दिखाई पड़ेंगी। ज़्यादातर अकेली, मगर कभी-कभार साथ-साथ भी। अदृश्य जासूस पिछले तीन दिनों से अपना टेपरिकॉर्डर खोले बैठा है कि कभी कुछ तो कोई बातचीत उस पर छपेगी। मगर...यह आशा अभी तक तो दुराशा ही बनी हुई है।

अभी तक...यानी, जो और भी दो युवा सदस्य इस घर में रहते थे, उनके तीन दिन पहले ही दो विपरीत दिशाओं में उड़ चुकने के बाद।

अदृश्य जासूस ने उनमें से सिर्फ़ एक को उस रात डायनिंग टेबल पर अकेले खाना खाते देखा और दूसरे को सीधे बेडरूम में घुसकर भीतर से चिटखनी लगाते हुए। उसे इस बात पर बड़ी हैरत हुई कि पहली मानव आकृति ने इस पर कोई गुल-गपाड़ा नहीं मचाया, वह चुपचाप खाती रही और फिर चुपचाप अपनी स्टडी में दाख़िल हो गई। कोई घंटे भर बाद वह जब स्टडी से बाहर निकली–निकल के उस बेडरूम के दरवाज़े तक गई, उसे खटखटाने को हाथ भी आगे बढ़ाया पर फिर जाने क्या सोचकर चुपचाप लौट गई और दूसरे बेडरूम में घुस गई। यह दूसरा बेडरूम ही दरअसल–जैसा कि स्विच ऑन होने के बाद अदृश्य जासूस को पता चला–उन मानव-आकृतियों का अपना बेडरूम था। यानी, कि वह दूसरा बेडरूम–जिसमें वह पहली मानवाकृति घुसी थी–वह उनका होगा जो उस दिन यहाँ से कूच कर गए थे।

एक सुबह और एक शाम।

अदृश्य जासूस वहाँ उस एयरपोर्ट पर मौजूद नहीं था। नहीं तो बड़कू का अपने डैडी को फुसफुसाहट के स्वर में बोला गया एक वाक्य उसके कानों में ज़रूर पड़ता। क्या था वह? यही, कि–

'डैडी, फॉर गॉड्ज़ सेक, प्लीज़ मेंटेन योर कूल। नेवर-नेवर-नेवर आर्ग्यू विद मॉम। बी पेशेंट ऐंड होप फॉर दि बेस्ट। थिंग्ज़ विल इम्प्रूव, आइ ऐश्योर यू,''

और छुटकू ने जो दोनों को संबोधित करके कहा था, वह?

'डोंट क्वैरल यू फोक्स। आइ ऐम कमिंग टु ज्वाइन यू सून...डोंट वरी,'

अदृश्य जासूस तीसरे दिन ही भाग खड़ा हुआ। पर अपना टेपरिकॉर्डर वह पहले बेडरूम में ही छोड़ गया। देखें उसे चालू करें। कुछ सुनाई पड़ता है कि नहीं?

''नहीं,''

''मालती प्लीज़...फॉर गॉड्ज़ सेक,''

''गॉड वॉड रहने दो। मुझे तुमसे कोई बात नहीं करनी। कान खोलकर सुन लो। अब हम साथ नहीं रह सकते।''

''...ओके, ओके।''–झल्लाया स्वर। फिर तेज़ी से पाँवों के पटके जाने और क्रमशः दूर होते जाने की आहट...।...फिर...सिटकिनी लगाने की।

अदृश्य जासूस और उसका टेपरिकॉर्डर यहीं पर हमारा साथ छोड़ गए हैं। मगर... घटनाएँ नहीं। घटनाएँ क्या होती हैं? यह जो अब आगे लिखा जा रहा है, यह क्या घटना नहीं है। बच्चों के जाने के बाद इस बियाबान में यह चौथी सुबह हो रही है।

विनायक के भीतर आज नींद खुलते से ही टैगोर के किसी उपन्यास का वह आरंभिक अनुच्छेद बज रहा है। आज वह और दिनों की तरह उठा भी नहीं–मुँह-हाथ भी नहीं धोया, चाय भी नहीं बनाई। बाथरूम से लौटकर वापस अपने बिछौने पर पसर गया है वह। आज देर हो गई उठने में। रात शायद देर तक नींद नहीं आई होगी। घर में जिस तरह का सन्नाटा पसरा है, उसी से ज़ाहिर है, मालती अपने कमरे में या घर में भी कहीं नहीं है। और दिनों से जल्दी ही तैयार होकर चली गई है वह अपने काम पर। रसोई के प्लेटफॉर्म पर चाय का गिलास ढका पड़ा है विनायक के लिए। देखा होगा ज़रूर विनायक ने; मगर पिया नहीं। पिया क्या, छुआ तक नहीं।

आज उसे कॉलेज नहीं जाना क्या? पहले तो घर से वही निकलता है। मॉर्निंग क्लासेज़ जो रहती हैं। इसका मतलब, आज उसका कॉलेज जाने का कोई इरादा नहीं।

पड़े रहना चाहता है वह इसी तरह मुँह ढाँपे बिस्तर पर...।

मालती को उपन्यास पढ़ने का शौक नहीं है। शौक तो यूँ कविता का या किसी भी पढ़ने की चीज़ का नहीं है। पर चूँकि विनायक की दुनिया वही है, तो ख़रीदकर भेंट करने का ख़ब्त सा चढ़ा था उसे किसी ज़माने में। अब तो वह शौक भी मिट गया। हाँ तो, टैगोर का वह उपन्यास इसी मालती ने उसे किसी जनमदिन पर उपहार के बतौर दिया होगा। ख़ुद पढ़ा कि नहीं, राम जाने!...उस उपन्यास में दो सगी बहनें हैं शर्मिला और उर्मि। सगी बहनें, मगर अपने स्वभाव और चरित्र में एक-दूसरे से एकदम उलट। शर्मिला माँ टाइप की–अरे हाँ, उपन्यास का पहला ही जुमला ही तो है कि–''दुनिया में दो प्रकार की स्त्रियाँ होती हैं : एक तो माँ-छाप और दूसरी प्रेयसी-छाप।'' हाँ, तो शर्मिला माँ-छाप घरेलू स्त्री है जिसकी पति-चिंता के अतिरेक से ही उसके पति शशांक को उससे चिढ़ छूटने लगी है। संयोगवश, अपनी लम्बी बीमारी के दौरान शर्मिला अपनी बहन उर्मि को बुला लेती है–घर की सार-सँभाल के लिए–ताकि उसके पति की सेवा-टहल में कोई कमी न होने पाए। अब, हाल यह है कि यह जो उर्मि नाम की साली साहिबा आई है–वह प्रेयसी-छाप है–और अपने जाने-अनजाने ही वह जीजाजी के भीतर सोए पड़े रोमान और राग-तत्त्व को इस क़दर जगा-उकसा देती है कि ज़मींदारी का सारा काम-धाम चौपट हो जाता है। शशांक अपनी मोहान्धता से और शर्मिला अपनी बेफ़िक्र बेहोशी से तब जागते हैं जब पता चलता है कि घर की माली हालत बरबादी के कगार पर पहुँच चुकी है। तब शर्मिला चेतती है, रोग-शय्या से उठ खड़ी होती है, चेतते ही। उर्मि को विदा करने के साथ ही शर्मिला के स्वास्थ्य के भी सुधार की और घर के भी पटरी पर वापस आने की शुरुआत हो जाती है। टैगोर ने इस उपन्यास के ज़रिए स्त्री के प्रेयसी-रूप की मोहिनी माया का–उसके प्रति पुरुष के दुर्दम्य आकर्षण का बहुत ही प्रभावशाली और यथार्थ चित्र आँका है; पर स्त्री के माँ वाले रूप को उसकी तुलना में हर तरह से श्रेष्ठतर साबित किया है। विजय भी अंततः उसी की दिखाई है।

कहना न होगा कि टैगोर के उपन्यास का यह आदर्शवादी अंत–न्यायभावना को तुष्ट करने वाली राहत प्रदान करने के बावजूद–प्रोफ़ेसर विनायक को कहीं गहरे में असंतुष्ट छोड़ गया था। बड़ा सपाट और सरलीकृत लगा था उसे जीवन की एक जटिल समस्या का यह समाधान। मा और प्रेयसी वाला विभाजन भी स्त्रियों का–यूँ मज़ेदार लगते हुए भी–कुछ जँचा नहीं था उसे। इससे तो डी.एच. लॉरेंस का 'सन्ज़ ऐंड लवर्ज़' वाला उलझाव कहीं ज़्यादा गहरा और प्रामाणिक लगा था जो उसने उन्हीं दिनों पढ़ा था।

वैसे तो अब 'सन्ज़ ऐंड लवर्ज़' भी–विनायक के दिमाग़ से उतर गया है। अब तो वह इसी नतीजे पर पहुँचने को बाध्य महसूस करता है स्वयं को, कि कैसा भी

मनोविज्ञान, मानव मन की पहेली को सुलझा नहीं सकता। मानव-मन की ही क्यों–जीवन संसार की पहेली को भी–जो, सारे ज्ञान-विज्ञान के बावजूद अधिकाधिक उलझती ही जा रही है।

मगर जीवन-संसार जाए भाड़ में। यहाँ सवाल यह है कि आख़िर मालती और विनायक के बीच यह जो खाई हम देख रहे हैं वह कैसे पैदा हो गई? ज़ाहिर है, वह कोई एक दिन में नहीं पैदा हो गई। मार्गरेट की चिट्ठी तो निमित्त भर है–बेशक बहुत बड़ा निमित्त, मगर...निमित्त ही। यह सारा ठीकरा उसी के सिर फोड़ देना ठीक न होगा। सवाल यह है कि वह क्या है मालती में, जो विनायक को निरंतर उसके पास आने की सारी कोशिशों के बावजूद और-और दूर धकेलता चला गया? आख़िर, पहले क्यों यह खाई इस तरह उजागर नहीं हुई थी–इतने बरसों तक? अब क्यों वह दिनोदिन चौड़ी होती जा रही है।

बट अ सी रोल्ड बिटवीन अस
अवर डिफ़रेंट पास्ट...

(अर्थात्...हम दोनों के बीच एक समूचा समंदर पछाड़ खाता रहा...हमारे अलग-अलग–एक दूसरे से निहायत बेमेल अतीतों से बना हुआ।)

सब बेकार की बात है–विनायक कहता है। जहाँ तक 'पास्ट' का प्रश्न है, वह तो मार्गरेट का मालती की तुलना में कई गुना ज़्यादा 'डिफ़रेंट' था विनायक के 'पास्ट' से। तब कैसे उसके साथ इतनी जल्दी, इतनी तेज़ी के साथ ऐसी अंतरंगता स्थापित हो गई जैसी आज दिन तक और किसी स्त्री के साथ विनायक ने नहीं जानी? 'डिफ़रेंट पास्ट' बीच में आता ही कहाँ है, अगर सचमुच की सहानुभूति और सचमुच की आपसी समझ हो।

किसने कहा आदमी अपने अतीत का, अपने मनोविज्ञान का या अपनी सामाजिक-आर्थिक हैसियत का बंदी होता है। होता होगा बेशक किसी सीमा तक; पर पूरी तरह कभी नहीं। कदापि नहीं। पूरा सच, और असली सच हर व्याख्या से, हर सोसियोलॉजी, हर साइकोलॉजी और हर आइडियोलॉजी से परे है।

कहीं बड़े गहरे में
स्वैर हैं सभी नियम
सभी सर्जन केवल
आँचल पसारकर लेना

क्या तुम्हें याद है मालती, यह किताब तुम्हीं ने मेरे जन्मदिन पर मुझे भेंट की थी? जबकि मुझे मालूम है, कविता में तुम्हें कभी कोई ख़ास दिलचस्पी नहीं रही। सिर्फ़

मेरे कारण, महज़ मेरा मन रखने को तुम उसमें दिलचस्पी दिखाती रही थीं। याद है झाबुवा में—जहाँ कोई कम्पनी नहीं थी हमारी, कुछ भी नहीं था, हम किस तरह अपनी शामें बिताते थे? टहलने जाते थे ख़ूब लम्बा। और लौटकर रोज़ ही कुछ-न-कुछ पढ़कर सुनाते थे एक-दूसरे को। आज मुझे अचंभा होता है कि कैसे तुम्हारी वास्तविक रुचि और रुझान का पता मुझे पहले कभी नहीं चला। चलता तो तब, जब मैं उस ओर ध्यान देता। मैं तो हमेशा इसी भ्रान्ति में गिफ़्तार और मगन रहा आया कि मेरी पसंद तुम्हारी पसंद है। ख़ुदगर्ज़ तो मैं तुमको आज लगने लगा हूँ मालती। तब तो नहीं लगता था। तब तो मेरी इच्छा ही तुम्हारी इच्छा है, ऐसा ही तुम मुझे जताती रहीं। आज तुम बच्चों के सामने भी 'लाइलाज़ रोमैंटिक' कहके मेरा मज़ाक उड़ाती हो। लाइलाज़ रोमैंटिक न होता तो तुम मेरे जीवन में आतीं? ज़रा याद तो करो, हम कैसे एक-दूसरे के निकट आए थे। कैसे हमने सारी प्रतिकूल परिस्थितियों के बावज़ूद एक-दूसरे का वरण किया था। क्या वह रोमैंटिक ऐडवेंचर नहीं था तुम्हारी तरफ़ से भी।

अब...अगर आज तुम्हें लगता है कि सब कुछ ग़लत-ही-ग़लत हुआ, तो उस ग़लत निर्णय की क़ीमत मैंने भी तो तुमसे कम नहीं चुकाई। यह शिकायत नहीं है मालती। यह आरोप भी नहीं है। यह केवल उस सच्चाई का सामना करने की तैयारी है जो हमें अपने-अपने अतीत की गुंजलकों से छुड़ाएगी। मुक्त करेगी हमें सचमुच। तलाक़ मुक्ति नहीं है मालती। वह पराजय है—घोर पराजय हमारी हमारे इतने दीर्घ सहजीवन की। जब हमारा आपस में जुड़ना हमारा दोनों का सम्मिलित और हर तरह से सोचा-समझा निर्णय था तो अलग होने का फ़ैसला इस तरह इकतरफ़ा कैसे हो सकता है? ज़रा सोचो तो सही!

मालती, मैं अपने से और कई बार दूसरों से भी यह सवाल पूछता रहा हूँ जो अब तुमसे भी पूछ रहा हूँ कि क्या सचमुच हमारा जीवन एक सीधी लकीर पर चलता है, चल सकता है? क्या वह जीवन-रेखा लगातार—हमारे बावज़ूद—अपने आरंभ बिंदु की दिशा में ही नहीं मुड़ती चलती? तब तक, जब तक कि दोनों छोर आपस में नहीं जुड़ जाते। हमारे जीवन को एक संपूर्ण वृत्ताकार संरचना में ढालते हुए। 'इन माइ बिगिनिंग इज माइ एंड'...क्या यह केवल कविताई है?

तब फिर...क्या वह एंड एक 'डेड एंड' है? क्या हमारी सारी तपस्या एक अंधी गली में गुम हो जाने के लिए थी? परंतु हम अभी से 'एंड' की बात क्यों करें? अभी तो, मालती, हम क़ायदे से वृद्ध भी नहीं कहला सकते। ठीक है, हमारे रास्ते बहुत अलग हो गए हैं। ठीक है, तुम्हारे मुझसे इतने अलग सरोकार होंगे—इसका पता मुझे बहुत बाद में चला। मैं यह भी क़बूल करता हूँ कि यह नया रूप तुम्हारा मेरे लिए सर्वथा अप्रत्याशित था और उससे ताल-मेल बिठाने में—उसमें मन से तुम्हारा साथ

देने में मैं असफल रहा। बरसों–कहूँ आधी उम्र मेरी इसी ग़लतफ़हमी में चली गई कि मैं जो हूँ, वही तुम हो; मुझसे अलग तुम्हारी कोई स्वतंत्र इच्छा या प्रेरणा नहीं। मैं कहीं से भी तुममें आए इस परिवर्तन के लिए प्रस्तुत नहीं था। न तुमने मुझे इसके लिए तैयार किया था उस तरह। हो सकता है, मेरा आत्मकेंद्रित होना–ख़ुदगर्ज़ी जिसे तुम कहती हो, अब–वही मेरी इस असमर्थता के मूल में हो। पर...क्या मैंने तुम्हें कभी टोका या कोई अड़ंगा लगाया? तुम्हें मुझसे जिस सहारे या सहयोग की अपेक्षा रही होगी–वह मैं तुम्हें नहीं दे सका। किंतु,...थोड़ा मेरी तरफ़ से भी तो सोच के देखो मालती। अपने जीवन के इस मोड़ पर, मुझे उलटे, तुम्हीं से सहारा पाने की ज़रूरत–जिसका मुझे तुम्हीं ने आदी बना रक्खा था–वह ज़रूरत और भी ज़्यादा गहराना स्वाभाविक था कि नहीं? क्योंकि, मेरे सामने भी तो अपनी संभावनाएँ अब जाकर खुली थीं। हम दोनों ही 'लेट स्टार्टर' हैं मालती। तुम्हारी तरह मुझे भी बड़े विलम्ब से अपनी ख़बर लगी और अपना लक्ष्य स्पष्ट हुआ। यह काम कितना जानलेवा है मालती–मेरी सारी ऊर्जा इसी में खप जाती है। क्या तुम नहीं जानतीं? क्या यह अन्याय नहीं था तुम्हारा मेरे प्रति, कि तुम मेरे अपने काम के प्रति निष्ठा को ही मेरी ख़ुदगर्ज़ी समझो और कहो भी? ज़रा मेरी तरफ़ से तो सोचो कि तुम्हारा यह रूपांतरण मुझे किस क़दर चकरा देने वाला था। कितनी जल्दी, कितनी तेज़ी के साथ तुमने अपना लक्ष्य तय करके उसमें अपने को झोंक दिया! सच मानो मालती, इतने कम समय में तुम्हारे इस सामाजिक कर्म ने तुम्हें जैसी सार्थकता, जैसा आत्मविश्वास और जैसी कृतार्थता प्रदान की है, वैसा तो मैं अपने चुने हुए काम के बारे में कभी दावा कर ही नहीं सकता। मुझे तो हमेशा यही लगता रहा है कि अभी तो सभी कुछ करना बाक़ी है। अभी तक तो मैं सिर्फ़ तैयारी करता रहा हूँ, रिहर्सल ही करता रहा हूँ; सचमुच इम्तहान में बैठने और कुछ कर दिखाने की तो अभी तक नौबत ही नहीं आई। मालती, मुझसे नाराज़ मत होना–वह मार्गरेट जो कहती है–जिसका तुमने इतना मख़ौल उड़ाया–वह मेरे अंतःकरण की ही आवाज़ है। सचमुच ही, मालती, मुझे अपने जीवन की किताब अभी लिखनी बाक़ी है, जिसे लिखे बिना मेरा अब तक का जिया-भोगा, सोचा-विचारा सब कुछ निरर्थक है। क्यों तुम्हें इसमें मेरी कोई मदद करना तो दूर, मुझे एक सामान्य घरेलू सहानुभूति तक देना इतना भारी पड़ने लगा है मालती? तुमने आधी उम्र मेरा साथ दिया जिस तरह, मेरे सबसे कठिन दिनों में भी–अब जब हमें थोड़ी बेफ़िक्री, थोड़ा सुख-चैन नसीब हुआ है–तब तुम मुझसे कह रही हो, हमारा अलग हो जाना ही ठीक है। क्यों ठीक है मालती? ऐसा इकतरफ़ा फ़ैसला तुम कैसे कर सकती हो? यह इतना आसान नहीं है मालती, जितना तुम समझ रही हो। तुम्हें अपने फ़ैसले पर–अगर यह सचमुच तुम्हारा फ़ैसला है–पुनर्विचार करना ही होगा। अपने अनुभव से मैंने जाना है इस भयानक कड़वी सचाई को, कि अपने

'ईगो' के चलते हम अपनी नकारात्मक भावनाओं को ज़रूरत से ज़्यादा अहमियत दे देते हैं। मुझे कहने दो मालती, कि तुम भी इसी तरह अपनी नकारात्मक भावनाओं में गिरफ़्तार एक बंदी बन गई हो। उससे तुम्हारे मानसिक स्वास्थ्य को–जिसे तुम अपने व्यक्तित्व की स्वाधीनता कहती हो–उसका भी कितना नुक़सान हुआ है, हो रहा है, यह तुम जानना-समझना ही नहीं चाहती। उन्हीं के चलते, उन्हीं के कारण मैं तुम्हें ख़ुदगर्ज़ और तुम्हारा दुश्मन और न जाने क्या-क्या लगने लगा हूँ। ईश्वर के लिए, मालती, मेरे साथ नहीं, तो कम-से-कम अपने साथ तो न्याय करो। तुम सबके साथ न्याय करती हो। मेरे साथ ही तुम्हारी न्याय-बुद्धि कहाँ बिला जाती है?

यह क्या चिट्ठी लिखी जा रही है? मन-ही-मन? कि सचमुच? सचमुच ही लगता है क्योंकि विनायक अपने बिस्तरे पर नहीं, अपनी स्टडी में है–अपनी कुर्सी पर जमा हुआ। तो क्या ऐसा भी होता है इस दुनिया में, कि एक ही घर में चौबीस घंटे साथ रहने वाले पति-पत्नी आपस में अबोला ठाने रहें दिनों, हफ़्तों, महीनों। और फिर भी उनमें से एक इसी अबोले को तोड़ने के चक्कर में दूसरे को चिट्ठी लिखना शुरू कर दे? क्या ऐसा भी होता है? होता क्या, हो ही रहा है, आप देख ही रहे हैं। वह जो कहावत है ना कि सत्य हमेशा किसी कथा-कहानी से भी ज़्यादा विचित्र होता है–वह कहावत आख़िर कैसे बन गई? अविश्वसनीय लगता है ना ऐसा होना? मगर किया क्या जाय?...यही सच है।

क्या मालती को यह चिट्ठी मिलेगी? मिलेगी तो ज़रूर, जब लिखी गई है तो। मगर क्या यह ज़रूरी है कि मालती इसका जवाब देगी ही? क़तई ज़रूरी नहीं है। मालती विनायक की चिट्ठी पढ़ भले ही ले–पुरानी आदत जो पड़ी हुई है–पर जवाब वह नहीं देगी–इतना तय है। क्या विनायक नहीं जानता यह बात? तब फिर क्यों लिखता है? लिखे बिन नहीं रह सकता, इसलिए।

13

मिस्टर और मिसेज़ रैणा

झंझा झकोर गर्जन था
बिजली थी, नीरद माला
पाकर इस शून्य हृदय को
सबने था डेरा डाला

विनायक–नहीं, प्रोफ़ेसर विनायक अपने केबिन की खिड़की पर खड़े समुद्र को निहार रहे हैं, जो आज सुबह-सुबह एकदम शान्त और अभी-अभी जगा-सा लग रहा है। लहरें भी लहरों जैसी ही लग रही हैं–पहाड़ों की तरह नहीं। हवा तो, मानो चलना-फिरना ही भूल गई है। सब कुछ निःस्तब्ध, सपाट और सूना...। वे अभी-अभी एक पीरियड ले चुके हैं–एम.ए. फाइनल का। अगली क्लास प्रीवियस की है–इसके बाद। पता नहीं क्यों आज मन ही नहीं कर रहा पढ़ाने को। पढ़ाना, क्लास लेना प्रो. विनायक के लिए रोज़ की रूटीन नहीं, एक नित्य नया 'सेंसेशन' है। वे कभी क्लास कट नहीं करते। विभागाध्यक्ष हैं; चाहें तो एक भी पीरियड न लें अंडरग्रेजुएट्स की। सहयोगियों की कोई कमी नहीं विभाग में। मगर,...नहीं! उनकी कर्तव्यनिष्ठा उन्हें प्रेरित करती है कि वे भी उतना ही पढ़ाएँ, जितना बाक़ी सब। तो फिर, आज गोल क्यों करना चाहते हैं? बात क्या है?

बात इतनी बेतुकी, इतनी हास्यास्पद है कि क्या कहें? आज सुबह से ही पता नहीं कैसे, और क्यों उनके भीतर कविताओं–नहीं, काव्यपंक्तियों की–बाढ़-सी उमड़ी आ रही है और, वह भी हिन्दी कविताओं की। अब, यूँ इसमें चकराने जैसी क्या बात है? ज़िंदगी के हर दौर में, हर सुख-दुख में एक कविता ही तो है, जो उनका साथ देती रही है। किसी भी दोस्त या सगे-संबंधी से ज़्यादा। उन्हें तो लगता है, उन्होंने तुतलाना भी पद्य में ही सीखा होगा। कुछ ऐसा ख़ून का रिश्ता रहा है उनका कविता से।

लिखते थे कभी ख़ुद भी कविता। लड़कपन में और युवावस्था में भी कुछ दूर तक। फिर छोड़ दिया–छोड़ क्या दिया, ख़ुद ही छूट गई। जो ख़ुद ही छूट जाए, उसे छूट जाने देना चाहिए। हो सकता है, कभी वापस भी लौट आए। तब तक दूसरों की ही कविताओं से काम चलाया जा सकता है। वाग्देवी की कृपा जब होगी, तब देखी जाएगी।

परंतु...वाग्देवी की कृपा उन्हें अंग्रेज़ी में तो हासिल होने से रही। वह तो जब भी होगी, हिन्दी में ही होगी। जवानी तो इस अंग्रेज़ी पर ही लुटा दी–मगर क्यों? एक तरफ़ अंग्रेज़ियत से, और यूरोपियत से इस क़दर कुढ़ना, मानो वही ज़िम्मेदार हो अपने देश की ही नहीं, समूची दुनिया भर की बदहाली और तबाही के लिए; और दूसरी तरफ़ उसी यूरोप पर इस क़दर अपनी सारी ऊर्जा निछावर किए हुए–मानो कोई पूर्वजन्म का ऋण हो उसका, जिसे अब इस जन्म में चुकाना ही हो। मानो 'एक योगी की आत्मकथा' के लेखक की तरह उन्हें भी स्वप्नादेश हुआ हो कि पिछले जन्म में तुम अंग्रेज़ ही थे। कैसी उलटबाँसी है यह!

नहीं! इसमें कोई उलटबाँसी नहीं–विनायक ख़ुद को आश्वस्त करते हुए कहता है–यह यात्रा तुम्हारे लिए अनिवार्य थी : अपने घर सचमुच वापस लौटने के लिए। हाँ, घर-वापसी के लिए घर से दूर, बहुत-बहुत दूर जाना ज़रूरी होता है। 'कितनी दूर जाना पड़ता है पिता से/पिता जैसा होने के लिए!'...यह किसकी कविता तुरंत उछल के आई विनायक के भीतर से? जिसकी भी हो, क्या फ़र्क़ पड़ता है। कविता उसकी, जो उसे समझे–जिसके वह काम आ जाए। और भी तो था असके आगे कुछ। क्या?

जब तक नहीं पालूँगा अपने से इतर अपने को
कैसे होगी मुझे अपनी ही पहचान?

"सर!"–आवाज़ कानों में पड़ी, तो विनायक जैसे सचमुच बहुत दूर से लौटा। देखा, मिसेज़ दुबे चिक उठाकर भीतर झाँक रही हैं। "आइए ना मिसेज़ दुबे,"–वह किलक उठा।

"सर! मैं तो सिर्फ़ यह पूछने के लिए आई थी कि आपकी इजाज़त हो, तो प्रीवियस में यह वाला आपका पीरियड भी मैं ही एंगेज कर लूँ। कल का टॉपिक अधूरा पड़ा है, पूरा कर डालूँ।"

"नेकी और पूछ-पूछ? ज़रूर करिए,"–विनायक ने हँसते-हँसते कहा। "मैं तो भूल ही गया था कि मुझे क्लास भी लेनी है। चलो जान छूटी। थैंक्यू...थैंक्यू मिसेज़ दुबे।"

उसने आँखें मूँद लीं और कुर्सी के हत्थे का बटन दबा के और उसे और आरामदायक़ बनाते हुए टाँगें मेज़ पर फैला दीं। अभी तो कोई उसे डिस्टर्ब करने आएगा नहीं।

जब तक नहीं पालूँगा अपने से इतर अपने को
कैसे होगी मुझे अपनी ही पहचान?

क्या बात है! 'अपने से इतर अपने को'। इसी की तो खोज रही है उसे—अपने से इतर अपने की।

"क्यों सर...बड़ी फ़ुरसत में दिखाई दे रहे हैं आज। अन्दर आ सकता हूँ?"

विनायक ने जल्दी से टाँगें अपनी मेज़ से वापस खींचीं। "अरे, रैणा साहब, आइए, बैठिए। आपका तो कोई अता-पता ही नहीं मिलता। आज कैसे रास्ता भूल गए?"

"मैं गुज़र रहा था इधर से। देखा, आप सचमुच फ़ुरसत में हैं तो सोचा दो मिनट आपके पास बैठ लिया जाए।"

"यू आर ऑलवेज़ वेलकम सर। और सुनाइए क्या हाल-चाल हैं? मिसेज़ रैणा लौट आईं कश्मीर से?"

"जी हाँ, लौट तो आई हैं। मगर...लौटकर भी कहाँ लौटी हैं? मेरा तो, जब से वे ज़िद ठान के गईं, फ़िकर के मारे बुरा हाल था। किसी काम में मन नहीं लग रहा था। कई बार आपके पास आने का मन हुआ। मगर अपना मूड ठीक न हो तो क्यों ख़ामख़ा औरों का भी मूड ख़राब किया जाए!...आप तो जानते हैं कश्मीर की हालत। एक नहीं सुनी मेरी इन्होंने। दिन-रात वही एक रट...'बस, एक बार, मुझे अपना घर देख आने दो। मुझे पता था, यही होगा। जब से आई हैं, बस रोए जा रही हैं...।"

विनायक सन्न। मिसेज़ रैणा की रोती हुई छवि की कल्पना करना कितना कठिन है! इतनी हँसमुख और मिलनसार, सबकी चिंता करने वाली महिला...जिसको देखकर ही ख़ुद आपका टेंशन भी ढीला पड़ जाए। ऐसी मिसेज़ रैणा को क्या हुआ?

"रैणा साहब, माफ़ कीजिएगा, ग़लती आपकी है। आपको उन्हें अकेले नहीं भेजना था सब जानते-बूझते! क्यों नहीं आप उनके साथ गए?"

रैणा एक क्षण चुप रहे। फिर बोले—"मैं क्यों जाऊँ वहाँ? अब हमारा रक्खा ही क्या है वहाँ! सब कुछ तो नष्ट हो गया। मगर,...आदमी एक बार ज़िद ठान ले तो इसका क्या इलाज है?"

"फिर भी,...उनको अकेले रवाना करके आपने दुगुना टेंशन मोल लिया कि नहीं? मिसेज़ रैणा को भी आप अगर उनके साथ रहते, तो इतना त्रास नहीं भुगतना पड़ता।"—विनायक से नहीं रहा गया।

रैणा साहब ने इसका कोई उत्तर नहीं दिया। पर उनकी लुटी-पिटी मुखमुद्रा देखकर विनायक के भीतर कुछ पिघलने लगा। क्या कहे, क्या न कहे?

"आपको क्या लगता है? कश्मीर क्या गया हमारे हाथ से?"—उसके मुख से निकल गया।

''गया तो नहीं, मगर गया ही समझिए''–रैणा की दुखती रग पर हाथ रख दिया है विनायक ने। काहे को ख़ामख़ाह यह प्रसंग छेड़ बैठा।

''वे तो बस एक ही ज़ुबान जानते हैं अब। काफ़िर-द्रोह की। आप लाख सर पटक दीजिए, लाख लोकतंत्र और विकास की दुहाई दे लीजिए, लाख रियायतें बख़्श दीजिए, उनको कोई फ़र्क़ पड़ने वाला नहीं है। इस्लाम दूसरों के साथ रहने के लिए या दूसरों को भी अपने साथ चैन से रहने देने के लिए नहीं बना।''

''मगर, रैणा साहब,'' विनायक ने टोका–''आप कश्मीरियत को इस्लाम के साथ क्यों नत्थी कर रहे हैं? वैसे भी इस्लाम का तो अर्थ ही शान्ति होता है।''

''बकवास!''–रैणा साहब चीख़ पड़े। ''आज की तारीख़ में ऐसी बेमानी लफ्फाज़ी किसी को नहीं बहला सकती। बंगलादेश का हाल आप देख रहे हैं? आतंकवादियों का अभयारण्य बना जा रहा है। सो कैसे? बताइए। लोकतंत्र और बंगला राष्ट्रीयता के नाम पर ही न बना था यह बंगलादेश? क्या हुआ उसका? पाकिस्तान से अलग होकर क्या मिला बंगाली मुसलमानों को? एक और पाकिस्तान ही ना? क्या मतलब निकला इसका? बताइए। यही ना, कि इस्लामी अस्मिता बँगला अस्मिता से कहीं ज़्यादा ताक़तवर है। ऐसे ही आप कश्मीर को भी तीसरा पाकिस्तान बनवाने पर तुले हैं। एक तरफ़ तो आप उसे हिन्दुस्तान का अविभाज्य अंग बताएँ और दूसरी तरफ़ कश्मीरियत के नाम पर उसे विशेष दर्जा अपने संविधान में दे दें। क्या मतलब हुआ इसका?''

''यानी, आप संविधान के अनुच्छेद 327 को हटवाना चाहते हैं। परंतु यह तो उन लोगों की माँग है, जिन्हें ऐंटी-सेक्युलरिस्ट और साम्प्रदायिक कहा जाता है''–विनायक ने प्रतिवाद किया।

''ऐसी-तैसी आपके सेक्युलरिज़्म की,''–रैणा साहब बुरी तरह उखड़ गए। ''मुसलमानों के लिए सारी दुनिया है, ईसाइयों के लिए सारी दुनिया है क्योंकि ये तथाकथित 'वर्ल्ड रेलीजन' हैं। मगर, हिंदुओं के लिए एक इस हिंदुस्तान को छोड़ कहीं और कोई शरण है क्या?–जिसे आज हिन्दुस्तान कहना भी कुफ़्र हो गया? फ़र्ज़ कीजिए, अगर कल को हिंदुस्तान से हिंदू उसी तरह खदेड़ दिए जाते हैं, जिस तरह कश्मीरी पंडित कश्मीर से खदेड़ दिए गए तो हिंदू कहाँ जाएँगे? कहाँ है उनके लिए कहीं कोई ठौर? और, अगर उन्हें रहने भी दिया गया, तो क्या गुलामों या सेकंड क्लाज सिटिजंस से उनकी स्थिति बेहतर होगी?''

''आप तो हद कर रहे हैं रैणा साहब,''–विनायक से नहीं रहा गया। ऐसी दुष्कल्पना आप आख़िर कर ही क्यों रहे हैं? भारत आज राजनीतिक दृष्टि से जितना एक और संगठित है, उतना तो वह अपने समूचे इतिहास में कभी नहीं रहा। फिर आपको ऐसी बातें क्यों सूझ रही हैं?''

रैणा साहब व्यंग्य से मुस्कराए। ''ऐसा है विनायक साब,...वो कहावत है न, 'व्हैर इग्नोरेंस इज़ ब्लिस, इट्ज फॉली टु बी वाइज़'। मैं तो इतिहास का विद्यार्थी हूँ : विश्व-इतिहास भी ख़ूब पढ़ा है और भारत का इतिहास भी। इतिहास-बोध नाम की चीज़ तो हममें कभी रही नहीं। और इसका बहुत महँगा मोल भी हमने चुकाया है; चुका रहे हैं। इतनी मार खाके भी हम कुछ सीखने को तैयार नहीं। अब रही राजनीति, तो वह तो आपके सामूहिक जीवन-रथ का सबसे कमज़ोर पहिया है। कूटनीतिक विफलता आपकी हर जगह उजागर है। आपकी नेहरूई राजनीति की हवा तो चीन ने ही कब की निकाल दी थी। बड़ी मुश्किल से आप चेते और कुछ साख बनाई दुनिया में, तो अब आप ख़ामख़ाह कम्युनिस्टों की शह पर अमरीका से पंगा ले रहे हैं। अरे, पहले ताक़तवर तो बनो; दुनिया केवल शक्ति की भाषा समझती है। और आप हैं कि महाशक्ति बनने का हाथ में आया मौक़ा भी हाथ से गँवा देने पर उतारू हैं। और...किसके हित में? उसी चीन के हित में—उसके पिछलग्गुओं की धौंस पर—जो आपका दुश्मन नम्बर एक है। न आपको अपने दोस्त की पहचान है, न दुश्मन की। कश्मीर आपकी राजनीतिक सूझ-बूझ का नहीं, उसके शर्मनाक दिवालियेपन का प्रतीक है।''

''माफ़ करिए,'' विनायक ने टोका—''पंडित नेहरू तो कश्मीरी पंडित ही न थे? और जिस इतिहास-बोध की कमी का रोना आप रो रहे हैं, वह नेहरू में नहीं था—यह आप कैसे कहते हैं? आर्नोल्ड ट्वायनबी जैसे इतिहासज्ञ पं. नेहरू के पर्सनल फ्रैंड रहे, तो क्या यूँ ही? और गाँधीजी को ही आख़िर क्या पड़ी थी जो सारे बुनियादी मतभेदों के बावजूद नेहरू को डंके की चोट पर अपना वारिस घोषित कर गए? कुछ देखा होगा नेहरू में, तभी न? रैणा साहब, मैं मानता हूँ कश्मीर समस्या को नेहरू ने ही ख़ामख़ाह उलझाया। मगर आज़ादी मिले भी आज सत्तर बरस हो गए। अगर नेहरूई राजनीति का कोई तगड़ा विकल्प था, तो वह अभी तक क्यों नहीं उभरकर देश के सामने आया?''

रैणा साहब के माथे पर गहरी लकीरें खिंच आईं। बोले—''इस बारे में अपन फिर कभी चर्चा करेंगे। इतना मगर आपको जता दूँ, मैं गाँधीवादी राजनीति का क़तई क़ायल नहीं। मैं नहीं समझता गाँधीजी इस्लाम या उस तरह ईसाई धर्मतंत्र तक की असलियत को समझते थे। गाँधीवादी राजनीति और आपकी नेहरूई राजनीति के बीच बहुत बुनियादी फ़र्क़ मुझे नहीं दीखता। आज़ादी मिलने से पहले ज़रूर उसकी एक जगह थी, एक ज़बर्दस्त भूमिका भी थी। मगर स्वतंत्रता के बाद, विभाजन के बाद वह अपनी प्रासंगिकता पूरी तरह खो चुकी है। अब उससे कुछ भी हासिल होने वाला नहीं। दुनिया अब वह पुरानी दुनिया नहीं रही विनायकजी, यह आप क्यों नहीं देखना चाहते?''

''अच्छा तो–,'' विनायक ने पैतरा बदला, ''आप, जिसे हिन्दुत्ववादी राजनीति कहा जाने लगा है, उसके पक्ष में हैं–क्यों? आपकी बातों से तो यही लगता है!''

''जी हाँ। और, जी नहीं।''

''क्या मतलब? आप तो पहेली बुझाने लगे।''

''पहेली नहीं, सीधा-साफ़ स्टैंड है मेरा। 'जी हाँ' तो इसलिए, कि मैं उन लोगों में नहीं, जो अपनी हिन्दू अस्मिता को लेकर सारी दुनिया के सामने क्षमायाची होने को अभिशप्त हैं। 'जी हाँ' इसलिए, कि मैं खुल्लमखुल्ला बहुदेववादी यानी पैगन हिन्दू हूँ और साथ ही शक्ति का उपासक भी। मैं उन सारे ऐतिहासिक और मसीही मज़हबों की उस विचारधारा को ही असली 'ओरिजिनल सिन' मानता हूँ जिसने मनुष्य जाति को 'मज़हबी' और 'क़ाफ़िर' इन दो धड़ों में बाँटने का अक्षम्य अपराध किया। माफ़ कीजिएगा, मैं आपके मार्क्सवाद या कम्युनिज़्म को भी इन्हीं मज़हबों में शामिल करता हूँ। वह भी वैसा ही मज़हबी जुनून पैदा करता है अपने अनुयायियों में।''

''और, वह आपका 'जी नहीं'? उसका क्या?''

''मैं उसी पर आ रहा हूँ। 'जी नहीं', इसलिए, कि यह हिन्दुत्ववादी राजनीति भी शक्ति की सच्ची पहचान से प्रेरित नहीं है। न वह किसी गहरे और मौलिक आत्म-मंथन और इतिहास-बोध में से उपजी है। उसके पीछे भी यूरोप का ही एक बासी पिटा-पिटाया मॉडल ही रहा है। न तो उसमें पारंपरिक पांडित्य की पूँजी लगी है, न आधुनिक बुद्धि का ही कोई देसी ऐडवेंचर। पश्चिम की इतिहासपरस्त, इतिहास-कीलित मानसिकता की ग़रीब रिश्तेदार बनकर ही संतुष्ट है वह। आपके जिहादी इस्लाम या अमरीकी-चीनी दादागिरी का मुक़ाबला करने के लिए जो दृष्टि चाहिए, उस दृष्टि को विश्व-रंगमंच पर चरितार्थ करने के लिए जो बौद्धिक पुरुषार्थ और जो राजनीतिक संकल्प-शक्ति चाहिए, वह मुझे इन हिन्दुत्ववादियों और उनके नेताओं में अभी तक तो नहीं दिखाई दिया।''

''तब फिर?''–विनायक ने सीधे रैणा की आँखों में आँखें गड़ाते हुए ललकारा– ''तब तो फिर आप ही के मुताबिक़ आशा का कोई आधार ही नहीं बचा। नेहरू फेल, गाँधी फेल, हिन्दुत्ववाद फेल, सोशलिस्ट फेल, कम्युनिस्ट फेल। तब फिर आपके हिसाब से बचा कौन, हमारी नैया पार लगाने वाला?''

''आप और मैं,''–रैणा साहब दाएँ हाथ की उँगली मानो विनायक की आँखों में घुसेड़ते हुए उठ खड़े हुए। ''चलूँ, लगता है, मैं लेट हो गया आज क्लास के लिए।''

''अरे...अरे...रुकिए रैणा साहब। क्लास तो मेरी भी है।''–विनायक जैसे सोते से जागा। मगर,...तब तक रैणा साहब उसके सुनने की रेंज से बाहर हो चुके थे।

14

यह वह जगह...जहाँ...

विनायक उठकर खिड़की के पास जा खड़ा हुआ और समुद्र को निहारने लगा। मगर कहाँ? उसके भीतर तो अभी भी मानो अनुपस्थित रैणा को ही संबोधित करते हुए आन्तरिक एकालाप चालू है।

...अंग्रेज़ों से हमने उनकी सारी संस्थाएँ और तौर-तरीक़े तो मज़े-मज़े में कबाड़ लिए। मगर उनका अनुशासन, वक़्त की पाबंदी, देशभक्ति, कर्मकौशल...एक भी तो ख़ूबी हमने सचमुच अपनाई हो। बिलकुल नहीं। उलटे, अपनी ख़ुद की जो ख़ूबियाँ थीं, वह भी इस नक़लपट्टी में गँवा डालीं। कामचोरों-काहिलों का स्वर्ग बन गया है हिन्दुस्तान। सच्ची कर्तव्यनिष्ठा और सच्चे प्रेम की भी क़ब्रगाह। कोई किसी के प्रति उत्तरदायी नहीं। अपने लोगों के प्रति तो क़तई नहीं। स्कूलों-कॉलेजों की हालत देख लो; मीडिया की बेशर्मी देख लो, डाक विभाग, जो दुनिया में नम्बर एक था, उसकी हालत देख लो। क्या कह रहा था चड्ढा उस दिन?...''डाक व्यवस्था का इस तरह चरमरा जाना बहुत सीरियस बात है, बड़ा भारी अपशकुन है। अघोषित बेमियादी हड़ताल है यह एक तरह की। और कोई कुछ नहीं कहता, कोई कुछ नहीं करता।'' विनायक को हँसी आ गई थी चढ्ढा के मुँह से 'अपशकुनी' जैसा शब्द सुनकर। क्यों आई थी?

सुना, आज घोषित हड़ताल है। बाक़ायदा।

विनायक को अकस्मात् इलाहाबाद विश्वविद्यालय के अपने फिजिक्स के प्रोफ़ेसर का एक जुमला याद आया।...'साक्षरता के अभाव में देश की जनता का एक प्रतिशत भी देश के निर्माण की रचनात्मक प्रक्रियाओं में भागीदारी नहीं कर पाता।'...लानत है इन नेताओं पर और उनकी राजनीति पर, जो अपने ही सबसे बुद्धिमान् और सबसे स्मृतिवान् नागरिकों की साक्षरता जैसी ज़रूरत पूरी करने का बुनियादी कर्तव्य भी नहीं निभा सकी।

हाँ, एक वही तो इकलौते प्रोफ़ेसर थे जो फिजिक्स हिन्दी में पढ़ाते थे। सारा

साइंस भूल गया विनायक को। मगर उनका पढ़ाया नहीं भूला। उनका...और हाँ वो केमिस्ट्री वाले प्रोफ़ेसर–क्या नाम था उनका?–प्रोफ़ेसर सत्यप्रकाश का। क्यों नहीं भूला?

किसने रोका है इन सारे प्रोफ़ेसरों को डॉ. सत्यप्रकाश और डॉ. विपिन अग्रवाल बनने से? किसने?

सत्य से युक्त असत्यों मध्य
मेरा जीवन है यज्ञ
करता दस किरणों वाली
उषाओं को उत्पन्न
पर्वतों से उतार बहाता
सात नदियाँ
सत्य के मार्ग पर
मैं हूँ इन्द्र
वृद्ध होता जाता अपने घर में
खोजता निरंतर
चुरायी गई उन गौओं को

क्या विनायक भी अपने ढंग से निरंतर वही करने में नहीं लगा रहा है?...'खोजता निरंतर चुरायी गई उन गौओं को'।...

क्यों याद आ रही है उनकी कविता आज...इसी क्षण? पहले तो कभी नहीं आई इस तरह याद उसकी? 'आदिहीन अनंत यात्रा'...यही न नाम था उसका? शायद वही अंतिम कविता थी उनकी। नहीं? मगर...

आरंभ कैसे होती है वह! क्यों नहीं याद आ रहा? कभी मालती को पढ़कर सुनाई थी पूरी। कब? बरसों बीत गए। पड़ी होगी वह किताब कहीं किसी शेल्फ़ में। मालती को कविता से कोई लगाव नहीं था उस तरह। पर सुन लेती थी मन रखने को विनायक का। और अब?

मिसेज़ दुबे की क्लास क्या अभी तक चल रही होगी? हो सकता है स्टाफ़रूम में बैठी हों। या सेमिनार ले रही हों। मिसेज़ दुबे ज़रूर समझेंगी इस कविता को। क्यों इस क़दर मन मचल रहा है विनायक का किसी को अपने गुरु की यह कविता पूरी पढ़कर सुनाने को। जो आपको प्रिय हो, जो समझता हो, उसे पढ़के सुनाने से कविता और खुलती है अपनी रंगतों में। मिसेज़ दुबे को थोड़ी सी भूमिका भर बतानी होगी। उन्हीं से कहा जाए–जाकर हिन्दी विभाग से किताब इश्यू करा लाएँ।...मालती नहीं समझ सकती, मार्गरेट भी नहीं समझ सकती, समझाओ तो भी। कल्चर की दीवार

जो आ जाती है बीच में। मगर कविता क्या पूरी तरह कल्चर से बँधी होती है? बियॉण्ड कल्चर भी क्या नहीं गूँजती वह? नहीं तो, शेक्सपियर और दाँते कैसे समझ में आ जाते हैं?

अरे...मिनटों में दृश्य कैसे बदल गया? निःस्तब्ध पड़ा था जो समुद्र अभी तक, उसमें कैसी लहरें उमड़ने लगीं! यह अभी-अभी तो हुआ नहीं। तो क्या वह समुद्र के सामने खड़ा होकर भी समुद्र को नहीं देख रहा था? क्या देख रहा था फिर? कहाँ था उसका मन-चित्त इस दौरान? कैसी पर्वताकार लहरें...एक के बाद एक उमड़ती आ रही हैं!

यह वह जगह
जहाँ पर्वत सदियों से जमे
जीमते पार्वती के जन्म की ज्योनार

मिसेज़ दुबे! मिसेज़ दुबे! आप कहाँ हैं? जल्दी आइए न! मैं आपको कुछ पढ़के सुनाना चाहता हूँ। सिर्फ़ आपको। सिर्फ़ आपके साथ साझा हो सकता है—उसका, जो मेरे भीतर घट रहा है इस वक़्त। सिर्फ़ आप समझ सकती हैं, और कोई नहीं, मिसेज़ दुबे!

'यह वह जगह, जहाँ पर्वत सदियों से जमे...'

'पर्वत वो सबसे ऊँचा/ हम साया आसमाँ का
वो संतरी हमारा, वो पासबाँ हमारा'...

यह क्या? प्रोफ़ेसर विनायक की आँखें क्यों डबडबा आई हैं। क्यों रो रहे हो विनायक! किसके लिए रो रहे हो? यह तुम्हारा घर नहीं, दफ़्तर है। अभी कोई आ जाएगा—देख लेगा तुम्हें इस हालत में, तो?...मिसेज़ दुबे ही, जैसे। क्या सोचेगी वह?

कुछ नहीं। मिसेज़ दुबे को विनायक के आँसू दीख भी जाएँ तो कोई बात नहीं।
क्यों? क्या लगती हैं मिसेज़ दुबे तुम्हारी, विनायक?
कुछ नहीं लगती। इसीलिए तो। इसीलिए तो। ये कौन मेरे निजी जीवन के आँसू हैं।
सच कह रहे हो विनायक?
...

सच क्या होता है? जो बेहद बेहद सार्वजनिक सच है, वह बेहद निजी भी क्यों नहीं हो सकता? जैसे अभी बिलकुल अभी। जाने किस अतल से उमड़ आए थे ये

आँसू?...जैसे उस दिन...बरसों पहले, युगों पहले की उस दोपहर...स्याहीदेवी के पहाड़ में भारतमाता का नक्शा देखके उमड़ आए थे।...और समूची स्याहीदेवी हिलने लगी थी उन आँसुओं में।...किसके आँसू थे वे विनायक? ज़रा याद करो–किसके आँसू थे वे? लच्छू, चंदू, त्रिभुवन, हरीश, विनोद, विनायक,...किसके?

सच मानो प्रिय,
इन आघातों से टूट-टूटकर रोने में कुछ शर्म नहीं
कितने कमरों में बंद हिमालय गलते हैं।
मेज़ों से लगकर सो जाते कितने पठार!
...
हर आँसू कायरता की खीझ नहीं होता।

मिसेज़ दुबे कहाँ ग़ायब हो गईं? आतीं तो रैणा के साथ अभी जो बातचीत अधूरी छूट गई...उसे उनके साथ पूरी करता विनायक। सचमुच! दर्द सच्चा है रैणा का। एकदम, सौ टंच सच्चा और खरा! मगर...एक हद के बाद...उसके साथ मुश्किल यह है कि संवाद रुक जाता है अपने आप। आगे नहीं बढ़ सकता। मिसेज़ रैणा ही आ जातीं। नहीं! मिसेज़ रैणा को हिन्दी कविता नहीं पकड़ेगी। मिसेज़ दुबे को पकड़ लेगी। भले हिन्दी उनकी मातृभाषा नहीं।

'सारे जहाँ से अच्छा, हिन्दोस्ताँ हमारा'...

क्यों नहीं? क्यों नहीं?...इसीलिए तो पाकिस्तान की नींव का पत्थर भी आप ही ने इसी हिन्दोस्ताँ की सरज़मीं पर, उसी हिन्दी प्रदेश की राजधानी में गाड़ा था ना, जो बकौल रैणा, पाकिस्तान की जन्मभूमि...नहीं, नर्सरी थी।

रैणा ने ही तो पढ़कर सुनाया था वह ऐतिहासिक भाषण लखनऊ वाला इक़बाल का–'हम बुलबुलें हैं इसकी'–गाने वाले का! हतप्रभ और सन्न रह गया था विनायक!

क्या कह रहा था रैणा कल? "व्हेयर इग्नोरेंस इज़ ब्लिस, इट्ज़ फॉली टु बी वाइज़"। कैसे वक्र हो उठे थे उसके ओठ व्यंग्य से, जब उसने यह मुहावरा उसके मुँह पर दे पटका था!

"द आइडिया ऑफ़ एन इस्लामिक स्टेट इज़ इन्बिल्ट इन अवर रेलीजन। मुस्लिम्ज़ सिंपली कैन नॉट लिव विदाउट देयर जियो-पॉलिटिक्स।...इट्ज़ अवर डेस्टिनी ऐंड इट हैज़ टु बी फुलफिल्ड।"

अच्छा तो, यह थी आपकी डेस्टिनी! आपकी और आपकी समूची मुस्लिम बिरादरी की नियति–जिसे चरितार्थ होना ही था और वह हुई। मगर एक डेस्टिनी वह भी तो थी जो उस अधरात की संतानों को पंडित नेहरू ने सुनाई और दिखाई थी–

''अ ट्रिस्ट विद डेस्टिनी''। उसका क्या हुआ? इक़बाल की 'डेस्टिनी'...और सलमान रुशदी की 'शेम'। और नेहरू की? ''डिस्कवरी ऑफ़ इंडिया? व्हॉट हैव आई डिस्कवर्ड?''

'अ वूंडेड सिविलिज़ेशन?'...'ऐन एरिया ऑफ़ डार्कनेस'?...याकि, 'अ मिलियन म्यूटिनीज़ नाउ'?

नायपॉल विनायक का पसंदीदा लेखक है। मिसेज़ रैणा या रैणा साहब का नहीं। यह क्या? विनायक अचानक मुस्कराने क्यों लगा है? क्या कारण है कि दोनों में से एक की याद भी करो तो दूसरा उससे चिपका हुआ ही दीखता है। जो रैणा की पसंद, वह मिसेज़ रैणा की; जो रैणा को नापसंद, वह मिसेज़ रैणा को भी। कार्बन कॉपी समझ लो एक-दूसरे की। हँसने की बात तो है, मगर...क्या ईर्ष्या की भी नहीं? दाम्पत्य हो तो ऐसा। किसको रश्क नहीं होगा ऐसे युगल से?...'इस्लाम इज़ ऑन द डिफेंसिव नाउ'—अभी हाल ही में छपे किसी इंटरव्यू में कहा है नायपॉल ने। मिसेज़ दुबे ही तो लेकर आई थीं वह पत्रिका, जिसमें नायपॉल का इंटरव्यू छपा था। उफ़! कैसे भूल गया विनायक उस बात को? रैणा को बताना था ना! क्या प्रतिक्रिया होती है उसकी—देखना तो था!

''कुछ नहीं विनायक साहब!''—वह कहता उसी तरह व्यंग्य से होंठ टेढ़े करते हुए। ''दैट्स हिज़ लेटेस्ट स्टंट।''

''स्टंट?''—विनायक कहता—''रैणा साहब, यह तो आपकी बड़ी ज़्यादती है। नायपॉल इज़ अ वेरी सीरियस राइटर। फॉर मोर अर्नेस्ट एंड सीरियस दैन योर रुशदी।''

''होगा। तो मैं क्या करूँ? मेरे मतलब का नहीं है, बस,''—रैणा कहता है। विनायक के साथ घटित हो रहे इस काल्पनिक संवाद में। पर, काल्पनिक संवाद जो भी विनायक के भीतर चलता है, वह वास्तविक संवाद से किसी तरह कमतर नहीं होता। बिलकुल वैसा ही होता है—मुखमुद्राओं और हाथ की उँगलियों की हरकतों समेत। क्या वह रैणा को नहीं जानता? कैसा पलटवार किया था उसने उस दिन—रुशदी की चर्चा छिड़ने पर?

''आपके लिए होगा। मेरे लिए कोई ख़ास फ़र्क़ नहीं रुशदी और नायपॉल में। कमाल है, आप एक तरफ़ तो इन आँग्ल-भारतीय लेखकों को पानी पी-पीकर कोसते रहते हैं और दूसरी तरफ़ इन्हीं को 'कोट' भी करते रहते हैं। मानो वही आपके लिए प्रमाण हों असली। अरे, नायपॉल कब से अथॉरिटी हो गया—मॉडर्न या ऐंशंट इंडिया पर राजज़नी करने के लिए?...और रुशदी? हद हो गई...उस आदमी को आप इतना सिर पर चढ़ाए हुए हैं। हुँह! 'चटनीफ़िकेशन ऑफ़ हिस्ट्री!'...व्यंग्य-विद्रूप में ही सही, रुशदी को ख़ुद अपने बारे में वैसा मुग़ालता नहीं है, मुझे लगता है, जैसा मुग़ालता

उसकी अर्नेस्टनेस को लेकर आपको हो गया है। चटनी चटनी ही होती है विनायक साहब, चटनी से पेट नहीं भर सकता; न वो गिज़ा मिल सकती है जो आपकी सेहत के लिए ज़रूरी है। ठीक है, पाकिस्तान पर लिखा उसका 'शेम' उपन्यास मुझे भी पसंद आया। मगर उसको लेकर जिस तरह आप 'गा-गा' हुए थे, मैं नहीं हुआ था। याद है?

हाँ याद है। विनायक की फ़ितरत ही ऐसी है कि उसे वही बातें सबसे ज़्यादा याद रहती हैं, जो उसे सबसे ज़्यादा चुभी थीं।

मिसेज़ दुबे क्या कोई कम शार्प हैं? ज़्यादा ही होंगी। मिसेज़ दुबे को नायपॉल पसंद है। रुशदी से कहीं ज़्यादा। माँगकर लिया था उसने पढ़ाने को नायपॉल। हो सकता है, वही पढ़ा भी रही हो इस वक़्त।

ऐन एरिया ऑफ़ डार्कनेस। द विलेज ऑफ़ द दुबेज़'

विस्थापित की मर्मकथा। उखड़े हुए लोग। पुरखों की भूमि। मगर रिल्के जैसा महाकवि भी रूस जैसे परदेस को अपनी 'अंतरात्मा का घर' कहता है। क्यों कहता है? क्या आत्मा का भी कोई 'घर' होता है?

कहीं से हम आए थे नहीं
हमारा अपना घर है यहीं
...
अरुण यह मधुमय देश हमारा
जहाँ पहुँच अनजान क्षितिज को मिलता एक सहारा

कैसा लगता नायपॉल को—अगर हिन्दी पढ़ी होती, और कोर्स में यह नाटक भी लगा होता उसके? सीख क्यों नहीं लेता वह अपने पुरखों की ज़ुबान अब भी? कैसी विडंबना और कैसी मजबूरी रही होगी वह, जिसने—उसके पुरखों—को, उन पुरबिया दुबे लोगों को महीनों तूफ़ानी समंदरों के थपेड़े खिलाते हुए उस भयानक परदेस में अपनी हड्डियाँ गलाने को विवश किया होगा। क्या उन्होंने कभी स्वप्न में भी सोचा होगा कि वे कभी वापस लौटकर अपने घर का मुँह नहीं देख पाएँगे?

कहाँ से चले थे, कहाँ आ गए हम/जहाँ ज़िंदगी का सहारा नहीं है
थपेड़ों में कश्ती बही जा रही है/किनारे से कोई इशारा नहीं है।
जहाँ लोग जाते हैं साहिल समझकर/किनारा है वो, पर किनारा नहीं है।

विनायक को इस वक़्त हँसते हुए कोई देख ले तो क्या सोचेगा कि कैसा अभी-अभी रो रहा था, और अभी हँस रहा है। क्या हो गया है आजकल उसे? कब कहाँ सुना था यह गाना? आदिवासी झाबुवा के डिग्री कॉलेज में ही तो हुआ था वह मुशायरा।

रामनिरंजन नाम था उस लड़के का, जो गाता था इसे अकसर। पहली बार स्कूलमास्टरी से सीधे डिग्री कॉलेज में छलाँग लगाई थी विनायक ने। आज यह उसे हो क्या रहा है? हाइ आर्ट, पौप आर्ट, फर्स्टरेट, थर्डरेट—सब क्यों इस तरह आपस में गड्डमड्ड हुए जा रहे हैं?...

पंद्रह...बीस...पच्चीस वर्ष! मालती, तुम्हीं तो गवाह हो—कैसे-कैसे बियाबानों में बिताए गए उन दिनों की। कब ये बड़कू और छुटकू पैदा हुए, कब पढ़े-लिखे और कब उड़ भी गए। कितनी जल्दी बड़े हो गए बच्चे! किसने सोचा था इतने आगे निकल जाएँगे! किसने जगाई उनमें ऐसी धुन, ऐसी महत्त्वाकांक्षा? विनायक को तो नहीं ही जाएगा ना इसका श्रेय? पूरी तरह मालती के अनुशासन में पले हैं बच्चे। विनायक तो बहुत ही ढीला-ढाला, लापरवाह और अपने में ही खोया रहने वाला पिता है—मालती कहती है, तो क्या ग़लत कहती है!

15

दैट इज़ नॉट दि प्वाइंट ऐट ऑल

"क्या बात है सर?–मैं कई दिनों से देख रही हूँ–यू आर नॉट ऐट आल योर नॉर्मल सेल्फ़। आपकी तबीयत तो ठीक है ना?"

जैसे अचानक मूर्च्छा भंग हुई हो, विनायक चौंका! सिर उठाकर देखा मिसेज़ दुबे उसके एकदम पास खड़ी हैं। अब यों तो विभाग में सबसे ज़्यादा नज़दीकी विनायक मिसेज़ दुबे के साथ ही महसूस करता है मगर उस तरह एक-दूसरे के निजी जीवन में ताक-झाँक करने की कभी ज़रूरत नहीं पड़ी। पारिवारिक संबंध भी नहीं के बराबर ही समझो। निहायत औपचारिक। मालती से मिसेज़ दुबे की दुआ-सलाम भर है। वैसे ही, मिस्टर दुबे से तो विनायक का कभी आमना-सामना तक नहीं हुआ।

यह क्या? विनायक ने मिसेज़ दुबे का हाथ क्यों पकड़ लिया! अपने दोनों हाथों में वह कसकर भींचे हुए है उनके हाथ को और ऐसे देख रहा है उन्हें, जैसे पहली बार देख रहा हो।

यह अंग्रेज़ी विभाग के अध्यक्ष का कमरा है। यहाँ सामान्यतः कोई आता-जाता नहीं, सिवाय बिरले कभी-कभार किसी सहकर्मी या विद्यार्थी के। फिर भी, यह आख़िर कोई घर तो नहीं है। स्टाफ़-रूम जितना सार्वजनिक न भी सही, तो भी इतना प्राइवेट तो नहीं, जिसे निरापद एकांत की तरह इस्तेमाल किया जा सके।

मिसेज़ दुबे–यानी शकुंतला मैडम–की अनुभवी स्त्री-आँखों को यह भाँपते देर नहीं लगी कि मामला वाक़ई सीरियस है। पिछले कुछ दिनों में उन्होंने कुछ लक्ष्य तो किया था–अपने 'सर' के प्रति चिंता उनमें कोई अचानक ही नहीं उमड़ आई है। पर यह...हाथों की भींच...और आँखों की भयार्त और विक्षिप्त सी कातरता...इसके लिए तो वे बिलकुल भी प्रस्तुत नहीं थीं। उनकी 'इंस्टिंक्ट' ने ही उन्हें जतला दिया फ़ौरन, कि अब एक क्षण भी यूँ इस तरह पास खड़े रहना ठीक न होगा। सो, उन्होंने अपने दूसरे हाथ से विभागाध्यक्ष की कुर्सी की ओर इशारा करते हुए विनायक का कंधा थपथपाया और उसे ठेलते हुए उधर ही ले चलीं।

परंतु...विनायक अपनी गद्दी पर नहीं बैठा। गद्दी के सामने वाली कुर्सी पर ही ढहते हुए उसने मिसेज़ दुबे को—उनका हाथ छोड़े बग़ैर अपनी बग़ल की कुर्सी में ही बिठा लिया। अब जाकर उसके होंठ फड़फड़ाए।

''आयम सो सॉरी मिसेज़ दुबे। मगर...मुझे आपके साथ एक अर्जेंट प्रॉब्लम 'डिस्कस' करना है। और वह मैं आपके मेरे बीच इस मेज़ को ठँसाके नहीं कर सकूँगा।

मिसेज़ दुबे ने अपनी आँखें झुका लीं। विनायक जिस तरह लगातार उनकी आँखों में अपनी आँखें गड़ाए था, उससे उन्हें थोड़ी असुविधा होने लगी थी।

''घर में सब कुशल तो है सर?''...उन्होंने पूछा, अपने स्वर को यथासंभव औपचारिक और संयत रखते हुए। और, इस तरह अपने प्रोफ़ेसर और विभागाध्यक्ष की 'अक्रॉस द टेबल' वाली सुरक्षित स्थिति को ही अपनी तरफ़ से बहाल करते हुए।

मगर विनायक की ध्यान कहीं और था। शकुंतला के मुँह से 'घर' शब्द के उच्चारण ने ही मानो, उसे अपनी गुँगलाहट से उबार लिया।

''शकुंतला! मुझे आपकी मदद चाहिए। अर्जेंट। क्या आप मालती से बात कर सकती हैं आज ही?''

शकुंतला यानी मिसेज़ दुबे एक साथ दो-दो व्यक्तिवाची नाम सुनके सकपका सी गईं। मालती को वे जानती ही कितना हैं? बिलकुल ही निहायत औपचारिक संबंध रहे हैं उनसे।...'सर'—की बात दूसरी है। आख़िर दस बरस हो गए साथ-साथ एक ही विभाग में, एक ही छत के नीचे पढ़ते-पढ़ाते हुए। घंटों साथ बिताते रहे हैं, रोज़ ही। तो भी, इतने क़रीब बैठने और एकबारगी सीधे 'शकुंतला' पर आ जाने की अभी तक तो नौबत नहीं आई थी। तो...।

''क्या बात है सर?...आप तो जानते हैं, मालती जी से मेरी उस तरह की नज़दीकी तो रही नहीं कभी, जैसी आपसे है।''

''जैसी आपसे है,''—शकुंतला के मुँह से निकले ये शब्द विनायक के लिए काफ़ी थे। उसने फिर से उसके हाथ को अपने हाथों में भींच लिया। हालाँकि फिर फ़ौरन ही अपनी इस हरकत पर झेंपते हुए हाथ वापस भी खींच लिया। ''इट्ज़ सो काइंड ऑफ़ यू...शकुन...'' उसके मुँह से निकला ही था कि एकाएक उसकी समझ में आया उसने कहा क्या था। ओह, यह बात तो उसे सूझी ही नहीं थी। मालती पर इनका क्या ज़ोर! मालती से यह आख़िर क्या कहेंगी? और क्यों कहेंगी?

ख़ुद विनायक की ही मिसेज़ दुबे से आख़िर कितनी नज़दीकी है? ख़ुद ही वह उन्हें कितना अपने 'कॉन्फिडेंस' में ले सकता है?

विनायक को इस तरह अपने में ही गुमसुम देखकर, पता नहीं, मिसेज़ दुबे को जाने क्या हुआ कि वे उठकर दरवाज़े की तरफ़ गईं; चिक उठाकर झाँका।

इधर-उधर—घड़ी पर नज़र डाली और विनायक के ठीक पीछे आकर खड़ी हो गईं। हौले से दोनों हाथ विनायक के कंधों पर टिक गए।

''सर''...अपने चिंतातुर स्वर से ही मानो विनायक की पीठ को सहलाते हुए उन्होंने लगभग फुसफुसाते हुए कहा—''मुझे दूसरों के निजी जीवन में झाँकना बिलकुल नहीं सुहाता। मगर...सर...मैं देख सकती हूँ, कि आप भारी कष्ट में हैं। बोलिए... बताइए ना, मैं आपकी कैसे क्या मदद कर सकती हूँ? सर, मैं आपको इतने बरसों से जानती हूँ। कभी भी मैंने आपको इस तरह परेशान नहीं देखा। इधर पिछले एक हफ़्ते के दौरान तो मैं जाने कितनी बार आपके कमरे में झाँककर लौट गई।...मेरी हिम्मत ही नहीं हुई आपसे कुछ पूछने की। पर भीतर-ही-भीतर अकुलाती रही हूँ मैं, कि आख़िर बात क्या है? सर इतने मुरझाए हुए क्यों हैं? मुझे यह तो नहीं मालूम कि मैं कोई ठोस मदद आपकी कर सकने योग्य भी हूँ कि नहीं। मगर...आपकी तक़लीफ़ तो बाँट ही सकती हूँ। मुझसे देखा नहीं जाता सर।...इस तरह मन-ही-मन घुटने से अच्छा है...आप किसी को अपने विश्वास में लेकर बताएँ तो सही, जो भी आपकी प्रॉब्लम है...। कुछ तो राहत मिलेगी आपको।'

'थैंक यू मिसेज़ दुबे!'—विनायक के स्वर में अब वह पहले वाली लड़खड़ाहट नहीं थी। ''इट्स सो ग्रेशस ऑफ़ यू।...सुनिए...आपने भी तो अभी पिछले ही वर्ष अपने इकलौते बेटे को अमरीका भेजा था। क्या आपको भी ऐसा ही शॉक लगा था, जैसा मालती को लगा है?''

मिसेज़ दुबे आश्चर्यचकित विनायक का मुँह ताकती रह गईं। इस बीच विनायक भी उठकर अपनी विभागाध्यक्ष वाली कुर्सी में जाकर धँस चुका था।

''मैं आपको क्या बताऊँ, शकुंतला। एयरपोर्ट का वह सीन मेरी आँखों से हटाए नहीं हटता। मालती की ऐसी हालत की तो मुझे कल्पना भी नहीं थी। मुझे पहले इसका ज़रा भी अंदाज़ा होता तो मैं जाने ही नहीं देता बच्चों को। मैं तो मालती को अपने से ज़्यादा, बहुत ज़्यादा मज़बूत दिल का समझता था। वह है भी यूँ बहुत स्ट्रांग कैरेक्टर। इस तरह की कमज़ोरी के लक्षण मुझे पहले तो उनमें कभी नहीं दीखे। अब तुम्हें क्या बताऊँ। शकुंतला, वह ऐसी बचकानी हरकतें कर रही हैं कि मेरा दिमाग़ ही ख़राब कर दिया है उसने। बड़कू गया तबसे उसने मुझसे बोलना-चालना ही बंद कर दिया है। मेरी किसी बात का जवाब नहीं देती। खाना लगा देती है पर मेरे साथ मेज़ पर खाने बैठना भी उसे गवारा नहीं। और...' कहते-कहते उसका गला रुँध गया और उसकी विस्फारित आँखें मिसेज़ दुबे के चेहरे पर जा टिकीं।

''आइ फील सो डेस्परेट...सो डिस्कन्सोलेट...आइ डोंट नो व्हेदर आइ शुड टेल यू ऑल दिस...।...आयम नो लॉन्गर एबुल टु बियर इट। यूनो...माइ वाइफ़...हैज़ स्टार्टेड स्लीपिंग इन हर सन्ज़ रूम। शी हैज़ हार्डली एंटर्ड अवर बेडरूम सिन्स हर सन

लेफ्ट। मुझे बताइए, वो मुझे इस तरह जलील क्यों कर रही है? मैंने क्या बिगाड़ा है उनका? पच्चीस बरसों के अच्छे-ख़ासे दाम्पत्य जीवन के बाद अब अचानक यह कैसा पागलपन सवार हो गया है उन पर। शकुंतला, तुम्हीं बताओ इसमें मेरा क्या क़सूर है? अपने दोनों बच्चों को लेकर मालती जितनी महत्त्वाकांक्षी रही हैं, मैं तो कभी नहीं रहा। उसी ने तो उन्हें इतना कैरियर-कांशस बनाया। यह उसी की लगन और ज़िद का फल है शकुंतला, कि दोनों बच्चे अपनी-अपनी जगह टॉप करके विदेश चले गए। मुझे तो...तुम जानती हो, इस अंधी दौड़ में ज़रा भी दिलचस्पी नहीं। यह तो मालती की ही ऐम्बिशन थी ना अपने लड़कों को विदेश भेजने की। तो...अब जब सब कुछ उसी की प्लानिंग के मुताबिक़ हो रहा है तो वो मेरी जान लेने पर क्यों तुली हुई है?

कुछ देर चुप्पी छाई रही। विनायक दोनों हाथों से अपना सिर पकड़े, कोहनियाँ मेज़ पर गड़ाए अपने भीतर गुड़प हो गया है। क्या कहने जाकर वह क्या कह गया! क्या मतलब निकला इसका? शकुंतला क्या बच्ची है?

शकुंतला भी चुप है। अजीब सिनेरियो है! क्या तुक हुआ इसका? हमारे साथ तो कुछ भी ऐसा घटित नहीं हुआ। किसी के भी साथ नहीं हो सकता। प्रोफ़ेसर विनायक ज़रूर कुछ छुपा रहे हैं और उसी छुपाने के चक्कर में कुछ का कुछ बके जा रहे हैं। निश्चय ही मालती का पागलपन जिसे ये बता रहे हैं, वह अगर वैसा ही है जैसा ये बयान कर रहे हैं तो उसका कारण वह नहीं हो सकता जो ये मुझे बता समझा रहे हैं। कुछ और ही मामला है जिसे ये मेरे सामने खोलना चाहके भी नहीं खोल पा रहे।

तब फिर मैं क्या कहूँ...करूँ? कुछ तो कहना-करना पड़ेगा। हालत तो इनकी बहुत ही नाजुक जान पड़ती है।

उसने सीधे अपने 'सर' की आँखों में झाँका।

"ऐसा है सर...बहुत ज़्यादा अपनी भावनाओं पर सख़्त नियंत्रण रखने वालों के साथ इस तरह का विस्फोट हो जाना एकदम अस्वाभाविक तो नहीं है। मैं मालतीजी को नहीं जानती, पर जो आपने अभी मुझे बताया उससे यही लगता है कि अपने लड़कों से लगाव उनका बहुत ज़्यादा गहरा है और उन्होंने कभी अपने होशोहवास में सामना नहीं किया था इस फैक्ट का, कि उससे अचानक बिछुड़ जाना उनके लिए कैसा ट्रौमेटिक हो सकता है। पर...मैं तो चकरा गई सुनकर।...हमारे साथ तो, सर, ऐसा कुछ नहीं हुआ। मैंने तो इसे एक सहज घटना की तरह ही लिया। आप फ़िक्र मत कीजिए सर। कुछ ही दिनों में सब ठीक हो जाएगा। इट्ज़ अ टैम्परेरी फेज़...शी विल गेट आउट ऑफ़ इट। फ़ोन पर बातें तो होती ही होंगी लड़कों से उनकी?"

विनायक ने सिर हिलाकर हामी भरी। "हाँ, होती तो है। पर..." वह कहते-कहते रुक गया। क्या कहें? क्या न कहें?

एक अजीब आत्मदया और आत्मग्लानि में लिथड़ गया वह। क्या मतलब था इस तरह अपने से इतनी जूनियर कलीग के सामने अपनी नस-नाड़ियों को उघाड़ देने का? ज़रा सी हमदर्दी पाते ही उसने बेक़ाबू होकर जो यह सब उगल डाला, उससे कोई भी आख़िर क्या समझेगा? यही न, कि इनकी पत्नी एब्नॉर्मल है, हिस्टीरिक है या पागल है! या फिर यही, कि इन दोनों के बीच ही कोई प्रॉब्लम, कोई पेंच है जिसे ये खोलने से हिचकिचा रहे हैं और उसे दबाने-ढकने की कोशिश में और उघाड़े दे रहे हैं। मिसेज़ दुबे क्या कोई बच्ची है? ताड़ नहीं गई होंगी असलियत?

विनायक बुरी तरह घबरा गया। जैसे नंगा हो गया हो सबके सामने। यह क्या कर बैठा?

मिसेज़ दुबे की चिंतातुर आँखें उसी के चेहरे पर गड़ी थीं। ''अपन इस पर फिर बात करेंगे सर। इत्मीनान से। आप बिलकुल परेशान न हों। मालती जी जल्द ही उबर आएँगी इस डिप्रेशन से। सर–'' वह एक क्षण को ठिठकी, जैसे दुविधा में हो कि कहे न कहे। फिर बोली–''मीनव्हाइल यू विल हैव टु डील विद हर वेरी पेशेंटली...''

''दैट इज़ नॉट दि प्वाइंट एट ऑल, माइ डियर। दैट इज़ नॉट दि प्वाइंट ऐट ऑल।''

यह उसके मुख से क्या निकल गया? ''...व्हॉट्ज़ दि प्वाइंट दैन?''–अभी शकुंतला पूछ बैठे तो क्या जवाब देगा वह?

इतने में घंटी बजी और दोनों को जैसे बड़ी भारी राहत मिली। मिसेज़ दुबे ने अपना पोर्टफ़ोलियो उठाया और दरवाज़े की ओर लपकीं। ''सर, बाद में बात करते हैं। अभी क्लास है। आपकी भी तो होगी।'' ''हाँ, चलो, मैं भी चल रहा हूँ।''–हड़बड़ाते हुए विनायक यंत्रचालित सा मिसेज़ दुबे के साथ हो लिया। कुछ क़दम दोनों चुपचाप साथ चलते रहे और फिर विपरीत दिशाओं में अपनी-अपनी कक्षाओं की ओर बढ़ लिये।

''आइ ऐम सो सॉरी टु ड्रैग यू इंटु ऑल दिस,''–विनायक फुसफुसाया।

''नो...नो सर, इट्ज़ ऑल राइट। प्लीज़ डोंट से सो।''

16

शकुंतला

जिस 'दैट इज़ नॉट दि प्वाइंट ऐट ऑल'...वाले प्वाइंट पर विनायक और मिसेज़ दुबे का वह वार्तालाप भंग हुआ था, उससे आगे फिर तार जुड़े क्या? असली मुद्दा क्या है यह जानने की जो तीव्र उत्कंठा विनायक ने जाने-अनजाने मिसेज़ दुबे के भीतर जगा दी है, उसका शमन करने की इच्छा या ज़रूरत विनायक के भीतर अब क्या उसी अनुपात में घटती नहीं जा रही है?

अब, जब भी मिसेज़ दुबे किसी-न-किसी बहाने विनायक के कक्ष में घुसती हैं—यह कभी भी घुस-पैठ कर सकने की खुली छूट पूरे डिपार्टमेंट में बस एक उन्हीं को मिली हुई है; या, यों कहें, ऐसी छूट उन्हीं ने हासिल की है—तो विनायक रोज़ की अपेक्षा कुछ ज़्यादा ही लपककर उनका स्वागत करता है। किंतु, इससे पहले, कि मिसेज़ दुबे की टोहती आँखों की उत्सुकता उसके चेहरे पर ठहरे, वह यूँ ही, कोई पढ़ने-पढ़ाने की बात शुरू कर देता है और बातचीत को एकेडेमिक पटरी से किसी भी हालत में न उतरने देने के लिए अपनी जान लड़ा देता है। मिसेज़ दुबे के प्रति वह—कहना न होगा—एक अलग ही तरह का आकर्षण एकदम शुरू से ही महसूस करता रहा है; और इसमें भी शक नहीं, कि यह आकर्षण इकतरफ़ा नहीं, दो-तरफ़ा है। मगर, दुहाई इंग्लिश लिटरेचर की, दोनों ने ही एक सुस्पष्ट सीमारेखा इस दुर्निवार्य आकर्षण के चुम्बकीय क्षेत्र में अपनी-अपनी तरफ़ से एक मूक समझौते के तहत खींच रक्खी है जिसे लाँघने से वे बग़ैर किसी ख़ास परेशानी के, अभी तक तो कम-से-कम बख़ूबी बचे रहे हैं। अब इस तूफ़ानी 'कन्फेशन' ने उन्हें एकाएक जिस तरह एक-दूसरे के क़रीब ला पटका है, उससे उस अर्जित संतुलन के कभी भी किसी भी नाज़ुक लम्हे में गड़बड़ा जाने की संभावना बढ़ गई है। मिसेज़ दुबे से कहीं अधिक इस बदली हुई परिस्थिति के प्रति विनायक चौकन्ना हो गया है। यह सचमुच आश्चर्य की बात है क्योंकि विनायक इन दिनों जिस नरक से गुज़र रहा है, उसमें तिनके का सहारा भी बहुत बड़ा सहारा बन जाने की और उसी

से चिपट रहने की आशंका बलवती हो उठती है। कदाचित् इसी कारण, इसी ख़तरे के अहसास से वह इस क़दर हाथ-पाँव मार रहा है—स्वयं को डूबने से बचाने के लिए।

पर, साथ ही, वह यह भी तो क़बूल नहीं कर सकता—अपने-आपसे भी,—कि वह सचमुच डूब रहा है। यह भी वह अच्छी तरह जानता और समझता है कि तिनके का सहारा आख़िर तिनके का ही सहारा है और उससे जा चिपटने का अर्थ यही होगा कि आपने मान लिया कि आप डूब रहे हैं। यानी, मिसेज़ दुबे को किसी भी हालत में यह नहीं लगना चाहिए कि सर को डूबने का भय है, जिससे बचने के लिए उनका सहारा सर को चाहिए ही चाहिए। जाने किस कमज़ोर घड़ी में उससे इतनी बड़ी भूल हो गई तो आगे अब इससे भी बड़ी भूल न हो जाए, इस बारे में उसे चेताते रहना है ख़ुद को। मौक़े से वह एक बार मिसेज़ दुबे को भी सुना चुका है, कि

'स्खलन चेतना के कौशल का, भूल जिसे सब कहते।'

और यह किसी एकेडेमिक टॉपिक को डिस्कस करने के सिलसिले में ही। एकेडेमिक बातचीत सबसे ज़्यादा मिसेज़ दुबे से ही होती है क्योंकि उन्हीं को इसमें सबसे ज़्यादा रस आता है। तो इस पटरी पर गाड़ी जिस तरह पहले भी सरपट भागती थी, उसी तरह अब भी भाग रही है।

परंतु एकेडेमिक बहस भी ऐसी परिस्थितियों में उतनी निस्संग-निर्विकार नहीं ही रह पाती—जितना हम उसे रखना चाहते हैं। जब आत्माभिव्यक्ति के और बाक़ी सारे रास्ते बंद हो जाएँ तो आपकी यह एकेडेमिक लाइफ़ भी आपकी अंडरग्राउंड लाइफ़ से कहीं-न-कहीं 'कनेक्ट' हो ही जाती है।

उस दिन यही हुआ। बातचीत वड्र्सस्वर्थ के सहयोगी बंधु कॉलरिज के 'डिजेक्शन : एन ओड' को पार करके बहन डोरोथी के 'जर्नल्ज़' की सरहद के भीतर दाख़िल हो ही रही थी कि अचानक मिसेज़ दुबे के मुँह से निकल पड़ा— ''सर...मुझे कितनी ख़ुशी हो रही है मन-ही-मन, मैं आपको बता नहीं सकती...यह देखकर, कि आप फिर से अपनी धुरी पर वापस लौट आए हैं।...बीच में तो आपको...जैसे ग्रहण ही लग गया था।...माफ़ कीजिएगा सर, इस घिसे-पिटे रूपक के लिए...मगर मुझे सचमुच ही बड़ी राहत महसूस हो रही है कि संकट की घड़ी टल गई। मैंने कहा था ना सर, कि मालतीजी इस दौर से जल्द ही उबर आएँगी और आपका प्रॉब्लम अपने आप सॉल्व हो जाएगा?''

विनायक अचकचा गया। मिसेज़ दुबे की मुस्कराती हुई...मगर सवालिया आँखों का सामना करने में उसे अजीब सी घबराहट महसूस हुई। उसने अपनी आँखें वहाँ से हटाकर अपनी मेज़ पर टिका दीं और मानो मेज़ को ही संबोधित करते हुए बोला—''नहीं शकुंतला, नहीं। तुम्हें जानकर दुख होगा। मगर तुमसे झूठ नहीं बोलूँगा। सच

पूछो तो अब भी समस्या वहीं-की-वहीं अटकी पड़ी है, जहाँ पहले थी। कुछ भी नहीं बदला है—कुछ भी।''

और उसने धीरे-धीरे असल समस्या क्या थी, क्या है, उसका सारा घटना-क्रम उगल डाला।

शकुंतला उर्फ़ मिसेज़ दुबे सन्न रह गईं। जिस रहस्य को जानने के लिए वे इस क़दर व्यग्र और उत्कंठित थीं इतने दिनों से, उसका ऐसा दो-टूक पर्दाफ़ाश उनके लिए सर्वथा तो नहीं, मगर काफ़ी कुछ अप्रत्याशित था।

''उफ़! मैं माफ़ी चाहती हूँ सर। यह प्रकरण मैं क्यों छेड़ बैठी यहाँ? मुझे बहुत खेद है सर...।''

''अरे, इसमें माफ़ी माँगने जैसा क्या है शकुंतला। तुम्हारी जिज्ञासा एकदम सहज और स्वाभाविक है। आख़िर मैंने ही तो उस दिन अपने को तुम्हारे सामने उघाड़ा था। बल्कि, सच कहूँ तो मुझे थोड़ी हैरत भी थी मन-ही-मन, कि तुमने तब से एक बार भी उस बारे में मुझसे कोई ज़िक्र नहीं छेड़ा। यह तुम्हारी शालीनता ही थी कि तुमने फिर उस बारे में मुझे कभी नहीं कुरेदा। तुम्हारी जगह कोई और होता तो कुरेदे बग़ैर रहता? सच तो यह है शकुन, कि तुम्हारी शालीन गरिमा ने ही मुझे आत्मग्लानि में लिथड़ने से बचा लिया। ग्लानि तो होती ही है। तुम्हारे सरीखी दुर्लभ बान्धवी को मैं अपने निजी नरक में घसीट ले जाने को लाचार हुआ—यह ग्लानि की बात नहीं तो क्या है!''

''नहीं, नहीं सर,''—मिसेज़ दुबे ने अपना हाथ आगे बढ़ाकर विनायक के मेज़ पर टिके हाथ पर रख दिया। ''प्लीज़...ऐसा मत कहिए—मुझे शर्मिन्दा मत कीजिए।''. ..'देयर वॉज़ नथिंग रॉन्ग इन व्हॉट यू कुड नॉट हेल्प शेयरिंग विद मी।...आख़िर मैं आपकी कलीग ही नहीं शिष्या भी तो हूँ जिसे आपने शुरू से ही इतने स्नेह, इतने विश्वास का पात्र समझा है। मुझसे अपनी तक़लीफ़ का साझा करने में आपको लज्जित अनुभव करने का कोई कारण नहीं है सर। मैं आपकी जगह होती तो मैं भी स्वयं को नहीं रोक पाती। और इसमें ऐसा अनुचित क्या हो गया सर? आदमी का निजी जीवन क्या सामान्य जीवन से इस क़दर कटी हुई चीज़ है?''

विनायक ने अपने भीतर कुछ उसी तरह पिघलता महसूस किया जैसा उस दिन किया था। मिसेज़ दुबे का हाथ अभी भी उसके हाथ पर टिका था। वह जैसे इस बात को भूल ही गई थी कि उसका हाथ विनायक के हाथ पर रक्खा हुआ है—उसे अनपेक्षित गर्माहट पहुँचाता हुआ। अचानक उसने पाया उसकी धड़क खुल गई है। जो नहीं बताना था, वह जब उसने बता ही दिया तो फिर अब काहे का डर? ज़ाहिर है यह शकुंतला उस दिन के उसके स्खलन से ज़रा भी विकर्षित नहीं हुई है, बल्कि

वह तब से उनकी सच्ची सहानुभूति का, सच्चे 'कन्सर्न' का पात्र बन गया है। कहाँ मिलती है ऐसी समझदार सखी, इस सड़े हुए पेशे में! इतनी बुद्धिमती और संवेदनशील!

सखी! कितना सुंदर, कितना स्वच्छन्द और बिलकुल निर्दोष शब्द! यही तो साबित हुई है यह स्त्री विनायक के लिए। जो भाव उसके प्रति मन में संचित होता गया है, इतने बरसों में, भला इसके सिवा उसे और कौन सा नाम दिया जा सकता है, वह कभी सोच नहीं पाता था। अभी बिलकुल अभी उसकी भावनाओं को उनका एकमात्र और सही-सही नाम मिला है। सखी!...पर चाहकर भी वह शकुंतला को इस नाम से संबोधित नहीं कर सकता। मानो जिह्वा पर आते ही, जिह्वा से उच्चरित होते ही वह अपना सारा अर्थगांभीर्य और माधुर्य खो देगा।

ऐसा क्यों? क्यों नहीं आदमी अपने भीतर जो है, उसे बाहर भी खुले में जी सकता? मगर यह अपना तथाकथित भीतर भी कहाँ एक है? एक पल जो सच्ची अनुभूति मन में उठती है, दूसरे ही पल अपना वही मन उसका मख़ौल उड़ाने लगता है। बाहर तो बाहर, भीतर भी कहाँ चैन है? गड्ढे ही गड्ढे हैं चारों तरफ़।

सखी तो दूर, 'शकुंतला' नाम का उच्चारण तक ओठों तक आ-आकर रुक जाता है। इतने बरस हो गए; जिस स्त्री की उपस्थिति मात्र उसके मुरझाए मन को खिला देती है, जिसके जैसी समझ उसे कैसे-कैसे तेज़तर्रार पुरुषों तक में नहीं दिखी, और फिर भी जो 'इंटेलैक्चुअल' स्त्रियों में अमूमन पाई जाने वाली रुक्षता से सर्वथा मुक्त है—अपनी स्त्री-सुलभ स्निग्धता और कोमलता को अक्षुण्ण रखे हुए है—ऐसी दुर्लभ्य व्यक्ति के भरपूर सम्मान और स्नेह का पात्र होकर भी वह उसे सीधे उसके नाम से पुकारने में क्यों इतने दिनों तक सकुचाता रहा? मिसेज़ दुबे का संबोधन उसे इतना दुर्लंध्य क्यों लगता रहा है?

कहीं यह अपने ही भीतर का छुपा संकोच और भय तो नहीं? कैसा भय? किसका भय?

''मिसेज़ दुबे!''—उसने ख़ुद को कहते सुना। ''आप मुझे क्षमा करेंगी—एक बहुत ही पर्सनल बात पूछनी थी आपसे। मिस्टर दुबे से मैं इतने बरसों में सिर्फ़ दो-एक बार मिला हूँगा। वह भी सार्वजनिक अवसरों पर। अब इधर जब से मैं विदेश से लौटके आया हूँ, तभी से मेरे मन में है कि एक दिन आपके घर आऊँ और उनसे भी क़ायदे से मुलाक़ात करूँ। पता नहीं क्यों कभी अवसर ही नहीं मिला आप लोगों के साथ, पारिवारिक स्तर पर घुलने-मिलने का। उस दिन आपसे कह बैठा—'आप मालती को समझाइए।' कैसे मैं ऐसा प्रस्ताव कर गया? जबकि आप दोनों के बीच किसी तरह की घनिष्ठता तो दूर, क़ायदे का परिचय तक नहीं। आप कभी ले चलिए ना मुझे अपने घर।''

यह क्या! मिसेज़ दुबे का चेहरा एकाएक क्यों फक्क पड़ गया? क्या हुआ?

मिसेज़ दुबे कुछ क्षण सिर झुकाए चुपचाप बैठी रहीं। फिर बोलीं–"अच्छा तो आपको कुछ पता ही नहीं? मैं तो समझती थी आपको कहीं-न-कहीं से ख़बर लग ही गई होगी और मेरा दिल कहीं दुख न जाए, इस ख़याल से आपने ज़िक्र न छेड़ना ही ठीक समझा होगा। यह तो ठीक है कि हम बम्बई जैसे महानगर में रहते हैं जहाँ लोगों को एक-दूसरे की प्राइवेसी में ताका-झाँकी करने का वक़्त ही नहीं मिलता। तो भी...ह्यूमन नेचर तो सब जगह ह्यूमन नेचर ही है। इस दुनिया में लोग ऐसी बातों में रस लेने से कहाँ चूकते हैं!...सच में, सर, मुझे भरोसा नहीं हो रहा। क्या आपको सचमुच इस बारे में कुछ भी पता नहीं चला?"

"क्या?"–विनायक का मुँह खुला-का-खुला रह गया? "कैसा पता? किस बारे में?"

"सर, हम दोनों अब साथ नहीं रहते। हमने अलग हो जाने का फ़ैसला कर लिया है।"

"क्यों? कब?"–विनायक के मुँह से चीख़ सी निकल पड़ी।

"तीन माह हो गए। बस, एक फॉर्मेलिटी भर बची है तलाक़ की विधिवत् घोषणा के लिए।"

"हे भगवान! इतनी बड़ी घटना घट गई और आपने मुझे इस बारे में...।" कहने के साथ ही विनायक को लगा कि वह कितना 'क्रूड' है। उसने बात को सम्हालने की कोशिश की।

"फॉरगिव मी मिसेज़ दुबे...।"

"इट्ज़ ऑल राइट सर। सुनिए, आप मुझे मेरे फर्स्ट नेम से ही पुकारें। मुझे मिसेज़ दुबे न कहा करें। मैं आज से नहीं, कई बरसों से आपको इस आदत के लिए टोकना चाहती रही, पर कभी कह नहीं पाई। मुझे बहुत ही अटपटा लगता है आपका मुझे इतने फॉर्मल ढंग से संबोधित करना। मैं शकुंतला ही थी और शकुंतला ही हूँ आपके लिए।"

ठीक तो कह रही है शकुंतला। क्यों आज तक विनायक उसे नाम लेकर नहीं बुला सका? वह कौन सी अटक या मजबूरी थी उसके भीतर, जो उसे उसके नाम से पुकारने में तक आड़े आती रही?

विनायक सिर थामकर बैठा है। यह क्या सुना उसने? क्या कहे–कुछ सूझता नहीं।

"आइ कांट इमैजिन। इट्स सो शॉकिंग। आइ ऐम सो सॉरी...।"

शकुंतला विनायक को इस तरह सिर थामे देखकर हौले से मुस्कराई।

"देयर इज़ नथिंग शॉकिंग इन इट सर। एक न एक दिन यह होना ही था। हो

गया–टंटा मिटा। मैं अब मुक्त हूँ–खुलकर साँस ले सकती हूँ। मिस्टर दुबे से मुझे कोई शिकवा नहीं। अपने ढंग से वे भी इस अनचाहे और बेमेल दाम्पत्य को भुगत ही रहे थे। अच्छा है–अब हम सहज भाव से मिल सकते हैं। यह पति-पत्नी संबंध–हालाँकि करोड़ों लोग इस दुनिया में जिस रिश्ते को निभाते चले जाते हैं ज़िंदगी भर–उसके बारे में मेरा ऐसा कहना हिमाक़त ही समझा जाएगा। मगर...तब फिर यही कहना पड़ेगा कि कुछ लोग इसे निभाने के लिए बने ही नहीं होते। आपने उस दिन अपनी प्रॉब्लम बताई; मैं तभी समझ गई थी कि वास्तविक कारण आपकी मालतीजी के उस तरह के बरताव के पीछे वह कदापि नहीं हो सकता जो आप मुझे बता रहे थे। प्रॉब्लम जो है वह आप दोनों के ही बीच है। क्या मेरा सोचना ग़लत था?

विनायक ने सिर उठाके सीधे शकुंतला की आँखों में झाँका और बोला–"शकुंतला, तुमने ठीक ही सोचा था। दरअसल...।" आगे वह कुछ बोल नहीं पाया।

"दरअसल क्या?" शकुंतला भी अपनी आँखें विनायक की आँखों से हटा नहीं पा रही थी।

"दरअसल...मैं जानता था असली कारण तो तुमसे अंततः छिपा नहीं पाऊँगा। आख़िर किसी और ने नहीं, एक तुम्हीं ने तो लक्ष्य किया था कि मैं किसी जानलेवा समस्या की गिरफ़्त में हूँ। उस दिन तुमने पूछ ही लिया तो मैं अपने आपको क़ाबू में नहीं रख पाया। मगर...शकुंतला, पूरी बात कह पाना क्या इतना आसान था?

"नहीं था सर, मैं जानती हूँ। इसीलिए तो मैंने आपको कुरेदा नहीं।"

विनायक कुछ क्षण शून्य में देखता रहा। यकायक परसादीलाल की छाया चिक के बाहर मँडराती दिखी। उसने घड़ी पर नज़र डाली। रोज़ की तुलना में आज कुछ ज़्यादा ही देर हो गई थी।

"चलें?"–उसने कहा। अपना पोर्टफ़ोलियो समेटते हुए। "सुनो शकुन, अगर तुम बहुत जल्दी में नहीं हो तो अपने-अपने दड़बों की राह लेने से पहले हम लोग 'आराम' रेस्तराँ में बैठकर चाय पी लें। वहीं थोड़ी देर और साथ रह लेंगे। अभी तुरंत तुमसे बिछुड़ने को मन नहीं कर रहा।

शकुंतला मुस्कराई। इसी मुस्कराहट का तो इंतज़ार था विनायक को। "चलिए"–उसने कहा। मुझे भी वक़्त का पता नहीं लगा। ऐसा कीजिए, मेरे यहाँ ही चले चलिए। चाय मेरे साथ पीजिए। फिर मैं ही आपको आपके घर पर छोड़ आऊँगी। मालतीजी की क्या रूटीन रहती है? कब लौटती हैं वे अपने स्कूल से?

"मालती का कोई ठिकाना नहीं।"–विनायक बोला। "कोई बँधी-बँधाई रूटीन तो है नहीं उसकी। पहले मेरे पहुँचने से पहले ही पहुँच जाती थी। अब देर से आती है अकसर ही।" वह थोड़ी देर चुप रहा। फिर बोला–"उसकी कोशिश रहती है कि जितना कम मेरे सामने पड़े, उतना अच्छा।"

शकुंतला ने गाड़ी स्टार्ट की, तो विनायक को जैसे अचानक कुछ याद आ गया हो, बोला—"शकुन, तुम्हारे घर फिर कभी आएँगे। लौटने में देर हो जाएगी और मालती ख़ामख़ाह परेशान होगी।"

शकुंतला इस पर खिलखिला पड़ी। "यानी, कि झूठ बोल रहे हैं आप। बर्फ़ पिघल चुकी है, तभी तो परेशानी है। ख़ैर, आप चिंता न करें। फ़ोन कर दीजिएगा मालती को मेरे यहाँ से, कि आप मेरे यहाँ हैं और मैं ही छोड़ने वाली हूँ आपको।"

"नहीं, नहीं!" विनायक ने घबड़ाकर टोका। "तुम्हें फ़ोन-वोन करने की कोई ज़रूरत नहीं। तुम्हारे घर मैं जल्द ही आऊँगा। वादा रहा। पर आज हम चलकर रेस्तराँ में ही बैठें। घर के एकांत की अपेक्षा मुझे रेस्तराँ का सार्वजनिक एकांत इन दिनों ज़्यादा सूट करता है। समझीं?"

"समझ गई।"—शकुंतला ने कहा और हँसते हुए कार स्टार्ट कर दी।

17

एक सार्वजनिक एकांत

उस दिन तो ख़ैर, नहीं, परंतु कोई हफ़्ते भर बाद ही वह मुहूर्त आ गया जब विनायक के ना-नुकुर के बावजूद शकुंतला उसे सीधे अपने फ़्लैट में उड़ा ले गई। अपनी बैठक में उसे सोफ़े पर धकेल के ख़ुद उसी की बग़ल में विराजमान होते हुए बोली—"आप सार्वजनिक एकांत चाहते थे ना? इस बैठक को वही समझिए। आप बैठिए, मैं चाय बनाकर लाती हूँ।"

विनायक का सिर चकराने लगा। अजीब ऐब्सर्ड थिएटर सा लगता रहा है उसे इन दिनों शकुंतला का रंग-ढंग। इतने बड़े हादसे से गुज़रने के बाद कोई कैसे इतना प्रफुल्ल और उन्मुक्त रह सकता है उसकी समझ से बाहर है।

तभी उसने फ़ोन पर शकुंतला को किसी से खिलखिला के बात करते सुना। उसके कान खड़े हो गए। वह इतनी बुरी तरह हड़बड़ा गया कि सोफ़े से उछलकर खड़ा हो गया। "जी हाँ, आपकी शकुन। आप घर में ही हैं? सुनिए, मैं सर को 'हाइजेक' करके अपने घर ले आई हूँ। आप फ़ौरन यहाँ आ जाइए। आज आप दोनों मेरे यहाँ ही खाना खाइए। 'सर' पहली बार मेरे घर पधारे हैं इन दस बरसों में—आप समझीं? जी हाँ। अरे, नहीं भाई;...मुझे कोई असुविधा नहीं। सुनिए ये सब बहाने आप रहने दीजिए। मैं कुछ नहीं सुन रही हूँ। सर क्या अपनी मर्ज़ी से आए हैं? कितने दिनों से निहोरा कर-करके थक गई थी। आज मैं झूठ बोलकर ज़बर्दस्ती उन्हें उड़ा लाई हूँ। उन्हें उनके, यानी आपके घर पहुँचाने का वादा करके—मैं गाड़ी उलटी दिशा में हाँक लाई। यह देखिए...वे आपकी आवाज़ सुनने को किस क़दर बेताब हो रहे हैं—मेरे बेडरूम में घुस आए हैं बग़ैर मेरी इजाज़त के। लीजिए सर...लीजिए... मालतीजी से बात करिए। जी?...अरे वाह! इससे बढ़िया बात और क्या हो सकती है! मैं आ जाऊँ आपको लेने?...क्या कहा? आप बिलकुल नहीं भटकेंगी? अपने-आप पहुँच जाएँगी? नो प्रॉब्लम? तो ठीक है। मैं इंतज़ार कर रही हूँ आपका। कोई बात नहीं, तब तक मैं ही दिल बहलाती हूँ इनका। अरे भई, अपना नौकर छुट्टी पर है।

आप और मैं दोनों मिलकर खाना बनाएँगे। घबराइए नहीं, बनाऊँगी तो मैं ही। मगर आपके सुपरवीज़न में। वैसे ही, जैसे अपनी थीसिस पकाई थी मैंने आपके पतिदेव की निगरानी में।...जी? अरे मुझे क्या पता, आपके पतिदेव क्या पसंद करते हैं, क्या नहीं? तो ठीक है। आप आइए इत्मीनान से।''

फ़ोन पटक के शकुंतला विनायक की भाव-भंगिमा को बड़े कौतुक से निहार रही है। विनायक स्तंभित और अवाक् खड़ा है दरवाज़े पर। यह तो ऐब्सर्ड थिएटर से भी आगे बात पहुँच गई। इस औरत को हो क्या गया! औरत है या कोई मायाविनी? क्या करने जा रही है यह...?

''जाइए, अपनी जगह पर जाके बैठिए। यह मेरा बेडरूम है जनाब। यहाँ घुसने की इजाज़त आपको किसने दी? जाइए ना, मेरा मुँह क्या ताक रहे हैं? मैं चाय लेके आ रही हूँ दो मिनट में।''

विनायक झेंपता हुआ वापस बैठक में आगे उसी सोफ़े पर ढेर हो गया है। शकुंतला ट्रे लेके नमूदार होती है।

''लीजिए, आराम से चाय पीजिए। इस तरह आँखें तरेर के मुझे क्या देख रहे हैं? मैंने कुछ भी ग़लत नहीं किया है। मैं वही करती हूँ जो मेरी 'इन्स्टिंक्ट' मुझे करने को सुझाती है। दुबे इसीलिए मुझे झेल नहीं पाता था। अरे, पुरुष को अपना 'ईगो' इतना बेशक़ीमती लगता है, तो 'स्त्री' को—वह जो भी है, वही होने से रोकने वाला पुरुष भी आख़िर कौन होता है? आप नर्वस क्यों हो रहे हैं? मालती को आने में कम-से-कम घंटा भर लगेगा। औरतों को तैयार होने में कुछ तो वक़्त लगता है कि नहीं? और...आपके घर से मेरा घर कोई इतना नज़दीक भी नहीं है। इतना नर्वस होने की...।

''मगर...शकुंतला!''—विनायक ने टोका—''यह तुमको क्या सूझी? तुम मालती से इतना 'फ्री' कब से हो गईं? तुमने तो मुझे बड़े चक्कर में डाल दिया। मालती को बताने की और उसे अभी यहाँ बुलाने की तुम्हें क्या ज़रूरत थी?''

शकुंतला खिलखिलाकर हँस पड़ी। विनायक के पास खिसककर उसने उसका हाथ अपने हाथ में लिया, दूसरे हाथ से उसके कंधे थपथपाते हुए बोली—''इतना घबराते हो? अपनी धर्मपत्नी से? तो सुनो...जहाँ पर तुम इस वक़्त बैठे हुए हो, ठीक वहीं पर अभी कल शाम तुम्हारी मालतीजी बैठी हुई थीं।''

विनायक हैरत और अविश्वास से उसे घूरता रह गया।

''तुम क्या बक रही हो? होश में तो हो? मालती यहाँ कैसे आ गई?''

''कैसे आ गई?...मैं लेके आई। जैसे आपको लेके आई हूँ। आप क्या समझते हैं मुझे?...पता है, इस बीच मैंने आपकी मालती के साथ कैसी दोस्ती गाँठ ली है? बस, कुल जमा दो विज़िट मारी मैंने उसके स्कूल में। और हाँ, उसके आश्रम में। और

काम बन गया।''

''मगर...कैसे? तुमको किसने बताया? मैंने तो आज तक नहीं देखा उसका आश्रम।''

''बड़ी बहादुरी का काम किया आपने,''—मालती ने व्यंग्य किया! ''मैं इतनी बहादुर नहीं हूँ। सीधे छापा मारती हूँ। अभी पिछले मंडे की ही तो बात है। कैज़ुअल लीव ली थी कि नहीं मैंने? काहे को ली थी? सीधे पहुँच गई मैं मालती के दफ़्तर। एक कॉमन फ्रैंड हैं हमारे—कॉमन तो क्या—मालतीजी को जानते भर हैं अपनी बहन के ज़रिए, जो मालतीजी के साथ काम करती हैं। चांस की बात है, ज़िक्र छिड़ गया तो पता चल गया। बस, फिर तो काम बनना ही था। तुरत दान, महा कल्यान।''

''क्या नाम है उनका—उनकी बहन का?''—विनायक ने पूछा। शकुंतला को ज़ोरों की हँसी आई। हँसते-हँसते उसकी आँखों से आँसू आ गए। पर हँसी थी कि रुके ही नहीं। विनायक ने उसे कंधे पकड़ के झकझोरा—''यह क्या तमाशा कर रही हो? इसमें इतना हँसने की क्या बात है?''

मालती की हँसी थमी किसी तरह, तो वह पेट पकड़े-पकड़े विनायक की नक़ल उड़ाती हुई बोली—''क्या नाम है उनका—उनकी बहन का?''...अरे हाँ, जैसे आप मालती जी के सभी साथियों से बड़े घुले-मिले हों। अभी-अभी आप ख़ुद अपनी वीरगाथा सुना चुके हैं मुझे, कि आपको उनके काम से कुछ भी लेना-देना नहीं है। दफ़्तर तक तो देखा नहीं है उनका। तो फिर क्या करना है आपको उनकी साथिन का नाम-धाम जानके? मैं बता भी दूँ तो आप क्या समझेंगे? ख़ाक़? कभी शक्ल भी देखी है उनकी?''

''चलो ठीक है, ठीक है,''—विनायक अपनी खिसियाहट को छुपाते हुए जबरन मुस्कराया। ''अब आगे का क़िस्सा बताओ। मुझे पता नहीं था तुम्हारी फ़ास्ट ड्राइविंग के और भी आयाम हैं।''

''व्हाट फास्ट ड्राइविंग?''—नक़ली नाराज़गी का अभिनय करते हुए शकुंतला बोली। ''मालती जी से कोई साल भर बाद मिली हूँगी मैं। आपको याद है, आप अपनी अनुपस्थिति में अपने घर का हाल-चाल लेने का ठेका किसे सौंप गए थे? मिस्टर और मिसेज़ रैणा को। नहीं? जब आपने ही मुझे इस लायक़ नहीं समझा तो मुझी को क्या पड़ी थी जो मैं आपके घर जाती! ख़ैर। वैसे गई तो थी। एक बार मिस्टर दुबे भी साथ थे। कितनी पुरानी बात हो गई! मुझे तो बिलकुल भी उम्मीद नहीं थी कि वे मेरा इस क़दर स्वागत करेंगी। मगर...ओह, आइ टेल यू शी इज़ अ वंडरफुल पर्सन! मैं तो पहुँचते ही चालू हो गई और वे मेरी सारी चकर-पकर इतने उत्साह, इतने धीरज से झेलती रहीं, कि मैं क्या बताऊँ। फिर मैं आपकी तारीफ़ के पुल बाँधने लगी। उसे भी जिस 'ग्रेस' के साथ उन्होंने झेला, मैं तो आश्चर्यचकित

रह गई। मैंने मज़ाक में कहा भी, कि...'दीदी, आप तो कुछ बोल ही नहीं रहीं। लगता है आप हमारे सर से कुछ ख़ास प्रभावित नहीं हैं।'...तो उन्होंने ऐसी 'मिस्चीवस स्माइल' दी, कि क्या बताऊँ! मैंने आज तक किसी को दीदी-वीदी कहके नहीं बुलाया–मुझे ये 'सेंटीमेंटल जैस्चर्स' बिलकुल नहीं सुहाते। मगर...जनाब, कुछ बात है आपकी मालतीजी में...मैं तो ख़ुद ही अचंभे में पड़ गई कि मेरे मुँह से उनके लिए कैसे बेसाख़्ता यह 'दीदी' संबोधन फूट पड़ा। हाँ तो, वे क्या बोलीं–जानते हैं? बोलीं–'शकुंतला, 'सर' वे तुम्हारे होंगे। मेरे तो हज़बैंड हैं।' और...वह क्या कहा है तुम्हारे शेक्सपियर ने?...'बौरोइंग डल्ज़ द एज ऑफ़ हज़बैंड्री'...। उधारी की यानी हराम की मक्खनबाज़ी से इन मरदुओं को सहलाने का मुझे कोई शौक नहीं है। अरे बचपन से ही इनकी आदतें बिगाड़के इन्हें बरबाद करने में इनकी जगदम्बाएँ कोई कसर छोड़ती हैं क्या?–जो हम पत्नियाँ भी उन्हीं की नक़ल ढोएँ! आख़िर तुम भी लाख लेक्चर झाड़ने के बावजूद हो तो एक पत्नी ही ना? जानती ही होगी कि कोई भी आदमी–चाहे जितना हीरोपना वह छाँटता रहे दुनिया में–और कैसा ही तोप क्यों न हो–अपनी पत्नी के लिए वह असलियत में जो है, वही रहता है। तुम क्या सोचती हो? क्या तुम्हारा पति तुम्हारे लिए हीरो है? 'मैं' थोड़ी देर चुप रही। बताना तो था ही और बताया भी मैंने उन्हें। पर बाद में। उस वक़्त तो यही टिप्पणी जड़ी मैंने कि, 'मैडम, आइ डोंट ऐग्री विद यू। मुझे तो यह कहावत सचाई से बिलकुल उलट लगती है : बेशक यह किसी कुंठित पति की या नकचढ़ी पत्नी के दिमाग़ की उपज है। वरना मैं तो यही जानती हूँ कि 'एवरीमैन इज़ अ हीरो टु हिज़ वाइफ़।' इस पर आपकी मालती ने ऐसी गुस्सैल मुखमुद्रा बनाई कि मैं तो सहम ही गई। बोलीं–'कितने पति-पत्नियों को जानती हो तुम? तुम्हारे जैसी इंटैलेक्चुअल महिला के मुँह से ऐसी सेंटीमेंटल बकवास सुनके मैं चकित हूँ। आर यू रियली सीरियस?'...मैंने कान पकड़े और कहा–'मालती जी, मैं तो मज़ाक कर रही थी। आइ डोंट बिलीव इन व्हाट आइ सेड जस्ट नाउ।'...फिर मुस्कराते हुए यह भी जोड़ दिया कि 'बट आइ डोंट बिलीव यू आइदर'। इस पर उनकी वह डरावनी संजीदगी पिघल गई और वे अपनी हँसी रोक नहीं पाईं।''

''और?...और कुछ?''...विनायक बोला। शकुंतला इस क़दर चपल और मुखर हो सकती है, उसने कभी सोचा न था। ''धन्य है तू रमणी!''–उसने मन-ही-मन कहा–''मैं क्या तुझे जानता हूँ? बिलकुल नहीं जानता।''

''बस तो!''...शकुंतला अपनी ही रौ में थी। ''एक ही दिन में हमारी दोस्ती परवान चढ़ गई। अगले दिन उनके काम के बारे में जानने का जो कुतूहल मुझ पर चढ़ा था उसका बखान करके अगला दिन भी काफ़ी समय उन्हीं के साथ–उनके आश्रम का मुआयना करने, उनके साथियों से गप-शप करने में बिताया। तीसरी बार

मैं जान-बूझकर देर से गई और उन्हें अपने घर खींच लाई। यहीं इसी जगह जहाँ आप जनाब तशरीफ़ रक्खे हुए हैं, वहीं पर आपकी श्रीमतीजी भी बैठी हुई थीं अभी परसों के ही दिन। और ठीक उसी तरह आँखे फाड़े मेरी दास्तान सुन रही थीं जिस तरह मैं उस दिन आपके विभागीय कक्ष में आपकी आपबीती सुन रही थी।''

विनायक भकुए-सा अपनी आँखें शकुंतला के चेहरे से हटा ही नहीं पा रहा था। मानो चिपक गई हों वहाँ। क्या प्रतिक्रिया हुई होगी मालती पर...शकुंतला की दास्तान पर?...कैसा लगा होगा उसे इस चहचहाती चिड़िया के घोंसले में आकर–उसे अकेला जीवन जीते देखकर? क्या कहा होगा उसने? कुछ कहा भी होगा कि चुप्प-सन्न रह गई होगी?

ओह! तो...जिस मस्ती और ठसके के साथ यह महिला मालती से फ़ोन पर बात कर रही थी, उसका रहस्य यह था!

18

क्या तुम्हें पता है?

मेरी प्यारी पगली शकुन!

क्या तुम्हें पता है तुमने मेरे साथ क्या किया है? तुमने मुझे पगला दिया है। अब देखो मैं यह क्या कर रही हूँ—तुम्हें चिट्ठी लिखने बैठ गई हूँ—जो कि मेरे स्वभाव के सर्वथा प्रतिकूल है। यह मेरे पति का शगल है, मेरा नहीं। मुझे तो चिट्ठी लिखना वैसे भी आता ही नहीं—जैसे, मेरे पति के बारे में कह सकती हूँ कि उन्हें चिट्ठी लिखने के सिवा और कुछ नहीं आता। यह शिकायत नहीं है शकुन, फैक्ट है, जो तुम्हारी समझ में नहीं आएगा।...अब तुम कहोगी कि अगर मेरी नज़र में यह इतना ही फ़ालतू काम है तो फिर मैं क्यों तुम्हें लिख रही हूँ? तो सुनो...ज़िंदगी में पहली बार मुझे लग रहा है कि यह ज़रूरी ईविल है; कि, कभी-कभी ऐसी भी नौबत आ जाती है कि चिट्ठी लिखे बिना चल ही नहीं सकता। तुम्हारे साथ तो मुझे बोलने की इच्छा ही नहीं होती—जी करता है बस तुम्हीं बोलती रहो, मैं सुनती रहूँ—इस क़दर मीठी लगती है मुझे तुम्हारी आवाज़ और तुम्हारी चकर-पकर, कि मुझे नशा सा चढ़ जाता है। बाद में ग़ुस्सा आता रहता है कि 'मुझे हो क्या गया था जो गूँगी की तरह उस चैटरबॉक्स को झेलती रही। मगर, जब मेरी बोलने की बारी आती है तो तुम ख़ुद तो गूँगी बन जाती हो और मुझी से कहनी-अनकहनी सब उगलवा लेती हो।

फिर भी...इसके बावजूद मुझे लगता है, मुझे जो कहना था, वह तो मैं कह ही नहीं पाई। और...कह पाऊँगी ही नहीं आमने-सामने। अरे, मैं ऐसी पगला गई हूँ तेरे प्रेम में, कि जितनी देर तेरे साथ, तेरे सामने होती हूँ, तेरे सिवा कुछ सूझता ही नहीं मुझे। बोलती हूँ तो तेरी ही तरह बकवास में बह जाती हूँ। अपनी सुध ही खो बैठती हूँ। मन की बात होंठों पर तो क्या, मन में भी नहीं आती। तुझे चिट्ठी लिखने की बात, नहीं तो, तू ही बता, मुझे सूझती कैसे? मैं आज अपने काम पर भी नहीं गई। सुबह से बिस्तर पर लेटे-लेटे तेरी ही सुमिरनी फेर रही हूँ। तू इस वक़्त मज़े से लेक्चर झाड़ रही होगी। तेरे सर भी वही कर रहे होंगे। या, क्या पता, तुम दोनों ही

अपनी-अपनी क्लास 'गोल' करके गप्पबाज़ी में लगे हो। क्या ठाठ हैं तुम प्रोफ़ेसरों के! इस क़दर हराम की कमाई कोई दूसरी होगी इस मुल्क में, मुझे तो नहीं लगता। अरी, मैं यहाँ अपने बिस्तर के बियाबान में अकेली लेटी छटपटा रही हूँ और तू है कि मेरे पति के साथ मौज मार रही है और मैं तुम दोनों को देख-देखके निहाल हुई जा रही हूँ। यह हाल कर दिया है तूने मेरा। और, इधर मैं हूँ कि तुझे यही सब बताने को चिट्ठी लिखने बैठी हूँ क्योंकि अपने मुँह से तो मैं कभी भी ये बातें निकाल नहीं सकती।—कौन निकाल सकता है, बता। तू तो ख़ैर, मनुष्यलोक में आती ही नहीं—जाने किस लोक की मायाविनी है तू—चुड़ैल कहते-कहते रुक गई मैं—तेरी तो बात ही अलग है। तू जो न करे सो थोड़ा। मगर...मेरा पति, तेरा सर, वह भी क्या कह सकता है मुँह सामने ऐसी बातें? नहीं कह सकता। वह तो मुझसे भी गया-गुज़रा है। वह तो—जैसा मैंने पहले ही बोला—चिट्ठी लिखने और बाँचने के सिवा और कुछ जानता ही नहीं। चिट्ठी ही उसकी ज़ुबान है। मुँह में तो उसके ज़ुबान है ही नहीं। अब यही देख—इस एक माह के भीतर जब से मैंने उससे अबोला ठाना, वह मुझे पाँच-पाँच चिट्ठियाँ लिख चुका है। लम्बी-लम्बी चिट्ठियाँ। मैंने एक का भी जवाब नहीं दिया। क्यूँ दूँ? अरे, तुम्हारे मुँह में ज़ुबान नहीं क्या? कुछ बोल नहीं सकते तो कुछ कर ही गुज़रते। नहीं जी, नहीं। मैं इधर अपने कोपभवन में घुटी जा रही हूँ और वे उधर अपने विलाप-कक्ष में। ऐसे कहीं गिरस्ती चलती है? अरे, मैं तो अभी प्रोफ़ेसर साहब को कम-से-कम महीना भर और कलपाती—अगर तू मायाविनी हमारे बीच में न कूदी होती। लोग दूसरों का घर फूँकके तमाशा देखते हैं; और इधर तू है कि अपना घर फूँक के दूसरों के घोंसलों को आँधी-तूफ़ान से बचाने को दौड़ती है। तेरी ममता के तिनके आँधी-तूफ़ान से भी ज़्यादा ताक़तवर हैं—क्यों? क्या समझती है तू अपने आपको?

ले, तेरे ही मन की हो गई। अब तो ख़ुश? हथियार डलवा ही दिए ना तूने मुझसे—चैन पड़ गया तुझको? अब यह मत पूछ मायाविनी, कि क्या-क्या नाटक हुए। मैं तेरा मनोरंजन करने बैठी हूँ क्या? हाँ, एक बात तो बता, तूने इन्हें 'सर-सर' करके क्यों इतना सर चढ़ा रक्खा है? क्या लगते हैं ये तेरे? मुझे पता है ये तेरे 'सर' कभी नहीं रहे। कब क्या सिखाया-पढ़ाया इन्होंने तुझे, जो तू इन्हें 'सर-सर' करती रहती है? मेरी तो समझ से बाहर है यह रिश्ता, जो तूने मेरे पति के साथ गाँठ लिया है। कुछ तो खुलासा कर डाकिनी! क्या रैकिट है तेरा? कुछ बता तो सही।

अब तुझे एक राज़ की बात बताऊँ? कल हमारी मैरिज एनिवर्सरी थी—कुछ समझ में आया? मैरिज एनिवर्सरी!...जिसकी तारीख़ मेरे पति को कभी याद नहीं रहती। कल भी याद नहीं थी उन्हें। अरे, तो तू क्या समझती है, इतने पकवान मैं तेरे लिए क्या हवा में से पैदा कर लाई थी? कुछ तो दिमाग़ लगाया होता तूने; कुछ

तो पूछा होता कि यह किस तुफ़ैल में? ज्यों ही मैं तेरे घर में दाख़िल हुई, तेरे सर मुझे देखके जिस तरह सिटपिटाए, साफ़ ज़ाहिर हो गया कि उन्हें पता है। फिर भी, देखा तूने?–उन्होंने ज़रा भी अपनी तरफ़ से ज़ाहिर होने दिया? कहा कुछ? नहीं! क्योंकि इस बारे में ज़ुबान खोलने से उनका तिनके-तिनके बटोर के खड़ा किया गया 'ईगो' का हवामहल जो ढह जाता! और यह महापुरुष मुझसे–अपनी जीवन-संगिनी–से क्या कहते हैं–तुझे पता है? कहते हैं–"मालती, तुम्हारी सारी समस्याएँ तुम्हारे 'ईगो' की समस्याएँ हैं।" हाँ शकुन, यह इनका तकिया क़लाम है। जब भी हमारे बीच कुछ नोक-झोंक होती है, यह इसी ब्रह्मास्त्र से मुझे ढेर कर देना चाहते हैं। समझी?

तेरे यहाँ से जब हम अपने फ़्लैट पहुँचे तो छुटकू-बड़कू के फ़ोन घनघना रहे थे। बेचारे कब से बेहाल-परेशान थे कि ये अभागे दोनों कहाँ जा मरे हैं? कौन ऐसा ख़ैरख़्वाह इनका निकल आया जिसने आज के दिन इनको दावत पर बुलाया है? बेहद रुलाया कल रात इन लड़कों ने मुझे और अपने डैड को शकुन! तेरा बेटा भी तो विदेश में है। किसके साथ है वह? तेरे या तेरे उस व्यभिचारी लम्पट पति के? तेरे ही साथ होगा–मुझे यक़ीन है। फिर भी पूछ रही हूँ। इन आजकल के लड़कों का क्या भरोसा?

मुझे माफ़ करना मेरी बहन, तेरे परित्यक्त पति पर मैंने जो विशेषण चिपका दिए अनायास। ये तेरे शब्द कदापि नहीं हैं, मेरे हैं। हाँ, मैं कहूँगी, सौ बार कहूँगी–लम्पट! व्यभिचारी! तू क्या कर लेगी मेरा? लम्पट नहीं तो क्या है वह, जो तेरे जैसी पत्नी पाकर भी कभी अपनी नौकरानी, कभी अपनी टाइपिस्ट के साथ मुँह काला करता फिरता है और वह भी तेरे अपने घर में। मुझे तेरा फ़ल्सफ़ा बिलकुल पल्ले नहीं पड़ता। उसकी अपनी ज़रूरत है–तूने कहा था। यह भी, कि वह बना ही वैसा है। और भी तो कुछ बताया था तूने।...कि, वह तुझे बर्फ़ की सिल्ली कहता था। "मैंने उसे त्यागा नहीं, आज़ाद कर दिया,"–तू कहती है। शकुन, एक बात मुझे बता। तूने इस नतीज़े पर पहुँचने में इतने बरस क्यों लगा दिए? यही फ़ैसला क्या तुम दस साल पहले नहीं कर सकती थीं? बर्फ़ की सिल्ली तो तब भी बर्फ़ की 'सिल्ली' ही थी ना? तुम्हारे ही कहे मुताबिक़ उसने शादी के अगले रोज़ ही तुम्हें यह फतवा दे मारा था। तब फिर क्यों झेलती रही तू इस 'कर्स' को इतने बरस? किस मजबूरी में? अच्छा तो, क्या तुमने इतने बरस इसी उम्मीद, इसी इंतज़ार में गला दिए कि वह सुधरेगा?

कल बातों-बातों में तुमने एक जुमला रसीद किया था मुझे। याद है? तुमने मुझे बताया था कि जुमला यूँ तुम्हारा नहीं, किसी कामू का है–मगर इतना गहरा सत्य है कि तुम्हें वह उस लेखक की नहीं अपनी ईजाद लगता है। क्या? यही, कि..."सेक्स इज़ नॉट इम्मोरल, बट इट इज़ वेस्टफुल।"...किस सिलसिले में पटका था तुमने मेरे मुँह पर यह जुमला? क्या अपने इसी विलम्बित निर्णय को सही ठहराने के लिए?

यानी, कि तुम्हारे कथनानुसार तुम्हारा वह व्यभिचारी-लम्पट पति अनैतिक नहीं था—सिर्फ़ तुम्हारे सौंदर्य-बोध और मात्रा-ज्ञान को जानते-बूझते ठेस पहुँचाने वाला था। 'वेस्टफुल' होना ही 'अग्ली' होना है—तुमने कहा था। यह भी, कि यूँ वह बेहद ईमानदार और कर्तव्यनिष्ठ अफ़सर है—भ्रष्टाचार के समुद्र में निष्कलंकता और न्यायप्रियता का जगमगाता द्वीप।...मगर औरतों के मामले में बहुत ही कच्चा है और कोई मौक़ा नहीं छोड़ता। शुरू-शुरू में नहीं लगता था तुम्हें वह इतना क्रूड और भोंडा—मगर बाद में लगने लगा था। तुमने एक बड़ी ज़ोरदार बात कही थी कि वह 'इमोशनली इम्पोटेंट' था—तुम्हारी कोमल भावनाओं को जगाने में असमर्थ; किंतु, चूँकि उसका पुण्यात्मा 'ईगो' इतना प्रचंड था कि अपने पौरुष को लेकर उसे कभी कोई संदेह सता ही नहीं सकता था, इसलिए वह तुम्हें 'बर्फ़ की सिल्ली' घोषित करके ही अपनी लम्पटता का औचित्य गढ़ता रहा। सहन की सीमा तक तुमने उसे सहा और जब असह्य हो गया तो एक झटके में ही उसे निकाल फेंका। पर, यह भी तो हो सकता है शकुन, कि वह ख़ुद ही तुमसे पिंड छुड़ाना चाहता रहा हो। एक इंटेलैक्चुअली, इमोशनली, ईस्थेटिकली...हर तरह से सुपीरियर स्त्री के साथ रहने का मतलब है क़दम-क़दम पर अपनी 'ईगो' को लहूलुहान होते देखना। नहीं? तो...फिर तो तुम ठीक ही कहती हो। तुमने तो उसे अपनी तरफ़ से छुटकारा ही दे दिया।

चलो, छोड़ो इन बातों को। अभी-अभी देखो—डाकिया आकर यह जो लिफ़ाफ़ा डाल गया है, वह मैं यहीं से भाँप गई हूँ,—उसी चुड़ैल का है, जिसने मेरे घर में आग लगाई थी। मन तो ऐसा कर रहा है, इसे भी आग लगा दूँ और राख सिंक में बहा दूँ। लिखी होगी इनने भी चिट्ठी उसकी चिट्ठी के जवाब में। और जाने कब से तड़प रहे होंगे इसी चिट्ठी के इंतज़ार में मन-ही-मन। राख हुए पन्नों को मैं ज्यों-का-त्यों प्लेट में सजाके रख दूँगी मेज़ पर। तभी ठंडक पहुँचेगी मेरे कलेजे और भेजे को। अब तुम कहोगी मुझसे—...कितनी ईर्ष्यालु हो? शर्म आनी चाहिए तुम्हें अपनी 'क्रूडिटी' पर। क्यों आए शर्म मुझे! इनको शर्म नहीं आती—दो-दो सयाने लड़कों के बाप को! और मुझे शर्म आनी चाहिए। क्यों? शर्म का सारा ठेका क्या मैंने ही ले रक्खा है?

मगर, शकुंतला मैडम, आपके फ़लसफ़े के मुताबिक़ तो तुम्हारे 'सर' की या इस विलायती चुड़ैल की कारगुजारियाँ 'इम्मोरल' तो क्या 'वेस्टफुल' भी नहीं कहला सकतीं। क्योंकि आपके हिसाब से तो यह तो दो बड़े डेलीकेट टेस्ट वाले फरिश्तों का हृदय-संवाद है जिसमें सौंदर्य ही सौंदर्य है। अग्लीनेस या क्रूडनेस का लेश तक नहीं। अरे, इसी डर से मैंने तुझे उस चुड़ैल की वो वाली चिट्ठी पढ़ने को नहीं दी, जो मैं सचमुच तुझे पढ़वाने को ही जेब में रखके लाई थी। जैसे ही तूने अपना यह महामंत्र उचारा—मैंने मन-ही-मन अपना सिर पीट लिया। मुझे लगा यह शकुंतला कम्बख़्त इस

कूड़े में भी 'ईस्थेटिक सेंसिबिलिटी' सूँघ लेगी और मुझे भी सुँघाने की ज़िद पकड़ लेगी। इस तरह यह डायन उलटे मुझी को 'गिल्ट' में धकेल देगी—क्योंकि अपने विद्वान् पति के नाम आई एक विदुषी विद्योत्तमा की निजी चिट्ठी को खोल के पढ़ लेने वाली—और इतना ही नहीं, उसे बदनाम करने के लिए उसके सहकर्मियों तक को वह निजी चिट्ठी पढ़वाने वाली औरत 'क्रूड' और 'वल्गर' नहीं तो और क्या होगी?

ख़ैर...अब तुम ही बताओ इस दूसरी चिट्ठी का मैं क्या करूँ? कम्बख़्त बेहया मेरे घर के पते पर ही पातियाँ पठाती चली जा रही है। कहीं ऐसा तो नहीं, कि प्रेम-पातियाँ तो तुम्हारे विल्सन कॉलेज के पते पर पहुँच रही हों और यह एकाध कीटाणुरहित लिफ़ाफ़ा वह चुड़ैल मेरी आँखों में धूल झोंकने के लिए इस तरह घर के पते पर डाले दे रही हो। शकुन, तुझे मेरे स्नेह की, विश्वास की सौगंध, मुझसे झूठ मत बोलना। छिपाना मत कुछ भी। अरे—तू फ़िकर मत कर, कुछ नहीं कहूँगी मैं, कुछ नहीं करूँगी। तू मुझसे और क्या चाहती है, बता। क्या मैं चुपचाप उस चुड़ैल को अपनी छाती पर मूँग दलने दूँ? धन्य है तू और धन्य तेरी फ़िलॉसफ़ी। तेरे सर 'इम्मोरल' तो क्या, 'वेस्टफुल' तक नहीं कहला सकते; और मैं ठहरी एक साहित्य-कलाविहीन पुच्छविषाणहीन पशु। क्यों?

देख शकुन, तुझे पता है मैं क्या काम करती हूँ। तूने इतनी उत्सुकता दिखाई—अपनी ओर से तूने मेरे काम में हाथ बँटाने की इच्छा प्रकट की—यह मेरे लिए दुनिया का नवाँ आश्चर्य था। मुझे मालूम है तुझे अपने पढ़ाने के काम से ही बिलकुल फ़ुरसत नहीं—तू पूरी तरह उसमें डूबी हुई है। तेरे सर की बातों पर भरोसा करूँ तो उनका तो पूरा विभाग ही तेरे बूते चल रहा है—इतना गुणगान करते रहते हैं तेरा। फिर भी तूने मेरे काम में इतनी दिलचस्पी ली—यह भी प्रस्ताव किया अपनी तरफ़ से कि तू हर शनिवार को—जो तुम लोगों का छुट्टी का दिन होता है, मेरे यहाँ पढ़ाने आना चाहती है। मैंने मना कर दिया। इसलिए, कि मैं तुम पर यह अतिरिक्त बोझ नहीं डालना चाहती। तेरे सर को मेरा काम ऊर्जा का अपव्यय लगता है; उन्हें यह बिलकुल पसंद नहीं। कितनी वितृष्णा है उन्हें इससे, मैं जानती हूँ। भले ही वे मुँह से कुछ न कहें। वे मुझे लिटरेचर में एम.ए. कराना चाहते थे—मैंने नहीं किया, इसके लिए, मुझे मालूम है उन्होंने मुझे कभी माफ़ नहीं किया। ऐसा नहीं, कि मुझे बिलकुल भी रस नहीं था—तू कभी पूछना उनसे। वे तुझे बताएँगे—उनके पास जितने भी कविता-संग्रह और उपन्यास हैं उनमें से दो-तिहाई तो मैंने ही उन्हें भेंट किए होंगे। शादी के बाद, जहाँ भी हम रहे—बम्बई आने के पहले—हमारी दिनचर्या का अंग था यह—कभी मैं उन्हें पढ़के सुनाती, कभी वे। तब उनकी दुनिया मेरी दुनिया थी, उनकी पसंद मेरी। तभी तो उन्हें बड़ा धक्का लगा होगा जब बम्बई आते ही अचानक मुझे पता चला कि मेरी

असली दुनिया यह नहीं दूसरी है : 'सोशल वर्क' में ही मुझे सच्ची तृप्ति मिलती है। उन्होंने मुझे उस तरह कभी रोका-टोका नहीं, यह उनकी मेहरबानी है। पर, मुझे मालूम है, मन-ही-मन उन्हें मुझसे कैसी घोर निराशा और वितृष्णा हुई मेरे इस नए शगल से। अच्छा, अब बंद करती हूँ लिखना। ऊब गई होगी तू मेरी इस बकवास से अब तक। तेरे 'सर' के आने का टाइम हो रहा है। और मैंने अभी तक कुछ किया नहीं है। कल का जो बचा-खुचा खाना है फ्रिज़ में, उसी से काम चलाना पड़ेगा।...और सुन, यह चिट्ठी जवाब देने के लिए नहीं, पढ़के तुरंत फाड़ देने और भूल जाने के लिए है। अच्छे बच्चे दूसरों की चिट्ठियाँ नहीं पढ़ते। कभी किसी मजबूरी के तहत पढ़ भी लेते हैं तो और किसी को नहीं पढ़वाते। न कहीं चर्चा करते हैं उसकी। समझी? बस तो ख़ुश रहना मेरी जान। और मुझको तथा अपने सर को भी इसी तरह ख़ुश रखना।

—तेरी दीदी मालती

19

सचमुच का सपना

लच्छू की दूसरी, फिर तीसरी चिट्ठी। कमाल है—विनायक सोचता है—यह कैसा संबंध है जो बरसों बिना किसी ख़ुराक के, बिना ख़ुद अपनी ख़बर पाए भी ज़िंदा रहा आता है गहरे कहीं, हमारे अनजाने...और ज़रा सी आहट पर, ज़रा सा स्पर्श पाते ही लहलहा उठता है!...कुछ नहीं, तो पंद्रह-बीस बरसों में उसने कभी भी लच्छू को याद नहीं किया था, न लच्छू को ही अपनी ओर से बीनू की ख़बर लेने की सूझी थी। कौन यक़ीन करेगा इस बात पर, कि इस बेरहम दुनिया में, जहाँ सबकुछ पल-पल नष्ट होता रहता है, बदलता रहता है—जहाँ कुछ भी जाना-पहचाना टिकता नहीं, वहाँ ऐसे भी रिश्ते हुआ करते हैं जो संपर्क की कमी से या उसके पूर्ण अभाव में भी मुरझाते नहीं। ठीक है कि बचपन की मिताई में भी दो-एक ही ऐसे नमूने होते होंगे जिन पर यह बात लागू होती है। लच्छू या चंदू सरीखे मित्रों से तो बरसों-दशकों तक भी संपर्क क्या, चिट्ठी-पत्री तक न हो, तो भी कोई फ़र्क़ नहीं पड़ता। टूटी हुई डोर कभी भी, किसी भी क्षण जुड़ सकती है और वह भी इस तरह, कि जोड़ दिखे ही नहीं। लच्छू के साथ विनायक का संबंध कुछ इसी धरातल का है और यही बात चंदू के बारे में कही जा सकती है।...यहाँ तक कि त्रिभुवन, विनोद, हरीश मुच्ची जैसों के बारे में भी...जिनसे विनायक का सख्य उतना पुरातन और उनकी गहरी जड़ों वाला तो नहीं ही कहा जा सकता।

इतने बरसों—यानी युगों—बाद विनायक को लच्छू की सुध आई तो शायद इसमें उस पहाड़ी विदेश के लम्बे प्रवास का योगदान प्रमुख रहा होगा। वेल्श की पहाड़ियों ने उसके भीतर कहीं गहरें में दबे पड़े उस पहाड़ को और उस पहाड़ी बचपन को भी जगा दिया जिसे अपने जाने-अनजाने शायद उसने भूल ही जाना चाहा होगा अपने उस 'प्रारम्भ' को, जिसका उसके वर्तमान से कुछ भी लेना-देना नहीं था और जो उसे आगे ले जाने की प्रेरणा देने की बजाय, पीछे को घसीटता जान पड़ता था। ऐसा लगता है, उसका मन उस अतीत से—उसकी अँधेरी आकृतियों से छुटकारा पा लेना

चाहता था। पर...क्या सचमुच आदमी अपने मन को जानता है?

लच्छू की एक ही चिट्ठी से उसके भीतर पथराई वह दुनिया क्यों जी उठी? लच्छू ने ही तो कई ऐसे पुराने दोस्तों को उसके भीतर फिर से ज़िंदा कर दिया है जिसके बारे में विनायक ने इन सारे बरसों के दौरान कभी सोचा तक नहीं था। अभी भी नहीं सोचता कभी, अगर उसकी स्मृति के अँधेरे बंद कमरों को लच्छू ने ही ख़ुद पहल करके न खोल डाला होता। क्या इसे महज़ अतीतग्रस्तता या नॉस्टेल्जिया कहके टाला जा सकता है? अतीत केवल उस संबंध का इतिहास है जब, कि इस वक़्त विनायक के भीतर जो उत्साह उमड़ा पड़ रहा है वह उन सबको उनके वर्तमान में भेंटने का है। क्या वह नहीं जानता कि वे सब विनायक की ही भाँति प्रौढ़ हो चुके होंगे—सबका अपना विकसित व्यक्तित्व और जीवनानुभव होगा। इतने सुदीर्घ अंतराल के पार अब उनसे मिलना, उनके साथ अपने अनुभव की जमा-पूँजी का साझा करना—विनायक को लगता है—बहुत रोमांचकारी-उत्तेजक और स्फूर्तिदायी अनुभव होगा।

बहरहाल...हम इस वक़्त विनायक के बेड-रूम में हैं। बेड-टी लेकर आई है मालती और उसे जगा रही है। विनायक हड़बड़ाकर उठता है—आँखें मलता हुआ और कहता है—''मालती, रुको बैठो एक मिनट। मैंने अभी-अभी एक बहुत ज़ोरदार सपना देखा है। सुन लो, नहीं तो अभी तुरंत भूल जाऊँगा।

''सपने बताने या बाँटने के लिए नहीं होते, भूल जाने के लिए ही होते हैं।'' मालती कहती है—''चलो, सुनाओ जल्दी से। देर हो रही है।'' वह बैठती नहीं, खड़ी रहती है।

विनायक-अधमुँदी आँखों अपने तितर-बितर होते सपने को वापस बुला रहा है...

''सुनो, तुम और मैं एक पहाड़ की चोटी पर खड़े हैं। स्याहीदेवी—बिलकुल स्याहीदेवी अपने अल्मोड़े की। पर...तुम तो कभी गई नहीं वहाँ—कैसे समझाऊँ? बहुत ऊँची नहीं है—सिर्फ़ सात हज़ार फ़ीट होगी। मगर मेरे सपने में वह एवरेस्ट से कम नहीं लग रही थी। चारों तरफ़ बर्फ़ से ढकी चोटियाँ-ही-चोटियाँ...। अचानक वह बर्फ़ चारों तरफ़ से पिघलकर दौड़ने लगती है और उसमें से रंगबिरंगे झंडे निकल आते हैं...एक झंडा तुम्हारे हाथ में आया है—तिरंगा झंडा।...तुम उसे लहराती हुई कहती हो 'चलो कूदें' और कूद जाती हो। तुम्हारे पीछे मैं भी कूद पड़ता हूँ...और अब हम एक बहुत विशाल वृक्ष पर जा अटके हैं जिसकी शाखों पर बंदरों की तरह बहुत सारे लड़के-लड़कियाँ लटक रहे हैं...और वे हमें नाम लेकर पुकार रहे हैं...मैं भी उन्हें पहचान रहा हूँ...सब मेरे बचपन के दोस्त और रिश्तेदार हैं...।''

''बस्स?''—विनायक सहसा चुप हो गया तो मालती ने टोका—''यह सपना है कि

मनगढ़न्त?''

''अरे हाँ,''–विनायक कहता है–''अचानक वह पेड़ हिलने लगा–सपना टूट गया। तुम्हीं ने हिलाया होगा मेरे सपने के पेड़ को,''–वह हँसने लगा। ''और...अब तुम्हीं उसे मनगढ़न्त बता रही हो।''

''और...मार्गरिट,''–मालती बोल पड़ी–''मार्गरिट नहीं थी तुम्हारे सपने के पेड़ पर या उस चोटी पर?''

एक पल को विनायक सचमुच सकपका गया। फिर तुरंत उसने अपने को सम्हाल लिया। बोला–''नहीं। मार्गरिट तो नहीं थी–इतना पक्का है। क्यों होगी भला? अल्मोड़े के सपने में मार्गरिट का क्या काम!''

मालती व्यंग्य में मुस्कराई। ''अल्मोड़े के सपने में भला मेरा भी क्या काम?'' ...वह पूछने को हुई। पर...मुँह से उसके निकला। ''पहले चाय पी लो ठंडी हो जाएगी। क्यूँ देखा ऐसा सपना तुमने?–अब यह भी तो बता दो।''

विनायक चिढ़ गया। ''क्यों देखा मतलब?...अब क्या तुम्हें मेरे सपनों पर भी शक होने लगा?''

''और नहीं तो क्या!''–मालती बोली। ''सपने किसको नहीं आते–सभी को आते हैं।...पर इस तरह का सपना शायद ही किसी को आए! साफ़ मनगढ़न्त है यह तुम्हारी।''

''रहने दो। सुबह-सुबह तुमसे बहस नहीं करूँगा। हाँ, सुनो। तुमसे मैंने ज़िक्र किया था ना लच्छू का? याद है काफ़ी पहले? पढ़ाया भी था तुमको उसका पत्र। कल फिर उसकी चिट्‌ठी आई है। बहुत निहोरा कर रहा है। तुमसे मिलने को उत्सुक है वह बेहद। चलती हो? दो महीने की छुट्टियाँ हैं। मज़ा आएगा। तुम्हें भी चेंज मिलेगा। कभी गई भी नहीं हो पहाड़। मुझे भी अपनी जन्मभूमि देखे जुग बीत गए।''

मालती हँस रही है। ''क्यों? इसमें हँसने की क्या बात है?...यह सपना नहीं है मालती, हक़ीक़त है। जल्दी से डिसाइड करो। सीज़न का वक़्त है–बहुत भीड़ रहती है। अभी से कराना पड़ेगा रिज़र्वेशन ट्रेन का।''

''तो जाओ न, हो आओ। छुट्टियाँ तुम्हारी होंगी। मेरी काहे की छुट्टी! शकुंतला को ले जाओ अपने साथ। उसकी भी तो छुट्टियाँ होंगी।''

विनायक झल्ला गया।

''तुम्हारा दिमाग़ तो नहीं ख़राब हो गया? जो मन में आया, बक देती हो। इतने बरसों बाद मैं अपने घर जाऊँगा। और...तुम्हारी जगह शकुंतला को ले जाऊँगा, तो लोग क्या कहेंगे? क्या समझेंगे?''

''समझने दो, जो समझें। क्या फ़र्क़ पड़ता है!''–मालती बोली।

विनायक कुढ़ गया बुरी तरह। ''बी सीरियस, मालती। यह मज़ाक करने का

वक़्त नहीं है। तुम चाहोगी तो शकुंतला को भी ले चलेंगे अपने साथ। पर...ज़ाहिर है, यह तभी संभव होगा जब तुम भी मेरे साथ चलोगी।''

''सोचना पड़ेगा,''—मालती बोली। ''मेरे लिए इतना आसान नहीं है सब छोड़ के चल देना, जितना तुम्हारे लिए है।''

उसने ट्रे उठाई और चल दी।

विनायक फिर से बिस्तर पर पसर गया। सपना अभी पुँछा नहीं पूरी तरह। सचमुच का सपना!...अपने इस जुमले पर उसे ख़ुद ही हँसी आ गई है। मगर...सच में,...यह सपना उसे क्यों आया? क्या अर्थ था इस सपने का? छुटपन से ही आदत रही है उसकी-अपने सपनों के बारे में सोचने की। एक दौर ऐसा भी था जब वह बाक़ायदा एक नोटबुक में हर ऐसे सपने को दर्ज कर लिया करता था जो जग जाने के बाद भी थोड़ी देर झिलमिलाता रहता था। क्या पता उसके काग़ज़-पत्रों में अब भी कहीं वह नोटबुक दबी पड़ी हो! हालाँकि यह बहुत-बहुत पहले की बात है।

परंतु...क्या वह मालती ही थी जिसने उस चोटी से नीचे के अतल गह्वर में—नहीं, अंतरिक्ष में छलाँग लगा दी थी और उसके पीछे-पीछे विनायक ने भी? मालती भी थी तो ज़रूर सपने में कहीं। पर उस चोटी पर तो नहीं ही थी। वह तो बाद में प्रकट हुई थीः उस पेड़ पर—जिसकी डालों पर इतने सारे लोग अटके हुए थे। हाँ, उन्हीं में एक मालती भी थी।

नहीं! वह मालती नहीं, मार्गरिट ही थी उस स्याहीदेवी की—नहीं, एवरेस्ट की—चोटी पर। मार्गरिट ने ही छलाँग लगाई थी—आओ कूदें—और उसके पीछे विनायक ने भी उस अतल में।

पर...फिर वह कहाँ ग़ायब हो गई? पेड़ पर तो नहीं थी वह कहीं भी। पेड़ पर तो मालती ही थी। हाँ, अब याद आया पेड़ पर मालती ही थी, विनायक के साथ झूलती हुई।

तो, फिर मार्गरिट कहाँ गई? क्या वह उसी गह्वर में, अंतरिक्ष में बिला गई?

विनायक मार्गरिट की यादों में खो गया। अधमुँदी आँखों में वेल्श में बिताए गए वे दिन जैसे सहसा एक रील में लिपटे रहे हों अभी तक, इस तरह उजागर होने लगे।...एक के बाद एक दृश्य...बर्च (भूर्जपत्र) के पेड़ों से घिरा उसका घर, उसकी बालकनी,...और स्वांज़ी का समुद्र तट।

'मार्गरिट! मार्गरिट!'...वह मंत्र सा जपने लगा। 'कहाँ हो तुम मार्गरिट?'

क्यों नहीं इतने दिन उसे फ़ोन तक किया? आज करूँगा—अभी जाकर डिपार्टमेंट में—विनायक निश्चय करता है। जो मार्गरिट का है, वह मार्गरिट को दो; जो मालती का है, वह मालती को। यह बँटवारा उसकी नियति है जिससे छुटकारा नहीं। ऐसे और भी तो अभागे होते ही होंगे दुनिया में। नहीं?...पर, अभागे क्यों? भाग्यवान् क्यों

नहीं? कहीं से कोई भी संभावना न हो जिसकी, वैसा चमत्कार यदि घट जाए जीवन में, तो इसे क्या निरा संयोग कहा जा सकता है? क्यों न मान लिया जाए कि यह होना ही था। यह तो उसका प्राप्य ही था जो उसे इस तरह अयाचित वरदान की तरह मिला वहाँ उस परदेस में, तो इसमें उसका या किसी का भी क्या क़सूर है?... किस बात की 'गिल्ट'? छोड़ो यह सब। जो अनायास आता है जीवन में, उसे उसी तरह ग्रहण करो। सोचो मत। इस बारे में सोचना बेकार है। सोचो मत, करो। अपनी नियति का अनुसरण करो चुपचाप। बेखटके और बेख़ौफ़। न्याय-अन्याय की बात ही कहाँ उठती है इसमें? तुमने किसी के प्रति कोई अन्याय नहीं किया है। कोई अपराध नहीं किया है।

अब जैसे इस शकुंतला को ही देखो। शकुंतला–जिसे विनायक से सच्ची और गहरी सहानुभूति है; जो उसकी तक़लीफ़ को इस क़दर अपनी तक़लीफ़ की तरह समझती है जिस तरह कोई सगे से सगा व्यक्ति भी नहीं समझ सकता। और वह सिर्फ़ विनायक के कष्ट को समझती ही नहीं बल्कि उसे मिटाने में ऐसे जुट जाती है जैसे वह उसकी अपनी समस्या हो, जैसे उसी की जान पर आ बनी हो। यह क्या है? सहानुभूति जैसा शब्द क्या इसके लिए बहुत छोटा नहीं पड़ जाता?

जो भी है, वह इकतरफ़ा नहीं है। दुतरफ़ा है।

तब फिर क्यों अभी तक यह शकुंतला विनायक के लिए मिसेज़ दुबे ही रही आई?

भूकंप जैसी प्राकृतिक आपदाएँ भी–सुना–जहाँ एक ओर भीषण बरबादी लाती हैं, वहीं उस उथल-पुथल के कारण ही जल-थल में कुछ चमत्कारक परिवर्तन भी हो जा सकते हैं। जिस मार्गरिट के कारण विनायक और मालती का दाम्पत्य ढहने की नौबत आ पहुँची थी–उसी ने देखो, इस शकुंतला को मालती से और स्वयं विनायक 'सर' के साथ भी कितने गहरे जोड़ दिया? चमत्कार नहीं, तो और क्या कहें इसे? शकुंतला का जो स्वरूप इस घटना-चक्र के भीतर से निखर के आया है, वह क्या स्वयं विनायक 'सर' के लिए सर्वथा अननुमेय नहीं है? और मालती? मालती तो उस पर ऐसे जान छिड़कने लगी है जैसे शकुंतला उसकी जन्म-जन्मान्तर की सखी-सहेली हो। मगर यह हुआ कैसे? दिमाग़ चकरा जाता है विनायक का। दोनों का स्वभाव, चरित्र, रुचि या पृष्ठभूमि, कहीं भी कुछ भी तो कॉमन नहीं। तो वह क्या है जो इनमें एक-दूसरे के प्रति इस क़दर खिंचाव पैदा करता है? क्या लगती है मालती शकुंतला की? आख़िर यह सब जो उसने किया, अपने सर के लिए ही तो किया। किस क़दर जोख़िम उठाया उसने! मालती जिस मनोदशा में थी उन दिनों, वैसे में शकुंतला का इस तरह बीच में आ टपकना।...अरे, कुछ भी हो सकता था। 'गेट आउट' करके निकाल दे सकती थी उसे–कुछ भी कर सकती थी। कैसे पटाया होगा उसने मालती

को! क्या कहा होगा? कैसे उसे अपने कॉनफिडेंस में लेके विनायक का पक्ष समझाया होगा? यह औरत है या जादूगरनी? सच में, उसने जो कर मारा, उसे जादू न कहें तो क्या कहें?

हँसमुख, शालीन, एकदम ऊँचे आभिजात्य के लक्षणों से युक्त मनोहारी भंगिमाएँ, मनोहारी देह-यष्टि...अपनी उम्र से कम-से-कम दस साल छोटी लगती है यह शकुंतला। क्या नहीं है उसके पास? पर इस सबसे कहीं ज़्यादा आकर्षक और स्पृहणीय गुण, जो उसका विनायक के लिए रहा है वह है उसका दिमाग़, उसकी विलक्षण साहित्यिक संवेदना और सुरुचि। कमाल है, ऐसे अद्भुत मेल की तो उसने कभी किसी औरत में कल्पना ही नहीं की थी। उसके इसी पक्ष को तो विनायक ने शुरू से ही सराहने-माँजने और निखारने का जतन किया था। इस क़दर ख़ुद को आज तक उसने किसी और पर नहीं लुटाया। और...कितना सुख था इस लुटाने में। अरे, यह भी एक सपना था विनायक का–सचमुच का योग्य शिष्य पाने का–जिस पर वह अपना सारा ज्ञान निछावर कर दे। इसीलिए तो विनायक ने शकुंतला के गुरु की भूमिका निभाने में कहीं कोई क़सर नहीं छोड़ी। 'डाइरेक्ट डिसाइपल' और कहते किसे हैं! कुछ पढ़ाया नहीं क्लास में, तो इससे क्या हुआ? शोध तो अपने विनायक 'सर' की ही छत्रच्छाया में किया था ना! तो, अगर विनायक को लगता है कि शकुंतला के निर्माण में उसका भी कुछ योग है, तो यूँ ही तो नहीं लगता। जान खपा दी थी उसने उसकी थीसिस पर, तो इसीलिए ना, कि वह सचमुच जान खपाने लायक़ काम था। अरे, कोई सचमुच लेने वाला हो तो देने वाला क्यों कोई क़सर रख छोड़ेगा अपने आत्मदान में! ऐसा करके आप किसी पर कोई अहसान नहीं करते, बल्कि कृतज्ञ ही होते हैं, कृतकृत्य ही होते हैं कि आपको ऐसी शिष्या मिली जैसी किसी को नहीं मिल सकती। क्या अब इसमें भी कोई शक है कि इसी शकुंतला को विनायक अपने अध्यापक-जीवन की सबसे बड़ी कमाई, सबसे बड़ी उपलब्धि मानता आया है? सचमुच, सचमुच का गर्व है उसे अपनी शिष्या पर। 'एस्सेट' जिसे कहते हैं ना, वही बिलकुल अक्षरशः।

मगर...मालती के लिए? मालती के लिए भी तो शकुंतला अब किसी 'एस्सेट' से कम नहीं। संपर्क भले ही विनायक के ही कारण हुआ हो, दोनों के बीच इस क़दर लगाव जो इतनी तेज़ी से पनपा, उसमें भला विनायक का क्या योग है? कुछ भी तो नहीं। इतनी ईर्ष्यालु है मालती। फिर भी शकुंतला को लेकर उसमें ईर्ष्या या संदेह जैसी चीज़ कैसे नहीं जागी?...ऐसा क्या जादू कर मारा शकुंतला ने मालती पर?

सच में...विनायक चमत्कृत है शकुंतला के इस कारनामे से। अपनी प्रियतम शिष्या के व्यक्तित्व का एक नया ही–बिलकुल अनोखा, अकल्पनीय सा आयाम

उसके सामने उजागर हुआ है। किंतु...क्या मालती को भी थोड़ा-बहुत इसका श्रेय नहीं देना पड़ेगा? बिलकुल देना पड़ेगा। मालती के व्यक्तित्व में भी तो निश्चय ही कोई ऐसी ख़ूबी, कोई ऐसी शक्ति होनी ही चाहिए जिसने शकुंतला को इस क़दर उसका मुरीद बना डाला है। तब फिर विनायक को ही मालती का वह गुण अभी तक उसमें क्यों नज़र नहीं आया? इसके अलावा भी क्या विनायक को शकुंतला के प्रति इसलिए भी कृतज्ञ नहीं होना चाहिए कि उसने मालती और उसके बीच जो दरार पड़ गई थी, उसे इतने कौशल से पाट दिया, उसके घर को उबार लिया? एक भीषण आपदाकाल से।

20

चेंज़ की ज़रूरत

शकुंतला के प्रति विनायक की कृतज्ञता की कोई सीमा नहीं। कैसे चुकाए उसका इतना भारी ऋण! यूँ अपने गुपचुप तरीक़े से वह इसका भी कोई जुगाड़ बिठाने की कोशिश करता रहा है कि शकुंतला को भी उसी की तरह विदेश-यात्रा का सुयोग मिले। मुश्किल यह है कि जो भी ऐसे अवसर जुटते हैं, वे भाषा-विज्ञान के क्षेत्र के होते हैं : विशुद्ध साहित्य की रिसर्च करने के लिए वज़ीफ़ा या फेलोशिप कबाड़ने की संभावनाएँ अपेक्षाकृत बहुत बिरल हैं। कैसा ज़माना आ गया है। पहले साइंस ने धर्म और दर्शन का बट्टा बिठाया और अब इस लिंग्विस्टिक्स के नाम पर वह साहित्य का भी वैसा ही चूरा बनाए दे रहा है जैसा उसने फ़लसफ़े का बना दिया है। कहाँ बची कोई शरण अब इस आदमी के बच्चे के लिए? कहीं नहीं।

इस बीच विनायक ने कार्डिफ़ यूनिवर्सिटी के प्रोफ़ेसर राउलैंड्स से और प्यारी मार्गरेट से भी इस बारे में बात चलाई तो पता चला, वेल्श में तो नहीं, मगर आयरलैंड में शकुंतला के लिए फ़ेलोशिप का जुगाड़ बिठाया जा सकता है। मार्गरेट स्वयं आयरलैंड जाने वाली है अपने क्लेरेंस मंगन वाले नए फ़ितूर के सिलसिले में। उसने विनायक को आश्वस्त भी किया है कि वहाँ रहते हुए वह शकुंतला के लिए जो भी किया जा सकता है अवश्य करेगी। ख़ासकर, अभी सिस्टर निवेदिता पर जो रिसर्च पेपर शकुंतला का 'विश्वभारती जर्नल' में छपा है, मार्गरेट उससे चमत्कृत है और उसका ख़याल है कि आयरलैंड के, और भारत के नवजागरणों के बीच जो इस तरह के सूक्ष्म संबंध-सूत्र हैं उनमें आयरिश विद्वानों की ही नहीं, जनसाधारण की भी गहरी दिलचस्पी होगी और उसे उजागर करने में प्रोफ़ेसर विनायक के साथ-साथ शकुंतला दुबे सरीखी विदुषी की भी एक स्पृहणीय भूमिका हो सकती है। इससे क्या फ़र्क़ पड़ता है कि सिस्टर निवेदिता ने आयरिश में कुछ नहीं लिखा। क्या यह आयरलैंड के लिए गर्व

का विषय नहीं होना चाहिए कि उसी की मिट्टी में पली-पुसी उसी की एक संतान ने अपना समूचा जीवन उस भारत नामक महादेश के स्वातंत्र्य-संग्राम पर निछावर कर दिया—न केवल उसकी सशस्त्र क्रान्ति-चेष्टा को, बल्कि उसके समूचे सांस्कृतिक आत्मविश्वास को भी जगाने के लिए अपना समूचा जीवन उत्सर्ग कर दिया। भारत के प्राचीन वाङ्मय को उसने अपने पुरखों की वाणी की तरह एकात्म निष्ठा के साथ आत्मसात् किया था और न केवल आत्मसात् किया था, बल्कि स्वयं भारत की नई पीढ़ी को—उसके बालकों और किशोरों को—भी उस पौराणिक वाङ्मय में दीक्षित करने का ऐसा उद्योग किया था, जैसा उद्योग स्वयं हिन्दुस्तानियों ने—हाँ, भारतीय संस्कृति की बड़ी-बड़ी बात करने वाले हिन्दुस्तानियों ने भी नहीं किया होगा।

कमाल है—विनायक सोचता है—कि सुदूर वेल्श के विश्वविद्यालय में कार्यरत मार्गरेट जिस काम का महत्त्व पहचान रही है और उसे खुले हृदय और खुले मस्तिष्क से सराह भी रही है,—उस काम को यहाँ हमारे अपने देश की एकेडेमिक बिरादरी सराहना तो दूर, सामान्य चर्चा के योग्य भी नहीं समझती। तब फिर पूछना होगा कि हम क्या चाहते हैं, किन चीज़ों के पीछे दौड़ रहे हैं? हमारी प्राथमिकताएँ इस तरह क्यों उलट गईं? अब यूँ तो हम हिंदुस्तानी विदेशी तौर-तरीक़ों को बड़ी आसानी से, बड़ी तत्परता से अंगीकार कर लेते हैं और इसमें ऐसी कोई बुराई भी नहीं थी अगर उससे हम स्वदेश को समझने, प्यार करने और...आज की नई दुनिया में हमारी क्या अवस्थिति है, हमारा कैसा क्या योगदान होना चाहिए इस बारे में सोचने-करने को प्रेरित होते! मगर ऐसा कहाँ हुआ? लक्षण तो सारे विपरीत ही नज़र आ रहे हैं।

शकुंतला विनायक के इस दर्द को भी अच्छी तरह समझती है। दिमाग़ी तौर पर भी विचारों की ऐसी साझेदारी दोनों के बीच पनपी है जैसी इस एकेडेमिक कही जाने वाली दुनिया में दुर्लभ ही हो गई है। कैसी विचित्र विडंबना है इस देश की—विनायक अभी उस दिन रैणा से कह रहा था कि जो सबसे ज़्यादा तेज़तर्रार बुद्धिजीवी समझे जाने वाले लोग हैं अपने यहाँ, वे तो अपने देश के लोगों से, उनके जीवन से, उनकी श्रद्धा-बुद्धि के परंपरागत स्रोतों से एकदम कटे हुए हैं और जो, दूसरी तरफ़ बड़ी भावुकतापूर्ण देशभक्ति छाँटते हैं धार्मिक-सांस्कृतिक गौरव की बड़ी-बड़ी बातें करते हैं, उन्हें पाश्चात्य संस्कृति की उपलब्धियों का, उसकी शक्ति के स्रोतों का न तो कोई ज्ञान है, और न ही सच्ची जिज्ञासा। वे पता नहीं किस दुनिया में रहते हैं! रैणा ने सहमति जताई थी इस पर। बहुत चाहता रहा है विनायक कि ऐसे समानशील लोगों की एक मंडली बने—जो पूरे देश के स्तर पर इस तरह की ज़िम्मेदार और देशानुरागी, मगर सचमुच विश्व-चेतस् और पश्चिम से उसी के स्तर पर टकरा सकने और सचमुच उसके साथ बराबरी का संवाद चलाने वाली श्रद्धा-बुद्धि को जगाए, सहेजे, एकजुट करे। मगर...अफ़सोस, कि दस बरस से बम्बई जैसे महानगर में रहते और काम करते

हुए भी विनायक का यह सपना अभी तक शेखचिल्ली का ही सपना बना हुआ है। पर शेखचिल्ली का ही सही, वह सपना उसके भीतर अभी तक मरा नहीं, यही क्या कम है!

इसे मनोविज्ञान की भाषा में 'रीग्रेशन'—यानी पीछे जाना कहेंगे, क्या कहेंगे कि आजकल जब से अपने बचपन के साथियों से उसका फिर से मेलजोल हुआ है, प्रोफ़ेसर विनायक पर अजीब क़िस्म का लड़कपन छा गया है। उन्हें अपने मुहल्ले के लड़कों को लेकर बनाए गए 'स्वाधीन क्लब' की याद नए सिरे से, एक-दूसरे ही धरातल पर विह्वल किये दे रही है। उन्हें अचानक लगने लगा है कि सुदूर बचपन में देखा गया वह सपना ही उनके वयस्क जीवन के सपने में परिणत हुआ है। और यह निरा संयोग नहीं हो सकता कि जैसे ही वे पश्चिम में अपना एकेडेमिक झंडा गाड़ के बम्बई लौटे, वैसे ही एक जादुई करामात की तरह उनके बचपन के साथियों से भी उनके तार जुड़ गए। इससे बढ़िया सगुन और क्या होगा! इसका मतलब बेशक यही है कि अब उनका वह स्वाधीन क्लब का सपना सचमुच ही एक बड़े पैमाने पर साकार होने को है और उसमें उनकी उस पचास बरस पुरानी मंडली के सदस्य भी आपसे आप आ जुड़े हैं। एक दैवी विधान के तहत, मानो।

तो...अभी तत्काल-तुरंत तो पहले रानीखेत-अल्मोड़ा पहुँचने का डौल बिठाना है। दो महीने मिलेंगे पूरे। लच्छू को अभी से एक कॉटेज बुक कराने को कह दिया है। उसके होटल की बग़ल में ही है वह कॉटेज। शकुंतला चाहे तो पूरा समय हमारे साथ रहे, कम-से-कम एक महीना तो रहे ही। परंतु...असली जो समस्या है, वह मालती को पटाने की है। बहुत ही ज़िद्दी औरत है। सारी दुनिया गर्मियाँ पहाड़ में बिताने को तरसती है परंतु इधर यह देवी जी हैं कि इतने सारे लोग निहोरा कर रहे हैं, मगर यह नहीं जा सकतीं। क्यों नहीं जा सकतीं? इसलिए, कि इनका काम गड़बड़ा जाएगा। क्यों गड़बड़ा जाएगा? रात-दिन खटती रही है इतने सालों से; अब तो सभी कुछ जम गया है, इतने सारे सहयोगी हैं तुम्हारे : वे क्यों नहीं चला सकते तुम्हारी संस्था को तुम्हारे बिना दो माह भी? बेकार की बहानेबाज़ी। ऐसे तो ये लोग कभी पूरी ज़िम्मेदारी उठाना नहीं सीखेंगे। दरअसल आप ही नहीं चाहतीं—आप ही यह मुग़ालता पाले हुए हैं मन ही मन, कि आपके बिना सब धराशायी हो जाएगा। और यही तो इस मुल्क की सबसे बड़ी विडंबना है कि यहाँ जो भी कुछ नया काम शुरू करता है, संस्था खड़ी करता है, वही अपने को उसके लिए अनिवार्य और सर्वेसर्वा मान लेता है। संस्थाएँ क्या इस तरह चलाई जाती हैं? यूरोप को देखो—कोई फ़र्क़ नहीं पड़ता इससे, कि आप रहते हैं कि नहीं रहते। होंगे आप बड़े लोग, होते रहिए। संस्था बड़ी है, व्यक्ति नहीं। वहाँ पहले से तैयारी करके, एक 'सेकिंड ऑर्डर' तुरंत बना लिया जाता है, जो पूरे अनुशासन के साथ सारी ज़िम्मेदारियाँ योग्य सहायकों को

सौंपकर बढ़िया चलाता रहता है। कोई सर्वेसर्वा नहीं, कोई भी व्यक्ति अनिवार्य नहीं वहाँ। यहाँ की तरह थोड़े है कि, पहलकर्ता ज़रा खिसका नहीं कि पूरा-का-पूरा भवन ताश के पत्तों की तरह ढह गया। अब आपको कौन समझाए कि यह कोई तारीफ़ की बात क़तई नहीं है बल्कि बेहद अफ़सोस और शर्म की बात है कि इतने अरसे में आपने अपना काम सौंपने-सम्हालने लायक़ टीम तक खड़ी नहीं की। क्यों नहीं की? क्यों चिपके रहना चाहते हैं आप, आजीवन एक इंस्टीट्यूशन से? तिस पर बड़ा ढिंढोरा पीटते हैं—अनासक्ति और अपरिग्रह का।

ऐसा करता हूँ—विनायक सोचता है—पहले तो शकुंतला को अपने विश्वास में लेके ख़ुद उसी को प्रेरित करता हूँ और मालती के पीछे लगा देता हूँ। मालती से वही निबट सकती है—लगता तो यही है कि मालती की नकेल इस वक़्त पूरी तरह उसी के हाथ में है। उधर नैनीताल के प्रोफ़ेसर विनोद को कहता हूँ कि सेमिनार में शकुंतला को भी बाक़ायदा आमंत्रित करे। कमाल है, इत्ती सी बात विनायक को पहले क्यों नहीं सूझी? इतने पुरातन और फिर भी इतने सदाबहार-समकालीन बंधु कहाँ मिलते हैं! एक तो बचपन का याराना और दूसरे, प्रोफ़ेशनल रागबन्ध ऊपर से। कहाँ मिलता है ऐसा दुर्लभ संयोग! मज़ा आ गया। शकुंतला इस निमित्त से अपने साथ ही चली चलेगी तो मालती का यह मूर्खतापूर्ण प्रतिरोध अपने आप ही गल जाएगा। आयरलैंड से अभी कौन शकुंतला को ऑफ़र आ जाने वाला है? तीन-चार महीनों से पहले कुछ होना-जाना नहीं है। तब तक यहाँ पहाड़ में मेरे सारे दोस्तों से मिल लेंगी तो क्या ही मज़ा आएगा!

विनायक की कल्पना को गरुड़ के पंख लग गए हैं। वेल्श की ही तरह आयरलैंड में भी विनायक के कितने सारे तो कनेक्शंस हैं। शकुंतला और मार्गरिट की ख़ूब छनेगी वहाँ। ख़ुद विनायक की ख़ासी पूछ है वहाँ एक चोटी के येट्स स्कॉलर के नाते। सम्मान मिल चुका है उसे अंतर्राष्ट्रीय महत्त्व का—वहाँ की 'येट्स सोसाइटी' की ओर से। सिर्फ़ मालती के मन का काँटा एक बार निकल जाए तो सब सहज हो जाए। अगर शकुंतला के मन में कुछ भी अटकता-खटकता होगा तो मार्गरिट से मिलके सब छू-मंतर हो जाएगा। मार्गरिट भी उससे प्रभावित हुए बिना नहीं रह सकती—विनायक इस बारे में पूरी तरह आश्वस्त है। अब रही मालती, तो वह तो पूरी तरह शकुंतला की मुट्ठी में है। मार्गरिट से जहाँ एक बार शकुंतला का घनिष्ठ संबंध बना, कि मालती का भी हृदय-परिवर्तन हुए बिना नहीं रहेगा। शकुंतला के हाथों वह दूसरा चमत्कार भी घटित होना ही है...।

..."अरे उठो भई—आज कॉलेज नहीं जाना है क्या?"—मालती की आवाज़ विनायक के दिवास्वप्नों को झिंझोड़ती हुई आई। कितनी अजीब बात है—विनायक सोच रहा है—कि वह तो मार्गरिट के ध्यान में डूबा हुआ था। और उसी के बारे में

सोच रहा था। तब फिर यह शकुंतला कैसे और कहाँ से उस पर टूटकर छा गई?

विनायक जल्दी-जल्दी तैयार हो रहा है कॉलेज के लिए। उठने को मन ही नहीं कर रहा था उसका आज। पर...जाना ही पड़ेगा। शकुंतला को देखे बग़ैर उसे चैन कहाँ? इधर उसे शकुंतला नाम की शख़्सियत के साथ अपने संबंध को मानो एक बिलकुल ही नए धरातल पर परिभाषित करने की ज़रूरत महसूस होने लगी है। विनायक की चिट्ठी लिखने की लत भले ही अभी तक क़ायम रही आ रही हो, डायरी उस तरह कहाँ लिखता है! स्कॉलर आदमी को निजी ज़िंदगी की उधेड़बुन से क्या! मगर इधर कुछ समय से यह नया-नया चस्का लग गया है उसे। अब यही देख लो...कि उसकी 'स्टडी' में, उसकी मेज़ पर ही यह डायरी खुली पड़ी है; उसे सँभाल के यथास्थान छुपाने की भी परवाह नहीं उसे। कहीं मालती की नज़र पड़ जाए इस पर...और वह कुतूहलवश पढ़ ही ले इसे, तो? आख़िर क्या बात है कि विनायक आजकल ऐसी गोपनीय चीज़ों के प्रति भी इतना लापरवाह होता जा रहा है?

21

मध्यान्तर

कई बार मन में आता है कि शकुंतला को चिट्ठी लिखूँ। पागलपन लगेगा किसी को भी यह। बरसों से एक ही जगह काम करते, रोज़ घंटों साथ बिताते हुए भी भला किसी को ऐसी ज़रूरत क्यों पड़नी चाहिए! पर पड़ तो रही ही है मुझे आजकल। तब फिर क्यों नहीं लिख पाता मैं? क्यों यह दुर्निवार्य प्रेरणा कलम हाथ में लेते ही बुझ जाती हैः बेहूदा और अनर्गल लगने लगती है? क्यों आख़िर? मालती को लिखी कि नहीं चिट्ठियाँ मैंने दिन-रात एक घर में रहते हुए भी? मुझे मालूम है, वह मेरी इस आदत से चाहे जितना खीझे-कुढ़े, कुछ है हमारे संबंध में ऐसा, जो मेरी इस हरकत को भी उचित ठहरा देता है। वह चाहे मन-ही-मन जितना मुझ पर खीझे कुढ़े, मुझे मालूम है, वह मेरी चिट्ठी पढ़ेगी ज़रूर, भले जबाव कभी न दे।

मगर...शकुंतला? शकुंतला तो मालती नहीं है। शकुंतला मार्गरेट भी नहीं है। शकुंतला क्या है, यह क्या शकुंतला भी जानती है? वह कुछ अलग ही धातु की बनी है। किस धातु की बनी है यह मुझे अब जाकर कुछ-कुछ समझ में आ रहा है और इस समझ के कारण उसके प्रति मेरी जो भावना आज तक रही आई–उसमें कुछ ऐसा भी जुड़ गया है जिसे मैं ख़ुद ही अपने तईं परिभाषित नहीं कर पाता।

मालती को मैं रोज़ ही चिट्ठी लिखता था। वह भी लिखती थी। हम चिट्ठियों के माध्यम से ही मिलते थे एक-दूसरे से। मैं उस पर निर्भर हूँ पूरी तरह, उसके सिवा अन्य किसी स्त्री की मैं पत्नी के रूप में कल्पना ही नहीं कर सकता–ऐसा विश्वास उसके मन में उन चिट्ठियों ने ही जगाया होगा और तभी उसने–सारी विपरीत परिस्थितियों के बावजूद–हमारी एक-दूसरे से नितांत भिन्न और नितांत बेमेल पृष्ठभूमियों के बावजूद मुझे ही वरण करने का निश्चय किया–इसमें संदेह नहीं। आख़िर उसके माता-पिता मुझे क्यों इस क़दर नापसंद करते थे–क्यों वे कभी भी हमारे संबंध को मन से स्वीकार नहीं कर सके? उस वक़्त मुझे चाहे इसका जितना बुरा लगता रहा हो, आज मैं देख सकता हूँ–उनका पक्ष भी। मैं सचमुच ही उनकी

बेटी को सुखी कर सकने वाला पति नहीं था। तो क्या मालती को भी धीरे-धीरे ही यह समझ में आ गया होगा कि जिस कारण उसने इतना विरोध मोल लिया, इतना दुस्साहसिक क़दम उठाया—वह कारण बिलकुल भी सही नहीं था।

मगर...विनायक, तुम यह तो नहीं कह सकते कि ऐसा अनुभव करने के बाद मालती एक निराश और कुंठित पत्नी की तरह आचरण करने लगी! नहीं! तुम्हें मानना पड़ेगा कि उसने भरसक तुम्हारा साथ दिया, अपनी निराशा को तुम्हारे उसके बीच नहीं आने दिया। हाँ, माँ बन जाने के बाद स्वभावतः उसमें परिवर्तन आना ही था। तुमसे उसकी अपेक्षाएँ भी आमूलचूल बदलनी ही थीं। और उस मुताबिक़ तुम्हें बिलकुल भी न बदलते देखकर तुम्हें ज्यों-का-त्यों देखकर—उसका क्षुब्ध होना स्वाभाविक था। स्वभावतः उसका वह रूप भी—जिसे तुम टैगोर के उस औपन्यासिक जुमले की तर्ज़ पर 'प्रेयसी-छाप' के बरक्स 'माँ-छाप' कहते हो—उसके भी अब अपना सही आलम्बन पा चुकने के बाद—अब इस पति नामक प्राणी के प्रति मालती का मोहभंग हो जाना उचित ही था। तुम्हारे अविकसित—अतृप्त 'ईगो' की—एक ढर्रे में ढले हुए 'ईगो' की—अब मालती के ख़ुद के 'ईगो' से टकराहट होना भी अनिवार्य था। तुम्हारी अतृप्ति अगर अपने मन के काम से, अपने व्यवसाय, अपनी महत्त्वाकांक्षा से जा चिपटी तो उसकी अपने बच्चों से। और तत्पश्चात् अपने उस बृहत्तर परिवार से, जिसका तुम 'सोशल वर्क' कहके मख़ौल उड़ा ले रहे हो। तिस पर, तुम यह भी तो मानना नहीं चाहते, जानना भी नहीं चाहते कि जिस काम को करके मालती को वैसा ही संतोष और वैसी ही कृतार्थता मिली है, मिल रही है—जैसी तुम्हें अपनी रूटीन से मिलती है उसका तिरस्कार करना ख़ुद मालती का—यानी उसके व्यक्तित्व का, कहना चाहिए उसके अस्तित्व का ही तिरस्कार करने के बराबर है। फिर भी तुम उम्मीद करते हो कि इसके बावजूद तुम्हारे प्रति उसके प्रेम और आदर में कोई कमी नहीं आनी चाहिए। भला क्यों?

शकुंतला तुम्हारे कर्मजीवन के लिए एक दुर्लभ संगिनी-सहयोगिनी बनकर अवतरित हुई। तुम उसकी श्रद्धा के ही नहीं, उसकी बौद्धिक आकांक्षाओं की भी तृप्ति के भी आलम्बन बने। तुमने भी उसमें बौद्धिक साहचर्य ही नहीं, बल्कि बुद्धि के माध्यम से अपनी भावनात्मक अतृप्ति की क्षतिपूर्ति भी निश्चय ही ढूँढ़ी और पाई होगी। परंतु...एक तो उसका मिसेज़ दुबे होना (कभी भूले से भी उसने तुम्हें अपने दाम्पत्य जीवन के उस गड्ढे का आभास तक नहीं होने दिया) और, दूसरे, उसके चरित्र की सुदृढ़ और शालीन गरिमा। निश्चय ही तुम्हारा पारस्परिक सख्य भीतर-ही-भीतर इस बौद्धिक साहचर्य तक ही सीमित नहीं रहा होगा; किंतु किसी सच्चे

और सफल अभिनेता की तरह तुम दोनों ने ही इस अनिवार्य और अलंघ्य सीमा के भीतर ही अपनी भावनात्मक संतुष्टि खोज ली; बल्कि उसी को अपना कवच भी बना लिया तुमने।

किंतु इतने घनिष्ठ साहचर्य के बावजूद शकुंतला के अंतर्जीवन की इतनी बड़ी गाँठ से तुम इतने बरसों तक इस क़दर अनजान-अबोध कैसे बने रहे? इतनी-ऐसी अंतरंगता के बाद भी क्या सामने वाले व्यक्ति के अंतर्मन को ज़रा भी न भाँप पाना क्या तुम्हारी संवेदनशीलता पर ही सवालिया निशान नहीं लगा देता? यही नहीं जताता कि तुम इस क़दर आत्मकेंद्रित हो, इस क़दर आठों याम अपने आपसे ही घिरे रहते हो कि दूसरा—यानी वह दूसरा, जिसे अपना निकटतम आत्मीय मानते और बखानते रहे हो, उस दूसरे तक को दरअसल तुम अपने से अलग स्वतंत्र इकाई की तरह देखते ही नहीं; अपने ही अहं की प्रतिच्छाया दीखती है तुम्हें वहाँ भी। उसके साथ तुम्हारे लगाव का, उसके प्रति तुम्हारी रीझ-बूझ का आख़िर यही रहस्य न है : एक सूक्ष्म सांवेदनिक स्वार्थ—जिसमें लिपटी हुई शकुंतला तुम्हें वैसी ही दिखाई देती रही जैसी तुम उसे देखना चाहते थे? वह शकुंतला नहीं, जिसका इसके अलावा भी एक अपना जीवन था जिसमें वह घुट-घुटकर जी रही थी।

तुमसे ठीक उलट—तुम्हारे निजी जीवन के बारे में कुछ भी नहीं जानने और जानने की वैसी कोई उत्कंठा भी कभी न जताने के बावजूद यह शकुंतला—यानी मिसेज़ दुबे, तुम्हारी तुलना में कहीं अधिक संवेदनशील होने के कारण भी, और तुम्हारा निकट सान्निध्य अर्जित कर चुकने के फलस्वरूप भी—अपनी सहज स्त्री-बुद्धि से मन-ही-मन कभी की इस सच्चाई को भाँप चुकी होगी कि उसकी बुद्धिमत्ता ही नहीं, उसका स्त्रीत्व भी तुम्हारे प्रति उसके और उसके प्रति तुम्हारे खिंचाव का अनिवार्य अंग है। जिस सरासर अनमेल को वह अपने निजी जीवन में भुगतती रही थी—अपनी भावना और बुद्धि को कहीं से भी तृप्त कर सकने वाले पुरुष को अपने पति में न पाकर, बल्कि उसका संपूर्ण वैपरीत्य ही उसमें रात-दिन साकार देखते और भुगतते हुए—वैसे में अपने 'सर' के प्रति श्रद्धा के साथ-साथ गहरा भावनात्मक लगाव भी उसमें कैसे नहीं उपजता! उसकी कोमल भावनाओं का कुछ-न-कुछ आलम्बन तो तुम रहे ही होगे। क्या तुम यह नहीं जानते थे? ज़रूर जानते थे। तभी तो, सुबह से शाम तक वहीं पड़े रहते थे—अपने विभागीय कक्ष में।

और तब...ऐसे में एक दिन उसे अपने 'सर' के गुरु-गंभीर व्यक्तित्व की एक ऐसी दुर्बलता या कहें वेध्यता, का साक्षात्कार हुआ—जिसका उसे पहले से शायद कोई आभास नहीं मिला था। तब तुम्हारे प्रति उसकी सारी संचित सहानुभूति और ममता अपने 'सर' की हिफ़ाज़त में, अपने सर को उस संकट से उबारने में जुट गई। कितना जोख़िम उठाया उसमें—ज़रा सोचो तो विनायक! और वह जोख़िम मोल लेने में

शकुंतला ने ज़रा भी कोताही नहीं की, ज़रा भी आगा-पीछा नहीं सोचा। तुम कर सकते थे ऐसा, उसकी जगह अगर तुम होते तो? कदापि नहीं।

ज़रा सोचो, शकुन उन्हीं दिनों अपने पति से अलग होकर एकाकी जीवन बिता रही थी। कैसी रिक्ति, कैसी यंत्रणा से गुज़र रही होगी वह, तो भी तुम्हारी ख़ातिर उसने बेहिचक एक ऐसे अँधेरे में छलाँग लगा दी जिसका उसके अपने जीवन के अँधेरे से कुछ भी लेना-देना नहीं था। कैसे किया होगा उसने वह, ज़रा सोच के तो देखो विनायक सर! अलावे इसके, यह भी तो सोचो विनायक कि जिस परिस्थिति में वह स्वयं फँसी हुई थी, उसमें क्या यह भी नितांत संभव नहीं था कि वह ख़ुद अपने आपमें तुम्हारी शरणस्थली बन जाती? सोचो, यदि शकुंतला उस समय ज़रा भी ढील दे बैठती, यानी तुम्हारी उस क्षण की कातर अवस्था के साथ अपने ख़ुद के जीवन की घोर वंचना और कुंठा को भी गड्डमड्ड हो जाने देती, तो क्या होता?

जो होता, उसे तुम तो नहीं, मैं तुम्हारा स्रष्टा साफ़-साफ़ देख सकता हूँ। तुम शकुंतला से उसी तरह जा चिपटते जिस तरह मार्गरेट से जा चिपटे थे। मैं यह भी साफ़-साफ़ देखता हूँ और तुम्हें बता भी देता हूँ—जो तुम अपने आपसे कभी नहीं क़बूल करोगे कि मार्गरेट के प्रति जो तुम्हारी आसक्ति और विह्वलता है, वह पूरी तरह शकुंतला के प्रति उन्मुख हो जाती। शकुंतला साक्षात् मार्गरेट ही बन गई होती तुम्हारे लिए।

क्या शकुंतला यह भी नहीं जानती थी? क्या इसीलिए वह मालती को मनाने गई? कितना ख़तरनाक, कितना डेलिकेट ऑपरेशन था वह! ज़रा सोचो तो सही विनायक!

और...वह कैसे हुआ कि मालती ने उसकी नीयत पर बिलकुल संदेह नहीं किया? यह कैसे हुआ कि न केवल वह मालती का संपूर्ण विश्वास अर्जित कर सकी, बल्कि उसे तुम्हारे पास लौटा लाने में भी सक्षम हो गई? इतना ही क्यों?...उसने न केवल मालती की कठोरता को पिघलाकर उसे तुम्हारे प्रति न्याय करने को विवश कर दिया, बल्कि स्वयं भी उसके अंतःकरण में सीधा प्रवेश पा गई—उसकी ऐसी विश्वस्त सलाहकार और सखी बन गई जैसी सखी स्वयं मालती के लिए भी कल्पनातीत रही होगी।

आज यह कहना कठिन है कि उसे तुम्हारी चिंता अधिक है कि मालती की। शकुंतला न केवल मालती-विनायक को जोड़ने वाली मज़बूत कड़ी बन गई है, बल्कि कल को यदि तुम्हारे और मालती के बीच फिर से लड़ाई ठन जाए तो वह तुम्हारे विरुद्ध मालती का पक्ष लेने से भी नहीं हिचकेगी।

यह कैसे संभव हुआ? मालती में उसे ऐसा क्या दिख गया जो तुम्हें नहीं दीखता? मालती और उसके बीच कॉमन क्या है? कुछ भी तो नहीं—सिवा एक स्त्रीत्व के। वह

कौन सी डोर है जो उन्हें इतनी मज़बूती से एक-दूसरे से बाँध सकी? मैं बिलकुल नहीं समझ पाता।

हाँ, सच में तुम्हीं क्यों, मैं भी नहीं समझ पाता।

• • •

मैं शकुंतला के साथ अपने संबंध की वास्तविकता को कैसे परिभाषित करूँ कि मुझे चैन पड़े। उसने मुझे मेरे चरित्र का सबसे गहरा गड्ढा और सबसे उजला शिखर एक साथ दिखा दिए हैं।

किस धातु की बनी है यह शकुंतला? वह जो है, सो है। उसके साथ कोई भी किसी भी तरह की छूट नहीं ले सकता। वह अपना कवच आप है।

निस्संदेह मालती ने अपनी सहज स्त्री-बुद्धि से यह सब ताड़ लिया होगा। परख लिया होगा शकुंतला का चरित्र। तुरंत, तत्काल।

भाव-ऊर्जा की–भावनात्मक ऊष्मा की शकुंतला में कोई कमी नहीं। वह तो उसमें भरपूर है, बल्कि असामान्य कोटि की है–यह मुझसे ज़्यादा कौन जानेगा? सेक्स के प्रति उसकी वितृष्णा भी साफ़ समझ में आती है। उसका दुर्भाग्य, कि पति के रूप में उसे ऐसा पुरुष मिला जो उसकी भाव-ऊष्मा का आलम्बन बन सकने में–उसका समकक्ष प्रत्युत्तर दे सकने में सर्वथा अक्षम था। शकुंतला ने उस दिन क्या कहा था–'इमोशनली इम्पोटेंट'? हाँ, वह दुबे नाम का प्राणी एक तो इमोशनली इम्पोटेंट था और तिस पर वह उलटे शकुंतला को ही 'बर्फ़ की सिल्ली' क़रार देता था। कैसा नरक झेला होगा शकुंतला ने ऐसे आदमी के साथ! अब तुम्हारे मन में एक बार यह बात आ ही गई है तो कह ही डालो न। यही ना, कि यदि शकुंतला मिसेज़ दुबे न होकर तुम्हारी पत्नी होती तो वह कदापि 'फ्रिजिड' नहीं होती। ऐसी स्त्री तो हज़ारों, बल्कि लाखों में एक हो तो हो। उसे समझना और झेलना क्या हर किसी के बूते का है? मैं भी जब यह सोच रहा हूँ तो ख़ुद को निहायत 'वल्गर' और क्रूड अनुभव कर रहा हूँ। मेरा मन कलपता है उसके लिए–बेहद-बेहद कलपता है। जैसी भावना, जैसी श्रद्धा शकुंतला के मन में मेरे प्रति है–उतनी वैसी शायद किसी के प्रति नहीं हो सकती। क्या यह तुम्हारी आत्मरति है जो तुमसे ऐसा कहलवा रही है। नहीं! निश्चय ही नहीं।

और...इस सबके बावजूद...उस दिन (हाँ, यह उस घटना के आसपास की ही-अभी हाल-हाल की ही तो बात है, जब मैंने उसे अपने नरक के बारे में बताया था)...उस दिन, जब मैंने उसकी भावाकुल आँखों में झाँकते हुए उसे अकस्मात्, अपनी बाँहों में भींच लिया था तो उसने कैसे मुझे उस एक क्षण के गूँगे-बहरे अंतराल के

बाद कैसे एकबारगी बरज दिया था—कैसे तुरंत मुझसे अपने को अलग कर लिया था!

'नो-नो-नो सर,...प्लीज़...आइ फाइंड इट सो रिपग्नेंट'

...मैं तो जैसे आसमान से गिरा। मेरे चिथड़े-चिथड़े हो गए। दूसरे ही क्षण मैं उसके सामने फ़र्श पर ढेर होकर उसके दोनों पाँवों को अपनी बाँहों में भींच उसके घुटनों पर अपना माथा पटक रहा था।...उफ़! वह रो रही थी...अपने पाँव छुड़ाने की कोशिश में...और मैं था कि उन्हें चूमे जा रहा था। उन पर सिर पटके जा रहा था।...और न तो तब, न उसके बाद आज अभी तक भी मुझे अपनी उस हरकत पर किसी भी तरह की कोई शर्म या ग्लानि महसूस हो रही है। बल्कि जब भी वह क्षण...वह दृश्य मुझे याद आता है, एक अकथनीय सुख और शान्ति मुझ पर छा जाती है। शकुन मेरी निगाह में उस दिन से और भी ऊँची उठ गई है...मानो उसने मुझे बरजा नहीं, अपने भीतर के भी भीतर दाख़िल कर लिया हो—सोख लिया हो। मेरा सारा संताप और सारा कलुष। शकुन! इस जन्म में तेरे ऋण से मैं कभी नहीं उबर पाऊँगा। मैं भला कैसे और क्या प्रतिदान कर सकता हूँ उसका शकुन! मैं कुछ नहीं कर सकता। तू इतनी बड़ी हो गई है मुझसे, कि तू ख़ुद भी नहीं जानती तू कितनी बड़ी हो गई है। जब भी तू मेरे ध्यान में आती है, मेरा मन उसी तरह तेरे पाँवों पर लोट-पोट होने लगता है। आमने-सामने भले मैं तेरे गुरु की ही तरह तुझसे पेश आऊँ—मेरे अंतःकरण के एकांत में तू मेरी शिष्या नहीं रह जाती—गुरु ही बन जाती है मेरी। तू मेरे लिए विधाता का सबसे बड़ा वरदान है शकुन। तुम सरीखे फ़रिश्तों के कारण ही यह संसार नाम का नरक भी किस क़दर सहनीय और सुंदर लगने लगता है! तुझे कोई छू भी नहीं सकता शकुन, तेरे क़द तक किसी की भी पहुँच नहीं। मैं कैसे कब तेरे ऋण से उऋण होऊँगा? शायद कभी नहीं हो सकूँगा शकुन...

कितनी अजीब बात है—अजीब लेकिन सत्य—कि मैं रोज़ तेरी एक झलक पाने के लिए उदग्र-उत्कंठित रहता हूँ...जबकि तू तो रोज़ ही मेरे इतने पास होती है, फिर भी। और...सचमुच में तू मेरे साथ, मेरे सामने होती है—जो कि तू रोज़ ही होती है—तब मेरा मन कभी भरता ही नहीं तुझसे। और...फिर भी मुझे लग रहा है शकुन—अभी कुछ ही देर बाद, जब तू मेरे सामने होगी और दिन भर मेरे आस-पास ही मँडराती रहेगी,—उससे कहीं ज़्यादा इस क्षण तू मेरे भीतर, मेरे सामने प्रत्यक्ष है। यह कैसी पहेली है शकुन, तू ही इसे सुलझा सकती है।

तुझे आयरलैंड जाना ही है, मार्गरेट से मिलना ही है। तू क्या मिलेगी उससे, तेरे माध्यम से मैं ही उससे मिलूँगा। मार्गरेट तुझे उतना ही प्यार करेगी शकुन, जितना वह मुझे करती है—बल्कि मुझसे भी कहीं ज़्यादा। विश्वास कर तू मेरे कहे पर। मुझे जब कोई अनुभूति इतनी तीव्रता और त्वरा से पकड़ती है ना, तो वह सत्य ही सिद्ध होती है। और...जब तू वहाँ से लौटकर आएगी तो तेरे साथ मार्गरेट की ख़ुशबू भी

लौटेगी। सच में, शकुन, वह मेरे जीवन की धन्यता होगी। तू मुझे मार्गरेट से मिलवाएगी—मुझे पक्का यक़ीन है—तू मुझे मार्गरेट से ज़रूर मिलवाएगी कभी-न-कभी। तेरे लिए कुछ भी असंभव नहीं है शकुन, कुछ भी।

मगर,...पहले तू मेरे साथ मेरे पहाड़ों पर तो चल। अपनी मालती दीदी को भी साथ लेकर। तुझे वहाँ बहुत अच्छा लगेगा शकुन—मेरे सारे दोस्तों से मिलेगी तू—मेरे बचपन से मिलेगी तू—और मुझे कृतार्थ कर देगी सच में...।

22

मुँहमाँगी मुराद

प्रिय बीनू!

क्या ही मौक़े से तुम्हारी चिट्ठी मिली है! टेलीपैथी और किसे कहेंगे! पंद्रह बरस गुज़र गए—तुमने मेरी सुध तक नहीं ली कि मैं जीता हूँ या मरा। ख़ैर, छोड़ो इसे—यह शिकायती लहज़ा हमारे 'लौंग डेड रिलेशनशिप' के अचानक 'रिवाइव' हो उठने को सेलीब्रेट करने के लिए ठीक नहीं है। आख़िर मैंने भी तो अपनी ओर से तुमसे संपर्क करने की कहाँ कोई कोशिश की! तो...प्यारे,...भूल-चूक लेनी-देनी—चलो फिर से, यानी शुरू से ही शुरू करें। ठीक?

लो, सुनो पहले काम की बात। बड़े मौक़े से तुमसे तार जुड़े। यही वक़्त है जब मुझे तुम्हारे सहयोग की सख़्त ज़रूरत भी आ पड़ी है। मैंने एक प्रोजेक्ट दिया था यू.जी.सी. को : 'अंग्रेज़ी साहित्य को वेल्स और आयरिश मूल के लेखकों का योगदान' विषय पर एक राष्ट्रीय बल्कि कुछ-कुछ अंतरराष्ट्रीय परिसंवाद यहाँ कुँमाऊ विश्वविद्यालय की ओर से आयोजित करने का। उम्मीद तो नहीं थी मुझे इन चमड़घूसों से; मगर चमत्कार ही कहना चाहिए कि मेरा प्रोजेक्ट मंजूर हो गया है। तारीख़ें अब से दो माह बाद की रक्खेंगे ताकि सही लोगों की भागीदारी सुनिश्चित की जा सके। अब, ऐसा है बीनू, 'इंटरनेशनल' तो नाम का ही होगा। इतना पैसा है नहीं, मगर कम-से-कम दो ठो आयरिश और एकाध वेल्श विद्वानों को तो आमंत्रित कर ही सकते हैं। तुम समझ रहे हो ना?...हों वे अंग्रेज़ी के ही प्रोफ़ेसर, मगर आयरिश और वेल्स लैंग्वेज तथा लिटरेचर के भी जानकार या विशेषज्ञ हों तो यह निश्चय ही एक अतिरिक्त अर्हता होगी उनकी—वो क्या कहते हैं, सोने में सुहागा। समझे? अरे यार, तुम्हारा तो इस फील्ड में ख़ासा दख़ल है, दख़ल क्या तुम तो तुर्रमख़ाँ माने जाने लगे हो इस इलाक़े के। अपने को सब पता चल जाता है प्यारे, पूरी खोज-ख़बर रखता हूँ तुम्हारी। मुझे पता है, तुम हाल में ही पूरे साल भर की गेस्ट प्रोफ़ेसरी जमा के आए हो वेल्श में। येट्स के स्पेशलिस्ट हो, तुम्हें कोई मेडल भी मिला है सुना

आयरलैंड की येट्स सोसाइटी की तरफ़ से; तो आयरलैंड भी गए ही होगे। वहाँ के नामी-गिरामी विद्वानों से भी परिचय होगा ही तुम्हारा। तो, तुम दो या तीन ऐसे टॉप क़िस्म के विद्वानों के नाम-पते, फ़ोन नम्बर वग़ैरह सुझाओ जिन्हें बुलाया जा सके। भई, यह तो तुम्हारा अपना एरिया है—तुम्हीं को पुरोहिती करनी है—मैं तो बस जजमान का रोल करूँगा।

सुनो—मैं तो ख़ुशी से उछल पड़ा जब पता चला तुम्हारी चिट्ठी से, कि आख़िर इतनी मुद्दत बाद तुम्हारे जैसे कठकरेजिए को भी नॉस्टेल्जिया का अटैक पड़ ही गया। और, लिहाज़ा, तुम पूरे दो महीने इन गर्मियों में पहाड़-प्रवास करने का मन बना चुके हो। वाव!...तब तो बढ़िया छनेगी, जब मिल के बैठेंगे दीवाने दो।...मैं तो यार, इस सेमिनार की गदहापच्चीसी में बुरी तरह ग़र्क़ रहूँगा। तुम्हीं को मुझसे मिलने नैनीताल आना पड़ेगा। कम-से-कम एक हफ़्ता तो तुम हम लोगों के लिए अभी से रिज़र्व करके रक्खो। मैडम को भी तो लाओगे ना? मेरी श्रीमती से तुम तो कभी मिले नहीं हो। बताऊँगा नहीं अभी मैं तुम्हें, कौन है। 'आइ हैव अ सरप्राइज़ इन स्टोर फॉर यू'—समझे? ऐंड आइ कांट लेट दि कैट आउट ऑफ़ दि बैग सो सून'...। तुम पहले यहाँ पहुँचो तो सही। यूँ तो साफ़ ही लिखा है तुमने, तो भी तुम पर से भरोसा जो एक बार उठ गया ना, तो दुबारा उसका 'रेस्टोर' होना इतना आसान तो नहीं न है! दूध का जला हूँ तो छाछ भी फूँक-फूँककर ही पीनी पड़ती है। वैसे, तुम्हारी लिखावट तो यही जता रही है कि काफ़ी सुधर चुके हो इस बीच।

और प्यारे, मैं तुम्हारी तरह नहीं हूँ जो बचपन के दोस्तों को भुला दूँ। लच्छू से मेरा बराबर संपर्क बना हुआ है। कई बार उसके होटल की मेहमाननवाजी का भी लुत्फ़ उठा चुका हूँ। आख़िर विभागाध्यक्ष हूँ, चक्कर लगाने ही पड़ते हैं अकसर किसी-न-किसी बहाने अपने विश्वविद्यालय से सम्बद्ध कॉलेजों के। कभी 'वाइवा', कभी सेमिनार, कभी कुछ। लगा ही ठैरा सिलसिला । तो इसी बहाने अल्मोड़ा-रानीखेत में जो भी उस ज़माने के ध्वंसावशेष अभी तक बचे रह गए हैं, उनकी 'क्यूरेटरी' भी निभाता ही हूँ बदस्तूर। तुम तो, प्यारेलाल, 'इंटरनेशनल नेटवर्क' में पहुँच चुके हो—तुम्हारा क्या! 'यू जस्ट कांट अफोर्ड टु कीप अप ओल्ड कनेक्शंस' ।...जानता हूँ तुम्हें गहरा लगाव है अपने पहाड़ से—तुम्हारी यह चिट्ठी तो कम-से-कम यही जतला रही है। मगर...प्यारे, मुझे कहने दो—यह लगाव 'ऐक्ज़िस्टेंशियल' नहीं है मेरी तरह; सेंटीमेंटल ही है। बुरा मत मानना—मेरी साफ़गोई तुम्हें कभी रास नहीं आई—अब क्या आएगी! पर अपनी फ़ितरत तो बदलने से रही। 'आख़िरी वक़्त में क्या ख़ाक़ मुसलमाँ होंगे!'...ठीक है यार, कुछ पाने के लिए कुछ खोना भी तो पड़ता ही है। तुमने अंतर्राष्ट्रीय विद्वत्-मंडली में अपनी धाक जमाई है—आयम प्राउड ऑफ़ यू—बी आर ऑल प्राउड ऑफ़ यू—जैलसी नॉट विदस्टैडिंग। ईर्ष्या भी मानवीय गुण ही तो है। ख़ैर

चलो, तुम पहले यहाँ आओ तो। अपना पक्का कार्यक्रम बनाके मुझे फ़ौरन सूचित करो। और हाँ, जो-जो काम मैंने तुम्हें लिखे हैं इस चिट्ठी में, उन्हें पूरी गंभीरता से, टॉप प्रायोरिटी देकर निभाओ और मुझे आश्वस्त कर दो। मैं दुबारा याद नहीं दिलाऊँगा तुम्हें—समझे? बस तो, बहुत प्यार से...।

—तुम्हारा विनोद

23

जहन्नुम में जाओ

विनायक के दिल की धड़कन बढ़ गई है। अच्छा नहीं है हाई ब्लड प्रेशर के मरीज़ के लिए इतना उत्तेजित होना।

जब से विनोद का पत्र मिला है, तब से बस एक ही मंत्र जाप आठों याम उसके भीतर चलता रहा है। मुँहमाँगी मुराद पूरी होना और किसे कहते होंगे! संयोग भी अकारण नहीं घटते। 'यह संयोग विधि रचा बिचारी'...उफ़! याद भी क्या आया! शूर्पणखा का रोल करना पड़ गया था एक बार मुहल्ले की रामलीला में—अचानक, क्योंकि जिसे यह रोल करना था, वह तो ऐन मौक़े पर नदारद हो गया था।...'तुम सम पुरुष, न मो सम नारी/यह संजोग विधि रचा बिचारी'...विनोद के ना करने का सवाल ही नहीं उठता। उसे जो चाहिए, मैं उसे सुलभ करा रहा हूँ। तो मेरा भी एक आग्रह उसे मानना पड़ेगा! और इसमें आख़िर उसी का फ़ायदा है। कहाँ मिलेगी मार्गरेट जैसी विदुषी इन्हें!

वैसे तो क़ायदे से प्रोफ़ेसर राउलैंड्स को बुलाया जाना चाहिए। जो समूचे वेल्श में इस विषय के सर्वोच्च पंडित हैं। वही, जिन्होंने विनायक को वेल्श बुलाया था और जो उसे वहाँ और दो साल पढ़ाने का 'कॉण्ट्रेक्ट' ऑफ़र कर रहे थे। मगर, उन्हें बुलाया जाएगा तो मार्गरेट कैसे आ पाएगी? दोनों वेल्श के ही हुए। क्यों न मार्गरेट को आयरिश स्कॉलर के तौर पर बुला लिया जाए! विद्वान आयरिश लिटरेचर का आयरलैंड का ही हो, यह भला क्यों ज़रूरी है? मार्गरेट सीख भी रही है आयरिश; और उसकी समझ से जो सबसे बड़ा कवि है आयरलैंड का—क्लैरेंस मंगन—उस पर शोध भी कर रही है जिसके लिए डबलिन विश्वविद्यालय उसे फ़ेलोशिप देने को तैयार है—उसने लिखा नहीं था पत्र में? तो, बस...विनोद को कुल मिलाकर कुल तीन नामों का प्रस्ताव भेज दिया जाए।

यों, लगता नहीं प्रोफ़ेसर ट्रिस्टन राउलैंड्स आ पाएँगे। आएँगे भी, तो अपनी पत्नी को, अथवा मार्गरेट को ही साथ लाने की सुविधा चाहेंगे।...तो ठीक है, क्या

हर्ज है, बस यही है कि अपने प्रोफ़ेसर की मौजूदगी में मार्गरेट मेरे साथ खुल-खिल नहीं पाएगी। मुझे साथ नहीं दे पाएगी उतना। तो भी, कुछ तो साथ मिलेगा ही। चौबीसों घंटे अपने प्रोफ़ेसर के साथ थोड़े चिपकी रहेगी!

चलो, दिये देता हूँ दोनों के नाम। और, तीसरा नाम डबलिन के प्रोफ़ेसर निकोलस ग्रीन का। क्यों न फ़ोन करके सीधे ही पूछ लिया जाए, कि तीनों इन तारीख़ों में सुलभ होंगे कि नहीं? शकुंतला के बारे में भी दर्याफ़्त करना ही है। तारीख़ें वगैरह तय करनी होंगी।

उत्साह के अतिरेक में उसी दिन सारे फ़ोन कर डाले विनायक ने। डबलिन वाले प्रोफ़ेसर ग्रीन तो तुरंत तैयार हो गए। प्रोफ़ेसर राउलैंड्स ने असमर्थता जता दी—अपनी पत्नी की अस्वस्थता का हवाला देकर। हाँ, मार्गरेट को भेजने की स्वीकृति दे दी है उन्होंने। लेकिन इस शर्त पर, कि पूरा ख़र्च यहाँ वाले ही उठाएँगे। उनके विभाग पर क़तई कोई वित्तीय बोझ नहीं पड़ना चाहिए। विनायक ने उन्हें इस बारे में पूरी तरह आश्वस्त कर दिया है। अब एक और आयरिश स्कॉलर चाहिए। तो मार्गरेट सुझा सकती है एक और नाम। नहीं, इसमें मार्गरेट को क्यों उलझाना! विनायक नहीं जानता क्या? पूरी लिस्ट है उसके पास। पर्सनली भी जानता है कइयों को। तो इसमें ऐसी क्या दिक्क़त है।

मार्गरेट को फ़ोन करना इतना अर्जेंट नहीं लग रहा। प्रोफ़ेसर ट्रिस्टन राउलैंड्स बता ही देंगे उसे। बता ही दिया होगा। अब तक। मार्गरेट को तो एक लम्बी चिट्ठी ही लिखनी होगी। मार्गरेट से फ़ोन पर बात करना आसान नहीं है विनायक के लिए; अपनी आवाज़ की थरथराहट को क़ाबू में रखना ही मुश्किल हो जाता है उसके लिए। जब भी फ़ोन लगाता है। कुछ सूझता ही नहीं—बातें जो घुमड़ती रही हैं भीतर दिन-रात मन में—फ़ोन उठाते ही जाने कहाँ बिला जाती हैं। 'हैलो-हैलो' ही करता रह जाता है वह। गूँगा बन जाता है अपनी नर्वसनेस में। बड़ी शर्म आती है इस कमज़ोरी पर। पर क्या करे; इस पर उसका बिलकुल भी बस नहीं चलता।

जब तीन-चार-पाँच-छह दिन गुज़र गए इस बात को और विनायक मार्गरेट के फ़ोन का इंतज़ार कर-करके थक गया तो उसका माथा ठनका। क्या बात हुई होगी—फ़ोन क्यों नहीं करती? उसे तो मेरी ही तरह—मुझसे कहीं ज़्यादा इंतज़ार था ऐसे मौक़े का। जब तब उलाहना भी देती रही थी मुझे। तो...अब जब इतना बढ़िया मौक़ा हाथ लगा है अनायास,...तो यह चुप्पी क्यों?

हारकर उसी ने मार्गरेट को फ़ोन लगाया। उधर से रोनी सा आवाज़ सुनाई दी—"यस...मुझे बताया प्रोफ़ेसर राउलैंड्स ने, मगर..."

"मगर क्या?" घबराहट में विनायक का स्वर ख़ामख़ाह तीखा और कर्कश हो गया।

"मुझे डर लगता है...बेहद डर लगता है...।"

"डर?"–विनायक बौखला गया–"किसका डर?"

"अपना और किसका! तुम ज़रा समझने की तो कोशिश करो। मेरे प्रिय, आइ ऐम नॉट अफ्रेड ऑफ़ एनी थिंग एक्सेप्ट द वेहेमेंस ऑफ़ माइ ओन फीलिंग्ज़...फॉर यू...। आलरेडी मच डैमेज़ हैज़ बीन डन। एंड...व्हॉट यू प्रोपोज़ नाउ इज़ सर्टेनली नॉट अ डैमेज़–कंट्रोलिंग एक्सरसाइज़। इट्ज़ ओनली गोइंग टु मेक मैटर्ज़ वर्स।✦ प्लीज़... मुझे मजबूर मत करो प्रिय, तुम जानते हो...मैं तुम्हें, और तुम्हारे देश और परिवेश की एक झलक देख पाने को किस क़दर उत्सुक, नहीं, बावली हो रही हूँ, तुम्हें क्या बताऊँ!...मुझे मालूम है मेरे प्रिय!...यह अवसर फिर दुबारा नहीं आने का।...मैं तुम्हें कैसे यक़ीन दिलाऊँ मेरे प्यारे प्रोफ़ेसर,...कि मेरा दिल बिलकुल गवाही नहीं दे रहा।... मैं काँप उठती हूँ इस ख़याल से ही, कि मेरे वहाँ आने की आहट भर से तुम्हारे घर में कैसा भूचाल आ जाएगा। मुझे अपराधी मत बनाओ, भले आदमी। इससे ज़्यादा बुरी बात मेरे या तुम्हारे लिए कुछ भी नहीं हो सकती। अपनी मार्गरेट को इस बरबादी का निमित्त मत बनाओ। तनिक धीरज रक्खो मेरे प्रिय...मुझे पता है तुम कितने उतावले और बावले हो रहे हो मेरी ख़ातिर।...मगर जो कुछ तुम्हें भुगतना पड़ा है मेरे कारण, मेरी ही नादानी से, भगवान के लिए अब फिर से ख़ुद को और ख़ुद के साथ मुझको भी बरबादी के हवाले मत करो।"

विनायक सन्न रह गया। बड़ी मुश्किल से उसकी ज़बान खुली।

"तुम यह क्या कह रही हो मार्गरेट? ईश्वर के लिए...मुझे इस तरह निराशा के गर्त में मत पटको। मुझे चक्कर आ रहा है...प्लीज़...मुझे ऐसा धक्का मत पहुँचाओ–कुछ तो मुझ पर रहम खाओ। मैं तुम्हें भरोसा दिलाता हूँ–जैसा तुम सोच रही हो–वैसा कुछ भी नहीं होने वाला।...तुम एक एकेडेमिक काम के यहाँ आ रही हो–इसमें इतना तूफ़ान खड़ा करने की क्या बात हो गई? तुम व्यर्थ की दुश्चिन्ताएँ पाल रही हो। इसमें इतना डरने को कोई बात नहीं। मैं तुम्हें अपनी जन्मभूमि के पहाड़ों की सैर कराऊँगा...जो तुम्हें वेल्श के पहाड़ों से भी अधिक सुंदर लगेंगे...हालाँकि यहाँ समुद्र नहीं होगा। और हाँ, मालती–मेरी पत्नी–भी तो साथ में होगी–वह भी पहली बार वहाँ आएगी...और...शकुंतला भी, जिसके बारे में तुमको पहले ही बता चुका हूँ। वह ग़ज़ब की कैरेक्टर है मार्गरेट! वह सब सँभाल लेगी। तुम फ़िक्र मत करो। बस, अब तुम हाँ भर कह दो मेरी जान। मेरे सपने की हत्या मत करो इस तरह...।

✦ मुझे भय और किसी से नहीं, तुम्हारे प्रति अपनी भावनाओं की असामान्य तीव्रता से ही लग रहा है। पहले ही हम इसका भारी नुक़सान भुगत चुके हैं। और अब जैसा प्रस्ताव तुम मेरे सामने रख रहे हो, वह उस नुक़सान की भरपाई तो दूर, उलटे और आग लगाने वाला साबित होगा।

उधर से मार्गरेट के सुबकने की आवाज़ सुनाई दे रही है। विनायक कान से फ़ोन सटाए इंतज़ार में बैठा है।

"ओके आइश्ल राइट टु यू अबाउट इट। अंडरस्टैण्ड...? डोंट वरी...यू आर कमिंग टु आयरलैंड ऐंड वेल्स नेक्स्ट ईयर...आर्न्ट यू? व्हाइ...व्हाइ आर यू सो फ्रैंटिक अबाउट इट? ओके...गुड बाय।"

उसने कब फ़ोन रख दिया, इसका विनायक को जैसे पता नहीं चला। हैलो-हैलो करता रहा। फिर...तड़पकर उसने फ़ोन फिर से मिलाया।

"हैलो मार्गरेट, वेल्स अभी बहुत दूर है। तब तक तो मेरे प्राण ही निकल जाएँगे। तुम मेरे साथ ऐसा क्रूर परिहास कैसे कर सकती हो मार्गरेट...इट्ज़ रियली अ मैटर ऑफ़ लाइफ़ एंड डेथ फॉर मी। प्लीज़ से यस। प्लीज़...।"

"ओके, 'सस'। यू इम्पॉसिबल फेलो।"—मार्गरेट की लगभग चीख़ती हुई आवाज़ ऐसी गूँजी जैसे सात समंदर पार से नहीं, इसी कमरे से आ रही हो। "इफ़ यू आर बेंट अपॉन डिस्ट्रॉइंग योरसेल्फ़ ऐंड मी...इट्ज़ यस-यस-यस। आर यू सैटिस्फाइड नाउ?..."

"ओह, इट्ज़ सो...सो ग्रेशस ऑफ़ यू...मार्गरेट। थैंक्यू वेरी मच...यू नो आइ जस्ट कांट लिव बिदाउट यू...आइ थिंक ऑफ़ यू डे ऐंड नाइट..."

वह क्या बके जा रहा है, उसे बिलकुल होश नहीं। उधर से जब फ़ोन पटके जाने की आवाज़ आई तो भी वह हैलो...हैलो करता रहा। तभी एक आहट सी हुई और उसने सिर उठाकर सामने देखा और स्तब्ध रह गया।

"किससे बात कर रहे थे? मार्गरेट से?"—शकुंतला ने पूछा।

उसकी मुखमुद्रा देखके विनायक सहम सा गया। पर अपनी सकपकाहट को छुपाता हुआ बड़ी लापरवाही से मुस्कराता हुआ बोला—"और भला किससे करूँगा!"

"मगर यह सामान्य बातचीत तो नहीं लग रही थी,"—शकुंतला कुर्सी पर बैठते हुए बोली, "मुझे बताइए कि आपने यह क्या हालत बना रक्खी है अपनी? क्या कह दिया उसने ऐसा? सब कुशल-मंगल तो है ना?"

विनायक को अजीब अपराध-बोध ने जकड़ लिया। इतने दिन हो गए, उसने अभी तक इस नैनीताल वाले निमंत्रण का ज़िकर तक शकुंतला से नहीं किया। न ही मार्गरेट को बुलाने के बारे में। उसने हड़बड़ाकर शकुंतला को सारी बातें एकबारगी परोस डालीं। शकुंतला सिर नीचा किए चुपचाप सब सुनती रही। उसके चेहरे का रंग ही बदल गया। उसके मुँह से एक ठंडी साँस निकल पड़ी। "मार्गरेट बिलकुल ठीक कह रही थी। उसके स्त्री-विवेक की तुलना में आपका पुरुष-विवेक एकदम लचर और दयनीय है। इतना बड़ा बवंडर खड़ा करके भी आपको अक़्ल नहीं आई—आपमें कॉमनसेंस जैसी भी कोई चीज़ नहीं क्या? एक चिट्ठी क्या लिख दी आपके दोस्त

ने—आपकी सारी समझ-बूझ तिनके की तरह उड़ गई। महाशय, आपको हो क्या गया है? इसे आप प्रेम कहते हैं? यह आपकी बूढ़ी स्नायुओं का बवंडर भर है। और कुछ नहीं।

"बस-बस,"—विनायक बौखला उठा। "ज़रा तमीज़ से बात करो। जो मन में आया, बके जा रही हो अंडबंड...।"

शकुन एक पल हतबुद्धि-अवाक् फटी-फटी आँखों विनायक को देखती रही। दूसरे ही पल वह तड़पकर उठी और दरवाज़े की तरफ़ लपकी।

"गो टु हैल,"—वह चीख़ी।

"ठहरो-ठहरो,"—चिल्लाता हुआ विनायक भी उसके पीछे लपका। गलियारे में शकुन की बाँह पकड़ के ढेलते हुए वह उसे फिर से कमरे में वापस ले आया। शकुंतला ने उसकी बाँह झटक दी।

"अब आप मेरे सामने उस दिन की तरह ड्रामा मत करना,"—वह बोली। "यह आपका दफ़्तर है मेरा घर नहीं।...लोग आ-जा रहे हैं और दीवारों के भी कान होते हैं। ऑलरेडी आपके मेरे संबंधों को लेकर पूरे कॉलेज में कानाफूसियों का बाज़ार गर्म है। आपको तो कोई परवाह नहीं, न आपके आँख-कान हैं। मगर मैं अपने आँख-कान कैसे मूँद लूँ?

विनायक चुप्पा खड़ा रहा। अपनी जगह बिना हिले-डुले।

"कान खोलकर सुन लीजिए। फिर दुबारा नहीं कहूँगी। आप को मार्गरेट भी चाहिए और मालती भी चाहिए और दोनों अपनी ही शर्तों पर चाहिए। उनकी अपनी शर्तें तो एक को छोड़कर दूसरे को अपनाने से ही पूरी होंगी। आख़िर आप उस पर अपनी यह ज़िद किस अधिकार से थोपने चले हैं? आपको अगर लगता है आप उसके बिना जीवित नहीं रह सकते तो फिर मुक्त कर दीजिए ना मालती को। चले जाइए वहीं वेल्श में अपना घर-बार सब त्यागकर। या फिर ले आइए उसको यहीं। मैं तो नहीं समझती मार्गरेट ऐसा कर सकती है—करना चाह भी सकती है। तो चले जाइए ना वहीं, जहाँ वह रहना चाहे आपके साथ। इतना ही महान् प्रेम है अगर आपका, तो इत्ता सा बलिदान उसके लिए कुछ नहीं। है आपमें हिम्मत?—है आपका प्रेम इतना उत्कट?—कि, वह जो क़ीमत माँगे वह चुकाने के लिए आप तैयार हैं?

अगर नहीं, तो उसे फिर यहाँ बुलाकर, मालती के पीठ पीछे, मालती को धोखे में रखकर मार्गरेट के साथ दो चार दिन बिताके आपको क्या मिल जाएगा? आपकी आग तो बुझने से रही। मालती को कुछ भी पता नहीं चलेगा—सब कुछ जिस तरह चलता रहा था उसी तरह चलता रहेगा—यही न आपका कैलकुलेशन है?

कान खोलकर सुन लीजिए जनाब! शकुंतला आपके इस ख़ुदगर्ज़ खेल में आपके 'कॉनफिडेंट' की भूमिका निभाने से दो-टूक इनकार करती है। न केवल इतना ही, बल्कि अगर आपने ज़िद ठान ही ली है—अपनी मनमानी कर गुज़रने की, तो आपका-मेरा रिश्ता यहीं ख़त्म होता है। समझ लीजिए आपका और मेरा। मेरा और मालती का नहीं। क्योंकि मालती और मेरे बीच सिर्फ़ आप ही नहीं, और भी बहुत कुछ है। उसने मुझे अपना अखंड विश्वास सौंपा है। आप मेरा इस्तेमाल भर करना चाहते थे—यही न?...नहीं-नहीं...मुझे बोलने दीजिए। टोकिए नहीं मुझे बीच में। अब मैं आपके साथ नहीं हूँ। उसके साथ हूँ, जिसके साथ मुझे होना चाहिए। और...आप यह भी अच्छी तरह जान लें कि इस 'साथ' की अनिवार्य शर्त यही है कि मैं मालती से कुछ भी न छिपाऊँ। न उसे अँधेरे में रक्खूँ, न आपको। अब आप अपनी राह चुनने को स्वतंत्र हैं।

शकुंतला उठकर चल दी। बिना विनायक की ओर एक बार भी नज़र डाले। विनायक हक्का-बक्का बैठा रहा, शकुंतला को रोकने की कोशिश भी नहीं की उसने।

सारा खेल ही जो बिगड़ गया था।

पर कैसा खेल? किसका खेल?

24

गरुड़ के पंख

सेमिनार में अभी पूरा महीना बाक़ी है। परंतु विनायक ने पहाड़-यात्रा की पूरी तैयारी कर ली है। अभी सब लोग पहले सीधे रानीखेत जाएँगे। फिर शकुंतला, विनायक के साथ सेमिनार के लिए नैनीताल जाएगी। मालती का मन होगा तो साथ चलेगी। नहीं तो रानीखेत में ही रहेगी। रानीखेत-अल्मोड़ा...रहकर फिर शकुंतला और मालती वापस बम्बई चले जाएँगे। मालती इतने दिन अपने काम से अनुपस्थित नहीं रहना चाहती। शकुंतला चाहे तो विनायक के साथ एकाध माह रही आए। आख़िर पूरे तीस बरस बाद विनायक की घर वापसी हुई है। मिलें-जुलें पुराने यार-दोस्तों से, ख़ूब गप-शप, सैर-सपाटा हो। पुरानी दुनिया की यह सैर एकदम नई दुनिया की सैर होगी। शकुंतला रही आए मालती के पीछे वहीं—इसमें मालती को कोई आपत्ति नहीं। उलटे वह तो उसी का सुझाव है। पर शकुंतला ने ज़िद पकड़ रक्खी है कि मालती रहेगी तो ही वह रहेगी।

लच्छू बेहद उत्साहित है। उसने सबको ख़बर कर दी है। ख़ूब जमावड़ा रहेगा। मालती को भी अच्छा लगेगा : बहुत ज़रूरी है यह 'चेंज' उसके लिए। कभी देखा ही नहीं उसने पहाड़।...विनायक की इस बचपन की दुनिया के बारे में उसने सुना ही सुना है। देखा भी कुछ नहीं। पता नहीं क्यूँ, विनायक के मन में अजीब हिलोरें उठ रही हैं...उसे भीतर से ऐसा 'इंट्यूशन' सरीखा हो रहा है कि इस यात्रा में बहुत-कुछ घटित होगा—ऐसा कुछ, जो अपूर्वानुमेय और सर्वथा अप्रत्याशित होगा। ज़िंदगी की यह एक ब्रैंड न्यू शुरुआत होगी। रिटायरमेंट के सिर्फ़ दो साल बाक़ी हैं। विनोद तो पीछे ही पड़ा हुआ है : कलेजा चाहिए, बहुत बड़ा कलेजा—एक भूतपूर्व मित्र को अपने सिर पर ला बिठाने के लिए। बड़प्पन इसे कहते हैं! क्यों न विनायक इसे देवात्मा हिमालय का प्रसाद मानकर शिरोधार्य करे। बस ज़रा मालती दाहिने हो जाए। वह भी 'रिटायरमेंट' ले ले अपने काम से और एक नई शुरुआत करे—एक नए क्षेत्र में प्रवेश करे। अरे, बहुत खपा चुकी अपने को, संस्था खड़ी कर दी। खड़ी ही नहीं,

आत्मनिर्भर कर दी—तो फिर कब तक खपती रहेगी उसमें! इतना ही ज़रूरी है तो साल-दो साल और रही आए बम्बई में। ज़रा अलग होके तो देखे!...फिर विनायक भी अपनी एकेडेमिक दुनिया से निवृत्त होकर अल्मोड़ा अथवा रानीखेत आ जाएगा और मालती भी। लच्छू ने देख लिया है एक छोटा-सा बढ़िया कॉटेज रानीखेत में। मालती में भले अभी एकदम उत्साह न जमे; पर एक बार वहाँ रहने लगेगी तो फ़ायदे समझ में आने लगेंगे। शकुंतला को भी अपने विभाग में लेने को विनोद तैयार है। उसे भी नैनीताल जम जाए तो वह मालती को भी मना लेगी। अरे, अभी कौन तुरंत बम्बई छोड़ने का फ़ैसला करना है! पूरे दो साल हैं अपने पास।

विनायक की रोमैंटिक कल्पना को मानो गरुड़ के पंख लग गए हैं। मगर...ऐसा क्या घटित हो गया इस बीच, जो वह इतना निश्चिंत और हलका-फुलका महसूस करने लगा है?

हुआ तो कुछ नहीं ख़ास। बस इतना ही, कि मार्गरेट अंततः सेमिनार में आने को तैयार हो गई है। बहुत कम समय के लिए। पर वह आ रही है—इतना ही क्या कम है।...और...सबसे बड़ी बात—शकुंतला साथ रहेगी। वही शकुंतला, जो मार्गरेट का नाम तक नहीं सुनना चाहती थी—वही शकुंतला—अब विनायक की मनोदशा देखते हुए—उसे यह आख़िरी रियायत बख़्शने को, पूरी तरह उसका साथ देने को, तैयार हो गई है। पता नहीं क्या जादू फेर दिया है उसने मालती पर, कि वह उसका ताबीज़—उसका रक्षा-कवच—बन गई है। और मालती का ही क्यों, स्वयं विनायक का भी।

इसमें संदेह नहीं कि शकुंतला मालती के प्रति अत्यधिक सहानुभूतिशील है। किंतु विनायक के प्रति उसके ममत्व की गहराई का ख़ुद उसको सही-सही अनुमान नहीं। शायद इसीलिए, जब वह उस पर कुपित होती है तो उसके कोप की कोई सीमा नहीं रहती। पर जितनी चोट उसे पहुँचाती है, उससे कम चोट ख़ुद नहीं खाती। विनायक के मनोविज्ञान में जैसी उसकी पैठ बन गई है, वैसी मालती की नहीं बन सकती—यह सिर्फ़ उसी को नहीं, मालती को भी पता चल गया है; और चूँकि मालती इस बारे में पूर्णतः निःशंक और आश्वस्त हो चुकी है कि शकुन उसके साथ कभी भी अन्याय होते नहीं देख सकती, इसलिए वह उसकी ओर से ही नहीं, विनायक की ओर से भी निश्चिंत हो गई है। ढीला छोड़ दिया है उसने अपने आपको इसलिए।

विनायक शकुंतला को ऐसे नाज़ुक मामले में—और इतनी बड़ी चोट उससे खा चुकने के बाद भी कैसे अपने विश्वास में लेने में सफल हो गया—उसे ख़ुद ही अचंभा है। अपनी ओर से तो वह निराश होने के लिए तैयार होकर ही गया था शकुंतला की शरण में। यह उस जुआड़ी का दाँव था—आख़िरी डेस्परेट दाँव—जिसके बाद कुछ भी शेष नहीं रह जाता। दाँव चल भी गया; पर यूँ ही नहीं। विनायक से वचन ले लिया है शकुंतला ने, कि बस यह आख़िरी रियायत है इस मामले में। मार्गरेट को

सेमिनार में बुलावा भेजा गया है; इस तथ्य को भी इतने सहज हलके-फुलके ढंग से शकुंतला ने मालती के सामने ही विनायक से कबूलवा लिया—पहले से विनायक को इस बारे में 'ब्रीफ़' करके, कि मालती के लिए इस पर किसी तरह का हंगामा खड़ा करने की गुंजाइश ही नहीं रही।

विनायक तो अकबका गया था शकुंतला के इस सुझाव पर। मगर शकुंतला ने ही उसे कन्विंस कर दिया कि इस तथ्य को छुपाने से अनर्थ की आशंका है। मान लो, मालती ने भी नैनीताल चलने की ठान ली, तो...? सेमिनार में उसका कोई काम नहीं, इसका मतलब यह थोड़े ही है कि वह नैनीताल भी न आए। तब फिर उसे तो पता चलना ही है। न भी आए—जैसी कि ज़्यादा संभावना है—तो भी सेमिनार की सार्वजनिक चर्चा में मार्गरेट का ज़िक्र आएगा ही। तब मालती को क्या लगेगा? यही ना, कि इतनी बड़ी बात आख़िर उससे छुपाई क्यों गई? आख़िर सेमिनार के बाद मार्गरेट—ऐसा तो हो नहीं सकता कि तुरंत वापस उड़ जाएगी। विनायक को उसे अपनी पत्नी से मिलवाने रानीखेत भी ले जाना पड़ेगा कि नहीं? जो सब्ज़बाग़ दिखाए थे मार्गरेट को, कि अपने पहाड़ों की सैर कराऊँगा—उसका क्या होगा? कुछ तो लाज रखोगे कि नहीं अपनी प्रेयसी से किए गए वादों की? और मालती के भीतर गड़े क़ाँटे को पूरा-का-पूरा उखाड़ फेंकने के लिए भी क्या यह अनिवार्य नहीं है—कि वह उस विलायती चुड़ैल को ज़रा ख़ुद अपनी आँखों से देख ले? रानीखेत भले ठीक-ठीक उसका घर नहीं है, पर घर जैसा ही तो हुआ। अपने घर में गृहस्वामिनी की समूची गरिमा में उस 'चुड़ैल' को मालती भेंटेगी तो उसका क्या बिगड़ जाएगा? जो भी बिगड़ेगा, उस चुड़ैल का ही बिगड़ेगा। पता चल जाएगा उसे साफ़-साफ़ कि उसकी जगह क्या है!

धन्य है शकुंतला! धन्य है तू!

25

सॉरी माइ डियरेस्ट

''सुनो, एक बड़े भारी अचरज से साबक़ा पड़ने जा रहा है तुम्हारा। तैयार रहना...।''

''बेफ़िक्र रहो मार्गरेट। जिन्दगी के इतने उतार-चढ़ाव देख चुका हूँ कि अब कुछ भी ऐसा नहीं बचा जो मुझे आश्चर्यचकित कर सके।''

''अच्छा? चलो, देखते हैं। क्या हाल हैं तुम्हारी श्रीमतीजी के?

''हाल क्या, तुम तो मिलोगी ही ना यहाँ उनसे। जान लो एक बड़ा भारी पारिवारिक मेला यहाँ तुम्हारा इंतज़ार कर रहा है, .जिसमें तुम्हें भी ख़ासा रोल मिलेगा।''

''ऐसा? तब तो मज़ा रहेगा। तुम्हारी आवाज़ में फिर से वही खनक लौट आई है–इससे मैं किस क़दर राहत महसूस कर रही हूँ–तुम्हें बता नहीं सकती। ख़ुश रहो मेरे प्यारे! तुम्हारी मार्गरेट को तुमसे और कुछ नहीं चाहिए–सिवा तुम्हारी ख़ुशी और तुम्हारी सहानुभूति के।''

''सहानुभूति? क्या कह रही हो तुम मार्गरेट? इसमें सहानुभूति की बात कहाँ से आई?''

उधर से चुप्पी...और आवाज़ में अजीब फँसावट-सी।...फिर थोड़ी देर बाद,

''सॉरी माइ डियरेस्ट। हम लोग नहीं आ पा रहे हैं।''

''क्या मतलब? क्यों नहीं आ पाओगी?''

''प्रोफ़ेसर राउलैंड्स को एक बहुत ज़रूरी काम आ पड़ा है। वे सचमुच उत्साहित थे इस सेमिनार के लिए...और इस निमित्त से तुम्हें और तुम्हारे मुल्क से भी भेंट करने के लिए। किंतु एक ऐसी मुश्किल आ पड़ी है कि उन्हें इरादा छोड़ देना पड़ा।''

''लेकिन...तुम यह क्या बक रही हो मार्गरेट? प्रोफ़ेसर राउलैंड्स नहीं आ पा रहे हैं तो कोई बात नहीं। पर तुम्हारे आने न आने का उनके आने न आने से क्या संबंध है?''

उधर से फिर लम्बी चुप्पी। फिर वही फँसी-फँसी आवाज़...जो क्या कह रही है,

कुछ पल्ले नहीं पड़ता।

"मार्गरेट! मार्गरेट! व्हॉट्ज़ द मैटर? आख़िर बात क्या है?"

"कुछ नहीं...मुझे माफ़ कर दो मेरे प्यारे...मुझसे बोला नहीं जा रहा। तुम मेरी चिट्ठी का इंतज़ार करो। उससे तुम्हें सब पता चल जाएगा। तुम चिंता मत करो।...मैं बिलकुल ठीक हूँ। अच्छा...।"

मार्गरेट की चिट्ठी

तुम्हें क्या कहूँ विनायक? कैसे कहूँ?...मैंने 'बिग सरप्राइज़' की बात कही थी तुमसे...और तुमने इस पर जो प्रतिक्रिया की उसने मुझे कितना हलका कर दिया था–तुम्हें बता नहीं सकती। सच में ही, मेरे प्यारे! यह ज़िंदगी ख़ुद ही हमें कैसे भी उलट-फेर को पचाना और उससे उबरना सिखा देती है–देर-सबेर। है कि नहीं?...तुम भी बंधन से मुक्त हुए, मैं भी। मैं तुम्हारी कमज़ोरी नहीं बनना चाहती विनायक! हमारा यहाँ मिलना भी एक नियतिकृत संयोग ही था; अयाचित और अलभ्य वरदान सरीखा। कदाचित् वही और उतना ही हम एक-दूसरे को दे और एक-दूसरे से ले सकते थे। उसका अल्पकालिक होना ही उसका सौंदर्य और सत्य था। क्या तुम ऐसा नहीं समझते? बिना किसी अधिकार-लिप्सा और अहंभाव के हस्तक्षेप के, हम उस अदृष्ट वरदान में बराबरी के साझीदार हुए–इससे अधिक तुम और मैं–या कोई भी मनुष्य–क्या चाह सकता है? इससे अधिक की चाहना-अपेक्षा करना ही अनर्गल है–कहूँ असत्य है। मुझे पता है, मेरी बातों पर तुम्हारी पहली तत्काल प्रतिक्रिया क्या होने वाली है। पर, मेरे आत्मीय सखा! मैं यह भी निस्संशय जानती हूँ कि तुम्हारा विवेक, तुम्हारा पारदर्शी अंतःकरण भी अंततः तुम्हें वहीं पहुँचाएगा जहाँ मैं हूँ।

किंतु क्या मुझे सचमुच तुम्हें यह सब बताने की ज़रूरत है?–क्या यह शब्दों में कहे बिना भी तुम तक पहले ही संप्रेषित नहीं हो चुका होगा? मैं मान नहीं सकती, सचमुच ही नहीं मान सकती। परंतु, अब, जब इस जन्म में हमारा दुबारा मिलना असंभाव्य ही लगता है और यह पत्र-संवाद भी–हमारे बीच का–दिन ढले की उजास की तरह बुझने की कगार पर है, मैं तुम्हारी मार्गरेट तुमसे पहली और आख़िरी बार कहना चाहती हूँ कि तुमसे मुझे जो मिला, वह और कोई नहीं दे सकता था। किंतु...इतना अच्छा और इतना विलक्षण स्वप्न टिकने के लिए नहीं होता–'इट वॉज़ टू गुड अ ड्रीम टु लास्ट'। तुम्हारा अपना संसार है, मेरा उसमें घुल-मिल जाना एक अनधिकृत संयोग था। या कह लो, नियतिकृत अनिवार्यता।...दोनों एक ही बात है। असंभव से लगते वे दैवी पल अब इस जीवन में कभी दुहराए नहीं जा सकते–उनका

उस तरह नितांत स्वायत्त और क्षणभंगुर होना ही उनका अर्थ था।

मुझे पता नहीं, मैं तुम्हारे भीतर किस रूप में हूँ या रहूँगी। बहुत संभव (और,...सर्वथा वांछनीय) है कि तुम भी मुझे भूल ही जाओ। पर भूलने से वह सब जो हमने साथ-साथ जिया, अनहुआ तो नहीं हो जाता। मेरे लिए तुमसे मिला वह प्यार मेरे जीवन की सबसे अनमोल निधि थी; इसलिए, कि और कोई मुझमें वह नहीं जगा सकता था जो तुमने मुझमें जगाया। परंतु, मैं तब भी अचूक जानती थी कि इस अनुभूति को न मैं क़ायम रख सकती हूँ, न तुम। तुम्हें मैं बाँधकर नहीं रख सकती–उस तरह तुम्हें पाना तुम्हें खो देना ही होगा। कैसे कहूँ मेरे सखा, मेरे सहचर, कि मैं तुम्हारे उन बिरल उन्मुक्त क्षणों की संगिनी थी–जिन पर ख़ुद तुम्हारा वश नहीं था। हो सकता है यह मेरा भ्रम ही हो; किंतु उन दिनों यह विश्वास तुम्हीं ने मुझमें जगाया था कि तुम्हारे लिए भी मुझे पाने का अनुभव ठीक उसी ख़ास मानी में मुक्ति का अनुभव था;–एक ऐसी मुक्ति का अनुभव, जो तुम्हारे ही कथनानुसार तुम्हें तुम्हारी मार्गरिट के अलावा और किसी स्त्री से नहीं मिल सकता था। विनायक, मैं नहीं जानती कौन मुझसे यह कहलवा रहा है। मैं तुम्हारी तरह रोमैंटिक नहीं हूँ, न हो सकती हूँ। स्त्री का जनम पाया है, शायद इसलिए भी वैसी रोमैंटिकता मुझे रास नहीं आ सकती। प्रेमोन्माद इस कोटि का–मुझ जैसी स्त्री के जीवन में तुम्हारे ही कारण घट सकता था। तुमसे जुदा हुई–तुम्हें विदा दी–तभी, उसी दिन मैंने जाना कि तुमने मेरे साथ ऐसा क्या कर दिया जो दुबारा घटित होने के लिए नहीं है और जो अन्यथा कभी भी घटित नहीं होना था मेरे साथ। कैसा संयोग और कैसा सौभाग्य, कि तुमने मुझमें वह स्त्रीत्व देखा, और उसे अपनी समूची चाहत और उत्कंठा से जगाया और पाया. ..औरत, चाहे भी तो, बिसार नहीं सकती ऐसे पलों को–पुरुष की मैं नहीं जानती। शायद उसके लिए ऐसे प्रसंगों को सँजो रखना संभव नहीं; शायद सारी उत्कटता के बावजूद उसके लिए उनका (ऐसे क्षणों का) वैसा आत्यन्तिक महत्त्व नहीं हो सकता, जैसा स्त्रियों के लिए होता है। जिस मुक्ति की मैंने अभी बात की, वह मुक्ति भी शायद, तुम लोगों के लिए मुक्ति नहीं, बंधन ही है। उस क्षण के आगे-पीछे उसकी वैसी सत्ता तुम्हारे लिए नहीं होती होगी। ख़ैर, मैं इसे तूल नहीं देना चाहती। न मेरा स्त्री होना मेरे बस में है, न तुम्हारा पुरुष होना तुम्हारे बस में है। हम काव्य-चर्चा के निमित्त से एक-दूसरे के निकट आए थे, वह निकटता जल्द ही एक गहरी मैत्री में परिणत हो गई थी। कब किस क्षण यह मैत्री रूपांतरित हुई...कब किस क्षण तुम मेरे बौद्धिक सहचर की भूमिका से सरककर उत्कट प्रेमी की भूमिका में आ गए, यह तुम्हें भी पता नहीं चला होगा। जैसा कि मुझे भी पता नहीं चला। तुमने एक बार कहा था कि प्यार के चरमोत्कर्ष और चरमोलब्धि के क्षण में पुरुष को अपने पुरुष होने का और स्त्री को अपने स्त्री होने का भान ही लुप्त हो जाता है। मेरा अनुभव

इसके ठीक उलट है। इसलिए, मुझे यही लगता है कि जैसे मुझे अपने स्त्रीत्व के जागरण की ही नहीं, चरम उत्कर्ष की अनुभूति भी तुम्हारे साथ, तुम्हारे कारण, तुम्हारे प्यार के जरिए ही हुई, उसी तरह तुम्हें भी अपने पुरुषत्व की चरम अनुभूति मुझमें समा जाने—मुझसे एकजान हो जाने के क्षण में हुई होगी। तुमसे जुड़ने के पहले जैसे मैं अपने को ही नहीं जानती थी। अपने ही प्रेम पाने और देने के सामर्थ्य को।

तो...हे मुझे मुझी से जोड़ने वाले प्रेमी सहचर, तुम इस पत्र को पढ़ने के बाद फ़ौरन नष्ट कर देना। तुम पर जिसका—सामाजिक न्याय के मुताबिक़—पहला और आख़िरी अधिकार है, जो तुम्हारे बच्चों की माँ है—उसके हाथ में कहीं पहले की ही तरह मेरा यह पत्र भी न पड़ जाए—तुम्हें मेरी सौगंध—यह देखना तुम्हारा कर्तव्य है। तुम कम-से-कम एक बार तो मुझे लिख ही सकते हो, लिखोगे ही। लिखे बिन रहा नहीं जा सकेगा तुमसे—मैं जानती हूँ। किंतु, विनायक,...तुम्हें मेरे प्यार की सौगंध.. .यह सिलसिला इसके आगे अब और न चले—इसी में तुम्हारा-मेरा भला है—यह कहने की ज़रूरत मुझे तो नहीं होनी चाहिए, पर है। तुम्हारे स्वभाव से परिचित होने के कारण। समझे? इसलिए, मेरे प्रियतम, कि यह सिलसिला न तुम्हारे हक़ में है, न मेरे। विनायक, तुम्हारा-मेरा प्यार अब एक अलग ही आयाम में चला गया है—हमारी तुम्हारी पहुँच के बाहर। उसे वहीं रहने दो। तुम अपना जीवन जीने को स्वतंत्र हो और मैं अपना। ठीक है? बस तो मेरे प्रिय!

अलविदा, **—तुम्हारी मार्गरेट**

26

सुबह की सैर

नर्वस ब्रेकडाउन! त्रिभुवन जिस डॉक्टर को लेकर आया था—जिसने विनायक को तुरंत मिलिटरी हॉस्पिटल में भरती करने की सलाह दी थी—उसने तो यही निदान किया था। परंतु...ख़ुद विनायक से कोई पूछे आज—कि क्या सचमुच तुम्हें नर्वस ब्रेकडाउन हुआ था तो वह झुँझला जाएगा। कहेगा, 'भई,...थक गया था बहुत...ओवर स्ट्रेन...हो गया था।'

इतनी प्रत्यक्ष, इतनी स्थूल हक़ीक़त को भी आदमी क्यों नहीं क़बूल करता? इसमें उसका कौन सा ईगो आड़े आ जाता है? क्या जो आदमी जितना ही पढ़ा-लिखा, जितना ही परिष्कृत और संवेदनशील होता है, उसका 'ईगो' भी उतना ही बारीक़ और उतना ही मज़बूत यानी जिद्दी होता है?

अस्पताल में भरती होने को तैयार नहीं। त्रिभुवन ही डाँट-डपटकर उसे ले गया अपनी गाड़ी में। मालती भी विनायक की तरह अजीब लापरवाह और ढीला रुख़ अपनाए थी। 'नथिंग डूइंग!'...कर्नल के आगे उसकी भी एक न चली। चार-पाँच दिन विनायक कड़े फ़ौजी अनुशासन में रहा—विभा और त्रिभुवन इस तरह बारी-बारी से पहरेदारों की तरह डटे रहते थे वहाँ, कि मालती को चिढ़ छूटने लगती थी। आख़िर पाँचवें दिन उसने ख़ुद ही विनायक की तरफ़ से यह फ़ैसला ले लिया कि बहुत हुआ—डॉक्टरी देखरेख की जितनी ज़रूरत थी, हो गई। अब मरीज़ वापस अपने घर लौटना चाहता है—बची-खुची तीमारदारी के लिए उसे उसकी बीवी के हवाले कर दिया जाए। इस पर, त्रिभुवन नाराज़ हो गया। मगर चतुर सयानी विभा ने मौक़े की नज़ाक़त भाँपकर उसे इशारे में चुप कर दिया और...''अपने मरीज़ का हाल मालतीजी बेहतर जानती हैं,''...कहकर डिस्चार्ज सर्टिफिकेट भी दिलवा दिया।

तब से तीन दिन हो गए, विनायक अपने घर में—यानी लच्छू के होटल से लगी हुई कॉटेज में ही आराम फ़रमा रहा है। पर कहना कठिन है त्रिभुवन का डिसिप्लिन ज़्यादा सख़्त था कि मालती का। विनायक इस तरह चुपचाप पड़ा रहता है मानो

गूँगा-बहरा ही हो गया हो। किसी को–यहाँ तक कि शकुंतला तक को उसके पास बैठने की हिम्मत नहीं होती। बस जाती है और देखकर लौट आती है। बैठती तभी है जब बाक़ायदा उसको मालती ड्यूटी पर लगा दे। अब, वह तो लगती ही है दिन में दो चार बार। शकुंतला को पास बैठे देखकर विनायक के मुँह पर एक फीकी सी मुस्कराहट आ जाती है और वह अपना हाथ उसकी ओर बढ़ा देता है। सबको मालूम है शकुंतला 'एक्यूप्रेशर' की विशेषज्ञ है। मालती को भी; हालाँकि लगता नहीं, वह अपनी सहेली की इस विशेषज्ञता की सचमुच क़ायल है। क़ायल होना तो दूर, वह इस पूरी पद्धति को ही बोगस क़रार दे चुकी है कई लोगों के सामने और उसकी चिढ़ और वितृष्णा उसके चेहरे पर साफ़ झलक आती है, जब भी कोई शकुंतला से हाथ दबवाने आता है। ज़ाहिर है शकुंतला के इस मुफ़्त इलाज का सबसे ज़्यादा फ़ायदा ख़ुद विनायक उठाता है : पर उसकी देखादेखी लच्छू, त्रिभुवन और विभा भी मौक़े-बेमौक़े इस 'एक्यूप्रेशर' का फ़ायदा उठा लेने से नहीं हिचकते; न जैसे बहुत ही दर्द हो रहा हो, सहन नहीं कर पा रहे हों; इस तरह 'उई-उई' करने से ही बाज़ आते हैं। इनमें सबसे ज़्यादा 'उई-उई' विनायक ही करता है। इसलिए शकुंतला को लगता है, सबसे ज़्यादा 'पेनफुल स्पॉट्स' उसी के शरीर में हैं और इसीलिए सबसे ज़्यादा एक्यूप्रेशर की ज़रूरत भी उसी को है। लच्छू और त्रिभुवन के तो एक-एक ही स्पॉट हैं जहाँ उन्हें तीखा दर्द होता है। दोनों सिरदर्द के मरीज़ घोषित किए जा चुके हैं। रही विभा, तो उसके तो कोई पेनफुल स्पॉट ही नहीं है–शकुंतला कहती है। विभा उससे सहमत नहीं होती; पर मरीज़ घोषित किए जाने के लिए चूँकि पेनफुल स्पॉट ज़रूरी है, इसलिए अब विभा भी 'उई-उई' करने लगी है एक जगह।

विनायक को इसकी ज़रूरत नहीं है। पहले दिन के परीक्षण से ही वह सबसे ख़स्ताहाल मरीज़ साबित हो चुका था। क्या हार्ट का प्वाइंट, क्या पेट का, क्या गुर्दे का, क्या सिर का–सभी जगह तो 'उई-उई' करने लगता था वह। उसकी हालत देखकर लच्छू ने तुरंत उस पर एक शेर चस्पाँ कर दिया था–'हाय क्या बताऊँ कि दर्द किधर होता है/एक जगह हो तो बताऊँ कि इधर होता है।' शेर से सबका मनोरंजन हुआ। मगर मालती ने तभी चिकित्सक की छुट्टी कर दी। "कोई ज़रूरत नहीं शकुंतला, यह नीमहकीमी इन पर झाड़ने की। बंद करो यह खटराग... ।"

खटराग बंद तो क्या होता, मगर एक बार कोई टोक दे इस तरह, तो फिर उसके सामने तो प्रेशर-चिकित्सा चल नहीं सकती, पीठ पीछे ही उसका जुगाड़ बिठाना होगा। वही होता रहा है। मगर इस वक़्त चूँकि असामान्य परिस्थिति है, इसलिए मालती को अनचाहे ढील देनी ही पड़ी है। शकुंतला के आते ही विनायक हाथ जो बढ़ा देता है। शकुंतला को पक्का भरोसा है कि विनायक के नर्वस ब्रेकडाउन का इलाज–पक्का इलाज–वही कर सकती है। एक्यूप्रेशर न खटराग है, न नीमहकीमी। हाथ कंगन को

आरसी क्या! विनायक को कितना फ़ायदा हुआ है यह तो विनायक ही जानता है या फिर शकुंतला! और, कोई माने न माने—इससे क्या फ़र्क़ पड़ता है! और उसकी परवाह ही क्यों की जाए!

विनायक को अब किसी की परवाह नहीं है। हर परवाह से परे चला गया है इन दिनों वह। यह जो अखंड मौन धारण किए है वह, इसी बेपरवाही की मोहलत को और ज़्यादा खींचने के लिए ही मानो। बल्कि उसके मन के भी मन से कोई पूछे तो यही उत्तर मिलेगा कि यह मोहलत क्या, वरदान है। इस क़दर अपने साथ वह पहले कभी रहा हो, उसे याद नहीं पड़ता। इतना सुरक्षित, इतना अभेद्य, और इतना अटूट भी।

कुछ तो अवश्य घटित हुआ लगता है विनायक के साथ—कुछ अद्‌भुत और अभूतपूर्व! नहीं? इतना 'स्वस्थ' तो अपने को उसने कभी नहीं महसूस किया था जितना इस वक़्त—यानी इन दो दिनों के भीतर वह अनुभव करने लगा है। यह कैसी स्व-स्थता है जो घनघोर अस्वस्थता के बाद—मानो उसकी कोख से ही उपजी है? क्या यह ज़रूरी था उसके लिए—यह धक्का या सदमा जो भी कहें, जो पहले तो सचमुच के नर्वस ब्रेकडाउन में परिणत हुआ और अब धीरे-धीरे चुपके से इस अजीबोग़रीब सुकून में, जो वह ख़ुद महसूस कर रहा है, ख़ुद ही क़बूल कर रहा है कि इससे पहले उसने कभी नहीं जाना था।

यों, नर्वस ब्रेकडाउन तो सचमुच नर्वस ब्रेकडाउन था। कोई काल्पनिक नहीं। बहुत जल्दी उसमें से उबर आया—यह बिलकुल दूसरी बात है। मिलिटरी हॉस्पिटल के डॉक्टर को या कर्नल त्रिभुवन सिंह को या विभा या मालती या शकुंतला को इसका श्रेय दिया जाए कि ख़ुद विनायक के ही स्वभाव या शरीर के भीतर दुबकी हुई किसी संजीवनी शक्ति को? इस बहस में पड़ना फ़िज़ूल है। जो भी हुआ जैसे भी हुआ, तथ्य यही है कि विनायक पूरी तरह उबर आया है उस संकट से। अब वह स्वस्थ कहा जा सकता है। और एक ऐसे अर्थ में स्व-स्थ, यानी अपने साथ, अपने में भरा-पूरा, निर्द्वन्द्व और स्वाधीन महसूस कर रहा है जो उसके लिए गूँगे का गुड़ है। बल्कि उससे भी गहरी चीज़। क्योंकि गूँगा गुड़ की मिठास को बता नहीं पाता, इससे और ज़्यादा विकल होता है। जबकि विनायक की हालत सचमुच 'मन मस्त हुआ तब क्यों बोले' वाली है। यह जो गूँगा-बहरापन वह धारण किए हुए है इतने दिनों से, पहले तीन-चार दिनों तक तो उसकी लाचारी था। पर अब बिलकुल नहीं है। अब यह स्वेच्छा से धारण किया हुआ गूँगापन है। ओढ़ा हुआ कदापि नहीं।

पर...अभी की नहीं—हॉस्पिटल ले जाया गया, तब की क्या हालत थी? जिसे 'नर्वस ब्रेकडाउन' निरूपित किया गया था ज़िम्मेदार और जानकार डॉक्टरों द्वारा। तब

तो नहीं, अब ज़रूर विनायक सोच सकता है कि क्या वह लगभग ऐसी ही अवस्था से एक बार बहुत-बहुत पहले भी नहीं गुज़र चुका है? क्या हुआ था उसको, जब शान्तम् को लिखे उसके सारे ख़तों का बंडल उसे एक दिन अचानक वापस मिला था और उस पर स्वयं शान्तम् की ही लिखावट में उसने पढ़ा था—''फॉरगेट एवरीथिंग ऐज़ इफ़ नथिंग हैपण्ड'...?

कितनी अलग...और कितनी दूर की घटनाएँ! क्या कॉमन है दोनों के बीच? कुछ भी तो नहीं। रंगमंच अलग, पटकथा अलग, पात्र भी अलग...कुछ भी तो साम्य नहीं दोनों घटनाओं के बीच। फिर भी कुछ तो है जो दोनों को मिलाता है; कोई बहुत झीना सा सूत्र ही सही। पुनरावृत्ति तो ख़ैर कैसे कहें—विनायक जो एक बात बहुत ज़ोर देकर अकसर दोहराया करता है वह यही, कि इस संसार में, जीवन में, कुछ भी दोबारा ठीक उसी तरह घटित नहीं हुआ करता। हर घटना अपने में अपूर्व और अद्वितीय होती है : किसी और घटना का दुहराव नहीं।

तब कोई एक व्यक्ति हुआ करता था जो उसके उस रहस्य का साझीदार बना था और अपने सिनिकल मगर असरदार तरीक़े से विनायक को उस खड्ड से बाहर खींच लाने में भी उसकी कुछ न कुछ भूमिका तो रही ही थी। पर...आज? आज कौन है उसका साझीदार? कौन है जो उसे उबार लाया है उसे उससे भी गहरे गड्ढे से?

सेमिनार तो बहुत शानदार ढंग से संपन्न हो गया था। कुछ लोगों में यह सिफ़त होती है कि निजी जीवन में चाहे जैसी उथल-पुथल मची हो, अपने सोशल या प्रोफ़ेशनल चेहरे को वे उससे एकदम अलग और अप्रभावित रख सकने में कामयाब हो सकते हैं। उनके कर्म-जीवन में, या कहें कर्म-कौशल में इससे कुछ ख़ास फ़र्क़ नहीं पड़ता—पड़ता भी हो, तो वह दीखता नहीं। बल्कि, मज़बूत काठी वाले लोगों में तो उनकी यह अंदरूनी तड़फड़ाहट मानो उनके इस बाहरी व्यक्तित्व को, उसकी गतिविधियों को एक अतिरिक्त उछाल दे देती है। इस सेमिनार की यादगार घटना—इस विषय पर समूचे देश में अब तक की घटी पहली घटना के रूप में उसे व्यापक चर्चा का विषय बना देने में प्रोफ़ेसर विनायक का योगदान ही सर्वाधिक महत्त्वपूर्ण था—इस बात को सेमिनार-संयोजक विनोद ने ही नहीं, देश-विदेश से पधारे सभी विद्वानों ने मुक्तकंठ से स्वीकारा और सराहा। स्वयं शकुंतला, जिसके मन में अपने 'सर' की छवि किसी हीरो से कम नहीं—ऐसी शकुंतला तक का कहना था कि उसके हीरो ने इस बार तो ख़ुद अपने आपको भी पछाड़ दिया।

जबकि शकुंतला सच पूछा जाय, तो मन-ही-मन बेहद डरी हुई थी। जब से उसे विनायक ने बताया था कि मार्गरेट नहीं आ रही है, तभी से वह भीतर ही भीतर बड़े

तनाव में थी। 'क्यों क्या हुआ?'–उसके पूछने पर विनायक ने जिस निहायत ठंडे और 'कैजुअल' टोन में उसे सूचित भर किया कि मार्गरेट ने एक कार-दुर्घटना के कारण अकेले पड़ गए अपने प्रोफ़ेसर राउलैंड्स साहब से विवाह कर लिया था और...अब, अचानक पति के अस्वस्थ हो जाने के कारण उसे यह यात्रा कैंसिल कर देनी पड़ी है–सुनके शकुंतला स्तब्ध रह गई थी। तब से विनायक ने ऐसी अभेद्य चुप्पी ओढ़ ली थी कि उसे येन-केन प्रकारेण भेदने की बात तो दूर रही, उस विषय को फिर छेड़ने की ही हिम्मत नहीं हुई थी शकुंतला की। सेमिनार की तैयारी और नैनीताल आने-जाने के दौरान भी–यूँ तो बराबर विनायक के साथ रही थी पर यह देखकर अचंभित और आतंकित थी कि विनायक पूरे समय अपने में ही गुम रहा; कभी भूलकर भी, एक बार भी मार्गरेट का ज़िक्र तक उसने बातचीत में नहीं आने दिया। इतने निकट होते हुए इतना दूर यह शख़्स हो सकता है, इसकी शकुंतला ने कभी कल्पना भी नहीं की थी। पूरे समय वह आतंकित मनःस्थिति में ही रही आई। आत्मीय संलाप की–सहज पारस्परिकता की तो बिलकुल नौबत ही नहीं आने दी विनायक ने। ऐसे में...विनायक के साथ-साथ, शकुंतला का भी 'नर्वस ब्रेकडाउन' कैसे नहीं हो गया–यही आश्चर्य की बात है।

अब जब सेमिनार से लौटते ही विनायक ने रानीखेत में बिस्तरा पकड़ लिया तो शकुंतला को नर्वस ब्रेकडाउन के डॉक्टरी निदान पर आधा यक़ीन हो आना स्वाभाविक था। आधा इसलिए, कि उस ब्रेकडाउन का मूल कारण तो कभी का 'व्यतीत' हो चुका था। आख़िर सेमिनार से पहले और सेमिनार के दौरान भी विनायक जो एकदम चंगा और चुस्त बना रहा वह कैसे? कुछ तो लक्षण प्रगट हुए होते अगर ऐसा ही था तो। सिवा उस अभेद्य और अभूतपूर्व मौन के कैसे कोई नर्वस ब्रेकडाउन में इतना बढ़िया परफॉर्मेन्स दे सकता है?

मिलिट्री हॉस्पिटल में विनायक के दाख़िल हो जाने पर शकुंतला के मन में कई बार आया था क्यों न मालती को मार्गरेट वाली बात बता दे। पर हिम्मत ही नहीं पड़ी–या फिर उसने सोचा होगा मालती को मार्गरेट के सेमिनार में बुलाए जाने के बारे में तो बता ही दिया गया था; तो जब वह ख़ुद ही उसके बारे में कुछ नहीं पूछ रही है तो फिर ख़ामख़ाह उसे अपनी ओर से वह ज़िक्र छेड़ने की क्या ज़रूरत है? हो सकता है, विनायक से फ़ोन पर बात हो चुकी हो उसकी पहले ही और विनायक ने ही उनको बता दिया हो वह सब, जो उसने शकुंतला को बताया था। तो अब तो यह पति-पत्नी के बीच का मामला है और मालती जब ख़ुद इस बारे में कोई बात नहीं करना चाहती तो शकुंतला को ख़ामख़ाह इसमें पड़ने की क्या ज़रूरत है!

अस्पताल से इतनी जल्दी विनायक को छुट्टी दिलवाने में डॉक्टरों की प्रतिकूल राय को और त्रिभुवन–विभा के पुरज़ोर आग्रह को मालती ने जिस निश्चयात्मक दृढ़ता

के साथ नकार दिया, उसे देखकर शकुंतला भौचक्की रह गई थी। वह ख़ुद मालती के इस इकतर्फ़ा फ़ैसले के ख़िलाफ़ थी—इसलिए भी, कि विभा के साथ उसकी गहरी आत्मीयता हो गई थी—अस्पताल का माहौल उसे उस कॉटेज के माहौल से कहीं ज़्यादा आत्मीय लग रहा था—पर मालती से इसे लेकर बहस करना फ़िज़ूल है, यह वह जानती थी, इसलिए तटस्थ बनी रही थी। ओवर-स्ट्रेन का नतीजा है यह, और पूर्ण विश्राम ही उसका इलाज है और उसके लिए जैसा अस्पताल, वैसा कॉटेज— मालती के इस सीधे-सपाट तर्क से उलझने जाकर त्रिभुवन और विभा जिस तरह पछताए थे, वैसा पछतावा अपने लिए भी कमाने का शकुंतला को कोई शौक नहीं था।

पर यहाँ कॉटेज के एकांत में मालती विनायक को मुश्किल से ही कभी अकेला छोड़ती थी। हॉस्पिटल में उसके लिए त्रिभुवन और विभा से पार पाना आसान नहीं था—इसलिए वह ख़ुद ही खीझकर अलग हट जाती थी। मगर यहाँ तो फ़िलहाल शकुंतला के लिए ही विनायक के साथ होने का अवसर दुर्लभ हो गया था।

पर यह हालत ज़्यादा लम्बी नहीं खिंची। अस्पताल से अपनी कॉटेज में लौटने के चौथे दिन ही सुबह-सुबह विनायक बिस्तरे से उठ बैठा और हाथ-मुँह धोकर सीधे पैंट-शर्ट चढ़ा के तैयार हो गया। 'मैं अब चंगा हो गया हूँ और थोड़ा टहल आना चाहता हूँ,'—उसने कहा। ''कौन चलेगा मेरे साथ?''

शकुंतला संयोगवश उसी वक़्त कमरे में दाख़िल हुई थी। ''मैं चलती हूँ आपके साथ,''—वह बोल उठी। पर...फिर तत्काल उसने जोड़ दिया, ''मालती दी, आप भी चलिए ना!''

मालती ने एक भरपूर निगाह शकुंतला पर डाली और दूसरी अपने पति पर। बोली—''जाती क्यों नहीं? मैंने अपनी ड्यूटी निभा दी। अब आज से तेरी ड्यूटी लग गई! मैंने जिसको बिस्तर से उठाके खड़ा कर दिया, उसे चलाने और दौड़ाने की। समझी?''

अब इसमें झेंपने जैसी तो कोई बात नहीं थी। मगर शकुंतला की मुखमुद्रा में मालती ने जाने क्या पढ़ा। बोली—इतने दिनों से एक गूँगे-बहरे को झेल रही हूँ। अब जाकर उसका बोल फूटा है तो तेरे लिए ही फूटा होगा। जा चुपचाप।''

मालती का यह मख़ौल शकुंतला को तो हँसा नहीं सका। मगर विनायक इस तरह ठठाकर हँस सकता है, यह मालती के लिए भी अचम्भे की बात थी।

होटल के फाटक से बाहर होते ही विनायक ने जिस तरह एकाएक अपनी चाल बढ़ा दी, शकुंतला ने घबराकर उसकी बाँह थामली। ''सुनिए, हम लोग क्यों न इस अहाते के भीतर ही दो-चार राउंड लगा लें। अभी अभी बीमारी से उठे हैं—बल्कि उठे भी कहाँ! उठने का अभिनय भर कर रहे हैं—ऐसे में ज़्यादा स्ट्रेन करना ठीक न होगा।''

''अरे, चलो भी,''—विनायक ने अपनी बाँह छुड़ाकर शकुंतला की बाँह पकड़ ली

और उसे ज़बर्दस्ती घसीट ले चला।

''किसने कहा, मैं बीमार हूँ?''

''बीमार नहीं थे तो क्या ड्रामा कर रहे थे? आवाज़ तक तो मुँह से निकल नहीं रही थी...और अब अचानक मस्ती सूझने लगी। चलो वापस। नहीं तो मालतीदी को पुकार लगाती हूँ। मैं कोई रिस्क नहीं लेना चाहती। कहीं रास्ते में ही ढेर हो गए तो?''

''कुछ नहीं होगा। तुम चलो तो सही,''–विनायक ने शकुंतला की बाँह और कसके पकड़ ली। ''तुम समझती क्यों नहीं? ड्रामा तो तुम ख़ुद कर रही हो अब। अरे, इतने दिनों की थकान इकट्ठा हो गई थी सो मिटा ली। अब रिस्क किस बात का? और रिस्क हो भी, तो,''...वह शरारत से मुस्कराया...''रिस्क हो भी तो तुम्हें तो रिस्क उठाने का ख़ासा चस्का और अभ्यास है। इसमें नयी बात क्या है!''

शकुंतला को एकाएक अपने कानों पर विश्वास नहीं हुआ। वह चलते-चलते बीच सड़क पर ही रुक गई और विनायक को ऐसे घूरने लगी जैसे उसे पहचानने की कोशिश कर रही हो। विनायक ने उसे अपनी बाँहों में लपेट लिया तो उसका सिर अवश-सा विनायक के कंधे पर आ टिका। मन किया फफककर रो पड़े।

''तुम ठीक हो? सचमुच?''–वह फुसफुसाई।

''हाँ शकुन, मैं अब बिलकुल ठीक हूँ,''–विनायक ने उसका सिर अपनी छाती पर टिका लिया और उसे धीरे-धीरे सहलाने लगा।

उसकी आवाज़ में जाने क्या था कि शकुंतला अचानक उससे अलग हो गई और उसके हाथ को अपने हाथ में लेकर झुलाते हुए बोली–चलो, मगर धीरे-धीरे। और. ..वहाँ वह पुलिया दिखाई दे रही है ना मोड़ पर, बस वहीं तक।

विनायक हँसने लगा। ''तुम तो ऐसे कर रही हो शकुन, जैसे मुझे अब चलना भी तुम्हीं सिखाओगी।''

''और नहीं तो क्या,''–शकुंतला भी खिलखिला पड़ी। ''नर्वस ब्रेकडाउन मेरा हुआ था कि तुम्हारा?''

विनायक चलते-चलते ठिठक गया। ''नर्वस ब्रेकडाउन'? यह किस चिड़िया का नाम है?''

शकुंतला इस पर चिढ़ गई।...''तो फिर आज हफ़्ते भर से जो तुमने हमारी सबकी जान आफ़त में डाल रक्खी थी–वह क्या नाटक था?''

''नाटक तो नहीं था ख़ैर।...पर इतना डैम सीरियस भी नहीं था जितना तुम लोगों ने उसे बना दिया। चलो अच्छा ही हुआ। मुझे कम-से-कम कुछ दिन बिलकुल अपने साथ होने का मौक़ा तो मिला।'' वह एक क्षण को ठिठका मालती के चेहरे पर अपनी बात की प्रतिक्रिया को पढ़ने की कोशिश करता हुआ। फिर बोला–''शकुन, तुम तो जानती ही हो। अरे, पूरा एक सप्ताह मैंने ओवरटाइम किया कि नहीं किया? उसका

फल तो मुझे भुगतना ही था कि नहीं?

शकुंतला के मुँह से एक ठंडी साँस निकल पड़ी। "मैं तो इतनी नर्वस हो गई थी कि क्या बताऊँ।...पहले दिन तो वहाँ हॉस्पिटल में आपकी जो हालत थी...लग रहा था...।"

"कि,...मैं मर ही जाऊँगा,"–विनायक बोल पड़ा।

"ओह, डोंट बी सिली,"–शकुंतला चिल्ला पड़ी, "याद करिए ज़रा, मार्गरेट को लेके कैसा तूफ़ान खड़ा कर दिया था! कितना लड़े थे मुझसे। और...जब आपकी ज़िद के आगे मुझे घुटने टेक देने पड़े...उफ़, क्या हालत थी आपकी? कुछ याद है वह पागलपन अपना?...कितनी बेक़रारी से इंतज़ार कर रहे थे मार्गरेट का तुम...!" वह एकाएक चुप हो गई और विनायक का मुँह ताकने लगी।

"हाँ तो?"–विनायक बोला–"तुम कहना क्या चाहती हो?"

"कुछ नहीं"–शकुंतला विनायक की गंभीर मुखाकृति देखकर सहम गई। "छोड़ो, नहीं बात करना चाहते मार्गरेट के बारे में, तो...इसमें इतना चिढ़ने की क्या बात है?"

"कौन चिढ़ रहा है? मैं या तुम?"–विनायक पुलिया पर धप्प से बैठ गया और शकुंतला को भी खींचकर अपने पास बिठा लिया। उसका हाथ अपने हाथ में लेकर थपकाते हुए बोला–"शकुन, तुम क्यों मुझे मार्गरेट की याद दिलाना चाहती हो, जिसे मैं पूरी तरह भुला चुका हूँ?"

"झूठ!" शकुंतला बोली, "आप! और मार्गरेट को भूल जाएँ!...जिस ठंडे लहज़े में आपने मुझे ख़बर दी–मार्गरेट की जर्नी कैंसिल होने की, उसका मुझ पर कैसा क्या असर हुआ होगा–आपने एक पल के लिए भी सोचा? पूरे हफ़्ते भर हम वहाँ रहे। एक बार भी आपने मुझसे...आपके मन में क्या उथल-पुथल चल रही है, ज़रा भी शेयर किया?...मैं क्या नहीं जानती वह कैसा सदमा था वह आपके लिए?...आप तो ऐसे गुम हो गए अपने में–जैसे मेरा ऐसे नाज़ुक मौक़े पर आपके पास होना आपके लिए कोई मतलब ही नहीं रखता। इतने दिन हम साथ थे नैनीताल में...एक बार भी तुमने...।" शकुंतला एकाएक फफक पड़ी। दोनों हाथों से अपना मुँह ढाँप लिया उसने।

विनायक चकरा गया। उसके लिए शकुंतला का यह रूप एकदम अप्रत्याशित था। क्या कहे? क्या करे? इत्ती सुबह सड़क एकदम सुनसान थी...चारों तरफ़ घना जंगल, कहीं कोई आवाज़ नहीं, सिवा सिर्फ़ इक्के-दुक्के पक्षी की आवाज़ के।...तो भी सड़क तो सड़क ही है–भले, एकदम प्राइवेट सड़क–सिर्फ़ इस होटल तक ले जाने वाली और होटल में ही गुम हो जाने वाली।

उसने शकुंतला को दोनों बाँहों से घेरकर अपने से सटा लिया और उसके

बालों में अपना मुँह गड़ा दिया। "शकुन! माइ डियरेस्ट! डोंट बी अपसेट...डोंट मिसअंडरस्टैंड मी।" वह उसकी पीठ सहलाने लगा। हठात् उसके भीतर एक ज्वार-सा उमड़ आया।...शकुंतला, उसने अनुभव किया, इस पल जितना उसके निकट है, उतना निकट वह न कभी थी, न कभी आगे होगी। शकुंतला के सिर से आती सुगंध में वह डूब गया। उस पर एक मूर्च्छा सी छा गई।...शकुन! माइ लव! आइ लव यू शकुन...आइ लव यू...उसके होंठ बुदबुदा रहे थे। क्या वह सुन रही है जो मैं बुदबुदा रहा हूँ?...जो वह कभी अपने मुँह से नहीं कह सका,...अब कह रहा है...और शायद आज इस क्षण के बाद कभी नहीं कह सकेगा...यह घड़ी उसके जीवन में फिर कभी नहीं आने की...कभी नहीं।...उसका हृदय इतना क्यों धड़क रहा है?...नहीं! इस क्षण को जाने नहीं देना है...इस दुर्लभ वरदान को हमेशा-हमेशा के लिए सहेजकर रख लेना है।...चुपचाप बिना हिले-डुले इस क्षण को अपने समूचे मन-प्राण में...इसी तरह...हाँ इसी तरह घुलने दो, फैलने दो...कुछ मत कहो...कुछ मत करो...टूटने मत दो इस जादू को...।

सहसा विनायक ने पाया उसका समूचा वजूद हिल रहा है...काँप रहा है...वह अपने पर क़ाबू न रख सका। उसने उठकर शकुंतला के हाथों को उसके चेहरे से अलग करते हुए उसे कसकर अपनी बाँहों में भींच लिया। और उसकी आँसुओं से भींगी आँखों को, होंठों को बेतहाशा चूमने लगा...।

"शकुन, मेरी जान!...लुक ऐट मी,"...उसने शकुंतला के चेहरे को अपनी हथेलियों में भरके उठाते हुए कहा।

शकुंतला आँखें मूँदे रही। उसके उत्सुक, उदग्र होंठ विनायक के ओठों को अपने पास बुलाते रहे...खींचते रहे...उन्हें चूसते रहे, पीते रहे...। सहसा उसने अपने दोनों हाथ विनायक के कंधों पर रखते हुए, उससे चिपके-चिपके ही तनिक पीछे हटकर पहली बार आँखें खोलकर विनायक की आँखों में झाँका और हौले से मुस्कराई...।

विनायक को कुछ याद आया। बिलकुल ऐसे ही...बिलकुल ऐसे ही...क्या?...उसकी खुली आँखों के भीतर तीस, नहीं...चालीस बरस पहले की एक शाम उभर आई। बिलकुल ऐसे ही...बिलकुल ऐसे ही झाँका था किसी ने उसकी आँखों में...जब जीवन में पहली बार उसने किसी स्त्री के आलिंगन की ऊष्मा को जाना था...उसके होंठों को अपने होंठों में घुलते महसूस किया था...।

अकस्मात् वह अपने में लौटा। यह क्या हुआ, कैसे हुआ? क्या यह वही शकुंतला है, जिसने उसे उस दिन दृढ़तापूर्वक बरज दिया था...उसके अपने घर की बैठक में? क्या यह वही शकुंतला है, जिसे वह बेहद...बेहद प्यार करता है मगर जिससे बेहद...बेहद डरता भी है? जिसकी आँखों का इस तरह वह मानो आज तक

कभी सामना नहीं कर पाया था।

''शकुन,'' उसके मुँह से निकल गया अपने आप...''तुम्हें पता है मैं तुमसे कितना डरता हूँ?''

''और...और क्या करते हो?...डरने के सिवा''—शकुंतला फुसफुसाई।

''और...'' उसने हौले से उसकी दोनों आँखों को चूमा बारी-बारी से...और बोला...''और...मैं तुमसे डरता हूँ। और...मैं तुमसे प्यार करता हूँ।''

''चलो,''...शकुंतला ने उससे अलग होते हुए, मगर उसका हाथ पकड़े-पकड़े ही कहा—''मालती परेशान हो रही होगी। सोच रही होगी, चुड़ैल कहीं भगा तो नहीं ले गई मेरे पति को,''...वह खिलखिला पड़ी।

क्या हो गया इस लड़की...नहीं इस औरत को? शकुंतला इतनी हलकी-फुलकी और निर्द्वन्द्व कैसे हो गई? तब तो गंभीर होने की बारी अब उसकी है।

''मालती ऐसा सपने में भी नहीं सोच सकती!''—उसने ख़ुद को कहते हुए सुना। ''मज़ाक में भी नहीं। तुम तो जानती हो , उसे मुझसे भी ज़्यादा तुम पर भरोसा है।''

शकुंतला ठिठक गई। ''तुम्हारा मतलब...मैं मालती के साथ विश्वासघात कर रही हूँ।''—उसने सीधे विनायक की आँखों में झाँका।

''ओह, डोंट बी सिली,''—विनायक कुढ़ गया। ''मैंने ऐसा कब कहा? यू आर इम्पॉसिबल।''

''सुनो,''—शकुंतला बोली—''तुमने अभी-अभी मुझसे कहा, तुम मुझसे डरते हो। कहा कि नहीं?''

''हाँ तो?...और उसके साथ और भी तो कुछ कहा था। वह तुमने नहीं सुना?''

''नहीं तो!''—शकुंतला ने जान-बूझकर गंभीर मुखाकृति बनाई और फिर विनायक को सामने की पुलिया की ओर धकेलते हुए बोली—''आपको इतनी हड़बड़ी क्यों है? थोड़ी देर बैठें ना वहाँ उस पुलिया पर। मालती गुस्सा करे तो करने दो। तुम क्या सचमुच में उससे इतना डरते हो?''

विनायक अचकचा गया। तुम और आपकी इस जुगलबंदी पर! ''...डरने की भला क्या बात है। मगर...देर तो सचमुच हो गई है और मालती को चिंता हो ही सकती है। ख़ामख़ा क्यों 'आ बैल मुझे मार' वाली कहावत की जाए!

''ठीक है।''—उसने कहा और पुलिया की ओर बढ़ चला।

शकुंतला को विनायक के सुर में कुछ असमंजस सा लगा। उसके भीतर कुछ बुझ गया।

''रहने दो,''—उसने कहा। ''तुम्हारा मन नहीं है तो...!''

''किसने कहा!''...विनायक लपककर पुलिया पर बैठ गया। ''आओ।''—उसने कहा दोनों बाँहे फैलाते हुए। उसे अकस्मात् चुहल सूझी और वह ज़ोर से चिल्ला उठा—

''हू इज़ अफ्रेड ऑफ़ वर्जीनिया वुल्फ़?''

उसने सोचा था शकुंतला इस पर खिलखिला पड़ेगी और उसकी जो भी नाराज़गी है, काफ़ूर हो जाएगी। मगर शकुंतला वहीं उसी जगह खड़ी रही। विनायक झुँझलाकर उसकी ओर झपटा, उसकी बाँह पकड़ी और घसीटते हुए उसे जबरन पुलिया पर बिठा दिया। फिर वह ख़ुद उसके सामने घुटनों के बल सड़क पर ही बैठ गया। शकुंतला के दोनों पैरों को अपनी बाँहों में जकड़ लिया उसने।

''उफ़! फिर वही नाटक!''शकुंतला घबराकर अपने पाँव छुड़ाती हुई उठने की कोशिश करती हुई बोली, ''चलो, चलो,''–उसने कहा, विनायक को दोनों हाथों से पकड़कर उठाने की कोशिश करती हुई–''कहीं मालती हमें खोजती हुई इधर ही न आ निकले!''

विनायक ने शकुंतला के पाँवों को और ज़ोर से पकड़ लिया। उसके चेहरे पर नज़र टिकाए बोला–''जानती हो शकुन, वहाँ उस पुलिया पर बैठे तुम्हारे बालों में मुँह गड़ाए मैं क्या बुदबुदा रहा था? तुमने सुना कि नहीं?''

शकुंतला घबरा गई। उठकर विनायक की गिरफ़्त से अपने पाँवों को छुड़ाते हुए वह एकबारगी उठ खड़ी हुई। ''उठो ना...मुझे यह बिलकुल पसंद नहीं–यह ड्रामा।...मैं नाराज़ हो जाऊँगी।''

विनायक अपनी ही रौ में था। हिला नहीं अपनी जगह से। ''मैं कीट्स की वे पंक्तियाँ गुनगुना रहा था।''–उसने कहा।

'नाउ मोर दैन एवर सीम्ज़ इट रिच टु डाइ
टु सीज़ अपॉन द मिडनाइट विद नो पेन'

शकुंतला ने तड़पकर विनायक का मुँह अपनी हथेली से बंद कर दिया। ''फ़ालतू बात बिलकुल नहीं,''–उसने कहा। ''यू नो इट्ज़ नॉट मिडनाइट...इट्ज़ अर्ली मॉर्निंग।...और सुबह-सुबह ऐसी बात नहीं करते। चलो अब चुपचाप।''

दोनों धीरे-धीरे कॉटेज की ओर बढ़ चले। मोड़ पार किया तो देखा–मालती वहीं होटल के फाटक पर खड़ी उन्हीं की तरफ़ देख रही है।

दोनों ने एक-दूसरे की ओर देखा। और मुस्कराते हुए हाथ हिलाने लगे।

''बड़ी देर कर दी। कहाँ चले गए थे?''–मालती ने बारी-बारी से दोनों को घूरते हुए पूछा। ''क्यों नहीं बोलती कुछ शकुंतला?''

''अरे...कहीं नहीं भई। यहाँ थोड़ी दूर ही एक पुलिया है ना। वहीं बैठे थे।''–विनायक बोला।

शकुंतला और मालती की निगाहें मिलीं तो शकुंतला ने हड़बड़ाकर कहा–

‘‘मालती, मेरे सर तुमसे सचमुच ही बहुत डरते हैं, यह आज साबित हो गया। कितना झूठ बोल रहे हैं! हम लोग कुछ नहीं तो कम-से-कम आधा मील तो चले ही होंगे। बल्कि, कुछ ज़्यादा ही। तुमसे बताऊँ—मैं तो इनके साथ चल ही नहीं पा रही थी। इतनी ताक़त आ गई है इनमें। एकदम भले-चंगे हो गए हैं ये रातोरात। तुम इनकी बिलकुल फ़िक्र मत करो। जाने दो जहाँ जाते हैं, जितनी दूर जाते हैं। लौटकर आएँगे तो आख़िर तुम्हारे ही पास...।’’

अपने ही परिहास पर शकुंतला ख़ुद ही खिलखिला पड़ी।

27

इनसाइडर-आउटसाइडर

अगली सुबह शकुंतला ने देखा–विनायक और मालती सुबह की सैर के लिए तैयार हो रहे हैं। ''चलो, तुम भी तैयार हो जाओ, शकुन,''–मालती ने कहा। ''आज बड़ी देर कर दी तुमने उठने में।''

''दीदी, तुम लोग, हो आओ। मैं यहाँ बैठकर यह उपन्यास पूरा करूँगी। कल रात मैं बहुत देर तक पढ़ती रही थी तो आज मेरी नींद भी पूरी नहीं हुई।''

''उपन्यास?''–विनायक के मन में हुआ पूछे कौन सा उपन्यास पढ़ रही हो? पर वह चुप रहा। शकुंतला को उपन्यास का शौक कब से लग गया? वह तो कविता की ही दीवानी है। उपन्यास-कहानी को हमेशा दूसरे दर्जे की चीज़ कहती और समझती रही है।

''ठीक है फिर,''–मालती मानो कुछ भाँपती हुई सी बोली–''तुम्हारा मन नहीं, तो रहने दो।''

शकुंतला बरामदे में खड़ी उन्हें जाते देखती रही। फाटक पार करके जब तक दोनों आँखों से ओझल नहीं हो गए–उसकी आँखें उन्हीं पर टिकी रहीं। देखा, मालती विनायक की बाँह थामे हुए है।

शकुंतला वापस मुड़ी और अपने बिछौने पर जाकर पड़ रही। उपन्यास उठाया, उसे मुड़े हुए पृष्ठ पर खोला। फिर वापस रख दिया। मन में आया विभा को फ़ोन करे और उसे यहीं बुला ले। कल शाम सब लोगों का खाना त्रिभुवन के यहाँ था। एक विभा ही तो है जिसके साथ शकुंतला की सचमुच पटरी बैठ गई है। विभा शकुंतला की तरह बम्बई में काफ़ी अरसे तक रही है। मराठी उसके मुँह से इतनी मीठी लगती है कि शकुंतला उसके साथ मराठी में ही बात करती है। विनायक इससे बहुत चिढ़ता है। कहता है जो भाषा सब नहीं समझ सकते, उसमें बात करने का मतलब है आप बाक़ी लोगों को अलग झटक देना चाहते हैं–अपना एक निजी द्वीप बनाके। इस पर विभा कहती है, ''अजी, द्वीप ही जिसे बनाना है, वह तो हिन्दी या

अंग्रेज़ी में भी बना सकता है, बनाता ही है। आप और लच्छू या चंदू भाई साहब हिन्दी में बात करते हुए भी हमारे पल्ले नहीं पड़ते। हिंदी भी आपके मुँह में कुमाउँनी बन जाती है।

विभा शकुंतला को यहाँ सबसे अलग लगती है। उसे आश्चर्य होता है, इतनी कल्चर्ड, इतनी तेजस्विनी स्त्री यहाँ इस पहाड़ी क़स्बे में कैसे खप सकती है? अब यों तो त्रिभुवन भी कुछ कम नहीं और दोनों की जोड़ी भी ख़ासी फबती है। पर,...त्रिभुवन के साथ एक दिक्क़त है कि वह हर एक के साथ खुलता नहीं, अपने में बंद-बंद सा लगता है। जबकि विभा की 'प्रेज़ेंस' ही किसी भी वातावरण को–कैसी भी मंडली को चहका-महका देती है। इसी को कहते हैं 'सोशल ग्रेस'। पर शकुंतला को विभा की इस सोशल ग्रेस से इतना मतलब नहीं, जितना अकेले में उसके साथ गपशप करने से है। शकुंतला–जब सब लोग जुटते हैं, अपने को सबसे थोड़ा अलग-थलग सा महसूस करने लगती है। अब तो जैसे एक नियम ही बन गया है कि शकुंतला रोज़ विभा के यहाँ चली जाती है–अकेले में उसके सामीप्य का सुख लूटने। विभा का घर भी ज़्यादा दूर नहीं–'वॉकिंग डिस्टेन्स' पर है और वह डिस्टेंस, वह रास्ता ही अपने आप में इतना मनोरम है कि एक बढ़िया सैर का लुत्फ़ भी मिल जाता है। शकुंतला का बहुत मन होता है कि विभा के साथ जंगल की लम्बी सैर की जाए। मगर विभा को वक़्त की बहुत किल्लत रहती है। त्रिभुवन का अपना एक फ़ौजी सर्किल है जिसमें और कोई खप नहीं सकता। आए दिन उन्हीं का जमावड़ा...। किसी को नहीं, सिर्फ़ शकुंतला को अहसास है कि विभा अपनी सारी सोशल ग्रेस के बावजूद भीतर से उस माहौल में कितनी बेमेल और मिसफिट है। एक बार फँस गई थी वह उन लोगों के साथ और तभी से कान पकड़ लिये थे उसने।

फ़ोन किया तो पता चला विभा घर पर नहीं है। 'गोल्फ़ ग्राउंड' गई हैं साहब के साथ। शकुंतला का मन बुझ गया। कुछ देर पहले ही फ़ोन कर लेती तो ये लोग मिल जाते। चली जाती उन्हीं के साथ। इस सुनसान से तो यही बेहतर होता। गोल्फ़ ग्राउंड यूँ ही एक दिन विभा के साथ जाना हुआ था। बहुत अच्छी जगह लगी थी। मिलिटरी कम्पनी भी वहाँ बिलकुल नहीं अखरती।

शकुंतला का मन हुआ जाकर अहाते के बाहर जो एक सुनसान टीला है, वहीं जा बैठे। मगर उसके लिए लच्छू भाई के कमरे के सामने से गुज़रना पड़ेगा और यही वह नहीं चाहती। लच्छू भाई यों तो बेहद भले आदमी हैं पर थोड़ा 'बोर' क़िस्म के आदमी हैं। जैसे कि ज़्यादातर भले लोग होते ही हैं। न कोई कुतूहल-जिज्ञासा, न कोई सूझबूझ या सुरुचि जैसी चीज़। इन लोगों का दिमाग़ी दायरा ही इतना सीमित है। रोज़ वही-वही पिटी-पिटाई बातें, वही बासी चुटकुले और मज़ाक। हालाँकि त्रिभुवन-मंडली के उन 'मिलिटरी चुटकुलों' से तो फिर भी बेहतर हैं। तो भी...पता

नहीं विनायक को इस कम्पनी से ऊब क्यों नहीं होती! उलटे, वह घंटों लच्छू या चंदू से उलझा रह सकता है। आख़िर क्या है जो कॉमन है 'सर' और इनके बीच? सिवा एक नॉस्टेल्जिक सेंटीमेंट के! उसे विनायक का यह रूप बिलकुल समझ में नहीं आता। सुहाता भी नहीं। वह जिस विनायक को जानती है–उसका इस विनायक से भला क्या संबंध है? जरा भी तो नहीं। बम्बई छोड़कर यहाँ बसने की बात भी उसे बिलकुल समझ में नहीं आती। सैर-सपाटे के लिए एकाध महीना ठीक है। बाक़ी यहाँ क्या रक्खा है?

शकुंतला चुपके से बरामदा लाँघकर टीले पर चढ़ गई। वैसे भी वह यहाँ विनायक के परिवेश से ख़ुद को अलग-थलग छिटका महसूस करती है। प्रकृति बहुत रमणीक है; मगर यदि उतनी ही रमणीक ह्यूमन कंपनी भी न मिले तो फिर प्रकृति भी आख़िर कितनी देर साथ देगी? कितनी सच्ची बात कही है रोमैंटिकों के भी सरताज समझे जाने वाले शायर कॉलरिज ने, कि ओ लेडी, वी रिसीव बट व्हॉट वी गिव एंड इन अवर लाइफ़ अलोन डज नेवर लिव...अर्थात्...''देते हैं वही, जो पाते हैं, यह प्रकृति महामाया भी उतनी ही जीवंत होती है जितने जीवंत आप ख़ुद हैं।'' कितनी सच्ची बात है! अरे, आख़िर आप अपने जैसों के बीच ही तो जीवंत हो सकते हैं। ये लोग तो बहुत ही 'डल' हैं।

अब, यूँ तो मालती के लिए भी यह परिवेश उतना ही 'डल' और बेग़ाना है। मगर वह तो इस तरह यहाँ रह रही है जैसे यहीं की हो। आख़िर,–शकुंतला सोचती है–आख़िर, वह श्रीमती विनायक है और इस नाते विनायक से जुड़े हुए इन सभी लोगों की भाभी! क्या त्रिभुवन, क्या लच्छू, क्या हरीश और क्या प्रोफ़ेसर विनोद (जो बस, मालती से मिलने ही एक दिन के लिए नैनीताल से यहाँ आए थे सपरिवार...सभी भाभी-भाभी की रट लगाए मालती को घेरे रहते हैं। सभी मालती को ख़ुश करना चाहते हैं। बेचारी शकुंतला कौन घर की है! ज़्यादा-से-ज़्यादा वह एक 'गेस्ट' ही न हुई? वह भी, अवांछित और अप्रत्याशित। साफ़ लग गया था यहाँ आते ही शकुंतला को, कि इन लोगों को उसके भी साथ आने की ख़बर तक नहीं थी। अभी लच्छू अपने कमरे से बाहर निकलेगा और विनायक को भला-चंगा टहलते देखेगा तो अपनी मालती भाभी को सिर पर उठा लेगा। कल वह था नहीं यहाँ। देर रात में लौटा होगा, लगता है। तभी तो अभी तक उसकी आवाज़ नहीं सुनाई दी।

वही हाल त्रिभुवन का है। जिसे कुछ अलग होना चाहिए था–अपने मिलिटरी बैकग्राउंड के कारण। है भी वह अलग; मगर...लगता है ये जो बचपन में साथ खेले-पढ़े लोग होते हैं, ये सब आपस में उन्हीं-उन्हीं बातों की जुगाली करते रहते हैं जिनका उनके वयस्क व्यक्तित्व से, विचारों या अनुभवों से कोई संबंध नहीं होता। इस त्रिभुवन को ही देखो। क्या लेना-देना है उसका मालती से? मगर, चूँकि वह

विनायक की मिसेज़ है, तो बस 'भाभीजी-भाभीजी' करता रहेगा। शकुंतला तो जैसे यहाँ है ही नहीं। है भी, तो बस एक–पुछल्ले की तरह–जिसका अपना कोई वजूद नहीं।

यानी, कि मालती इन लोगों के लिए 'इनसाइडर' है और शकुंतला 'आउटसाइडर'। प्रोफ़ेसर विनोद तिवारी ज़रूर 'डिफरेंट' हैं: नैनीताल में शकुंतला पूरे सप्ताह भर रही थी तो उनसे परिचय भी गाढ़ा हो गया था। मगर...कमाल है, यहाँ आए सपरिवार, तो बस मालती को ही घेरे रहे। एक बार भी नहीं पूछा कि शकुंतलाजी, आपको यहाँ कैसा लग रहा है? और नहीं तो कम-से-कम सेमिनार की ही बात करते। वहाँ कितनी गर्मजोशी से मिलते थे और यहाँ...कितना फॉर्मल, अपरिचितों जैसा बर्ताव था उनका! पीछे ही पड़ गए थे वे और उनकी पत्नी मालती के पीछे, कि भाभीजी, आप तो हमारे साथ नैनीताल चलिए, ख़ूब घुमाएँगे आपको। यहाँ रानीखेत में क्या रक्खा है—इस मिलिटरी छावनी में!...शकुंतला तो जैसे थी ही नहीं उनके लिए।

कल ही सुबह तो आए थे। और कल ही चले गए। ठीक है कि बड़ा व्यस्त कार्यक्रम था उनका। मगर...मालती भाभी से नैनीताल चलने का इतना आग्रह कर रहे थे, तो क्या शकुंतला से भी नहीं कह सकते थे? मालती के लिए अगर रानीखेत में कुछ नहीं रक्खा है तो क्या शकुंतला के लिए रक्खा है?

क़ायदे से तो शकुंतला को और मालती को भी अगले सप्ताह बम्बई के लिए वापसी यात्रा पर निकल जाना था। तय तो यही हुआ था। पर...लगता नहीं अब, मालती को ये लोग इतनी आसानी से छोड़ देंगे। ऊपर से जनाबेआली बीमार पड़ गए। अब वह लाख चिल्लाए–अपनी तंदुरुस्ती का चाहे जितना ढोल पीटे,–उसे जाने कौन देगा! ख़ुद मालती ही नहीं चाहेगी। पत्नी है आख़िर। पत्नी होने के नाते उसका जो अधिकार है विनायक पर, उसे अक्षुण्ण बनाए रखने के लिए वह क्या नहीं कर सकती? कुछ भी कर सकती है वह। कुछ भी। क्या शकुंतला नहीं जानती कि ख़ुद उसका जो रोल हो सकता था मालती के लिए, वह निबट चुका?

मतलब, शकुंतला को अकेले ही यह लम्बी यात्रा करनी होगी। सेमिनार के लिए आई थी, सेमिनार हो गया। अब यहाँ काम क्या है उसका? 'व्हाइ आउटस्टे योर वेलकम व्हाइल?' क्यों ख़ामख़ाह लदी रहे इन लोगों पर! क्या लगती है वह इनकी? या, ख़ुद मालती की भी?

''क्यों? किस धुन में हो?''–अकस्मात् विनायक की आवाज़ उसके कान में पड़ी तो वह चौंककर उठ बैठी। झपकी आ गई लगता है। इस टीले पर बाँज का बहुत पुराना और महाकाय वृक्ष है। उसकी छाया बहुत शीतल होती है। तिस पर चीड़वनों से टकराकर रह-रहकर गूँजती हवा की लोरी। झपकी तो आनी ही थी।

"अरे! हमको लौटे भी आधा घंटा हो गया होगा। मालती तुम्हें खोजते-खोजते परेशान हो रही है। मुझे लगा तुम्हें टीले पर होना चाहिए और मेरा अनुमान ठीक ही निकला। दस मिनट तो मुझे यहीं बैठे-बैठे तुम्हारे जागने का इंतज़ार करते हो गए होंगे।"

"अरे!"—अचानक शकुंतला का ध्यान अपने अस्तव्यस्त कपड़ों पर गया तो वह हड़बड़ा गई। तो क्या विनायक इतनी देर से यहीं बैठा उसे देख रहा होगा? उसे अजीब अकुलाहट हुई और वह कपड़े झाड़ते हुए, दुपट्टा सँभालते हुए उठ खड़ी हुई।

"...कितनी दूर तक सैर कर आए?"...उसने पूछा। स्वर को यथासंभव सहज बनाने की कोशिश करते हुए।

"अरे, बहुत मज़ा आया। हम नीचे घाटी तक उतर गए थे। मेरी तो हालत ख़राब हो गई उतार में। मालती को मुझे लाठी की तरह इस्तेमाल करना पड़ा। वो तो ऐसे चढ़ती-उतरती है जैसे आदमी नहीं बकरी हो। इतनी फुर्तीली है वह, मैं नहीं जानता था। पता चला, हम लोग जिन दिनों सेमिनार के लिए नैनीताल गए हुए थे, वह रोज़ किसी-न-किसी को साथ लेकर आसपास के जंगलों में दूर-दूर तक भटकती रहती थी। पता है, उसे रानीखेत कितना अच्छा लगने लगा है?"

"चलो, यह तो बहुत बढ़िया ख़बर है'—शकुंतला बोली। "आप ही को डर था वह यहाँ एडजस्ट नहीं कर पाएगी। अब तो आपकी सारी समस्याएँ हल हो गईं ना?"

विनायक मुस्करा दिया। शकुंतला को उसके हाव-भाव में एक अलग ही स्फूर्ति और उत्साह की गंध मिली।..."दो मिनट यहीं बैठो मेरे पास,"—उसने कहा। "चीड़-पत्तियों से भरी इस ढलान पर। इससे अच्छा बिछौना और क्या होगा?"

विनायक चौंका। मालती राह देखती होगी—उसने कहना चाहा। पर शकुंतला की मुखमुद्रा में जाने क्या था कि ना-नुकर करने की उसकी हिम्मत नहीं हुई। वह उतरा और चुपचाप जहाँ वह बैठी थी, वहीं उसकी बग़ल में लेट गया। फिर धीरे से खिसकते हुए अपना सिर उसने उठाया और शकुंतला की गोद में रख दिया।

"अब...चाहो तो बुला लो यहीं से आवाज़ देकर मालती को भी!"—शकुंतला बोली। उसका सिर थपकाते हुए।

विनायक को शकुंतला के स्वर में अजीब सी खीझ और व्यंग्य का छौंका लगा। "रहने दो,"—वह बोला। "अब तो वह नहाने चली गई होगी। तब तक तो हम बैठ ही सकते हैं यहाँ!"

"चलिए, अब तो आप अच्छे भले-चंगे हैं। मालती को भी यहाँ अच्छा ही लग रहा है। तो...बेफ़िक्र होकर सैर-सपाटा करिए अपने दोस्तों के साथ और मुझे जाने दीजिए। मालती, आपके साथ ही आ जाएगी। आपसे इस बारे में कुछ बात हुई उसकी? क्या कार्यक्रम है उसका? वैसे अभी आठेक दिन तो और बचे होंगे।

रिज़र्वेशन कब का है? मैं तो भूल गई।"

विनायक ने ग़ौर से शकुंतला के चेहरे को देखा। कहीं, व्यंग्य तो नहीं कर रही।

"मेरी समझ में यही आठेक दिन बाद का होगा। मगर इतनी जल्दी क्या है तुम्हें? मालती रह सकती है तो तुम्हें क्या मुसीबत है? तुम्हारी-मेरी तो अभी पूरे महीने भर की छुट्टियाँ बाक़ी हैं। हमें यहाँ आए अभी तीन हफ़्ते भी नहीं हुए होंगे। बम्बई में ऐसा तुम्हारा क्या रक्खा है जो तुम्हें इतनी हड़बड़ी है वापस लौटने की?"

विनायक ने तो यूँ ही सहज ढंग से यह बात कही थी पर शकुंतला को जाने कैसे और क्यों चुभ गई। "बम्बई में मेरा क्या रक्खा है, मतलब? आपका यहाँ क्या रक्खा है—अगर आपसे पूछूँ तो?"

"अरे! तुम तो बेकार में बुरा मान गईं,"—विनायक ने शकुंतला के हाथ को अपने हाथ में लेकर थपथपाते हुए कहा—"व्हाइ व्हाइ आर यू सो अपसेट—आई डोंट अंडरस्टैंड।"

"नॉर डू आई,"—शकुंतला ने रुखाई से जड़ दिया। पर तुरंत ही उसे पछतावा हुआ। क्या हो रहा है उसे? यह क्या बोल गई? 'सॉरी'—उसने मन-ही-मन कहा और उसकी उँगलियाँ विनायक के बालों में जा उलझीं।

विनायक एक क्षण चुप रहा। फिर बोला—"शकुन! यह मेरा घर है। ये सारे लोग मेरे अपने लोग हैं। तुम्हें बिलकुल बोर नहीं होने देंगे। तुमसे शायद अभी तक खुल नहीं पाए हैं। लिहाज़-संकोच करते होंगे। नहीं तो... ।" वह ठिठका, जैसे अपने शब्दों को तोल रहा हो। "सुनो, तुम भूल गई हो शायद। तुम्हारा आरक्षण तो मालती ने ही करवाया है। पंद्रह दिन बाद का है शायद। जाना ज़रूरी समझो तो उसके साथ ही चली जाना। वैसे मैं तो चाहता हूँ तुम लोग अभी पूरा महीना यहीं रुको। मेरे साथ ही वापस चलो। तुम तो जानती हो मालती का स्वभाव। उसे यहाँ कितना मज़ा आने लगा है—तुम देख ही रही हो। फिर भी...मैं जानता हूँ, वह रुकेगी नहीं—चाहे ये लोग उसकी जितनी भी ख़ुशामद करें। बल्कि मैं तो कहता हूँ—वह जाती है तो जाए। उसकी छुट्टी तो कभी होगी नहीं। तुम उसके पीछे भी यहीं रही आओ और मेरे साथ ही वापस जाने का तय करो तो सच मानो इससे भी उसे ख़ुशी ही होगी। निश्चिंत हो जाएगी वह मेरी तरफ़ से। बोलो क्या कहती हो?"

यह क्या! शकुंतला को क्या हुआ? वह क्यों इस तरह अचानक फफक पड़ी? बेबात। विनायक हड़बड़ाकर उठ बैठा।

"प्लीज़! शकुन! यह क्या कर रही हो? मालती किसी भी क्षण आ सकती है। वह क्या सोचेगी?"

टीला होटल के अहाते से लगा हुआ है! पर बेंच थोड़ी दूर पर उसके पीछे जो

ढलान है उसमें गड़ी हुई है। ये लोग बेंच पर भी नहीं, ढलान पर ही जमे हुए हैं। यह ठीक है कि होटल से कोई, देख नहीं सकता यहाँ बैठे हुए आदमी को। पर अगर कोई टीला चढ़के अचानक प्रकट हो जाए तो?

''व्हाइ...व्हाइ आर यू सो अपसेट शकुन?''–उसके चेहरे को दोनों हथेलियो में भरकर उसकी आँखों में अपनी आँखें गड़ाते हुए विनायक बोला। यह क्या हो रहा है शकुंतला को? यहाँ इन पहाड़ों में ऐसा क्या है जो आदमी को इतने अजीब ढंग से बदल देता है। मूडी हो जाता है अच्छा-भला व्यक्ति भी यहाँ।

शकुंतला सँभली। सर की आँखों की हैरानी में उसे अपनी ही हैरानी झलकती दीखी। कैसे क्या बताए इस आदमी को, कि क्या हुआ है उसे? उसने अपनी आँखें पोंछ ली दुपट्टे से। ''इट्ज़ ऑल राइट। आइ ऐम सॉरी सर, लेट्स गो।''–उसके मुँह से निकला और वह उठ खड़ी हुई। विनायक ने एक नज़र होटल की तरफ़ डाली और उसे कस के अपने आलिंगन में भींच लिया। शकुंतला के सिर की यह कैसी सुगंध है जो उसे सुध-बुध भुला देती है। जी करता है, मुँह इसी तरह गड़ा रहे उसके बालों में।

''लैट्स गो...,'' शकुंतला विनायक को हौले से अलग करते हुए फुसफुसाई। ''कोई देख लेगा तो...?''

''कोई नहीं देखेगा,''–विनायक बोला–''सिवा आसमान के, और...।''

''और? रुक क्यों गए? बोलिए न–सिवा आसमान के...और?''

''हैवान के,''–विनायक ने पगडंडी पर उतरते-उतरते पीछे मुड़कर देखा और खिलखिला पड़ा।

''अच्छा?...तो अब आप हैवान पर भी यक़ीन करने लगे?''–शकुंतला को भी हँसी आई। ''कैसे हिंदू हैं आप?''

''कैसा हिंदू?''–विनायक चहचहाया। ''वैसा ही, जैसी तुम!''

''मैं? मैं तो नहीं मानती हैवान-फैवान कुछ भी।''–शकुंतला बोली।

''ठीक है। तो फिर मैं भी नहीं मानता।'' –विनायक बोला।

शकुंतला अभी तुरंत मालती के सामने पड़ने से बचना चाहती थी। इसलिए विनायक के आग्रह करने पर भी रुकी नहीं; सीधे अपने कमरे में जा घुसी और सिटकिनी चढ़ाकर बिस्तर पर औंधे मुँह पड़ रही। उफ़! आज तो अनर्थ ही हो जाता। वह तो मौक़े पर उसकी रुलाई फूट पड़ी और वह सम्हल गई। वरना...तो, विनायक के 'व्हाई आर यू सो अपसेट शकुन!' पूछते ही उसके मुँह से निकलने-निकलने को हो गई थी वह बात, जो कल शाम से उसके दिमाग़ में घुमड़ती रही है।

आख़िर क्या ज़रूरत थी मालती को कल अचानक मार्गरेट का ज़िकर छेड़ने की। इतने दिन चुप्पी ओढ़े रही थी, तो अब भी चुप ही रही आती। कितनी सख़्त और करख़्त लगी थी उसकी आवाज़ शकुंतला को, जैसे आज तक कभी नहीं लगी थी।

''क्यों भई, तुमने कुछ बताया नहीं। वो चुड़ैल मार्गरेट भी तो आने वाली थी तुम्हारे सेमिनार में। नहीं आई क्या?''

शकुंतला बुरी तरह चौंक गई थी। स्वर को यथासंभव संयत रखते हुए वह ज़बरन मुस्कराई थी। ''आती तो तुमसे बिना मिले कैसे चली जाती?''

''क्यों?''—मालती का स्वर और भी तीखा हो आया। ''मुझसे उसका क्या लेना। मगर इन्हीं ने तो बताया था मुझे कि मार्गरेट को भी बुलाया गया है। तब फिर क्यों नहीं आई?''

''मुझे क्या पता!''—शकुंतला बुरी तरह खीझ गई। यह बात सर से पूछने की बजाय मुझसे क्यों पूछ रही हो? वह भी इतने दिनों बाद।''

इस पर मालती के होंठों पर ऐसी सब जानती-बूझती सी मुस्कराहट उभरी कि शकुंतला सहम गई। वह मुस्कराहट ही मानो जताए दे रही थी—'मुझे पता है वह क्यों नहीं आई। पर मैं तुम्हारे मुँह से सुनना चाहती हूँ।'

''सुनो, तुम मुझसे ज़रूर कुछ छुपा रही हो। नर्वस ब्रेकडाउन किसी को यूँ ही नहीं हो जाता। कुछ तो घटा ही होगा दोनों के बीच। पर...मुझे यक़ीन नहीं होता—इतनी बड़ी घटना को तुम्हारे सर यूँ ही पचा ले जा सकते हैं। कुछ तो बताया ही होगा तुम्हें, कि अचानक ऐसा क्या घट गया जिससे उसने ऐन मौक़े पर अपनी यात्रा रद्द करने का फ़ैसला कर मारा।''

शकुंतला अवाक् मालती को देखती रह गई। उसे एकाएक अपने कानों पर भरोसा नहीं हुआ। न अपनी आँखों पर।

''तुमको मुझ पर शक है मालती, तो तुम्हारे शक का कोई इलाज़ मेरे पास नहीं है। सच्चाई यही है कि सर ने आज दिन तक मुझसे उस बारे में एक लफ़्ज़ तक नहीं बोला। हो सकता है, मार्गरेट ने उन्हें अपने न आने का कारण बताया हो। पर मुझे इस बारे में कुछ भी नहीं मालूम। पूछा ज़रूर था मैंने—कैसे नहीं पूछती! मगर...सर पूरे समय इस क़दर अपने आप में गुम बने रहे कि फिर कभी उसके बाद मेरी हिम्मत ही नहीं पड़ी ज़िक्र छेड़ने की।''

मालती फिर मुस्कुराई। पर उस मुस्कराहट में शकुंतला को कुछ भी सहज नहीं लगा। अजीब बर्फ़ीली मुस्कराहट, जिसने उसे भीतर ही भीतर सिहरा दिया।

''नाराज़ होना तुझी को नहीं आता,''—मालती कह रही थी। ''मुझे भी आता है। मैं कोई शक-वक नहीं कर रही थी तुझ पर। कैसे बोल रही है तू? ऐसी बात तेरे दिमाग़ में आई कैसे, बता?''

शकुंतला चुप रही। चुप रहने में ही उसे अपनी और सबकी कुशल दीखी। पर मालती के स्वर में, स्वर में ही क्यों, चेहरे पर भी उसने जो पढ़ा, उससे वह भीतर-ही-भीतर बुरी तरह अकुला उठी। आधी रात तक करवट बदलती रही। बार-बार अपने मन को समझाती रही कि यह ठीक नहीं है मालती पर इस तरह शक करना। मालती ऐसा क्यों करेगी? मगर संदेह का बीज जो एक बार भीतर दाख़िल हुआ तो बस, भीतर-ही-भीतर फूटता गया, फैलता गया।

ज़रूर मालती की भी कुछ भूमिका है इस पूरे कांड में। ज़रूर उसने कुछ किया है—ऐसा कुछ जिसका पता विनायक सर को भी नहीं है। मगर मार्गरेट जानती है और उसके अचानक यात्रा रद्द करने के पीछे कारण बना होगा, ज़रूर मालती ने मार्गरेट को या तो फ़ोन किया, या चिट्ठी लिखी। ज़रूर कुछ किया है उसने। उसका चेहरा ही बता रहा है। चेहरा ही क्यों, स्वर भी।

जो हो, इतना ज़ाहिर है कि मार्गरेट ने विनायक को इस बारे में कुछ नहीं बताया। जो भी अंड-बंड बका या लिखा होगा मालती ने, वह उसी तक रहा। मार्गरेट चुपचाप पचा गई उसको।

परंतु...इससे क्या फ़र्क़ पड़ता है! ज़िक्र नहीं भी किया होगा उसने तो...विनायक ने कुछ नहीं भाँपा होगा—ऐसा कैसे कह सकते हैं? क्या पता, नर्वस ब्रेकडाउन के पीछे यह भी एक बात हो। नहीं-नहीं! यह असंभव है। ऐसा हुआ होता तो हंगामा खड़ा हो जाता। नर्वस ब्रेकडाउन नहीं, हंगामा अच्छा-ख़ासा। और...विनायक शकुंतला से इतनी बड़ी बात छुपा नहीं सकता। क्या वह नहीं जानती अपने 'सर' को?

28

एक चुम्बकीय क्षेत्र

दिन कहाँ बिलाते जा रहे हैं–कुछ पता ही नहीं चलता। अब तो, सैर-सपाटों से भी मन भर गया। चुपचाप किसी ढलान पर इन चीड़ों के बीच पड़े रहने को जी करता है। या फिर, जो इस सुनसान में अपने मन का मीत दुर्लभ वरदान की तरह आन मिला है, उसी के संग, उसी में डूबे रहने को...।

पहली नज़र में ही विभा ने शकुंतला के मन में जैसा तीव्र और दुर्निवार आकर्षण जगा दिया था, उससे शकुंतला ख़ुद ही इतनी अचम्भित और आतंकित सी हो गई थी कि, सहज होने में ही–अर्थात् विभा के साथ सहज संबंध बनाने में ही उसे कई-कई दिन लग गए थे। 'इलेक्टिव-एफिनिटी' क्या इसी को कहते होंगे? ऐसा ही मानना पड़ेगा। नहीं तो, क्या कारण है कि पूरी उम्र निकल जाती है–और कभी भी ऐसा मुहूर्त नहीं आता जब लगे कि अब जाकर मिला अपना असली जोड़ीदार। यह नहीं कि संबंध बनते ही नहीं। संबंध तो एक के बाद एक बनते-बिगड़ते ही रहते हैं; किसी का कुछ अच्छा लगता है, किसी का कुछ। मगर इसे दुनिया कहो, या मानव-स्वभाव की ही विचित्रता कहो–पता नहीं क्या बात है कि कुछ भी यहाँ टिकता ही नहीं; कैसे-कैसे राग-संबंध भी देर-अबेर अपनी ताज़गी खो देते हैं–एक रूटीन में ढल जाकर ऊब, वितृष्णा और विरक्ति उपजाने लगते हैं। कई बार तो लगता है जीवन और कुछ नहीं, बस ऐसे ही मोहभंगों का एक सिलसिला भर है।

अब जैसे...मालती और शकुंतला के बीच के सख्य-संबंध को ही देख लो। अकस्मात् मालती में ऐसा क्या दिख गया शकुंतला को, जो अभी कल तक नहीं दीखा था–एक ऐसी कठोरता–नहीं, 'क्रूडिटी'–जिसकी उसने कभी कल्पना भी नहीं की थी। कठोरता मार्गरिट-प्रसंग में क्या स्वयं शकुंतला ने भी नहीं बरती थी अपने 'सर' के प्रति? पर वह कठोरता थी, क्रूरता नहीं! शकुंतला सहज विश्वासी है–ख़ामख़ा किसी पर शक करना उसकी फ़ितरत में ही नहीं है।...पर...उफ़! शकुंतला को क्या ज़रूरत थी इस चक्कर में पड़ने की!

छोड़ो फ़िलहाल अभी तो यहाँ शकुंतला और विभा के बीच जो यह चुम्बक काम कर रहा है, इसकी तासीर कुछ अलग ढंग की है। लगता नहीं, ऐसा राग-बन्ध कभी शिथिल पड़ जा सकता है, या कभी टूट भी सकता है।

ऐसा नहीं कि शकुंतला और विभा के बीच बड़ी गहरी और बारीक़ बातों का आदान-प्रदान हो रहा हो। बुद्धिमती तो दोनों ही हैं, पढ़ी-लिखी भी ख़ूब हैं और शुरू-शुरू में तो—बहुत संभव है इनका परस्पर का खिंचाव इनके पढ़ाकूपन से ही उपजा हो। पर...अब जिस तरह मन लपकता है दोनों का एक-दूसरे की ओर, उसे देखते हुए यह कारण बहुत छोटा प्रतीत होने लगता है। बड़ा कारण क्या है, यह कोई नहीं जानता। और असली मजा—सच पूछो, तो इस न जानने का ही है। शकुंतला से ही अगर पूछ बैठे कभी मालती, कि, 'क्यों री, तुझे ऐसा क्या मिल गया इस विभा में—जो, जब देखो उसी से चिपकी रहती है? मानो और कोई जैसे हों ही नहीं यहाँ?' —तो शकुंतला न केवल इस सवाल का कोई जवाब नहीं दे पाएगी, बल्कि ऐसा सवाल ही उसे निहायत बचकाना और फ़िज़ूल का लगेगा।

हाँ, अगर मालती से कोई पूछे कि तुम्हें हरीश की कम्पनी इतनी क्यों पसंद है, तो मालती के पास इस सवाल का साफ़ और सीधा जवाब हो सकता है। हो सकता है क्या, है ही। हरीश की समाजशास्त्रीय विद्वत्ता ही नहीं, निराली अनुभव-संपदा भी उसे बहुत आकर्षित करती है। वह न केवल उसके विचारों से, बल्कि व्यावहारिक सूझबूझ और ठोस उपलब्धियों से भी बेहद प्रभावित हुई है। ख़ुद विनायक के लिए यह एक बड़ा भारी और बहुत ही सुखद अचरज है। मालती इतना नम्र और शालीन आचरण कर सकती है किसी के साथ; इस क़दर तल्लीनता के साथ घंटों किसी की बातें चुपचाप बैठी सुनती रह सकती है—यह उसके लिए सचमुच ही एक चकरा देने वाला अनुभव है। ज़ाहिर है, हरीश मालती के दिलोदिमाग़ को ऐसी जगह छूता-पकड़ता है—जहाँ विनायक की पहुँच नहीं है। इसलिए, जब भी वह उन दोनों के बीच फँस जाता है, चुपचाप भकुवे की तरह देखता रहता है दोनों को और दिलचस्पी न होते हुए भी सुनता रहता है। इसलिए, कि भीतर-ही-भीतर उसका मन ख़ुशी के मारे उछल-कूद करता रहता है। अपने बालसखा को इस नए और सर्वथा अप्रत्याशित रोल में—अपनी पत्नी के गुरु सरीखे रोल में देखकर।

यदि किसी को ख़ुद अदृश्य रहकर कहीं भी किसी की भी बातचीत सुन सकने की सिद्धि हासिल हो जाए और ऐसी सिद्धि वाला वहाँ जा पैठे, जहाँ ये नई-नई सहेलियाँ इस वक़्त विभा के बँगले के बरामदे में आराम से एक-दूसरे के सामने जमी हुई हैं तो उसे क्या-क्या सुनाई पड़ेगा?

कुछ ख़ास नहीं। बहुत ही हलकी-फुलकी बातें। ज़्यादातर चुप्पियाँ...कभी-कभी एक चेहरा दूसरे चेहरे को अपनी मुस्कराहट से नहलाता हुआ...और दूसरा उसे मंत्रमुग्ध निहारता हुआ। 'सखि, कि पूछसि अनुभव मोय' वाली हालत। कम-से-कम घंटा भर तो हो ही गया होगा इन सखियों को इस तरह आमने-सामने बैठे। तो क्या महज़ इस तरह एक-दूसरे को निहारते रहने से ही इनका काम चल जाता होगा? कमाल की बात यह भी है, कि इन्हें एक-दूसरे की निजी ज़िंदगी में ताक-झाँक करने का ज़रा भी शौक नहीं। तब फिर, ये बात क्या कर रही हैं? सामान्य स्त्रियों के बीच जिस तरह की चर्चा अड़ोस-पड़ोस, घर-परिवार इत्यादि को लेकर चला करती है, वैसा तो यहाँ कुछ भी अभी तक सुनाई नहीं पड़ा। तब फिर...माजरा क्या है?

आप देख सकते हैं—दोनों किस क़दर एक-दूसरे में मगन हैं। मगर मालती को भी तो यहीं कहीं होना चाहिए था ना? मालती यानी शकुंतला की सीनियर सहेली को! वह यहाँ क्यों नहीं कभी दिखाई पड़ती? दरअसल मालती भी विभा को नापसंद तो नहीं करती, पर उसे यह अच्छा तो नहीं ही लगता कि शकुंतला विभा के यहाँ अकेले ही जाना पसंद करती है—उसे साथ लेके नहीं। कभी पूछ भी लेती है तो पूछने के ढंग से ही पता चल जाता है मालती को, कि यह महज़ शिष्टाचार का तकाज़ा है; सचमुच की गरज़ या इच्छा नहीं है शकुंतला की, कि मालती उसके साथ चले।

विनायक और मालती अल्मोड़ा गए हुए हैं। चंदू के बेटे की शादी में। लच्छू भी साथ गया है। आग्रह तो शकुंतला से भी कम नहीं किया था चंदू ने। आग्रह क्या, हुक्म देने का हक़ कमा चुका है चंदू। पर वह एक बार तो हो ही आई है अल्मोड़ा—चंदू भाई और उनकी लक्ष्मी के साथ ख़ूब घूम-फिर भी चुकी है वहाँ। बहाना उसने यही बनाया था कि कुछ लिखके भेजना है ज़रूरी—मगर असली मक़सद इस अचानक हाथ लग गए एकांतवास का सुख भोगना ही था। और वह एकांत भी कैसा! विभा के सत्संग का। त्रिभुवन भी तो गया है उनके साथ। तो फिर, विभा कैसे अकेली छूट गई यहाँ? बात यह है कि शादी का भीड़-भड़क्का, शोर-शराबा विभा को बिलकुल सुहाता नहीं। बड़ी मुश्किल से ऐसा एकांत हाथ लगता है। उसी ने तो फ़ोन करके बुलाया है शकुंतला को। और, इसमें इन दोनों की मिलीभगत जैसा भी कुछ नहीं। शकुंतला तो यही माने बैठी थी कि विभा भी त्रिभुवन के साथ ही गई होगी। फ़ोन पर उसकी विस्मित किलकारी अगर कोई सुन पाता तो दंग रह जाता। गाड़ी भेजने को कहा था विभा ने। शकुंतला ने ही मना कर दिया था। यह आधे बल्कि पौन मील

की सुनसान सड़क उसे किस क़दर प्रिय है, विभा क्या जाने! जबकि, प्रिय वह इसीलिए तो है कि विभा के घर ले जाती है।

इसका अर्थ यही न हुआ कि ये दोनों अपने-अपने अकेलेपनों के–हालाँकि आपस में कितने भिन्न अकेलेपनों के–सुख को ही और ज़्यादा गाढ़ा करने के लिए ही एक-दूसरे का साथ चाहते हैं। है कि नहीं?

"तुम क्यों नहीं गईं शकुंतला, चंदू भाई के बेटे की शादी में?"

शकुंतला उत्तर में सिर्फ़ मुस्करा देती है। और विभा और कुछ नहीं पूछती। वह मुस्कराहट ही उसका प्रत्युत्तर है।

"और...आप? आप क्यों नही गईं? मैं तो यही मानकर चल रही थी कि गई ही होंगी। मेरे सामने ही कितना निहोरा करके गए थे आपसे चंदू भाई।"

अब मुस्कराने की बारी विभा की है। वह भी मुस्कराने के अलावा और कुछ नहीं कहती-करती।

"सुनिए–एक बात पूछनी थी आपसे। मालती को मैंने कभी इस तरह के आयोजनों में शरीक होते नहीं देखा। मगर...उसका उत्साह देखकर मैं तो दंग रह गई। यहाँ आकर...मैं देखती हूँ...वह कुछ ज़्यादा ही सोशल हुई जा रही है।"

"चेंज सबको अच्छा लगता है,"–विभा कहती है–"तुम्हें नहीं लगता?"

शकुंतला कहना चाहती है–'चेंज और चेंज में भी फ़र्क़ होता है विभा। मुझे भी चेंज अच्छा लगता है, तभी न तुम्हारे पास दौड़ी आती हूँ।' मगर यह बात वह मुँह से नहीं कहती–सिर्फ़ विभा की आँखों में देखकर मुस्कराती रहती है। प्रत्युत्तर में विभा भी मुस्करा–नहीं, हँस पड़ती है। उस हँसी में कुछ है जो शकुंतला को सम्मोहित कर देता है। उसके मन में आता है, कह दे–विभा आपकी हँसी में कैसी मिठास, कैसा जादू है।...मगर भला, यह भी कोई कहने की बात है? ऐसी बात को मुँह से निकालना ही अपनी फीलिंग को बिखरा देना है।

"आप इन दिनों क्या पढ़ रही हैं?"–चलो, कुछ तो शुरू किया शकुंतला ने अपनी तरफ़ से।

"कुछ ख़ास नहीं।"–विभा कहती है–"मैं पहले सोचती थी–अपने मन की चीज़ें पढ़ने से बड़ा सुख इस दुनिया में कुछ नहीं। मगर अब मैं पाती हूँ कि एक दौर ऐसा भी आता है जीवन में; जब पढ़ने से भी मन उकता जाता है। तब पहली बार समझ में आता है कि हम दरअसल अपने साथ होना चाहते हैं–अपने को ही पढ़ना चाहते हैं। ताकि दूसरों को भी सही-सही पढ़ सकें। किताबें भी शकुंतला, सच पूछो तो–हम इसी गरज़ से पढ़ते होंगे। मगर...शकुंतला, कुछ भी कहो, हुई तो वह किसी दूसरे

की रची दुनिया ही ना! अपने को पढ़ने के लिए दूसरे का सहारा क्यों लिया जाए? क्या तुम ऐसा नहीं सोचतीं कि बहुत ज़्यादा पढ़ने से 'पैसिविटी' यानी आलसी अकर्मण्यता ही बढ़ती है? क्या यह अच्छी बात है–कि अपने ही जीवित और जाग्रत् अनुभवों के सामने हम आलसी, निष्क्रिय बने रहें?''

''अच्छा, तो आप बेकन की तरफ़दार हैं? 'मच रीडिंग इज़ स्लॉथ'–उसी ने तो कहा था,''–शकुंतला ज़ोरों से खिलखिला पड़ती हैं पर तुरंत ही उसे लगता है यह हँसने जैसी बात नहीं है। क्योंकि विभा की मुखमुद्रा ख़ासी गंभीर हो उठी है।

''आपको म्यूज़िक पसंद है?''–वह तुरंत बात बदल देती है।

''बेहद!''–विभा चहक उठती है–मेरे पास हिंदुस्तानी और पाश्चात्य संगीत दोनों का ख़ासा ख़ज़ाना है। कहो तो लगाऊँ?''

''नहीं, अभी नहीं।''–शकुंतला अपनी उतावली पर ख़ुद ही झेंप जाती है और तुरंत अपने को सुधार लेती है–''विभा, संगीत सुनने के लिए काफ़ी समय पड़ा है–अभी तो मैं आपको ही सुनना चाहती हूँ। ऐसा मौक़ा फिर कहाँ मिलेगा!'' असल में वह कहना चाहती है–''विभा, आपका साथ ही मेरे लिए संगीत है। आपकी उपस्थिति मात्र।''

यह बिलकुल सच्ची और शकुंतला के हृदय की बात है। बल्कि, कहना होगा कि आज इस क्षण से पूर्व उसे विभा के साथ होने के सुख को परिभाषित करने के लिए इससे ज़्यादा सुंदर और सटीक बात कभी नहीं सूझी थी। तब फिर क्यों नहीं कह पा रही वह?

''तुमने कभी जताया नहीं मुझे, कि तुम्हें म्यूज़िक में इतनी दिलचस्पी है!''...विभा कहती है। फिर क्षण भर की चुप्पी के बाद–''त्रिभुवन को पाश्चात्य संगीत बहुत पसंद है। जानकारी भी है उन्हें काफ़ी कुछ उसकी। मुझे नहीं पसंद है, ऐसा तो नहीं कह सकती। जीवनसाथी की पसंद से भला कैसे कोई अछूता रहेगा! त्रिभुवन के कारण ही मैं थोड़ा-बहुत पाश्चात्य संगीत भी समझ लेती हूँ–एन्ज्वॉय तो करती ही हूँ। किंतु...संगीत सिर्फ़ एन्ज्वॉय करने की चीज़ है क्या? तुम्हारा क्या ख़याल है?''

''वही, जो आपका है। वैसे, मैं संगीत की जानकार नहीं हूँ। पर इतना तो कह ही सकती हूँ आपको शास्त्रीय संगीत से जो मिलता होगा–वह मुझे काव्य से तथा उच्चकोटि के गद्य से मिलता है। इसलिए, कि मेरी दीक्षा संगीत की नहीं, साहित्य की है। क्या आपके घर में–मेरा मतलब है–आपके पैरेंट्स के घर में म्यूज़िक का माहौल था?''

विभा की आँखें चमक उठी हैं। ''तुमने कैसे भाँपा शकुंतला? तुम तो कमाल हो। सचमुच, मेरे पिताजी बहुत उच्च कोटि के संगीतज्ञ थे। मेरी माँ ने भी यूँ तो महफ़िल में कभी नहीं गाया; मगर मेरे पिताजी ख़ुद ही मानते और सबके सामने इस

बात को ख़ुशी-ख़ुशी कहते भी थे कि तुम्हारी माँ के भीतर मुझसे कहीं ज़्यादा गहरा संगीत भरा पड़ा है। असली गुरु तो मेरी यही है।''

शकुंतला विस्मित-सी विभा के चेहरे पर नज़र गड़ाए थी। मन में आया, पूछे–''तब फिर तुम उस परिवेश से इतने बाहर क्यों छिटक आईं? त्रिभुवन से तुम कहाँ और कैसे टकराईं? इतनी भिन्न पारिवारिक पृष्ठभूमियों के चलते यह रिश्ता बना ही कैसे?'' पर उसने तत्काल इस कुतूहल का संवरण कर लिया। जब विभा ने ख़ुद ही कभी भूलकर भी इस तरह का कुतूहल स्वयं शकुंतला के निजी जीवन को लेकर नहीं जताया तो वह क्यों ख़ामख़ा अपनी इमेज़ बिगाड़े?

परंतु...विभा ने अपने माता-पिता के बारे में जो कहा–उससे शकुंतला के भीतर कुछ ऐसा त्रासद छेड़ दिया कि उसका मन कलप उठा। मन-ही-मन उसने कहा–''तुम कितनी भाग्यशालिनी हो विभा, कि तुम्हें ऐसे माँ-बाप मिले। मेरी माँ तो मेरे पिता को सिर्फ़ चोट पहुँचाना ही जानती थी। उनकी विद्वत्ता, उनकी संवेदनशीलता यहाँ तक कि प्रोफ़ेसर के रूप में उनकी असाधारण ख्याति का भी उसके लिए कोई मतलब नहीं था। ऐसा क्यों होता है विभा? क्यों सारी उम्र साथ गुज़ार के भी दो प्राणी एक-दूसरे को नहीं समझ पाते? क्यों उलटे उम्र के साथ-साथ उनके बीच की खाई घटने की बजाय और चौड़ी होती जाती है? ऐसा क्यों होता है विभा? जीवन इतना ट्रैजिक क्यों है?''

''किस सोच में पड़ गई हो शकुन?''–विभा ने हौले से उसका कंधा थपथपाते हुए पूछा।

शकुंतला एकदम चौंक पड़ी। उसे लगा विभा ने उसके मन की बात ताड़ ली। उसकी आँखें ही जता रही हैं यह। उसे लगा, बात बदल दे, इसी में ख़ैर है।

''मैं सोच रही थी आप इतना सेंसेटिव स्वभाव लेकर इतनी 'सोशल' लाइफ़ कैसे निभा पाती होंगी। कर्नल साहब के साथ आपको कहाँ-कहाँ नहीं भटकना पड़ा होगा। मिलिटरी अफ़सरों की जीवनचर्या तो सिविलियन लोगों से काफ़ी अलग होती होगी!''

विभा खिलखिला पड़ी। ''अच्छा तो यह बात है!...वैसे बात तो तुम्हारी ठीक ही है। मिलिटरी वालों की लाइफ़ का पैटर्न बिलकुल अलग क़िस्म का तो होता ही है। मगर..शकुंतला, तुम्हें क्या नहीं लगता कि हर परिस्थिति के अपने नुक़सान और अपने फ़ायदे भी होते ही हैं। और फिर अपने जीवन-संगी के साथ बुनियादी अंडरस्टैंडिंग एक बार बन गई तो फिर बाक़ी चीज़ों का उतना महत्त्व नहीं रह जाता? क्यों?... तुम क्या सोचती हो इस बारे में?''

''यू आर लकी,''–शकुंतला के मुँह से निकल पड़ा। जब काफ़ी देर तक दोनों के बीच चुप्पी छाई रही तो शकुंतला का जी धड़कने लगा। अब विभा ज़रूर पूछेगी उसके अपने जीवन-साथी के बारे में।

पर...विभा ने तो जैसे कुछ सुना ही नहीं। या सुनकर भी अनसुना कर दिया।

''तुम्हें आज रात का खाना मेरे साथ ही खाना है।''—उसने चुप्पी को भंग करते हुए कहा। ''फिर मैं ही छोड़ आऊँगी तुम्हें। बल्कि...तुम ऐसा क्यों नहीं करतीं—आज यहीं रह जाओ। सुबह नाश्ता करके चली जाना। क्यों?''

''ठीक है।''—शकुंतला ने कहा। सुनसान कॉटेज में पटका जाना—इतनी अच्छी शाम बिता चुकने के बाद उसे ख़ुद ही अजीब लग रहा था। कैसे विभा ने उसके मन की बात भाँप ली?

''शकुन, तुमसे एक बात कहूँ?...अगर तुम इसे मेरा फ़िलासफ़ी बघारना न समझो तो...''

शकुंतला ने अपनी कुर्सी विभा के और पास खिसकाते हुए उसका हाथ अपने दोनों हाथों से पकड़ लिया। ''आप ऐसा क्यों कहती हैं विभा? क्या मैं आपको नहीं जानती?'' उसने नक़ली नाराज़गी का अभिनय किया।

''ऐसा है शकुन, हम जिन बातों को, स्थितियों को सौभाग्य या दुर्भाग्य मानते या कहते हैं—जैसे कोई अच्छे खाते-पीते घर में जन्म लेता है, कोई अभावों में ही पलकर बड़ा होता है, कोई निहायत मीडियाकर महज़ तिकड़म के बूते समाज में एक ऊँची हैसियत कबाड़ लेता है; और कोई 'टैलेंटेड' होकर भी अलक्षित ही रह जाता है—यह सब बहुत ही दुखदायी दृश्य है और हममें जो जितना ही संवेदनशील होगा वह उतना ही इस अन्याय को लेकर कलपेगा। किंतु मैं कभी-कभी सोचती हूँ—जीवन का अर्थ—कह लो परमार्थ—क्या सचमुच इन परिस्थितियों से ही निर्धारित होता है?''

शकुंतला विभा के चेहरे को ग़ौर से पढ़ती हुई कुछ क्षण चुप रही। उसे लगा विभा की बात अभी पूरी नहीं हुई। पर जब विभा आगे कुछ नहीं बोली तो—उसने पूछ ही लिया—''परमार्थ आप किसे कहती हैं? यू मीन द हाइयेस्ट गुड?''

''यही कह लो। मगर यह तो एक ऐब्स्ट्रैक्शन हुआ। मैं नहीं जानती इस सृष्टि का—जैसा भी यह है—वैसा उसे बनाने वाला कोई कर्ता ईश्वर है भी कि नहीं। मैं नहीं जानती, दुनिया को देखते-भुगतते, अपने चारों ओर बुराई और घटियापन को ही फलते-फूलते और अच्छाई को, योग्यता को हर जगह ही धक्के खाते देखते हुए भी आदमी अच्छाई और सच्चाई में कैसे विश्वास कर पाता है—'आप भला तो जग भला'—जैसे मुहावरे कैसे और क्यों बन जाते हैं? दसियों ऐसे सवाल हैं जिनका कभी कोई संतोषप्रद उत्तर नहीं मिलता। मुझे ही क्यों, किसी को भी नहीं मिलता। मैं सहज विश्वासी भोले-भाले लोगों की ही बात नहीं कर रही हूँ—तुम्हारे-मेरे जैसे लोगों की बात कर रही हूँ। कौन सी ऐसी चीज़ है जो हमारे मन में शंका पैदा नहीं करती? क्या है हमारे जीवन में, हमारे अनुभव में, जो संदेह से परे हो?''

विभा सहसा चुप हो गई। शकुंतला थोड़ी देर तो उसके बोलने का इंतज़ार करती

रही...फिर उससे नहीं रहा गया।

"हाँ, तो आप कुछ कह रही थीं...रुक क्यों गईं? बोलिए ना!"

विभा की अधमुँदी आँखें पूरी तरह मुँद गईं। मुखाकृति और भी गंभीर हो गई। "एक ही बात, मुझे लगता है—जो सबसे ज़्यादा सीधी और साफ़ और हर संदेह से परे है, इस दुनिया में—वह यह है कि मैं हूँ। 'मैं हूँ'—यही वह अकाट्य तथ्य है जिसका निरंतर अनुभव हमें होता है। तब फिर सहज ही अगला सवाल यह उठता है कि यह मैं, जो हूँ, वह कौन हूँ? या क्या हूँ? ज़ाहिर है, मैं अपना दुखी या सुखी मूड नहीं हूँ, मन में हर पल उठते रहने वाले विचारों-स्मृतियों का रेला भी नहीं हूँ। क्योंकि ये तो पल-पल बदलते रहते हैं और मैं जो उन्हें पल-पल बदलते देखती हूँ, बस यही 'मैं' नहीं बदलता, यथावत् रहता है। जो बदलता रहता है वह मैं कैसे हो सकती हूँ—इस सवाल में जितने ही गहरे जाती हूँ—यही समझ में आता है कि मैं या तो यह सब कुछ हूँ या फिर कुछ भी नहीं हूँ। तुम पूछ रही थीं ना शकुन, कि परमार्थ क्या है? मैं सच में नहीं जानती शकुन—मेरे पास कोई उत्तर नहीं है इस प्रश्न का। कुछ शब्द हमें बहुत सुंदर लगते हैं, जैसे यह परमार्थ। पर सुंदर सुंदर क्यों लगता है? किसे लगता है? मुझी को ना? तो मैं कौन? परमार्थ क्या है, मैं नहीं जानती। पर मेरा स्वार्थ क्या है, यह तो जानती हूँ ना! कौन है जो अपना स्वार्थ नहीं पहचानता? तो...क्या सबसे बड़ा और सबसे गहरा स्वार्थ यही नहीं है—मैं कौन हूँ,—इसका पता लगाना? तो उसी को पकड़ो ना। उसी का पीछा करो। वही, जो हमारा सबसे गहरा स्वार्थ है, उसी को परमार्थ कहना होगा कि नहीं?"

"बात कुछ उलझ गई,"—शकुंतला बोली। "मन बदलता रहता है—पर मेरी पहचान तो नहीं बदलती। न आपकी। जिसे आप 'मैं' कह रही हूँ, वह कुछ संस्कारों के पिंड के अलावा और हो ही क्या सकता है जिसे हम नहीं जानते? और, मान लो वह कुछ ऐसा हो भी, जो हम नहीं जानते, तो उसे जानकर ही क्या हो जाएगा? उससे दुनिया तो बदलनी नहीं। तो फिर..."

"मैं ही दुनिया हूँ,"—विभा बोली। "और यह दुनिया आनी-जानी है। जबकि मैं तो जहाँ-की-तहाँ अटल हूँ। मैं जब अभी गहरी नींद में चली जाऊँगी। तब यह बातचीत, यह कुर्सी मेज़, यह तुम और तुम्हारी हैरानी...सब बिला जाएँगे। तब जिसे दुनिया कहती हो वह कहाँ गई? मैं तो फिर भी 'मैं' ही रहूँगी न!"

"तुम्हारा मतलब मैं अपना अनुभव नहीं हूँ। बल्कि, जो मेरे अनुभव करने को भी देख रहा है, वह हूँ?"—शकुंतला बोली।

"यही समझ लो एक तरह से।"—विभा ने कहा। "शकुन, तुम तो बिना यह जाने कि तुम फ़िलासफ़र हो, एकदम फ़िलासफ़र की तरह बोलने लगी। अब चलो, खाना खा लें। हरिसिंह बुला रहा है। तुम कुछ ड्रिंक वग़ैरह लोगी? हालाँकि यह मैंने

तुमसे पहले पूछना चाहिए था।''

''लेती हूँ मगर अब उसकी कोई ज़रूरत नहीं।''–शकुंतला खिलखिला पड़ी। आपकी बातों से ही मुझे दो पैग का नशा चढ़ गया है।''

खाने की मेज़ पर यकायक विभा ने पूछा–''शकुन, तुम लोग कब जा रहे हो?''

''बस चार पाँच दिन और हैं।''–शकुन बोली।

''अरे! इत्ती जल्दी! प्रोफ़ेसर साहब तो अभी महीना भर रुकने वाले हैं। तुम्हीं को इतनी जल्दी क्यों है? तुम्हारी तो बहुत छुट्टियाँ अभी बाक़ी हैं।''

''मालती जा रही है ना?''–शकुंतला ने कहा। ''मुझे उसका साथ देना होगा कि नहीं? और फिर, अलावा इसके, कुछ ऐसे भी काम हैं, जिन्हें वहाँ जाकर ही पूरा किया जा सकता है।''

विभा एक पल चुप रही। फिर कहने लगी–''तुम्हें लगता है शकुन, कि प्रोफ़ेसर साब बम्बई छोड़के यहाँ आने को तैयार हो जाएँगे?''

एक पल शकुंतला सोच में पड़ गई। यह प्रश्न क्या कभी उसके मन में भी उठा इतने दिनों में? ''नहीं,''–उसने कहा, ''मुझे तो ऐसा नहीं लगता। अरे फिर मालती की अपनी दुनिया है वहाँ। वह भी उसे छोड़कर यहाँ आने की क्यों सोचेगी? मुझे तो नहीं लगता!''

''हो सकता है, तुम ही ठीक हो...मगर दोनों को रानीखेत जम गया है और दोनों को मुझे लगता है यह चेंज अधिक माफ़िक आएगा।

'कैसे? क्यों?''–शकुंतला को विभा की बात अजीब बेसिर-पैर की लगी। विभा जानती ही क्या और कितना है विनायक या मालती के बारे में–जो इतने दावे के साथ भविष्यवाणी कर रही है?

विभा ने शकुंतला की आँखों में झाँककर देखा। ''मेरी तुलना में तुम बेहतर जानती हो। पर...पता नहीं क्यों, मुझे ऐसा लग रहा है। यही समझ लो, स्थानदेवता जिसे कहा जाता है–'जीनियस लोसाई'–उसका भी महत्त्व होता है–हम मानें न मानें। कई बार जगह बदलने पर दिमाग़ भी बदल जाता है। जब हम नहीं जान पाते हमारे लिए क्या अच्छा है, तो जो अच्छा है, वही हमारे बावजूद हमें अपने पास खींच लेता है। कितने लोग हैं जो साथ रहते हुए सचमुच साथ रह पाते हैं? दरअसल वे एक दुश्चक्र में फँसे होते हैं। उन्हें फ़ुर्सत ही नहीं मिलती अपनी फँसावट को देखने और उससे बाहर निकलने की। शकुन, इस जंगली सन्नाटे को सुन रही हो? यह हमसे क्या कह रहा है? क्या यह हमें अपने अकेलेपन का सामना करने को मज़बूर नहीं कर देता? इस सन्नाटे से जब हम सचमुच घिर जाते हैं तो जैसे नए सिरे से अपने को पहचानने लगते हैं और इसीलिए उस 'दूसरे' को भी, जो हमारे साथ रहकर भी साथ नहीं रहता।

''अर्थात्...!'' शकुंतला को शरारत सूझी। ''अर्थात् तुम्हारी वह 'मैं कौन हूँ' वाली बात भी तब इस सन्नाटे में ज़ोर से बजने लगती है; महज़ 'ऐब्स्ट्रैक्टशन' नहीं रह जाती। क्यों?'

विभा को इस पर हँसी आनी ही थी। ''आर यू श्योर शकुंतला, कि तुम मेरा मज़ाक नहीं उड़ा रही हो?''–उसने नक़ली नाराज़गी जताते हुए कहा।

शकुंतला ने इसका जवाब देने की कोई ज़रूरत नहीं समझी।

''मैं कोई नजूमी नहीं। न ही कोई साइकोलॉजिस्ट।'' विभा इस तरह बोल रही थी जैसे बीच में कोई व्यवधान पड़ा ही नहीं और वह उसी रौ में बोले जा रही हो। ''मैंने जो कहा अपने कॉमनसेंस से ही कहा। तुमने त्रिभुवन और लच्छू भाई के साथ प्रोफ़ेसर विनायक कितने मस्त-मगन रहते हैं, इस पर ग़ौर किया? जबकि क्या कॉमन है उनके और तुम्हारे 'सर' के बीच, बताओ। तुमने यह भी ग़ौर किया होगा कि–मालती तक इन अजनबियों के साथ कितनी सहज और 'फ्री' हो गई है। उसे अच्छी तरह पता है कि ये लोग उसे उसके किन्हीं व्यक्तिगत गुणों के कारण नहीं, सिर्फ़ उनके दोस्त की धर्मपत्नी होने के कारण महत्त्व दे रहे हैं। फिर भी, देखो, इस अहसास से उसका 'ईगो' हर्ट नहीं होता, बल्कि, उलटे पुष्ट ही होता होगा। इसलिए, कि यह मालती के लिए एक बिलकुल नया सेंसेशन है।...यह अचानक इतने सारे लोगों की भाभी बन जाना।''

हठात् शकुंतला ज़ोरों से हँस पड़ी। हँसी भी ऐसी कि रुकने का नाम ही न ले।

''क्यों, क्या हुआ? इसमें हँसने की क्या बात है?''–विभा ने नक़ली नाराज़गी दिखाते हुए पूछा।

''आयम सॉरी''–शकुन ने किसी तरह हँसी रोकी। ''मुझे कुछ याद आया था, इसलिए हँसी आ गई। तुम अपनी बात पूरी करो।''

''नहीं, पहले बताओ।''–विभा ने मचलते हुए कहा।

शकुंतला एक क्षण को ठिठकी। बताए कि नहीं? ''विभा, ऐसी कोई बात नहीं है। सॉरी टु डिस्टर्ब यू। तुम पहले अपनी बात तो पूरी कर लो।''

''नहीं-नहीं–बताओ। मुझे डिस्टर्ब क्यों किया तुमने?'' विभा तुनक गई।

''अच्छा तो सुनो।''–शकुंतला बोली। ''मुझे सर की एक बात याद आ गई। एक दिन अचानक मुझसे बोले...'सेंसेशन ही असली चीज़ है। थॉट तो मशीनी हरकत है।' जैसे ही तुमने इस शब्द का उच्चारण किया, मुझे उस दिन की उनकी सीरियस मुखमुद्रा याद आ गई।''

''ओह!''–विभा के मुख से निकला। ''मानना पड़ेगा तुम्हारे सर को।''

''कैसे?''–शकुंतला ने प्रतिवाद किया। ''मुझे तो यह बात बिलकुल बेसिर-पैर की लगी थी।''

“छोड़ो,”—विभा बोली। “मुझे अपनी बात पूरी करने दो। मैं कह रही थी—मालती के लिए यह एक नया सेंसेशन है—यह अचानक इतने सारे लोगों की भाभी बन जाना। है कि नहीं? और वह इसे अपने सहज अधिकार, सहज प्राप्य की तरह ‘एन्ज्वॉय’ कर रही है, तो यह स्वाभाविक ही है। तो, मुझे लगता है, इस परिवेश में उसके और प्रोफ़ेसर विनायक के बीच जो भी डिफरेंसेज़ होंगे, वे भी अपने आप गल जाने हैं—उनका तीखापन झर जाना है अपने आप। शकुन...मैं फिर कहती हूँ, इस सन्नाटे को ज़रा ग़ौर से सुनो। हँसो नहीं। क्या कहता है यह सन्नाटा तुमसे, इसे ज़रा आँख बंद करके सुनो तो!”

शकुंतला को लगा उसका माथा घूम रहा है। ‘सन्नाटा’ एकाएक यहाँ कहाँ से आया—अच्छी-ख़ासी बातचीत के बीच? उसे अचानक ही एक चुहल सूझी। एक कविता की पंक्ति जो उसे अचानक याद आ गई थी, वह उसने बड़े नाटकीय अंदाज़ में सुनाना शुरू कर दिया।

‘पर सबसे ज़्यादा मैं इस वन के साथ मौन हूँ
क्योंकि यही मुझे बताता है—मैं कौन हूँ?’

“वाह!”—विभा बोली—“क्या बात है! पूरी सुनाओ ना—किसकी है?”

“पूरी तो मुझे याद नहीं। किसकी है, इतना ज़रूर याद था। पर इस वक़्त अब वह भी याद नहीं आ रहा।”

“याद करो ना, याद आ जाएगी।”—विभा बोली।

“सर से पूछना पड़ेगा। सर को बहुत सारी कविताएँ याद रहती हैं। उन्हीं से सुनी थी मैंने। लौटके आने दो उन्हें। कहूँगी तुम्हें वह पूरी कविता सुना दें। बल्कि वह पूरी किताब ही तुम्हें भेज दें। सन्नाटा-ही-सन्नाटा भरा पड़ा है उस किताब में। नाम भी शायद कुछ इसी तरह का—‘पहले मैं सन्नाटा सुनता हूँ’...या बुनता हूँ। ऐसा ही कुछ।”

दोनों देर तक गप्प लड़ाते रहे। कब नींद ने आकर उन्हें अपने आगोश में लपेट लिया, कुछ पता ही नहीं चला।

29

क्यों नहीं हो सकता!

अल्मोड़ा बहुत बदल गया है। विनायक जिन दिनों यहाँ जी.आई.सी. में पढ़ता था, उन दिनों इसकी कुल जनसंख्या पंद्रह हज़ार आँकी जाती थी। अब तो डेढ़ लाख से कम क्या होगी! वे सारी शान्त-एकांत वीथियाँ, जिनमें सुबह-शाम भटका करते थे—सबकी सब मकानों और दूकानों से पट गई हैं। तो भी, चंदू के साथ उनके चक्कर काटते हुए विनायक को लगा—बदल-बदलकर भी अपना अल्मोड़ा आख़िर कितना बदलेगा? लैंडस्केप तो कम-से-कम यथावत् हैं—नगर की पहचान तो उस तरह गुम नहीं हुई।

रहा तो मथुर काका के घर ही—पर ज़्यादातर समय चंदू के यहाँ ही कटता है। सबसे प्राचीन स्मृतियों का चलता-फिरता संग्रहालय है चंदू। लच्छू तो जब से होटल खोला, ज़्यादातर रानीखेत ही रहता है; पर घर-परिवार सब यहीं है। चंदू बिलकुल नहीं बदला। हाँ, लच्छू पहले की तुलना में काफ़ी चुस्त और तेज़-तर्रार हो गया है—त्रिभुवन की सोहबत का ख़ासा असर पड़ा दीखता है उस पर। और फिर इतना बड़ा होटल चलाता है, तो दुनियावी कामयाबी के गुर भी सीख ही लिये हैं उसने। प्रेमवल्लभ संस्कृत पाठशाला चला रहा है। यों, चलती तो नहीं कुछ ख़ास, मगर इसे लेकर उसके मन में कोई कुंठा नहीं। अच्छा लगता है विनायक को यह देखकर, कि ज़्यादातर वे लोग जो अच्छे होते हैं, सचमुच किन्हीं मूल्यों के लिए जी रहे होते हैं। उनके व्यक्तित्व में भी एक निरंतरता होती है, उनके लड़कपन में जो प्रवृत्तियाँ उनकी उजागर हुई थीं—वे आगे भी कमोबेश बनी रहती हैं। ज़िंदगी उनके साथ जैसे भी पेश आए, उनके तौर-तरीक़े ऐसे नहीं बदलते कि आप उन्हें पहचान ही न सकें। प्रेमवल्लभ से विनायक को मिलाया था हरीश ने। उसके पड़ोस में ही कुछ दूरी पर रहते हैं। लड़कपन में विनायक की अच्छी तरह याद है आर्यसमाज में उसे प्रेमवल्लभ ही पहले पहल ले गया था। और यह देखकर उसे ख़ुशी हुई थी कि आर्यसमाज अभी भी उसके नगर में चल रहा है जैसे-तैसे; और उसकी गतिविधियों में अभी भी प्रेमवल्लभ की ख़ासी भागीदारी

है। हालाँकि वह पहले जैसा सुधारवादी जोशो-खरोश अब कहीं नहीं दीखता। चकित कर दिया प्रेमवल्लभ को विनायक ने संस्कृत में उसके साथ बात करके। धपोलाजी तो अकसर अपने पुरातात्त्विक शोध के सिलसिले में दौरे पर ही रहते हैं; मगर एक ही बार की भेंट में विनायक को यक़ीन हो गया कि कुमाऊँ विश्वविद्यालय इतना गया-गुज़रा भी नहीं है जितना वह समझ रहा था। कम-से-कम इतिहास-विभाग तो उसका ख़ासा नाम कमा ही रहा है।

और, उससे भी ज़्यादा समाज-विज्ञान विभाग। हरीश पांडे–जिसे विनायक ऐंड कम्पनी किसी ज़माने में हरीश मुच्ची के नाम से बुलाती थी, उससे मिलकर तो विनायक सचमुच चारों खाने चित्त हो गया। मुच्ची उसे इसीलिए न कहा करते थे कि वह क़द में औरों से काफ़ी नाटा नज़र आता था। पर आज के प्रोफ़ेसर हरीश पांडे के शारीरिक क़द पर कौन ध्यान देगा? इतना क़द्दावर प्रोफ़ेसर–विनायक को पता चल गया–दो...चार दिनों की ही सोहबत में ही–कि, कुमाऊँ में क्या, समूचे उत्तराखंड, बल्कि समूचे उत्तर प्रदेश में भी शायद ही कोई होगा। पहली बार विनायक को सचमुच गर्व की अनुभूति हुई अपने बाल्यकाल के मित्र से मिलके। अपने घर से कटे रहने का अफ़सोस भी उसे पहली बार हुआ। जैसी कंपनी उसे चाहिए थी और जैसी उसे कहीं नहीं मिली–बम्बई में तो क़तई नहीं–वैसी, अचानक उसने पाया,– उसके घर में ही मौजूद है। ठीक है ये सभी तेज़ी से बुढ़ा रहे हैं, सेवा-निवृत्ति की कगार पर हैं। परंतु इससे क्या? वह क्या कहा है उसके प्रिय कवि ने–'ओल्ड मैन मस्ट वी एक्सप्लोरर्स' (वृद्ध ही सच्चे, खोजी-अन्वेषक होते हैं)...तो सच तो है। शुभ कार्य में विलम्ब भी हो जाए तो क्या!...और यह विनायक का सपना क्या कोई आज का है? यह तो बहुत ही प्राचीन, बल्कि प्रागैतिहासिक सपना है। हाँ, पका ज़रूर अब जाकर है।

विनायक की नाल तो यहीं गड़ी हुई है। हालाँकि बड़ा ज़बर्दस्त धक्का लगा उसे, जब–जिस घर में उसका बचपन बीता था–जिससे उसकी सारी स्मृतियाँ जुड़ी हुई थीं– उस घर का उसे कहीं नामोनिशान तक नहीं दिखा। उसकी जगह वहाँ एक चौमंज़िला सीमेंट की इमारत ठुँकी हुई थी जो–ज़ाहिर था–उसके घर को पूरी तरह गिराकर, और मिटाकर ही खड़ी हो सकती थी। एक पल को विनायक हक्का-बक्का सा उस जगह को घूरता रह गया था। जैसे अपनी आँखों पर यक़ीन ही नहीं कर पा रहा हो। फिर डरते-सहमते वह पिछवाड़े की ओर गया था तो वहाँ भी उसे कुछ ऐसा नज़र नहीं आया जिसे पुराने दिनों का अवशेष या स्मारक कहा जा सके। अरे...मेरा वह आड़ू का पेड़? वह कहाँ गया? उसने चंदू से पूछा तो चंदू चकरा गया था कि यह नामी-गिरामी प्रोफ़ेसर उससे ऐसी मूर्खतापूर्ण और बचकाना सवाल भी पूछ सकता है।

"तू तो यार, हद्द कर देता है!"–चंदू बोला था। "आड़ू का पेड़ ही तो था ना?

कोई कल्पवृक्ष थोड़े ही था।''

''हद्‌द तो तू कर रहा है चंदू!''–विनायक को अपने बालसखा से ऐसे रूखे जवाब की उम्मीद न थी। ''कल्पवृक्ष जिसे तू कह रहा है, वह भी क्या सचमुच होता है? नहीं होता, इसीलिए तो वह अक्षयवट से भी ज़्यादा टिकाऊ और ताक़तवर होता है। मन की सारी मुरादें पूरी करने वाला।''

विनायक का मन कभी अल्मोड़ा की तरफ़ झुकता है, कभी रानीखेत की तरफ़। अब यूँ तो उसका हमपेशा, हमसफ़र बालसखा प्रोफ़ेसर विनोद तिवारी उसे नैनीताल ही बुला रहा है, और...इंग्लिश डिपार्टमेंट भी ढंग का वहीं है, मगर वह 'घर' जिसे बनाना है, या जिसे बना-बनाया ख़रीदना है, वह तो अल्मोड़ा या रानीखेत में ही बनेगा ना! नैनीताल में क्या रक्खा है! अब यूँ तो रानीखेत में भी क्या रक्खा है सिवा लच्छू और त्रिभुवन...और, हाँ, विभा के। पर;...वह आकर्षण क्या कम है? और...अल्मोड़ा–भले अपनी असली थात वहीं हो,–पर वहाँ उस ठसके और सलीके से नहीं रहा जा सकता जिस ठसके और सलीके से रानीखेत में कोई बढ़िया कॉटेज ख़रीद के रहा जा सकता है। घर से यूँ भी थोड़ी दूरी आवश्यक है कि नहीं? रानीखेत हरीश भी आता-जाता रहता है और विनोद भी। अपनी मंडली और उसकी नेतागिरी या दादागिरी तो वहाँ से भी चलाई जा सकती है।

बदल तो गया है अल्मोड़ा। पत्थरों का वह बाज़ार आज भी है तो वही। मगर ख़ास अल्मोड़े की खान से निकले ओरिजिनल पत्थरों की नहीं, बल्कि कोटा स्टोन की। चमाचम ज़रूर लगती है मगर वह बात कहाँ! चंदू का कहना है कि ज़रा सी बारिश हुई नहीं कि पाँव रपटने लगते हैं इन पर। 'ठीक ही तो है,'–विनायक बोला था–''पहले का बाज़ार और आज का बाज़ार भी क्या एक ही चीज़ है? आज का बाज़ार ज़्यादा चमाचम और रपटीला तो होगा ही! तो क्या हुआ? लोग तो कम-से-कम वही हैं अपने बाज़ार के...।''

''कहाँ यार!'' चंदू ने उसे तुरंत टोक दिया था–देखता नहीं तू किस क़दर सारे रंग-ढंग बदल चुके है लोग-बागों के! फिसलन ही फिसलन आ गई है आपसी रिश्तों में। ज़रा इन आज के लौंडों की बातें सुनो...तब पता चलेगा तुझे। तूने या मैंने कभी घर के भीतर हिन्दी झाड़ी? बता। पहाड़ी ही बोलते थे सब आपस में।. ..अब तू एक-एक घर के अंदर झाँक के देख ले। एक भी बच्चा या लड़का तुझे ऐसा नहीं मिलेगा जो पहाड़ी बोल सकता हो। माँ-बाप भी अपने बच्चों के साथ पहाड़ी में नहीं बोलना चाहते। पिछड़े-गँवार जो लगेंगे–पहाड़ी बोलेंगे तो! अरे...जब पहाड़ी बोलने वाले ही नहीं बचे, तो पहाड़ और सपाट मैदान के बीच फ़र्क़ ही क्या रह गया? ऐसे ही...तू अपनी आँखों से देख ले; तीज-त्योहार, मेले-ठेले उस तरह ख़त्म चाहे भले न हुए हों, मगर उनमें वो बात कहाँ रह गई है अब, जो हमारे

ज़माने में थी।''

वे दोनों बैतालेश्वर से लौट रहे थे। दुस्साहस ही था यह विनायक का–इस क़दर खड़ी चढ़ाई और जाते समय वैसा ही खड़ा उतार–ठेठ नीचे नदी तक। मगर, चंदू जानता था–नहीं ले गया इसको, तो यह बीनू का बच्चा मेरा बाक़ी सारा किया-धरा भूल जाएगा और इसी एक बात का उलाहना देता रहेगा कि बैतालेश्वर तक नहीं ले गया तो क्या फ़ायदा अल्मोड़ा आने का और तेरे साथ होने का? वहाँ से लौटते हुए, चढ़ाई पार करके रास्ते में नाश्ता-पानी करने का इंतज़ाम उसी तरह हरीश मुच्ची के घर पर था जिस तरह पचास बरस पहले हुआ करता था। हरीश के यहाँ भी बातचीत का सिलसिला उसी तरह जारी रहा। पर उसमें प्रोफ़ेसर हरीश का पक्ष भी जुड़ गया।

''चंदू से मेरी बहुत पुरानी खटपट इसी बात को लेकर चली आ रही है कभी से।''–हरीश ने कहा था। ''जब देखो, कम्बख़्त नई पीढ़ी को कोसता रहता है। मैं इससे कहता हूँ–साले, तू बड़ा हिंदू बनता है, बहुत गायत्री छाँटता है, मगर हिन्दू जीवन-दर्शन का जो सबसे पहला और सबसे बुनियादी सबक़ है, वही तूने नहीं सीखा तो किस बात का हिन्दू तू? हिन्दुत्व की तो पहली ही पहचान यह है कि परिवर्तनशीलता को–यानी जिन तमाम चीज़ों से आदमी चिपटता है–उन तमाम चीज़ों की क्षणभंगुरता और अस्थिरता का धीर-प्रसन्न स्वीकार! यही तो बुनियाद है हिन्दू धर्म की। यह नहीं होता तो तू जिस भारतीय संस्कृति का ढोल पीटता नहीं थकता, वह कब की नष्ट हो चुकी होती!''

''मैं समझा नहीं हरीश!''–विनायक ने टोका था–''परिवर्तन को स्वीकार करने वाले तो प्रोग्रेसिव-प्रगतिशील कहलाते हैं। हमें भला कौन प्रगतिशील कहेगा! इतना कंजरवेटिव, इतना बाबा आदम के ज़माने के तौर-तरीक़ों से, ज़ात-पाँत, छुआछूत से चिपका हुआ समाज दुनिया में और कहीं है? तुम जाने किस बुनियाद की बात कर रहे हो।''

''कॉमनसेंस की। कह लो, स्पिरिचुअल कॉमनसेंस की,''–हरीश ने कहा था। ''सब कुछ बदलता है, नष्ट होता है और सब कुछ फिर-फिर लौटता है–इस विश्वास की, नहीं हक़ीक़त की। मगर यह चंदू चाहता है दुनिया चाहे जितनी उलट-पुलट हो जाए, मगर इसका अल्मोड़ा वही का वही रहा आए। अरे, ऐसा कहीं होता है? ख़ुद तेरे बच्चे और नाती-पोते कौन तेरी तरह पहाड़ी बोलते हैं तुझसे या अपनी माँ से? तो क़सूर किसका है?...मगर पहाड़ी बोलने-न बोलने को पकड़कर व्यर्थ की भावुकता छाँटने से क्या फ़ायदा! तुझे तो इसकी फ़िकर होनी चाहिए कि तेरा छोरा हिन्दी सही-सही बोल या लिख रहा है कि नहीं? हिन्दी–जो कि दुनिया की सबसे प्रगतिशील जुबान है। उस भाषा की तो तुझे कोई फ़िकर नहीं, जिसमें सिर्फ़ तेरा प्रदेश नहीं, पूरा देश बोलता है–उसे अपने बच्चों के भेजे और कलेजे में उतारने की तो तुझे कोई

परवाह नहीं और रोएगा साला पहाड़ को! हद हो गई, कि नहीं?''

''अरे यार, सुन, उस दिन, तुझे याद है, अपना नरैण भी तो यही कह रहा था।''–चंदू एकाएक बीच में ही बहक उठा था।

''हाँ, याद है। और यह भी याद है कि उस दिन नरैण के सामने कैसे तेरी बोलती बंद हो गई थी!''–हरीश ने जड़ा, तो चंदू एकदम खिसिया गया था। विनायक बारी-बारी से दोनों का मुँह ताक रहा था। कुछ याद आ रहा था उसे। ''यह नरैण कौन?''–उसने पूछ ही लिया। हालाँकि वाक्य मुख से निकलने के साथ ही उसे याद आ गया था।

''हद्‌द हो गई यार,''–चंदू विनायक पर तरस खाता हुआ बोला था। नरैण को भूल गया? अपने स्वाधीन क्लब के असली मेम्बर को?''

''अरे हाँ, वही नरैण, विनायक! जिसे यह चंदू का बच्चा क्लब में घुसने देने को भी तैयार नहीं था।''–हरीश बोल पड़ा। ''फ़ालतू बात मत कर,''–चंदू बेतरह चिढ़ गया था। क्योंकि बात सच्ची थी। विनायक को अचानक याद आ गया कि इसी चंदू ने तो उससे कहा था–''नारायण डूम है।'' मगर...वो इसने कहा था, कि लच्छू ने? जो भी हो, कहा तो था ज़रूर। पक्का।

''कहाँ है नरैण आजकल?''–अचम्भे के साथ ही बड़ी ग्लानि भी हुई थी विनायक को, कि और सबको तो याद कर-करके जुटाया, मगर एक सिर्फ़ नारायणराम का ही उसे कैसे ख़याल ही नहीं आया? न तो लच्छू, न त्रिभुवन ने ही उसका ज़िक्र किया।

''बताओ बीनू को, नरैण कहाँ है?''–हरीश ने चंदू को टुचकाया।

''हद्‌द हो गई यार! मैं तो समझ रहा था तुझे पता होगा ही। लच्छू ने भी नहीं बताया तुझे?''

''पहेली मत छाँट। जल्दी बता।''–विनायक अधीर हो गया।

''नारायण राम यहीं सल्ट के इलाक़े से विधायक बन चुके हैं बाक़ायदा। और मौजूदा सरकार में राज्यमंत्री भी बन ही गए समझो।''

''क्या कह रहा है? अपना नरैण? राज्यमंत्री?''–विनायक चीख़ पड़ा। ''तब तो वह देहरादून ही होगा। इसीलिए नहीं दीखा। पता करो भई, कब आने वाला है?''

''अभी कैसे आएगा! तू भी यार! रहा वही का वही गोबरगणेश! वो दिन गए जब हम नीचे से सीटी मारते थे और वह ऊपर से भागता हुआ आता था। अब तुझे उसके दर्शन करने के लिए क्यू में खड़ा होना पड़ेगा। समझा?''–चंदू खिलखिला पड़ा।

''चलो कोई बात नहीं। मगर...मज़ा आ गया। यह तो ग़ज़ब की न्यूज़ सुनाई तुमने। सुनो, स्वाधीन क्लब का ब्रैंड न्यू संस्करण नहीं हो सकता?''

''क्यों नहीं हो सकता!''–हरीश बोला। ''मगर, जैसे उस बार चंदू नारायण पर

अटक गया था, वैसे ही मेरा एतराज़ इस बार चंदू की मेम्बरशिप पर उठेगा।''

''क्यों साले! मैंने तेरा क्या बिगाड़ा है?'' चंदू उखड़ गया।

प्रोफ़ेसर हरीश पांडे पहले तो थोड़े हतप्रभ दीखे—अपनी बालसखा की आत्मीयता के इस आकस्मिक विस्फोट से; फिर हँसने लगे। ''तेरा नज़रिया अब भी वही-का-वही है। तू कभी नहीं सुधरेगा। वह तो हमारी उदारता है जो तुझे झेले जा रहे हैं। तू ठहरा रूढ़िवादी, ज़ात-पाँतवादी। हमें ऐसे मेम्बर चाहिए जो प्रगतिशील हों, सचमुच। और पक्के जनवादी भी।''

चंदू को अचानक एक बहुत पुरानी बात याद आ गई। बोला—''बीनू, तुझे याद है? के.एम.ओ.यू. बस स्टैंड के पास एक बिल्डिंग हुआ करती थी, जिसमें कम्युनिस्टों का अड्डा था। प्रगतिशील लेखक संघ—यही तो नाम हुआ करता था उसका—याद है? मगर,...विनायक! तू तो कहा करता था—अपना स्वाधीन क्लब उससे उतना ही अलग है जितना मन्नी मॉनीटर की शाखा से...।''

विनायक को इस पर ज़ोरों से हँसी आ गई। ''यार चंदू, तेरी याददाश्त का तो सचमुच लोहा मानना पड़ेगा। मन्नी मॉनीटर की तूने अच्छी याद दिलाई। कहाँ है आजकल?''

''हिमाचल प्रदेश में। अभी पिछले माह ही तो आया था यहाँ। चम्पानौला के अपने पुश्तैनी मकान का जीर्णोद्धार करवा रहा है। आता-जाता रहता है।'' चंदू थोड़ी देर चुप रहा। फिर बोला—''कुछ भी कहो यार, इन लोगों में देशभक्ति और त्याग की भावना तो है। सारी उमर खपा दी उसने अपने इसी जुनून में। अपना घर-बार तक नहीं बसाया। पता है, वह इस वक़्त हिमाचल प्रदेश की ही नहीं, पूरे उत्तर प्रदेश की कमान सम्हाले हुए है।''

चंदू को बड़ी निराशा हुई यह देखकर, कि न तो विनायक ने, और न ही हरीश ने उसकी इस बात पर कोई उत्साह जताया।

''चलो, अब उठो।''—उसने विनायक से कहा। ''प्रोफ़ेसर पांडे को अपने लेक्चर की तैयारी करने दो।'' ''यार हरीश, तू कहीं यह तो नहीं समझ रहा है कि नाश्ता करा दिया तो हो गया? तेरे बग़ीचे में 'जरग' लगा देख आया हूँ मैं। विनायक परसों रानीखेत चला जाएगा तो इसे 'गब' कौन खिलाएगा? तू या तो जरग के पत्ते तोड़कर मेरे यहाँ भिजवा देना और कल दोपहर आ जाना इसे लेके मेरे यहाँ—गब के साथ ठठवाणी भात खाने। या फिर, हमीं तेरे यहाँ आ जाएँगे। कल तो तेरी इतवार की छुट्टी होगी ना?''

''ठीक है।''—हरीश ने कहा। ''मेरे यहाँ ही रक्खो।''

30

'ठीक कहता है नरैण'...

दस दिन...बीस दिन कहाँ बिला गए–पता ही नहीं चला। ख़ूब सैर-सपाटा, मिलना-जुलना हुआ, देखने लायक़ शायद ही कोई जगह छूटी हो। गंगोत्तरी-जमुनोत्तरी का भी कार्यक्रम बना था–स्वामी अभयानंद स्वयं अल्मोड़ा आए थे–आमंत्रित कर गए थे। एक मालती को छोड़ सभी उनके कर्मठ व्यक्तित्व से अभिभूत हुए थे और उनके 'हिमालय बचाओ' आंदोलन में सक्रिय भागीदारी करने का संकल्प भी उठा चुके थे। पर मालती अपनी पूर्वनिर्धारित बम्बई वापसी की तिथि टालने को राजी नहीं हो रही थी–तो यही तय पाया गया कि इन्हें विदा करने के बाद ही गंगोत्तरी-जमुनोत्तरी की यात्रा की जाएगी। एक पुराने सहपाठी नारायणराम भी–जो अभी सुलभ नहीं हो पा रहे थे, अपनी विधायकी व्यस्तताओं के चक्कर में–तब सुलभ हो जाएँगे। एक ही तो कमी है इस मंडली में–राजनीतिज्ञ की–वह भी अपने आप, इस तरह पूरी हो जाने वाली है, विनायक ने सोचा नहीं था। और राजनीतिज्ञ भी कैसा? जो एक तरफ़ स्वामी अभयानंद का, और दूसरी तरफ़ सोशियोलॉजिस्ट हरीश का अंतरंग है।

सच बात तो यह है–और विनायक को ख़ुद ही इस पर बड़ा अचंभा और पछतावा भी महसूस होता है कि–नारायणराम की याद उसे कैसे नहीं आई इतने दिनों; जबकि लच्छू ने तो अपनी पहली ही चिट्ठी में उसके बारे में काफ़ी कुछ बताया था। क्या यही एक घटना एक साथ आशा और निराशा दोनों पैदा नहीं करती मन में? कि, एक ओर तो देखो अपना देश किस क़दर तरक्क़ी कर रहा है–प्रजातंत्र इसका कैसा फल-फूल रहा है, जहाँ विनायक जैसे गोबरगणेश ही नहीं, नरैण सरीखे निहायत निरीह और दबे-कुचले लोग भी अपनी परिस्थिति से ऐसा बदला ले सकते हैं; जैसी उम्मीद उनसे कोई नहीं करता था वैसा करके दिखा सकते हैं। तो, दूसरी तरफ़ इस सारे परिवर्तन और प्रगति के बीचोबीच अभी कितने सारे गड्ढे दीखते हैं–आत्म-विस्मृति और अपनों की ही बेक़द्री के और उदासीनता के, जिन्हें पाटे बिना

यह देश और यह समाज कभी भी एकजुट नहीं हो सकता। अरे, इत्ती बड़ी घटना हो गई तुम्हारे साझे के अतीत को, उसके बचकाने सपनों को इस क़दर उजले और चमत्कारक भविष्य में उछाल देने वाली...और तुम उससे पुलकित नहीं, उत्साहित नहीं। न उसमें निहित संकेत को ही पढ़ने और उस मुताबिक़ चलने, कुछ सोचने-करने का ही हौसला तुममें जागता दिखाई देता है।

ठीक कहता है नरेण, कि राजनीति भी आख़िर उतनी ही ऊँची या नीची, उतनी ही बड़ी या छोटी होगी, जितना ऊँचा या नीचा, छोटा या बड़ा समाज हमने बनाया है और बनाने को तैयार हैं। राजनीति आपके समाज से कोई अलग चीज़ थोड़े ही है। ठीक है कि हमारा देश बिना किसी भौगोलिक-राजनीतिक एकता के अपने में जितने बड़े सांस्कृतिक वैविध्य को समेटकर चलने का आदी रहा है, उतना और कहीं नहीं मिलता, पर इसका मतलब यह तो नहीं कि बिना एक विराट् सांस्कृतिक-ऐक्य साधे ही ऐसा चमत्कार हो गया। इतने बड़े प्रयोग की जो क़ीमत चुकानी ही पड़ती है, सो हमने चुकाई। यह भी ठीक है कि अब इतने बड़े वैविध्य को अक्षत रखते हुए उसे सम्हालने और अनिष्ट बाहरी हस्तक्षेपों-आक्रमणों से उसकी रक्षा करने के लिए उतनी ही बड़ी सामाजिक-राजनीतिक एकता और सामूहिक संगठनात्मक शक्ति की भी ज़रूरत पड़ेगी। परंतु वह शक्ति आख़िर आएगी कहाँ से? इस तेज़ी से बदलते संसार में—जहाँ न तो हमसे अकारण द्रोह करने वाले पड़ोसियों की कमी है, न अपनी विस्तारवादी, एकाधिपत्यवादी लालसाओं से संचालित, दुनिया भर की मानव-संस्कृतियों, सभ्यताओं को अपनी दिग्विजयी महत्त्वाकांक्षा के रथ में जोत देने को आमादा ये तथाकथित महाशक्तियाँ दूसरी तरफ़—कैसे भारत, आधुनिक प्रजातांत्रिक भारत अपनी परंपरागत पहचान और हस्ती को क़ायम रखते हुए अपनी रक्षा और विकास दोनों में समर्थ हो—यही न सारे सवालों का सवाल है? तब फिर समता, स्वतंत्रता और बंधुत्व के सार्वभौम विचारों को आत्मसात् करते हुए कैसे भारतीय समाज पूरे सांस्कृतिक आत्मविश्वास के साथ आधुनिक विश्व में अपनी संभावनाओं को चरितार्थ करेगा यदि अपनी ऐतिहासिक दुर्गति और दैन्य और सदियों से संचित तमस से ख़ुद को उबारने के लिए हम एकजुट होकर विचार और कर्म नहीं कर पाते।

आजकल विनायक को जहाँ-तहाँ जिस-तिससे उलझ जाने की और बहस करने में एक ऐसी अभूतपूर्व उत्तेजना और ऐसी तृप्ति मिलने लगी है जैसी उसने इतने बरसों में कभी जानी नहीं थी।—इसका क्या कारण हो सकता है? राजनीति में उस तरह कहाँ उसे कभी कोई दिलचस्पी रही! न समाजशास्त्र में! पहली बार अपनी इस बाल्यकालीन मंडली का नया संस्करण करते हुए उसे अब यह नया शौक चर्राया है। पर अगर ऐसा आप उससे कहें जैसे कि उस दिन शकुंतला कह बैठी थी—तो वह

नाराज़ हो जाएगा। ''यह शौक नहीं है, शकुंतलाजी,'' वह कहेगा—''अपने देश, समाज और संस्कृति का दर्द मुझे सदा से ही रहा है और आज भी है। यह क्यों ज़रूरी है कि हम सक्रिय राजनीति में कूदें—किसी पार्टी के पिछलग्गू बनें—तभी माना जाएगा कि हम राजनीति से उदासीन नहीं हैं? अरे उदासीन मैं नहीं रहा कभी। परंतु उस तरह किसी प्रतिबद्धता का स्वाँग रचाना या उसका ढोल पीटना मुझे क़तई नहीं सुहाता। जो मेरा अपनी सामर्थ्य और रुचि का क्षेत्र है उसमें अपने को खपाता रहा हूँ, इसका मतलब यह तो नहीं, कि मुझे अपने देश और समाज और संस्कृति का दर्द और समझ नहीं है, या कि मैं विश्व के घटना-चक्र से अवगत नहीं हूँ; या कि विश्व-मंच पर हमारी क्या जगह होनी चाहिए, क्या भूमिका होनी चाहिए—इस बारे में भी मेरा कोई अपना सोच नहीं है।

यहाँ आने के साथ ही हरीश तिवारी और उसके साथियों की पहल से अल्मोड़े में दो एक संस्थाओं ने उसे व्याख्यान देने बुलाया और जैसी वाहवाही उसने लूटी, वह स्वयं उसके लिये सर्वथा अप्रत्याशित थी। पहली बार उसे लगा यह सार्वजनिक व्याख्यान भी क्या चीज़ है, जिसमें समाज नाम की चीज़ को इतने नज़दीक से देखने-महसूस करने और उसे सीधे प्रभावित करने का मौक़ा होता है और जो उपेक्षणीय नहीं है। विनायक बोल सकता है—इतना ही नहीं—बोलते हुए वह एक अलग ही तरंग में होता है और ऐसी-ऐसी बातें भी कह जाता है जिनका इस तरह अहसास उसे ख़ुद ही नहीं था। यह कुछ उसी तरह का उत्साह और उमंग है जिस तरह का उत्साह और उमंग कभी उस पर अपने लड़कपन में छायी रहती थी। ठीक है कि बाद में उसके जीवन की दिशा ही बदल गई—पर वह भी तो उसकी आत्माभिव्यक्ति के लिए—आत्मज्ञान के लिए—बेहद ज़रूरी संघर्ष था। घर से बाहर निकलकर ही तो उसने अपनी संभावनाओं को पहचाना और उन्हें चरितार्थ भी किया। अब यह घर-वापसी भी उतनी ही अनिवार्य थी। यह सिर्फ़ अतीत का मोह या पहाड़ का नॉस्टेल्जिया भर नहीं है, ऐसा वह ख़ुद को बारम्बार यक़ीन दिलाना चाहता है। ख़ुद को भी, अपने दोस्तों को भी, और मित्र-मंडली से बाहर भी, जहाँ कहीं जिनसे भी वह टकरा जाता है, तरह-तरह के लोगों को संबोधित करने का सुख वह जैसे पहली बार जान रहा है तो इसका मतलब यही है कि जो उसके भीतर दबा रहा इतने दिनों—वही इस तरह बाहर आ रहा है, उसका यूँ बाहर आना भी उसके मानसिक स्वास्थ्य के लिए ज़रूरी था, हर तरह से। बल्कि उसे लगने लगता है कि उसका समाज बोले हुए शब्द के प्रति जितना संवेदनशील और ग्रहणशील है, लिखित के प्रति उतना नहीं। नहीं! वह कदापि यह नहीं कहता कि बोलना लिखने से ज़्यादा बड़ी चीज़ है। इसका उलटा ही वह अब भी मानता है। यह भी, कि स्वभावतः तो वह लेखक ही हो सकता है, वक़्ता नहीं। मगर इस समाज में लेखक के तौर पर भी

पढ़े-सुने जाएँ आप, इसके लिए ज़रूरी है कि आप उसे सीधे अपने बोले हुए शब्दों से भी यदा-कदा संबोधित करते रहें। जितना भी, जब भी, वह संभव हो। क्यों न आप साग्रह, साधिकार जहाँ भी हर तरह के सयाने-अयाने लोग हैं, वहाँ जाएँ उनके बीच? स्कूल-कॉलेजों में; बल्कि, ये जो एन.जी.ओ. लोगों के झुंड हैं जिनसे विनायक को यूँ चिढ़ है—उनके बीच भी जाएँ। वे क्या कर रहे हैं, देखें समझें, साफ़-साफ़ अपनी राय, अपना सोच उनके सामने भी रक्खें—क्यों न रक्खें? आख़िर जिन्हें आप पसंद नहीं करते, जिनकी गतिविधियों से आप सहमत नहीं—वे भी तो आख़िर आपके अपने ही लोग हैं। आपके ही समाज में कार्यरत हैं। तो पसंद-नापसंद, सहमति-असहमति के आरपार भी जहाँ परस्पर संवाद की गुंजाइश बनी रहे वही तो समाज है। तभी तो वह समाज कहलाने का पात्र होगा। नहीं तो अलग-थलग झुंडों, रेवड़ों, गुटों, बिरादरियों में बँटा समाज भले ही बड़ा सहिष्णु और सर्वसमावेशी हो, उसमें वह एकसूत्रता और मज़बूती कैसे आएगी जो इस कठोर वर्चस्ववादी दुनिया में भी अविचलित रहके अपनी टेक बनाए रक्खें और किसी की धौंस-पट्टी में न आवें।

विनायक को यूँ तो राजनीति और राजनीतिकर्मियों से वितृष्णा है, किंतु समाज-निर्माण, समाज-परिवर्तन और सामुदायिक उत्थान की जो बहुत बड़ी चुनौती मुँह बाए खड़ी है इस बार देश के सामने—उसके भीतरी और बाहरी दोनों तरह के शत्रुओं से उसकी रक्षा करने की भी—उसका अहसास उसमें इन दिनों अधिकाधिक तीखा होता जा रहा है। हरीश का समाजशास्त्रीय ज्ञान और अनुभव उसे जितना प्रभावित करता है, नारायणराम के बारे में भी जो कुछ हरीश ने उसे बताया है, उससे समाज-परिवर्तन की तरह ही दलित-विमर्श की भी एक ऐसी तस्वीर उसके सामने उघड़ रही है जो ज़्यादातर बुद्धिजीवी हलकों में सुनाई देने वाली बातों से अलग एक स्वाधीन और जिन्हें विनायक परोपजीवी मानसिकता से प्रेरित और आत्मधिक्कारी, आत्महीनता के भाव को ही उकसाने वाली गतिविधियाँ समझता है, उन्हें सचमुच की टक्कर देने वाली चीज़ मानने को और उसी में आशा का आधार पाने को उत्सुक-उदग्र है। उसे अपने बारे में—अपनी बुद्धि और कर्मचेष्टाओं की सीमाओं के बारे में कोई भ्रान्ति नहीं है। न वह किसी हवाई रोमानी आदर्शवादिता से संचालित है। पर अपने जीवन के उत्तरार्ध के इस मोड़ तक पहुँचते-पहुँचते वह पाता है कि मनुष्य का जीवन एक सीधी रेखा में आगे नहीं बढ़ता; उसकी संरचना वृत्त की सी होती है, 'मेरे प्रारंभ में ही मेरा अंत है,' इस कविता में व्यक्त निराशावादी से लगने वाले सूत्र का एक बड़ा उजला और आशावादी अर्थ उसके भीतर उत्तरोत्तर खुलता जा रहा है। वह पाता है कि उसकी यह घर-वापसी कोई रस्मी या भावुक या अतीत में लौटने की लालसा की द्योतक न होकर उस 'महाभाव' को अपने लिए एक उच्चतर और गहनतर धरातल

पर अपने लिए पुनरूपलब्ध और चरितार्थ करने की गहरी अंतःप्रेरणा से परिचालित है। वह 'महाभाव' 'यंग इंडिया' और 'इटर्नल इंडिया' का अविच्छेद्य यौगिक है; वह महाभाव धर्मचेतना और राजनीति, काव्य और दर्शन, कर्मयोग और ज्ञानयोग, प्रकृति-सौंदर्य और मानव-नियति को एक-दूसरे से अलग-थलग नहीं देखता। उसमें राष्ट्रीयता और अंतर्राष्ट्रीयता, आत्म-चेतस् होना और विश्व-चेत्स होना अंतर्विरोधी बातें नहीं हैं; वह महाभाव अरविंद और गाँधी को, तुलसीदास और निराला को, रवीन्द्रनाथ और जयशंकर प्रसाद को, रामायण और महाभारत को, वेद और पुराण को, सीता और द्रौपदी को, अर्जुन और युधिष्ठिर को साथ लेकर ही पैदा हुआ था, साथ लेकर ही चल सकता है। वह विरुद्धों के समन्वय का नहीं, सामंजस्य का सिद्धान्त है—अगर सिद्धान्त ही बघारना हो तो।

हाँ, विनायक के लिए—आज के इस प्रौढ़ बल्कि अपने जीवन के अंतिम छोर पर पहुँचने को तैयार विनायक के लिए—जीवन के उस प्रभात-काल में देखे-सुने, जिए-भोगे 'स्वाधीन क्लब' और 'भारतमाता' के बिंब और भाव एक नए सिरे से जीते-जागते बिंब और भाव बन गए हैं।

मज़ेदार—और ऊपर अभी-अभी कही गई बात के सिलसिले में ही एक सार्थक बात—यह भी है कि विनायक इन दिनों अपने लड़कपन में पढ़ी हुई कुछ किताबों को—जिनका उस पर गहरा असर पड़ा था—उन्हें नए सिरे से बाँच लेने को प्रवृत्त हुआ है। रामायण-महाभारत वाले, उपनिषद् वाले 'कल्याण' के वे पुराने अंक जिनके बारे में उसे कल्पना तक नहीं थी कि वे अभी तक कहीं पड़े होंगे, उसने अपने चाचा के घर से खोद निकाले हैं। यह नहीं कि उसने अपने वयस्क जीवन में इन ग्रंथों के विद्वत्समाज में स्वीकृत प्रामाणिक संस्करण नहीं पढ़े हैं। पढ़े हैं; किंतु वह उस पुराने महाभाव को एक नए धरातल पर 'रिकैप्चर' करने के अपने जुनून के चक्कर में उन सर्वजनसुलभ 'कल्याण' के विशेषांकों को भी फिर से उलटने को प्रेरित हुआ है। कमाल है, कैसे चीज़ें सारी लापरवाही, उपेक्षा और बरबादी के बावजूद बची रह जाती हैं। यह 'बचे रह जाना' उनका विनायक को बहुत बड़ा चमत्कार और 'सगुन' लगता है। उसमें एक बचकाने आशावाद को उकसाता है, तो इसका मज़ाक भी कैसे उड़ाए। स्वयं त्रिभुवन ऐसा करके एक बार मुँह की खा चुका है। वह भी अपनी पत्नी विभा के सामने—जिसने उलटे विनायक का ही पक्ष लिया। 'हितोपदेश' की वह प्रति भी, जो उसके पिता ने रघुनाथ मंदिर की लाइब्रेरी से लाकर उसे पढ़वाई थी—वह भी उसे इसी अपने अल्मोड़ा-प्रवास के दौरान हाथ लग गई और 'डॉन क्विकज़ोट' का वह सस्ता हिन्दी संस्करण भी—जिन्हें वह अपने साथ रानीखेत से उठा लाया है। उसे ताज्जुब है उसके पिताजी 'हितोपदेश' की यह प्रति मंदिर को लौटाना कैसे भूल गए? ज़ाहिर है यह पिताजी की भूल नहीं, ख़ुद 'गोबरगणेश' की ही कारस्तानी थी। इसका

मतलब,...उसे पैसों के साथ-साथ पुस्तकें भी चुराने की लत उन्हीं दिनों पड़ी थी। पर चोरी होकर भी यह चोरी जैसी बात नहीं लगती। क्या विनायक ही अपने प्रिय कवि और विचारक कॉलरिज का हवाला देकर जगह-जगह यह घोषणा करता नहीं फिरता आज भी, कि "किताब उसकी है जो उसे समझे?" तो...फिर ठीक है। रघुनाथ मंदिर के उस छोटे-से पुस्तकालय का उपयोग जितना विनायक ने किया, किसी और ने नहीं किया होगा?–विनायक अगर ऐसा सोचता है तो ग़लत नहीं है वह। क्या इसके लिए ख़ुद उस पुस्तकालय को भी विनायक का आभारी नहीं होना चाहिए कि विनायक जैसे लोग बहुत कम ही सही–अब भी बचे हुए हैं दुनिया को यह बताने के लिए कि एक हिंदू मंदिर क्या होता है और एक क़ायदे के दिमाग़ को, क़ायदे की संवेदना को भी ढालने में उसकी कितनी बड़ी भूमिका रही होगी और अभी भी हो सकती है।

31

त्रिभुवन की पार्टी में

मालती और शकुंतला परसों बम्बई चले जाएँगे। अभी हाल कर्नल से ब्रिगेडियर बन गए त्रिभुवन के घर पर आज विदाई-भोज रक्खा गया है। हरीश ख़ासतौर पर इसी के लिए आया है। चंदू को लच्छू अल्मोड़े से पकड़ लाया है। नारायणराम को बाक़ायदा निमंत्रण भेजा गया था—मगर इन दिनों विधानसभा का सत्र चल रहा है इसलिए मजबूर हैं—नहीं आ सकते। लम्बी चिट्‌टी लिखी है विनायक को और फ़ोन पर भी दोनों की बातचीत हो चुकी है। त्रिभुवन से भी । विनोद अभी तक नहीं आया नैनीताल से, पर टपक सकता है कभी भी।

चंदू इस जमावड़े में कुछ अटपटापन महसूस कर रहा है। कई सारी बातें अपने दोस्तों के बीच की उसकी पकड़ में नहीं आतीं। तो भी आँख-कान बड़े चौकन्ने हैं उसके। माहौल भले कुछ अजनबी हो, परंतु है तो सब अपने ही यार-दोस्त। ख़ास दिक्क़त उसकी यह है कि जहाँ एक ओर स्त्रियों की मौजूदगी से उसके मन-ही-मन में लड्डू फूट रहे हैं, वहीं वह उनसे बेहद झेंप भी रहा है। अभी जब ये लोग अल्मोड़ा आए थे तो मालती और शकुंतला भी साथ थे। खाने पर बुलाया था उसने सबको। और लक्ष्मी यानी चंदू की घर वाली ने पहाड़ी व्यंजनों का पहाड़ ही लगा दिया था। अभी भी ये लोग उसी की तारीफ़ कर रहे हैं और उसकी लानत-मलामत भी कर रहे हैं, कि 'साले अकेला क्यों आया, हमारी लक्ष्मी भौजी को भी साथ में क्यों नहीं लाया?' साथ ही, त्रिभुवन और विभा को भी यह जताने में कोई कसर नहीं रख छोड़ी इन्होंने, कि उन्होंने कैसा बढ़िया मौक़ा गँवा दिया। चंदू को बड़ा अटपटा लग रहा है, कि ये साले कैसे बदतमीज़ हैं जो, जिसके घर खाने के लिए बुलाए गए हैं उसी के यहाँ बैठकर दूसरे के घर में उड़ाए गए पकवानों का बखान करने में जुटे हुए हैं। अरे सालो! कुछ तो लिहाज़ करो। अच्छा हुआ, लक्ष्मी को नहीं लाया। नहीं तो ये दोनों—बल्कि तीनों उसी की आरती उतारने में जुट जाते और वह बेचारी सिटपिटा जाती। बिचारी त्रिभुवन की घर वाली को कैसा लग रहा होगा!

चंदू औरतों से इस क़दर शरमाता है कि आँखें तक ठीक से उठ ही नहीं पातीं उसकी उनके चेहरे तक। अभी उससे कोई पूछे कि बताओ इनमें मालती कौन है, शकुंतला कौन है तो वह सचमुच गड़बड़ा जाएगा। मगर...जाने क्या बात है कि लाख उधर न देखने की कोशिश करते हुए भी उसकी आँखें बरबस विभा जिधर बैठी हुई है, उधर ही मुड़ी पड़ रही हैं। महारानी लग रही है—पूरी महारानी। कैसा दिपदिपा रहा है मुखड़ा उसका! ऐसी रूपसी तो कभी देखी ही नहीं आज तक उसने। होगा त्रिभुवन राजा का लड़का। मगर...यह भी तो किसी महाराणी से कम नहीं। महाराणी क्या, देवी! सचमुच देवी!

यह भी तो एक कारण है जो उसे अपने घर के खाने की तारीफ़ इन लोगों के मुँह से इस वक़्त सुनना इस क़दर अटपटा लग रहा है। अब, कर्नल की बीबी है—तो, ज़ाहिर है खाना तो नहीं ही बनाएगी। जो भी बना होगा, नौकर-चाकरों ने ही बनाया होगा। तो, ऐसे में उसके सामने लक्ष्मी के हाथ के बनाए व्यंजनों के कसीदे काढ़ना—वह भी इतनी देर तक—क्या सरासर बदतमीज़ी नहीं हुई? हाँ, अगर यह देवी ख़ुद भी हमारे घर आई होती और खाना खाया होता हमारे यहाँ, तो फिर कोई बात भी थी। वह ख़ुद भी शामिल हो जाती इनके कोरस में। मगर वह तो वहाँ थी नहीं। तब फिर...उसे कैसा लग रहा होगा? यही ना, कि ये लोग त्रिभुवन को सुनाके उसी को कह रहे हैं—अरे, तुम तो नौकरों से बनवाते हो खाना। तुम क्या जानो घर वाली के हाथों का स्वाद! सालों को त्रिभुवन का भी लिहाज़ नहीं, कि उसे कैसा लग रहा होगा! मत बुलाना त्रिभुवन, इन्हें आइंदा कभी भी खाने पर।

"कुछ भी कहो, चंदू! रहने लायक़ जगह तो अपना अल्मोड़ा ही है।"

चंदू विभा की रूपमाधुरी में ही इतना मगन था कि अपने नाम के अलावा और उसके कुछ पल्ले नहीं पड़ा। "क्या?"—उसने पूछा, हकबकाते हुए।

"तेरा ध्यान किधर है?"—विनायक ने उसे डपटते हुए अपना जुमला दोहरा दिया।

चंदू सिटपिटा गया। "भाभीजी से पूछो, उन्हें कैसा लगा?"—वह हकलाया। नज़रें उसी तरह नीची किये हुए।

"मुझे तो चंदू भाई, आपका अल्मोड़ा, सच पूछिए तो, रानीखेत से कही ज़्यादा बहुत ही ज़्यादा पसंद आया।"—मालती बोली।

चंदू की कातर कनखियाँ फिर विभा की ओर मुड़ गईं। किसी तरह अपने असमंजस को दबाते हुए उसने कहा—"बस तो फिर क्या है? आ जाइए ना वहीं। बाहर तो पूरी उम्र बिता दी। अब रिटायर होके अल्मोड़े में ही बस जाइए।"

"क्यों? रानीखेत में क्यों नहीं?"—विभा ने हस्तक्षेप किया तो त्रिभुवन ने भी कहा—"आइ ऐग्री। रानीखेत क्यों नहीं?"

“अल्मोड़ा ख़ूब खुला-खुला है।”—मालती ने बग़ैर हिचके अपना फ़ैसला सुना दिया। “रानीखेत सुंदर है बहुत सुंदर। यों अल्मोड़े से भी ज़्यादा मनोरम। किंतु बंद-बंद सा।”

“बिलकुल यही बात मैं नैनीताल के बारे में कहता हूँ जिसका लोग ख़ामख़ाह बुरा मान जाते हैं।”—विनोद तिवारी, जो अभी अभी दाख़िल हुआ था बैठक में—तपाक से बोल पड़ा।

“वाह भाई वाह!”—त्रिभुवन ने टोका—“नैनीताल के बारे में तो मेरी फीलिंग भी ठीक ऐसी ही है। मगर, रानीखेत? रानीखेत को बंद-बंद बताना तो मेरी समझ से...

“निहायत बेवकूफ़ी है।”—लच्छू जो ख़ुद भी विनोद के पीछे-पीछे अभी-अभी बैठक में दाख़िल हुआ था, और जिसे पूरी बात का संदर्भ भी पता नहीं था तड़ाक से जड़ बैठा।

“हाँ, आप तो ऐसा कहेंगे ही!”—मालती तुनककर बोली। “ ‘वैस्टेड इंटरेस्ट’ जो ठहरा आपका यहाँ।”

“यह तो सरासर ज़्यादती है आपकी मैडम। ‘वैस्टेड इंटरेस्ट’ इसमें कहाँ से आ गया?”—त्रिभुवन ने कहा।

“आपने तो मालती जी, मुझे और त्रिभुवन से भी रानीखेत को अल्मोड़े के सामने ‘डिफेंड’ करने का अधिकार ही छीन लिया।”—विभा ने त्रिभुवन की कड़कदार आवाज़ के ठीक विपरीत, अपना बेहद मुलायम और मीठा सा प्रतिरोध जताया।

“कैसे?”—मालती ने अपनी तीखी निगाहों से विभा को भेदते हुए पूछा।

“ऑब्वियसली,”—विभा मुस्कराई। “आपकी नज़र में अगर लच्छू भाई की रानीखेत के बारे में राय सिर्फ़ इसलिए फ़ालतू हो जाती है कि वे अपनी आजीविका यहाँ होटल चलाके कमा रहे हैं तो कर्नल त्रिभुवन भी तो सपत्नीक इसीलिए आपके शक के दायरे में आ जाएँगे कि वे आर्मी अफ़सर हैं और इस नाते यहाँ उन्हें एक बढ़िया बँगला और कई सारी न्यामतें सुलभ हैं।”

“मालती, यू नो इट्ज़ नॉट फेयर,”—शकुंतला ने मामले की नज़ाकत भाँपते हुए तुरंत प्रतिवाद किया।

“हू इज़ नॉट फेयर?”—विभा ऑर मालती?” हरीश ने जानना चाहा। उसे इस चर्चा में बिलकुल भी रस नहीं था।

“ऑफ़कोर्स मालती। क्यों शकुंतला?”—विनायक ने पूछा। शकुंतला ने सिर हिलाकर उसका अनुमोदन किया।

“क्यों? मैंने क्या अन्याय किया है?”—मालती गुर्राई।

“आदमी के ‘टेस्ट’ या ‘जजमेंट’ को उसकी आजीविका से जोड़ना और आजीविका में ही रिड्यूस कर देना उसके प्रति अन्याय नहीं तो क्या है?”—विनायक

से नहीं रहा गया।

"जस्ट अ मिनट,"—हरीश तिवारी उछलकर खड़ा हो गया और अपनी कुर्सी उस कोने से घसीटकर बीचोबीच ले आया। मालती-विनायक के ठीक सामने।

"तुम लोग ख़ामख़ाह बात का बतंगड़ बनाने पर तुले हो। मालती ने ऐसा कुछ भी नहीं कहा जो तुम सबके सब उस पर टूट पड़े। अल्मोड़े में पहाड़ ख़ूब दूर-दूर तक छितरे हैं। हर दिशा खुली हुई है—आँखों के लिए कहीं कोई अवरोध नहीं—इस फैक्ट या ऑब्ज़र्वेशन से कोई अंधा ही इनकार करेगा। इस प्रकार का खुलापन—अपरिमित खुलापन और विस्तार—मालती का कहना है कि रानीखेत में नहीं मिलेगा। क्या ग़लत कहा उसने—ज़रा बताइए। अब, रहा 'वैस्टेड इंटरेस्ट' तो, यह तो मालती ने यूँ ही मज़ाक में कह दिया होगा। हम आख़िर यहाँ कोर्ट में हलफिया बयान देने आए हैं या बरसों बाद अपने दोस्तों के पुनर्मिलन को 'सेलीब्रेट' करने?...और विभाजी, माफ़ करिएगा, आप रानीखेत को डिफेंड करने की बात क्यों कर रही हैं? आप पर अटैक कौन कर रहा है?"

इस पर लच्छू ठठाकर हँस पड़ा। "हमारे सेनापति की श्रीमती से तुम और क्या उम्मीद करते हो? डिफेंस का आदमी डिफेंड नहीं करेगा तो क्या तुम करोगे? अरे कम्बख़्तो, जो रानीखेत को ही डिफेंड नहीं कर सकता, वह भारतमाता को क्या डिफेंड करेगा?"

इस पर चंदू अचानक डगमगाता हुआ अपनी सीट से उठ खड़ा हुआ और ताली बजाने लगा। "भारतमाता की?"—वह चिल्लाया। जब जवाब नहीं मिला तो वह दुगुने जोश से उचका और चीख़ा—"भारतमाता की...?"

"जै!" सबको समवेत चीख़ना पड़ा। चंदू ने ख़ुशी में अपना सिर हिलाया और कृतार्थ होकर वापस कुर्सी पर ढेर हो गया। फिर अचानक जैसे कोई काम की बात याद आ गई हो, वह फिर उछला और मालती को संबोधित करके बोला—"हाँ भइया, सब चुप हो जाओ। मुद्दे की बात करो। मालतीजी, मैंने आपसे कहा था...क्या कहा था मैंने?"

मालती की मुखमुद्रा चंदू की हालत देखकर पिघल गई। उसे ज़ोर की हँसी आने को हुई—उसे क़ाबू में करते हुए बोली—"हाँ, आपने कहा था कि रिटायरमेंट लेके अल्मोड़ा ही आ जाइए।"

"यस,"—चंदू डगमग करता हुआ फिर से खड़ा हो गया। "यहीं आ जाइए मतलब, अल्मोड़ा या रानीखेत कहीं भी आ जाइए। तुम साले बेमतलब लड़ रहे हो।"

"अरे कोई नहीं लड़ रहा है चंदू भाई,"—विभा की आवाज़ सुनाई पड़ी। "आपको ऐसा क्यों लगा? यह तो इन लोगों का ड्रामा है।"

"बैठ यार चंदू। सिटडाउन। तू बार-बार खड़ा क्यों हो जाता है?" लच्छू बोला।

"असल में यह अपने को अभी भी जी.आई.सी. में ही समझ रहा है।"—हरीश तिवारी ने अंडरकट मारा। याद है, साइंस के पीरियड में इसे अकसर ही तीन-तीन बार बेंच पर खड़ा हो जाना पड़ता था। सबसे ज़्यादा देवकीनंदन मास्साब इसी पर मेहरबान रहते थे!

"तू ठीक कह रहा है,"—लच्छू बोला। "साले की वो आदत अभी तक गई नहीं। अबे, यह क्या बायलॉजी की क्लास है?"

"हाँ तो, मैं कह रहा था,"—चंदू हकलाने लगा।

"सुन लिया चंदू, सुन लिया" विनायक बोला—"तू कह रहा था यहीं आ जाओ। कैसे आ जाएँ यार? पाँच-पाँच पुश्तें हमारे पुरखों की इसी अल्मोड़े में बिना अपने मकान के कट गईं। पहले कोई न्योता देता तो अभी तक कुछ कर चुके होते। अब तो बम्बई में ही फ़्लैट कबाड़ लिया है। छोड़ के कैसे आ जाएँ उसे?"

"क्यों? सेल कर दो उसे और यहाँ ख़रीद लो।"—चंदू बोला। उसकी आवाज़ अब बिलकुल नहीं लड़खड़ा रही थी। "मकानों की यहाँ क्या कमी है? तुम बोलो तो सही, मैं आज ही ज़मीन ढूँढ़ दूँ तुम्हारे लिए। और अगर बना-बनाया ही चाहिए तो वो भी हो जाएगा। अपने यहाँ आजकल अकसर कोई-न-कोई मकान बिकाऊ रहता ही है। मैदान में बस गए जो लोग, उनके मकान।"

विनायक के भीतर उत्साह की लहर दौड़ गई। ठीक ही तो कहता है चंदू। मगर मालती माने, तब न?

"यार, हम तो इन्हीं के ताबेदार हैं। जहाँ ये, वहाँ हम।"—उसने कहा, "तुम तो अपनी भाभी को पटाओ। हमारा क्या है? वैसे विनोद तो बुला ही रहा है नैनीताल। वहाँ से अपडाउन कर लेंगे हर माह।"

"लो सुनो इनकी बात,"—मालती ने प्रकट में शकुंतला को, मगर वास्तव में विनायक को संबोधित करते हुए कहा—"ख़याली पुलाव बाँधना कोई तुम्हारे 'सर' से सीखे। इतना ही शौक था घर-वापसी का, तो दस-बीस बरस पहले सोचा होता। मुझसे तो इन्होंने कभी अल्मोड़े का नाम तक नहीं लिया। शकुंतला, तुम तो इनकी विश्वस्त सलाहकार हो। तुम्हीं बताओ तुमसे इन्होंने कभी अपना नॉस्टेल्ज़िया शेयर किया क्या?"

शकुंतला पसोपेश में पड़ गई। किसकी तरफ़ से बोले? नॉस्टेल्ज़िया तो सचमुच 'सर' को सताता रहा है और उन्होंने उससे कई बार शिकायत भी की है कि मालती को पहाड़ बिलकुल रास नहीं आता। नहीं तो वहीं घर बना लेते।"

विनायक को मालती का उसे सबके बीच में इस तरह टोकना अखर गया। बोला—"ऐसा है चंदू, तुम्हारी भाभी की सत्यवादिता मुझे बहुत महँगी पड़ती है। 'सत्यं ब्रूयात् प्रियं ब्रूयात्' जैसा सीधा-सादा मुहावरा तो कभी इनके पल्ले ही नहीं पड़ा।"

''पहाड़ से–यहाँ की नदियों की तरह–जो भी एक बार उतरा, कभी वापस लौट के नहीं आता। ठीक है भई, नाम कमाना है तो घर का मोह छोड़ना ही पड़ेगा।'' –लच्छू बड़ी सीरियस मुद्रा बनाके बोला–''मगर अब तो तुम लोग नाम-धाम सब कमा चुके। अब शान्ति से अपना बुढ़ापा अपनी जन्मभूमि में काटो ना। फिर विनायक को तो–मैं जानता हूँ–अपने पहाड़ से बेहद लगाव है।''

''तो रहें ना शौक से यहाँ!''–मालती से रहा नहीं गया। ''इन्हें रोका किसने है? मुझे मालूम है इनको किस चीज़ से कितना लगाव है! लगाव होना एक बात है; और, सचमुच वहाँ रहने आ जाना बिलकुल दूसरी बात। देखिए ऐसा है, चंदू भाई, आपके लिए ये वही चालीस बरस पहले के बीनू होंगे। मगर मैं जिनको जानती हूँ तीस बरस से, उन्हें आप भी नहीं जानते। आप तो ऐसा कीजिए लच्छू भाई साब...''

मालती अचानक खिलखिला पड़ी अपनी ही सूझ पर–''आप तो इनके हनुमानजी ठहरे। जो अपने दोस्तों के लिए दवाई का पूरा पहाड़ ही उखाड़ ले गए लंका। यहीं इसी इलाक़े से। तो आप भी उस पहाड़ का एक कोना उखाड़ के इनके लिए बम्बई ले आइए और वहीं रोप दीजिए।

''हियर, हियर!'' त्रिभुवन चीख़ा। आइडिया अच्छा है और वह दवाई वाला पहाड़...दैट इज़...दूनागिरि भी वो रही आपके सामने ही। दूर जाने की भी ज़रूरत नहीं।''

''त्रिभुवन!''–विभा ने बीच में टिप्पणी जड़ी–''समस्या बम्बई को पहाड़ में रोपने की है; पहाड़ को बम्बई में रोपने की नहीं। क्यों प्रोफ़ेसर विनायक? मैं ठीक कह रही हूँ।''

''वैल सेड,'' शकुंतला ने ताली बजाकर विभा का अनुमोदन किया।

विनायक को अपने दोस्तों के सामने इस तरह मख़ौल का पात्र बनाया जाना अखर गया। ''ओ! डोंट बी सिली,''–उसके मुँह से निकल गया।

''छोड़ो भी। कोई दूसरी बात करो।''–शकुंतला को भी मालती की स्पष्टवादिता बेमौक़े की लगी। ''आप तो भाई साहब, यह बताइए''–उसने कहा, ''हम जैसे लोग अगर छुट्टियाँ बिताने हर साल गर्मियों में यहाँ आना चाहें–माह दो माह के लिए–तो क्या हमें ऐसा ही कोई कॉटेज किराए पर दिलवा सकते हैं?''

''क्यों नहीं! ज़रूर दिलवा सकते हैं। अल्मोड़े में टूरिस्ट ज़्यादा नहीं आते। कॉटेज ख़ाली रहते हैं। आप तो मुझे बस एक चिट्ठी लिख दें। मैं करवा दूँगा।'' चंदू बोला।

''थैंक यू भाई साहब।''–शकुंतला मालती की ओर मुड़ी और कहने लगी– ''मेरी समझ में नहीं आता, लोग मकान बनाने के झंझट में पड़ते ही क्यों हैं! किराए के मकान क्या मकान नहीं होते? आपको प्रकृति चाहिए कि संपत्ति?''

''यह हुई कुछ बात शकुन!'' मालती ने शकुन की पीठ थपथपाते हुए कहा–

“यह बात तुम अपने ‘सर’ को क्यों नहीं समझातीं? तुम्हारी राय इनके लिए मेरी राय से कहीं ज़्यादा अहमियत रखती है।”

लच्छू-चंदू की निगाहें तो लगातार विनायक के चेहरे पर ही गड़ी हुई थीं। अब विभा की भी चिंताकुल आँखें उधर ही जा मुड़ीं। वह सोचने लगी—एक अच्छे मेज़बान का रोल निभाने के लिए उसे क्या कहना और करना चाहिए? उसने त्रिभुवन को अपनी बाँह से हौले से ठसका लगाया। “ब्रिगेडियर ने पूरी ब्रिगेड अपने हाथ में ले ली।” “हाँ तो...तुम लोग उस दिन मुझसे सियालकोट कैम्पेन के मेरे फर्स्ट हैंड अनुभवों को सुनना चाहते थे न? तुम लोगों की इजाज़त हो, तो शुरू करूँ?”

“इरशाद, इरशाद!” हरीश चिल्लाया। विनोद ने भी खड़े होकर ताली बजाते हुए उसका अनुमोदन किया। फिर तो लच्छू, चंदू मालती, शकुंतला सब त्रिभुवन के इर्द-गिर्द जमा हो गए।

“आप लोग तब तक इनकी वीर गाथा सुनिए। मैं तब तक खाने-पीने का देखती हूँ।”—विभा उठ गई—शकुंतला को अपनी कुर्सी पर बैठने का इशारा करते हुए।

“नो मैन इज़ अ हीरो टु हिज़ वाइफ़। क्यों?”—प्रोफ़ेसर विनोद ने विभा की जाती हुई पीठ को लक्ष्य करके अपना तीर छोड़ा।

विभा ने अबाउट टर्न लिया और विनोद की पत्नी को संबोधित करते हुए जड़ दिया—“नो! आइ थिंक एवरीमैन इज़ अ हीरो टु हिज़ वाइफ़ इक्सेप्ट टु सम वेरी स्पेशल लेडीज़ लाइक... ।”

वाक्य उसने अधूरा अधर में ही टँगा छोड़ दिया—और लपककर भीतर अंतर्धान हो गई।

“स्पेशल लेडीज़—अर्थात् ख़ासुलख़ास महिलाएँ अपने अपने हाथ ऊँचे करें,” विनोद तिवारी चिल्लाया।

“मेरा हाथ किसी के ऑर्डर पर नहीं उठता,”—मालती ने तुनककर कहा।

“और, शकुंतला! तुम?”—त्रिभुवन ने चुनौती सी दी।

“आइ ऐग्री विद विभा। बट आइ रिफ्यूज़ टु लिमिट माइ स्पेशन स्टेटस ऐज़ अ वुमन टु दिस रादर सिली क्राइटेरियन,”—उसने ज़ोर से कहा।

“ऐंड यू, मिसेज़ विनोद?”

मिसेज़ विनोद ने हाथ ऊँचा कर दिया तो लच्छू-चंदू और हरीश अपनी-अपनी जगह उठकर खड़े हो गए और तालियों की गड़गड़ाहट से पूरी बैठक गूँज उठी।

“ऑर्डर! ऑर्डर!” ब्रिगेडियर चिल्लाया। “मैं अपने संस्मरण तब तक नहीं सुनाऊँगा जब तक विभा अपना स्टेटमेंट मेरे पक्ष में नहीं बदल देती।”

“डन त्रिभुवन, डन,”—विभा की आवाज़ भीतर से घंटियों की तरह टुनटुनाती हुई गूँजी।

''ओके देन,''...त्रिभुवन शुरू हो गया।

ब्रिगेडियर कथावाचक की भूमिका में आ गया। कोई आध घंटे तक सब अनुशासित सैनिकों की तरह उसकी भारी और कमांडिंग आवाज़ के जादू से बँधे रहे। इस बीच विभा ने उस 'पिन ड्रॉप साइलेंस' को पूरी तरह 'मेंटेन' करते हुए ही गरमागरम पनीर पकौड़े परोस दिए। चंदू से तो वह पहली बार ही मिल रही थी। मगर 'भाई साहब, भाई साहब' फुसफुसाते हुए उसने उसके ख़ाली गिलास को शैम्पेन से दुबारा भर दिया। चंदू, जो त्रिभुवन की वीरगाथा को सबसे ज़्यादा रस लेकर सुन रहा था—विभा के सुगंधित सामीप्य से इतना निहाल हो गया कि 'प्लीज़...प्लीज़' करता हुआ वह अपने गिलास को पीछे हटाने की बजाय उसे आगे खिसकाता चला गया। उसकी इस हरकत पर लच्छू, जो उसकी बग़ल में ही जमा हुआ था हँसते-हँसते ऐसा बेहाल हो गया कि मुँह दबाकर बाहर को भागा।

''क्या बात है? कहाँ भाग रहे हो?''—त्रिभुवन की कड़कदार आवाज़ ने उसका पीछा किया तो वह 'डैम सीरियस' मुद्रा बनाकर भीगी बिल्ली की तरह वापस अपनी जगह पर आ गया और त्रिभुवन को फ़ौजी सैल्यूट ठोकता हुआ अटेंशन की मुद्रा में खड़ा हो गया।

''सिट डाउन,''—त्रिभुवन बोला।

देखते-देखते थोड़ी देर बाद जो नज़ारा सामने आया, वह यह था कि ब्रिगेड छोटी-छोटी प्लैटून्स में विभाजित हो गई है। हर एक अपना जोड़ीदार लेके बैठा है। विभा शकुंतला के साथ, मालती हरीश के, विनायक त्रिभुवन के साथ और चंदू विनोद के साथ। बस एक लच्छू था जो बारी-बारी से हर समूह में घुसपैठ करता घूम रहा था—अपनी लंतरानियों से सबको गुदगुदाता हुआ। बाक़ी सबके लिए तो शैम्पेन ही काफ़ी थी। मगर एक विनायक ही था जो त्रिभुवन के साथ उसके अपने हार्ड-ड्रिंक—सिक्किम की रम—में डूबता चला जा रहा था। और, हाँ, विनोद तिवारी भी।

शकुंतला पूरी तरह विभा के प्रेम-पाश में बँधी हुई थी। फिर भी कान उसके हर दिशा में लगे हुए थे। विभा की महज़ उपस्थिति में ही ऐसा चुम्बक था कि उसे अपने जोड़ीदार को मंत्रमुग्ध किए रहने के लिए बोलने तक की कोई ज़रूरत नहीं थी।

''शकुंतला, तुम्हें क्या लगता है, इस वक़्त कौन सा ग्रुप सबसे ज़्यादा ख़ुश है।''—विभा ने पूछा तो शकुन ने बिना एक पल को भी हिचकिचाए उँगली उधर ही उठा दी जिधर मालती और मिस्टर ऐंड मिसेज़ हरीश बैठे थे। दूर से देखके ही कोई भाँप सकता था—साफ़-साफ़ कि सबसे ज़्यादा ज़ोरदार डायलॉग वहीं चल रहा है। दोनों ही इतने उत्तेजित और मगन जान पड़ते थे।

''तुम बिलकुल सही हो शकुन,''—विभा ने कहा। ''वैसे भी—मैं तुम्हें बता दूँ हम

सबमें सबसे ज़्यादा अर्नेस्ट सोल प्रोफ़ेसर हरीश ही हैं। वे सिरफ़ एक आरामकुर्सी पर क़ब्ज़ा जमाने वाले सोशियोलॉजिस्ट नहीं हैं। आएदिन यहाँ सल्ट की गर्मी में जान झोंके खटते रहे हैं। पता है, वहाँ के गाँव वाले इन्हें साधु-संत की तरह मानते और पूजते हैं।''

लच्छू जो इस बीच इधर ही लगभग बैठा था, इस पर खिलखिलाकर हँस पड़ा। ''हरीश और संत! चंदू भगत को कहते, तब भी कुछ बात थी। इस कम्बख़्त हरीश का संतई से क्या लेना-देना! आप भी भाभी, हद कर देती हैं।''

''लच्छू भाई!''—विभा ने कहा—''भगवा पहनके तो कोई भी साधु-संत बन सकता है। मगर प्रोफ़ेसर तिवारी ने जिस तरह उस इलाक़े में गाँव वालों में चैतन्य और स्फूर्ति का संचार कर दिया है—उन्हें आत्मनिर्भरता का सबक़ सिखाया है—वह चमत्कार से कम नहीं है। मगर, आप तो उनके बालसखा ठहरे। आप तो मुझसे बेहतर जानते होंगे उन्हें।''

लच्छू क्षण भर को तो हतप्रभ हो गया। फिर बात बदलने के लिए कहने लगा—''भाभीजी, आप पहले यह बताइए—आपको भगवे से इतनी चिढ़ क्यों है?''

''देखिए भाई साहब,''—विभा ने लच्छू की बात को अनसुना करते हुए जड़ा—''प्रोफ़ेसर तिवारी की प्रोफ़ेसर और स्कॉलर के रूप में ही इतनी ख्याति है कि उन्हें यह जानलेवा ज़िम्मेदारी अपने ऊपर ओढ़ने की क़तई कोई ज़रूरत नहीं थी। सचमुच के गिरे-पड़े जोगों को सचमुच में उठाके अपने पाँवों पर खड़ा कर देना, उनमें सचमुच का आत्मविश्वास भर देना—यह सिर्फ़ किताबी इल्म से नहीं हो सकता। भाई साहब! इसके लिए ख़ुद अपने को होम करना होता है, अपने विचारों का महँगा मोल चुकाना होता है। त्रिभुवन से पूछो—वे भी पहले प्रोफ़ेसर हरीश के इस 'फ़ितूर' का मज़ाक ही उड़ाया करते थे। बट...नाउ, ही हैज़ बिकम हिज़ मोस्ट अर्नेस्ट एडमायर। यह कैसे हुआ? कभी पूछके तो देखिए त्रिभुवन से।''

''विभा, अब मैं यहाँ तुम्हारे पास बैठी नहीं रह सकती। तुमने मुझे उकसा दिया है बेतरह!''—शकुंतला ने जैसे ही उठने का उपक्रम किया—विभा ने उसे बाँह पकड़के वापस बिठा दिया। ''तुम तो परसों जा रही हो। अरे, मालती, अपने सोशियोलॉजिस्ट फ्रेंड के बारे में तुम्हें सब बताएगी ही। तुम्हें मुझे उनकी ख़ातिर मेरा हक़ छीनने की इजाज़त मैं नहीं दूँगी। बैठो चुपचाप। सुनो—प्रोफ़ेसर तिवारी तुम्हारी मालती से कम 'लाउड' नहीं हैं। यहीं से सुनाई दे रहा है उनका प्रवचन। हाँ, अगर तुम्हें मर्दों की कंपनी ही ज़्यादा लुभाती हो तो...।''

''प्लीज़ विभा,...तुम जानती हो यह बिलकुल सही नहीं है। इतनी बेरहम मत बनो प्लीज़!'' शकुंतला ने फ़ौरन विभा का मुँह अपनी हथेली से बंद कर दिया। इस पर विभा ने उसे अपनी बाँह से लपेटकर उसका माथा चूम लिया।...

“यह क्या हो रहा है?”–चंदू फुसफुसाया लच्छू के कान में। मगर उसकी फुसफुसाहट भी इतनी ‘लाउड’ थी कि विभा के कानों तक पहुँच गई।

“चंदू भइया! आप बोर तो नहीं हो रहे हैं? वो देखिए–आपके लँगोटिया यार आपको उधर ही बुला रहे हैं।”

“कहाँ?” चंदू बोला–“नहीं, मुझे कोई नहीं बुला रहा है। मैं जहाँ हूँ, वहीं ठीक हूँ। तुम लोग मेरी वजह से बोर हो रहे हो तो बताओ। मैं चला जाऊँगा।”

“चंदू भइया!”–विभा ने बड़े लाड़ से उसे पुचकारते हुए कहा–“आप भी कैसी बात कर रहे हो?”

चंदू निहाल हो गया। ‘चंदू भैया!’ का संबोधन उसे पुलकित कर गया था। वह उज़बक की तरह आँखें झपकाता हुआ विभा के चेहरे से अपनी नज़र ही नहीं हटा पा रहा था। “अरे यार चंदू! इधर आओ ना! वहाँ औरतों के बीच ठुँसे क्या कर रहे हो?”–विनायक चिल्लाया। इस पर विभा ने–“अब बोलो बच्चू,”...के अंदाज़ में आँखें तरेरीं तो चंदू अपना माथा पीटता हुआ विनायक की तरफ़ बढ़ लिया डगमगाता हुआ।

तभी प्रोफ़ेसर तिवारी उर्फ़ हरीश मुच्ची उठा और पैंट की जेबों में दोनों हाथ डाले अकड़ता हुआ विनायक के पास आ पहुँचा।

“सुनो बीनू! कल सुबह-सुबह छह बजे मालती को तैयार होके मेरे साथ मेरा फील्ड वर्क देखने चलना है। शाम तक ये मेरे कब्ज़े में रहेंगी। रात ढलने से पहले तुम्हारे पास पहुँचा दूँगा। ठीक है? तुम्हें कोई एतराज़ हो तो बता दो। और हाँ, वहीं अँधेरा हो गया तो फिर रात भी वहीं देहात में गुज़ारनी पड़ सकती है।”

विनायक ने एक निगाह हरीश पर और दूसरी उधर डाली जिधर मालती बैठी थी। कंधे उचकाते हुए बोला–“क्यों? मुझे नहीं ले जाओगे? तुमको मैं इतना मूर्ख लगता हूँ कि तुम्हारे फील्ड वर्क में मुझे कोई दिलचस्पी ही नहीं हो सकती? अभी जुम्मा-जुम्मा चार दिन भी नहीं हुए–तुम्हें मालती से मिले, और इतने में ही तुमने घोट लिया उसको?”

“मैं क्या मना कर रहा हूँ तुमको?” हरीश नक़ली गुस्से से आँखें तरेरता हुआ बोला–“मैंने सोचा तुम ठहरे लिटररी आदमी। सोशल वर्क में तुम्हारी भला क्या रुचि होगी। तो क्यों ख़ामख़ाह तुम्हारा क़ीमती वक़्त बरबाद करूँ!...फिर, तुम तो अभी–एक और महीने तक यहीं रहने वाले हो। कभी भी मेरे साथ चल सकते हो। मालती तो जा रही हैं परसों।”

“अरे साले!” विनायक बोला। “मैं क्या तुम्हें नहीं जानता? तुम्हें हमेशा दूसरों की चीज़ें ही अच्छी लगती थीं। लड़कपन के दिनों में भी। जाओ, साले, ले जाओ मेरी बीबी को। ऐश करो।”

विनायक के मुँह से यह सुनकर सब सन्न रह गए। यह क्या हो गया विनायक को? यह उसकी भाषा तो नहीं है। पल भर को तो हरीश भी सनाका खा गया। लगता है, कुछ ज़्यादा ही चढ़ गई है पट्ठे को मिलिटरी रम। पीते क्यों हो साले, जब पचती नहीं?

''सोच लो। बाद में पछताना मत।''—उसने भी वही पैतरा आज़माया। ''मालतीजी! ज़रा इधर तो आइए। ज़रा इस मेल शोविनिस्ट की बात तो सुनिए। आपको 'चीज़' यानी 'कमोडिटी' बता रहा है—खुल्लमखुल्ला सबके सामने। वह भी दूसरों की चीज़।''

''अब इसमें मैं क्या कर सकती हूँ!''—मालती ने बिना ज़रा भी हतप्रभ हुए कहा—''मेल शोविनिस्ट तो ख़ैर, कैसे कहूँ। और चाहे जो भी ऐब इनमें हों, यह आरोप तो इन पर लगाया नहीं जा सकता। मगर...मेरी समझ में नहीं आता, आप मरदुए लोग बिना गाली-गुफ़्ता किए, एक-दूसरे के प्रति अपना लाड़-प्यार तक नहीं जता सकते। ऐसा क्यों?''

इस पर सब लोग हँसते-हँसते लोटपोट हो गए।

''खाना लगा दिया है साब,''—बावर्ची ने आकर सूचित किया। सब एक-दूसरे पर गिरते-पड़ते और एक-दूसरे को सम्हालते हुए डायनिंग रूम की ओर बढ़ लिये।

32

आख़िरी दिन

''बोलिए भाभीजी! क्या फ़ैसला किया?''

''काहे का फ़ैसला लच्छू भाई?''—मालती ने जानते-बूझते अनजान बनने का नाटक किया।

''छोड़ यार, तू तो पीछे ही पड़ जाता है। तुझे फ़ैसला आज का आज, और अभी का अभी क्यों चाहिए?''

''मैं तेरे से बात नहीं कर रहा हूँ। तू बीच में मत बोल। भाभीजी को बोलने दे।''

''क्यों? क्या तू समझता है मैं तेरी भाभी की मर्ज़ी का गुलाम हूँ?''

''और क्या!''—लच्छू खिलखिला पड़ा। अब, इसमें भी भला कोई शक है! तुझे आज से नहीं, कई-कई जन्मों से जानता हूँ। तेरी नकेल हमेशा किसी दूसरे के हाथ में रही है। कभी जगन काका, कभी मथुर काका, कभी सरू दीदी...कभी...।''

''बकवास बंद कर।''—विनायक बोला। ''...वो कहावत है ना, कि 'हुए तुम दोस्त जिसके, उसका दुश्मन आसमाँ क्यों हो...?' मालती तो यहाँ आने से रही। कितना बड़ा कारोबार है उसका बम्बई में—तू क्या जाने! मेरे पीछे वह अपना जमा-जमाया कारोबार बंद करके इस उजाड़ में मरने क्यों आएगी?''

लच्छू के होंठ कुछ बोलने को फड़फड़ा ही रहे थे कि मालती ने विनायक पर आँखें तरेरीं और बोली—''अपने मेटाफर अपने पास ही रक्खो। मुझ पे मत आजमाओ। 'कारोबार' से तुम्हारा क्या मतलब है? बता क्यों नहीं देते साफ़-साफ़ अपने दोस्तों को कि; मैं क्या काम करती हूँ! लच्छू भाई! मैं ही आपको बता दूँ कि मैं बम्बई में कोई दस बरसों से वेश्याओं के पुनर्वास का काम कर रही हूँ। आश्रम और स्कूल भी चला रही हूँ उनके बच्चों के लिए। समझे? आपसे भी चंदा वसूलूँगी। अब आप ही तय करिए, इतना बड़ा कारोबार क्या मैं इसलिए बंद कर दूँ कि...इन्हें अपने बचपन को अपने बुढ़ापे से वसूल करने का शौक चर्राया है?''

विनायक हतप्रभ हो गया। तो भी, अपने को सँभालते हुए संयत स्वर में बोला—

''चलो भई, मुझसे आपकी शान में गुस्ताख़ी हो गई–माफ़ी चाहता हूँ। पर मेरा आशय वही था–जो तुमने बताया। लच्छू, इनके जीवट को बड़े-बड़े लोगों ने सराहा है। समझ ही सकते हो–इतनी मेहनत और तपस्या से खड़ी की गई संस्था को छोड़कर चले आना इतना आसान तो नहीं है ना?''

''देखो, तुम्हारे मन में जो है, साफ़-साफ़ क्यों नहीं कहते?–मालती बोली–''यही ना, कि मैं कुछ छोड़ नहीं सकती; अपनी चीज़ों से चिपकी रहती हूँ। जबकि तुम तो बड़े अनासक्त योगी-संत हो–सारी मोह-माया से मुक्त। कितनी ही बार तुमने मुझे सुनाते हुए कहा है कि पुण्य की आसक्ति भी उतनी ही बाँधने वाली होती है जितनी पाप की। कान खोलकर सुन लो प्रोफ़ेसर विनायक! यह तुम्हारी बड़ी भारी भ्रान्ति है। मालती जो है सो है। और वह किसी चीज़ से नहीं बँधी। मैं जिस दिन ठान लूँगी–एक मिनट भी नहीं लगेगा मुझे–उस सब से हाथ खींच लेने में। जैसे ही मुझे तसल्ली हो जाएगी कि संस्था मेरे बिना भी चल सकती है–मैं उसे सुयोग्य हाथों को सौंप सकती हूँ–मैं उससे तुरंत तत्काल मुक्त हो जाऊँगी। समझे?''

''उफ़! तुम मुझे फिर ग़लत समझ रही हो मालती।'' विनायक ने अपना माथा पीट लिया–''इस संस्था को चलाने के पीछे, तुम्हारा कोई मोह या स्वार्थ है, ऐसा मैंने कब कहा? रही पुण्यासक्ति वाली बात, तो उसका तुमसे क़तई कोई संबंध नहीं था। एक बिलकुल अलग ही संदर्भ में वह बात कही गई थी। भगवान के लिए, ऐसी फ़ालतू बातें तो मन में न लाओ। तुम सारी दुनिया के साथ न्याय करती हो; एक मुझी से तुम्हें क्यों इतनी खुन्नस है?''

''प्लीज़ मालती!...क्यों व्यर्थ की बहस उठा रही हो इस वक़्त? दिस इज़ नॉट द प्लेस टु डिस्क़स दीज़ थिंग्ज़।''–शकुंतला से नहीं रहा गया। लच्छू भी क्या सोचेंगे? इस मालती को क्या पता, 'सर' कितनी बड़ी क्राइसिस से उबर के आए हैं अभी-अभी!...

''तुम चुप रहो शकुन। इन्हें कहने दो, जो कुछ इनके मन में दबा पड़ा है।''–मालती अब भी अपने तेवर जरा भी ढीले करने के मूड में नहीं थी। ''कर लेने दो ना इन्हें आज सारा हिसाब चुकता मेरे साथ। जगह-बेजगह क्या होती है, यह इन्हें क्या पता नहीं? जानबूझकर अपने दोस्तों के सामने इन्होंने मुझे कठघरे में खड़ा किया है। यह इनका 'फ़िक्सेशन' है बहुत पुराना। कि मैं ही एक हूँ जो इन्हीं को नहीं समझती। अगर ऐसा ही है तो फिर जाएँ ना वहीं शौक से–जहाँ इन्हें समझने वाले, इनकी क़दर करने वाले लोग हैं। मेरे साथ क्यों अपनी ज़िंदगी तबाह कर रहे हैं?''

''प्लीज़ भाभीजी!''–लच्छू ने हाथ जोड़ दिए। ''आप क्या थोड़ा ओवर-रिएक्ट नहीं कर रही हैं? दरअसल सारा क़सूर मेरा है। बहुत ग़लत घड़ी चुनी मैंने। मुझे नहीं पूछना चाहिए था आपसे ऐसा सवाल। ऐन विदाई के समय। मैं समझता हूँ भाभीजी,

आपकी समस्या। अच्छी तरह समझता हूँ। मुझे नहीं छेड़ना चाहिए था यह सवाल फ़ालतू का।''

मालती ने लच्छू के जुड़े हुए हाथ अलग कर दिए। ''आप निश्चिंत रहिए लच्छू भाई। आप नहीं भी छेड़ते तो भी यह सब छिड़ना ही था। इन्हें तो बस बहाना चाहिए कोई भी, कभी भी–सबके सामने मुझे कठघरे में खड़ा करने का।''

''उफ़ मालती दी! तुम्हें हो क्या गया है अचानक? अब चुप भी करो।''

''तू चुप रह शकुंतला। मैंने और किया क्या है इन तीस बरसों में–सिवा चुप रहने के? कम-से-कम तू तो न्याय कर मेरे साथ। लच्छू भाई बिचारे क्या जानते हैं? मगर तुझे तो सब पता है ना! मुझे मालूम था यही सब होगा। मगर तूने ही ज़िद ठानी। तू ही मुझे खींचकर लाई यहाँ। क्या यही सब देखने-सुनने को?''

विनायक कुछ सुन रहा है?...कि अपने ही भीतर के गड्ढे में जा दुबका है?

तुम्हें हर उस चीज़ से एलर्जी है मालती, जो मेरा मन चाहता है। यह आज की नहीं, सदा की समस्या है, मालती! कठघरे में तुम्हें मैंने नहीं, तुमने मुझे खड़ा किया है। आज नहीं, हमेशा। हमेशा यही होता आया है। यह तो संयोग भर था कि लच्छू निमित्त बन गया। मेरा अपराध, मालती एक ही है और वह यह, कि मैं तुम्हारा पति हूँ और सारी परेशानी तुम्हें इस 'पति' नामक संबंध, पति नामक प्राणी से ही हैं। तुम्हारा पति होना ही मेरा अपराध है और इस अपराध की कोई सुनवाई नहीं है। कोई क्षमा नहीं है।

यह कौन कह रहा है? गड्ढे से आती इस आवाज़ को कौन सुन रहा है? सिर्फ़ गड्ढा! गड्ढे से आती पुकार किसी को नहीं सुनाई देती। और गड्ढा भी गड्ढा बने रहने के सिवा और क्या कर सकता है?

विनायक ने एक ठंडी साँस छोड़ी। ''सॉरी यार लच्छू, मुझसे ज़्यादा इस चेंज की ज़रूरत मालती को थी और सच में, इन्हें इतना मज़ा आया यहाँ–मुझसे कहीं ज़्यादा।. ..तुम कुछ ऐसा-वैसा मत सोच बैठना। ऐसी खटर-पटर तो मियाँ-बीबी के बीच चलती रहती है। मेरी भौजाई और तुम्हारे बीच नहीं चलती क्या?''

''वोई तो। अब कही तूने बात!''–लच्छू एकाएक मौज में आ गया। ''बड़ी जल्दी याद आई तुझे अपनी भौजाई की। कभी पूछा तूने उससे या मुझी से कि वो यहाँ क्यों नहीं आती? मिले तो थे उससे अल्मोड़े में।...''

मालती एकदम चकरा सी गई। महीने भर से जिसके दम पर ऐश उड़ाते फिर रहे हैं, उससे कभी उसके घर-परिवार के बारे में पूछा तक नहीं। क्या सोचते होंगे लच्छू भाई भी!

“क्यों शकुन, अपन अल्मोड़ा गए थे तो लच्छू भाई के घर कैसे नहीं गए?”

शकुंतला के काटो तो ख़ून नहीं। जवाब तो देना ही होगा।

“मालती दी, आप उस दिन प्रोफ़ेसर हरीश के साथ उनके डिपार्टमेंट गई थीं। बहुत देर में लौटी थीं—याद है? इत्तफ़ाक से लच्छू भाई अचानक वहाँ आ गए तो मुझे और सर को अपने घर लिवा ले गए। तुमसे उनकी भेंट ही नहीं हो पाई। मुझे भी ख़याल ही नहीं आया। तुमसे भी बात ही नहीं हो पाई उस बारे में...।”

“अरे तो क्या हुआ?”—लच्छू बीच-बचाव सा करता हुआ बोल पड़ा। “अगली बार ही सही। दरअसल, भाभीजी, मैं तो उसे यहीं बुला लेता। मगर वो ज़रा घरेलू क़िस्म की औरत है। पढ़ी-लिखी औरतों से बहुत शर्माती है।”

“क्या मतलब?”—मालती ने डपट दिया लच्छू को। “समझ में नहीं आता आप मरदों को आख़िर चाहिए क्या? औरत घरेलू हो, तो सोशल क्यों नहीं है, यह शिकायत। और सोशल हो, तो घरेलू क्यों नहीं है, यह शिकायत। गोया औरत न हुई नुमाइशी चीज़ हो गई।”

“उफ़! मेरा मतलब वो नहीं था।”—लच्छू ने प्रतिवाद किया।

‘मतलब-वतलब...मैं सब समझती हूँ।”—मालती ने जड़ा।

“रहने दे लच्छू।”—विनायक बीच में ही टपक पड़ा। “आदमी वही समझता है जो वह समझना चाहता है।”

“हाँ-हाँ!”—मालती बोली—“जैसे, तुम तो आदमी की ज़ात से बाहर हो। देव या गंधर्व हो। क्यों?”

“राक्षस भी तो हो सकता हूँ!”—विनायक बोला।

“नाउ...शटअप प्लीज़।”—शकुंतला चिल्ला पड़ी। “उठो मालती, अपना सामान बाँधो। मुश्किल से चारेक घंटे बचे हैं।”

“मैं तो मनाता हूँ, बस ही मिस हो जाए तुम्हारी। या स्टार्ट ही नहीं हो पाए।”—लच्छू बोला।

“भाभीजी, अब भी सोच लीजिए। बीनू के साथ ही जाइए। आप दोनों का रिज़र्वेशन फिर से करवाने का ज़िम्मा मेरा।”

विनायक एक पल ख़ामोश रहा। फिर बोला—“क्यों? अभी भी मन नहीं भरा तेरा?”

लच्छू ठठाकर हँस पड़ा। “यही तो मज़ा है प्यारे, गिरस्ती का। आख़िर होटल चलाता हूँ। रोज़ ही कोई-न-कोई नया तमाशा देखता हूँ। यह दुनिया ख़ुद सबसे बड़ा तमाशा है।”

पहली बार विनायक के होंठों पर मुस्कराहट उभरी। “अच्छा तो साले, तूने हमको यहाँ इसीलिए बुलाया था कि हम तेरे सामने तमाशा बनें और तू उसका मज़ा ले। क्यों?”

“और नहीं तो क्या!”—लच्छू बोला।

“अब ज़रा मेरी भी फ़िलॉसफ़ी सुन ले।”—विनायक की आँखें सहसा चमक उठीं। अभी-अभी तूने क्या कहा? यही ना, कि ख़ुद तमाशा बनने में और दूसरों को तमाशा बनते देखने में फ़र्क़ होता है। बस, यहीं पर तू ग़लत है। यह ‘दूसरा’ क्या होता है? दूसरा कुछ नहीं होता लच्छू। हमीं हम हैं, हमारे सिवा कोई नहीं। जब लोग नहीं होते तेरे आसपास, तो तू क्या कर रहा होता है? किसे देखता है? किसका तमाशा होता है जो तू पल-प्रतिपल अपने मन के परदे पर देखता है? कभी कोशिश की तूने थोड़ा अलग हट के उस तमाशे को तमाशे की तरह देखने की? अपने ही परदे पर बनती-बिगड़ती परछाइयों को उछलते-कूदते देखता है तू। किसका तमाशा है वह? और कौन उसे देखता है? और कौन होता है तेरे सिवा वहाँ? बोल। प्यारे, तू ही दर्शक है, तू ही परदा है, तू ही तमाशा है।”

लच्छू उठ खड़ा हुआ। ज़ोरों से तालियाँ बजाता हुआ। शकुंतला को भी उसका संक्रामक रोग लगा। वह भी उठके ताली बजाने लगी। चलो, टॉपिक तो बदला। अचानक उसे कुछ याद आया। उस शाम विभा ने भी तो कुछ ऐसी ही बात कही थी। नहीं?

“यह फ़िलॉसफ़ी तो आपने हमें पहले कभी नहीं बताई सर।”—अचानक छा गई चुप्पी को भंग करते हुए शकुंतला बोल उठी।

“इसमें फ़िलॉसफ़ी जैसा क्या है—मेरी समझ में नहीं आया।”—मालती ने टिप्पणी जड़ी।

“वेल...ऐट लीस्ट इट्ज़ ऐन इंटरेस्टिंग आइडिया!”—हरीश बीच में ही बोल पड़ा।

“हो सकता है, इसमें आप लोगों को जीवन-दर्शन जैसा बिलकुल न लगे!”—विनायक अपनी ही रौ में था। “हो सकता है, यह महज़ एक अनुभव हो जो बग़ैर आपके चाहे, अचानक आपको हो गया हो। मगर एक बार जहाँ इस अनुभव ने आपको पकड़ा, आप उसे बारम्बार पकड़ने की कोशिश करने लगते हैं और उस कोशिश में सफल भी हो जाते हैं। तब अचानक आपके साथ चमत्कार जैसा कुछ घट जाता है—एक अंतहीन खुलापन और मुक्ति का स्वाद...। आप बारम्बार उस चोटी तक पहुँचते हैं और बारम्बार फिसलकर अपने रोज़मर्रा के बंधनों में जकड़ जाते हैं। पर एक बार जहाँ वह जकड़न पिघली और आपने उस मुक्ति का स्वाद पा लिया, दुनिया आपके लिए फिर वही की वही नहीं रह जाती। बदल जाती है, आप भी बदल जाते हैं—थोड़ी देर को ही सही, आप वह नहीं रह जाते जो आप समझते हैं आप हैं चौबीसों घंटे।”

विनायक सहसा चुप हो गया। आँखें उसकी मुँदी हुई थीं। उसे ग़ौर से देखते हुए अचानक मालती के भीतर अकस्मात् कुछ कौंध गया। ‘नर्वस ब्रेकडाउन’...उसके

होंठ बुदबुदाए।

''क्या बोल रही हो मालती?''–शकुंतला ने पूछा। ''कुछ कह रही हो?''

''नहीं।''–मालती ने सिर हिला दिया। ''विनायक! कहीं ऐसा तो नहीं, कि तुम जो अभी बीमार पड़ गए थे–जिसे डॉक्टर ने 'नर्वस ब्रेकडाउन' बताया था और तुम चार-पाँच दिन चुपचाप बिस्तर पर पड़े रहे थे–कहीं उसी दौरान तो तुमको यह 'हैल्यूसिनेशन जैसा नहीं हुआ?''

''मालती, प्लीज़...'' विनायक अपनी खीझ को क़ाबू में रखते हुए बोला–''यह हैल्यूसिनेशन नहीं, हक़ीक़त है जो मैं बयान कर रहा हूँ। पता नहीं क्यूँ अभी अचानक मुझे यह प्रेरणा हुई उसे बताने की–जो बताया नहीं जा सकता। और जिसके बारे में कुछ कहने की इच्छा ही नहीं होती कभी। मालती, वह अनुभव हमारे और सारे अनुभवों से कहीं ज़्यादा ठोस जीवित-जाग्रत् अनुभव था। पर...एक मानी में...तुम भी सही हो। क्योंकि...ऐसा तो नहीं है कि मुझे पहले कभी इस तरह की अनुभूति न हुई हो; मगर ठीक इस तरह, इतने अनायास आकस्मिक ढंग से और इतनी देर तक मुझे इस अनुभव ने कभी नहीं जकड़ा था। घंटों मैं उसकी गिरफ़्त में रहा...और उससे निकलने की इच्छा ही नहीं हुई। एक तुम्हीं तो मेरे पास थीं उस वक़्त–मुझे पक्का-पूरा भान था इसका और जब उससे निकला, तो मैं जो मेरे साथ घटित हुआ था–उसका साझा तुम्हारे साथ करने को किस क़दर तड़पड़ाता रहा। मैं बता नहीं सकता। मगर...बोल ही नहीं पा रहा था मैं–बोलने की इच्छा भी मर गई हो जैसे–मैं क्या बोलता, कैसे बोलता? कितनी विचित्र बात है मालती, उसके दूसरे दिन, बल्कि तीसरे दिन भी मुझे रह-रहकर वैसा ही होता रहा...करेंट सा लगता रहा...पर मैं लाख कोशिश करने पर भी एक शब्द भी मुँह से नहीं निकाल पाया। जबकि मैं तुम्हें महसूस कर रहा था बराबर–इस तरह जैसे पहले कभी महसूस नहीं किया था।''

'किस तरह?'–मालती विनायक के चेहरे पर अपनी आँखें गड़ाए बुदबुदाई...होंठों-ही-होंठों में।...

जैसे बहुत अरसे से खोया हुआ और पूरी तरह भूला हुआ कुछ सहसा तिरकर ऊपर आ जाए...वह कुछ हैरान, कुछ खोई हुई थी, अपलक अपने पति को देखती रही। जैसे उस चेहरे में कुछ जो अभी-अभी कौंधकर बिला गया हो–उसी को खोज रही हो। क्या?

शकुंतला और लच्छू की आँखें आपस में टकराईं और बरबस ही एक सरीखी मुस्कराहट उन दोनों के चेहरे पर फैल गई।

''क्यों दीदी! सर की फ़िलॉसफ़ी कुछ समझ में आई?'' –शकुंतला चहक उठी।

मालती चौंक-सी गई। घूरकर देखने लगी शकुंतला को।

''ये दीदी-दीदी क्या लगा रक्खी है तूने? मैंने कित्ती बार कहा तुझसे–मुझे मालती

ही कहा कर। मान भी गई थी तू। अब अचानक फिर से तुझे यह क्या सूझी?''

शकुंतला इस पर खिलखिला पड़ी। ''कुछ तो हुआ ही होगा दीदी। मालती कहके ही तो तुम्हें पुकारती रही हूँ कब से। अब अचानक तुम दीदी लगने लगी हो मुझे, तो मैं क्या करूँ? हो सकता है, अभी कल से—या आज ही कुछ घंटों के बाद मैं फिर से 'मालती' पर ही आ जाऊँ। मगर फ़िलहाल अभी तो मुझे सब कुछ एब्नॉर्मल ही लग रहा है...।''

तभी सीढ़ियाँ बजने की आवाज़ आई और त्रिभुवन और विभा अचानक नमूदार हुए। ''अरे तुम लोग तो ऐसे आराम से बैठे हो जैसे कहीं जाना ही नहीं है। कैंसिल कर दिया क्या इरादा?''

''ओफ्फो! तुम लोगों ने क्यों तक़लीफ़ की ख़ामख़ाह?''—विनायक अपनी जगह से उठ खड़ा हुआ स्वागत में। इतने में उसने क्या देखा कि शकुंतला दौड़कर विभा से जा लिपटी है और विभा ने भी उसे कसके अपने आलिंगन में भींच लिया है। अरे, शकुंतला की पीठ अचानक इस तरह क्यों हिल रही है? रो रही है वह तो। क्या हो गया है इसे?''

''भाभी! हम लोग आपको अपनी गाड़ी से काठगोदाम तक छोड़ने जा रहे हैं। कुछ काम भी है हमारा वहाँ। बीनू! चलो फ़ौरन तैयार हो जाओ। क्यों लच्छू! खाना-बाना खिला दिया इन लोगों को?''

''नहीं यार, अभी कहाँ! फ़ालतू बातों में लगे रहे। चार बजे की बस पकड़ने की बात थी।''

''तुम्हारे आने की तो कहीं कोई बात ही नहीं थी। ऐसा क्या काम पड़ गया तुम्हारा काठगोदाम में?''—लच्छू बोला। ''पहले तो कभी तुम्हें जाते नहीं देखा काठगोदाम। तुम तो लगता है, पूरी प्लानिंग करके चले हो। एक फ़ोन तो कर देते हमें। ख़ैर, यह तो बताओ कुल कितने लोगों की जगह है तुम्हारी गाड़ी में?''

त्रिभुवन हँसने लगा। बिलकुल वैसी की वैसी है इसकी हँसी—विनायक के मन में आया। उसे त्रिभुवन के साथ नैनीताल में बिताए दिनों की याद हो आई।

''भाई साहब, आप नाहक तक़लीफ़ उठा रहे हैं। साथ ही देना है तो पूरा दीजिएगा। बम्बई ही चले चलिए।''—मालती बोली। वह आश्चर्यचकित थी। अपनी समझ से तो उसने अलविदा कर दिया था इन दोनों को कल रात ही। सरप्राइज़ देना चाहते रहे होंगे हमें!

''बम्बई तो हमें आना ही है अक्टूबर में। हमारा बेटा है वहाँ।''—विभा कहती है।

''मैं भी चलता हूँ त्रिभू,''—लच्छू, जो इत्ती देर से चुपचाप यह तमाशा देख रहा था—सहसा मुखर हो उठा है। ''चलो सब लोग डायनिंग हॉल में। मैं फटाफट खाना

लगवा रहा हूँ सबका।''

''हमारे लिए खाना मत लगवाना,''–त्रिभुवन कहता है–''तगड़ा लंच करके आए हैं हम लोग।''

लच्छू एकाएक अबाउट टर्न हो गया है।...''त्रिभुवन, कौन सी गाड़ी लिये हो? ''मेरे लिए तो जगह है ना?''

''जगह तो दिल में होती है लच्छू भाई,''–विभा खिलखिलाकर हँसती है। ''मगर शरीर का जहाँ तक सवाल है, उसे तक़लीफ़ ही होगी। आप तो यहीं रहिए। हम दो तो हैं ही। आप काहे को ज़हमत उठाते हैं।''

''लच्छू! रहने दे यार। महीने भर से इन लोगों को झेल रहा है। काहे को अपनी दोपहर की नींद ख़राब करता है?''

''रहने दो–बड़े आए मेरी नींद की फ़िकर करने वाले!''–लच्छू बोला–''मैं सब समझता हूँ। तुम दोनों को पीठ पीछे मेरी बुराई करनी है तो करो। मैं तुम्हारा मज़ा किरकिरा नहीं करना चाहता।''

''देखा विनायक? जैसे हम लोगों को इसकी बुराई करने के सिवा और कोई काम ही नहीं है! अरे, अपने अलावा भी तुझे कभी कुछ सूझता है?''–त्रिभुवन हँसता है।

''मैं कुछ मदद करूँ आपकी?''–विभा पूछती है और लच्छू के मना करते-करते भी उसके पीछे लग जाती है। ''आइए, आप लोग भी उधर ही आ जाइए–डायनिंग हॉल में।''

33

'सेक्स ऑन द माइंड एंड...'

मालती और शकुंतला को गाड़ी में बिठाके तीनों जने लौट रहे हैं रानीखेत को। अभी अँधेरा तो नहीं घिरा, मगर हेडलाइट जला दी है। उतरने में तीन घंटे लगे थे तो उतना ही वक़्त चढ़ने में भी लगेगा ही। बल्कि कुछ ज़्यादा ही।

''बीनू! मुझे अभी तक समझ में नहीं आया, तुम्हारी मालती जी को लौटने की इतनी जल्दी क्या थी?''

''संस्था चलाती हैं भाई। कोई इंग्लिश डिपार्टमेंट थोड़े है जो मेरे बिना भी चलता रहेगा।''

''त्रिभुवन आपकी सहधर्मिणी को लेकर परेशान हैं और मैं आपकी सहकर्मिणी को लेकर।''–विभा कहती है। ''मुझे तो उसके संग-साथ की जैसे लत ही पड़ गई थी। ऐसा मैंने आज तक किसी के साथ महसूस नहीं किया। समझ में नहीं आता मैं उसके बिना रहूँगी कैसे? भाई साहब, मालती जी तो, चलो, मान लिया नहीं रुक सकती थी; मगर शकुंतला की तो अभी काफ़ी छुट्टी बाक़ी थी। आपने रोक क्यों नहीं लिया उसे?''

''अरे, मुझे क्या पता था आपको उसके साथ की इतनी लत लग गई है।''–विनायक बोला। ''आपको मुझे पहले ही यह बताना था। मैं रोक लेता उसे।''

''रहने दीजिए...''–विभा के चेहरे पर हलकी सी शरारत है। ''सहधर्मिणी पर तो आपका ज़ोर नहीं चलता; सहकर्मिणी पर कैसे चल जाता?''

''दोनों बातें बिलकुल अलग-अलग धरातलों की है विभा?''–त्रिभुवन बोला। ''उन्हें इस तरह नहीं जोड़ा जा सकता।''

''मैं तो सोच रही थी कितना भाग्यशाली होगा वह पुरुष, जो ऐसी स्त्री का पति है,''–विभा अभी भी अपनी ही धुन में थी। ''वह क्यों नहीं आया साथ में?''

''बदक़िस्मत है कम्बख़्त!''–विनायक कहता है। ''जो रहस्य इतने घोल-मेल के बाद भी नहीं खुला, उसे अब खोल के क्यों मूड ख़राब किया जाय विभा का!''

"आइ हैव नेवर सीन माइ वाइफ़ फॉलिंग इन लव विद ऐनीबडी लाइक दैट,"–त्रिभुवन कहता है। "थैंक गॉड शी इज़ अ वुमन, ऐंड नॉट अ डैम्ड मेल..."

"तुम्हें कैसे पता?"–विनायक चुहल के मूड में आ गया है। "सुना नहीं तुमने, जो अपने पुरखे कह गए? 'स्त्रियश्चरित्रं पुरुषस्य भाग्यं दैवो न जानाति कुतो मनुष्यः'...।"

"अर्थ बताओ, अर्थ,"–त्रिभुवन कहता है। "संस्कृत मैंने बस उतनी ही पढ़ी है जितनी पीताम्बर दत्त जी ने सातवें दरजे में पढ़ाई थी। और वह भी मैं भूल गया।"

विनायक अर्थ समझा रहा है श्लोक का। । "डैम इट,"–त्रिभुवन कहता है। "नीरद चौधुरी ने ठीक ही लिखा है हम हिन्दुओं के बारे में...।"

"क्या लिखा है, मैं भी तो सुनूँ ज़रा।" विनायक चौंक गया है। "नीरद चौधुरी यहाँ कहाँ से आ टपका।"

"नीरद कहता है–'सेक्स ऑन द माइंड ऐंड फियर इन द हार्ट'...। मेरा ख़याल है यह एक ख़ासी दिलचस्प और सटीक टिप्पणी है हम हिंदुओं पर, ऐज़ अ व्होल। तुम क्या सोचते हो?"

"नीरद चौधुरी इज़ अ सिनिक,"–विनायक जड़ता है। "यू कैन एन्ज्वाय हिज़ राइटिंग़ विदाउट हैविंग टु टेक हिम सीरियसली...ही डज़ हैव एन इंटरेस्टिंग माइंड एंड ही डज़ राइट वेल। बट दैट डज़ंट मीन ही इज़ वाइज़ और सेंसिबिल टू।"

"व्हॉट डू यू मीन?"–त्रिभुवन बीच में टोक देता है। "तुम तो लिटरेचर के ही मर्मज्ञ हो। क्या तुम यह कहना चाहते हो कि लेखकों का असली सरोकार और असली प्रेरणा सत्य की खोज करना या सच बोलना नहीं है?"

"है क्यों नहीं, अवश्य है। मगर लेखक भी तो कई तरह के होते हैं।"

"तो, नीरद चौधुरी तुम्हारे हिसाब से किस तरह का लेखक है?"

"इंटेलैक्चुअल, सेरीब्रल, थ्योरेटिकल। बड़ी दूर की कौड़ी लाके सबको चौंकाने वाला। कुछ लोग–जिनमें लेखक भी शामिल हैं–ऐसे होते हैं जो न अपने साथ रह पाते हैं, न अपने सांस्कृतिक परिवेश के साथ। दोनों जगह वे अपने को मिसफिट पाते हैं। वे अपने जीवन-संसार का कोई ऐसा अर्थ नहीं ढूँढ़ पाते जो उनको स्वस्थ और मुक्त कर सके; वे न तो अपनी संस्कृति के साथ मेल बिठा पाते हैं, न परिस्थिति के साथ। तो वे एक तरह के स्नायुभंग के कगार पर स्वयं को खड़ा पाते हैं। सोचते हैं कि वे सोचते हैं इसीलिए हैं। तो सोच-सोच के वे अपने होने को 'जस्टिफाई' करना चाहते हैं। ख़ुद अपनी तथा औरों की निगाह में। इसलिए वे एक ज़ोरदार थ्योरी गढ़ना चाहते हैं जिसमें सारी असंगतियाँ संगत ठहराई जा सकें।"

"पर...भाई साहब, इसमें बेईमानी या झूठ क्या है? अगर कोई स्वभाव से

इंटेलैक्चुअल है तो, वह अपने अनुभव को इंटेलैक्चुअली ही तो देखेगा, समस्याओं को इंटेलैक्चुअली ही तो सुलझाने की कोशिश करेगा। आपको इससे इतनी शिकायत क्यों है?''–विभा टोकती है–''आप क्या ख़ुद भी इंटेलैक्चुअलों की ही बिरादरी में नहीं आएँगे?''

विनायक कुछ क्षण चुप रहता है। मुश्किल में डाल दिया है विभा ने। पूछ रही है कि थियरी गढ़ने से, इंटेलैक्चुअलिज़्म से, अतिबुद्धिवाद से आपके इस उग्र विरोध की जड़ में क्या है?

''विभा! बहुत मुश्किल है इसका जवाब देना। मैं समझता हूँ इंटेलैक्चुअल होना एक बात है, जीवन को, संसार को, मनुष्य को अपने विचार की कोटियों में बाँध के रिड्यूस करके यह मान लेना कि यही सत्य है, परमार्थ है, बिलकुल दूसरी बात है। देकार्त कहता है–'मैं सोचता हूँ, इसलिए मैं हूँ।' बहुत प्रसिद्ध वाक्य है उसका। मेरी समझ में यह बड़ी भारी भूल है उसकी। और यही सारी मुसीबतों की जड़ है। 'सच यह है कि मैं हूँ; इसलिए मैं सोचता हूँ।' सोचना एक फंक्शन मात्र है; जबकि होना एक फैक्ट है। हमें फैक्ट को पकड़कर चलना चाहिए, न कि फंक्शन को।''

''क्या तुम एक्ज़िस्टेंशियलिस्ट हो? मुझे कुछ पता नहीं इस बारे में। सुनी-सुनाई कह रहा हूँ।''–त्रिभुवन कहता है।

''पता नहीं यार, क्या हूँ? दर्शनशास्त्र में मेरी न तो कोई गति है, न रुचि ही, उस तरह। मेरी तो बुद्धि ही कुछ ऐसी बनी है कि मुझे लिटरेचर का प्रमाण ही ज़्यादा प्रामाणिक लगता है, तुम्हारे दर्शनशास्त्री के तर्कों की तुलना में। मैं यह भी समझता हूँ कि वैस्टर्न फ़िलॉसफ़ी एक अंधी गली में फँस गई है। उसके लिए अब आगे कोई राह नहीं है। मगर, पश्चिम का जो लिटरेचर है, उसमें बड़ी जान है। दर्शन का मेरी समझ से अगर कोई महत्त्व है तो उसके लिए अपने ही दार्शनिकों और उससे भी ज़्यादा संतों, भक्त कवियों आदि को देखना पड़ेगा। नीरद चौधुरी इतिहास का सीरियस अध्येता ज़रूर है : भारत का इतिहास उसे–जैसे कि वी.एस.नायपॉल को भी–बहुत दुखद और ग्लानिजनक लगता है। उससे उसका आत्मबिंब आहत होता है, खंडित होता है। तो उसकी सारी समस्या इस सेल्फ़-इमेज़ को सहेजने-सँवारने की है। इसी की ख़ातिर वह इतिहास पढ़ता है और अपने मनमाने अर्थ उसमें से निकालने के लिए उसे एक थियरी में रिड्यूस करता है। नायपॉल एक क्रिएटिव राइटर की तरह देखता है अपने औपनिवेशिक अनुभव को, ऐतिहासिक मज़हबों के इतिहास को भी। हालाँकि जिस तरह वह इस्लाम को 'इक्ज़ामिन' करता है, उस तरह ईसाइयत को क्यों नही करता? ख़ैर, चलो छोड़ो...इसको। बात बहक जाएगी और यह उपयुक्त अवसर भी नहीं है ऐसी बातों के लिए।''

''फिर भी क्या यह आश्चर्य की बात नहीं कि इतने दिनों में कभी भी ऐसी बातों की नौबत नहीं आई, अभी आई, इस गाड़ी में सफ़र करते हुए।''–विभा कहती है–''पर, भाई साहब, आपकी यह 'सोचने' और 'होने' के फ़र्क़ की बात मुझे बहुत पते की लग रही है। एक्ज़िस्टेंशलिज़्म क्या होता है, मुझे इसका कोई इल्म नहीं। जहाँ तक मैंने सुना है, उसे दर्शनशास्त्री लोग दर्शन नहीं मानते; लिटरेचर जैसा ही मानते हैं। यानी, कि हँसी उड़ाते हैं उसकी। आपकी बातों से मेरे मन में एक सवाल उठ रहा है। और वह यह, कि अगर 'होना' ही बेसिक बात है, सोचना सेकंडरी, तो 'होने' का अनुभव और ज्ञान ही सच्चे जीवन-दर्शन को जन्म दे सकता है; न कि सोचना। जो कि जिसे आप थियरी या 'सिस्टम-बिल्डिंग' कह रहे हैं, उसी की ओर ले जा सकता है। तो, भाई साहब, क्या आपको ऐसा नहीं लगता, कि ये जो योगी और ज्ञानी कहलाते हैं–जो आध्यात्मिक क्षेत्र के लोग होते हैं, वे ही सत्य के ज़्यादा निकट होते हैं, न कि तथाकथित वैज्ञानिक तथा तरह-तरह के फ़ल्सफ़ों वाले सिस्टम बिल्डर्स?''

विनायक का मन हुआ चिल्ला पड़े–''शाबाश विभा, यह हुई कुछ बात–मैं इसी तरफ़ आ रहा था। कहाँ थी अभी तक आप देवीजी!''...बमुश्किल उसने अपने को रोका और कहा–''मैं आपसे सहमत हूँ विभा।''...फिर वह त्रिभुवन की ओर मुख़ातिब हुआ और बोला–''त्रिभुवन, तुम कहाँ नीरद चौधुरी के चक्कर में पड़े हो? वह बेचारा ऐंग्लोफिल तुम्हें क्या दे देगा? तुम तो विभा से ही दीक्षा ले लो।''

''चक्करों की कुछ न पूछिए भाई साहब!''–विभा ने तुरंत बात का रुख़ ही पलट दिया। बोली–''अब जैसे आपके चंदू भाई हैं, वे गायत्री-परिवार के चक्कर में पड़े हैं। लच्छू भैया हर महीने एक बार यहाँ जो परमहंस योगानंद का 'योगदा' आश्रम है द्वाराहाट में, वहाँ का चक्कर लगाते हैं। यह आदमी नाम का जानवर सिर्फ़ जीने से संतुष्ट नहीं। जीने का कोई मतलब भी ढूँढ़ने के चक्कर में पड़े बिना, उसका गुज़ारा नहीं। तो अपने-अपने ढंग से कई लोग यह मतलब ढूँढ़ते और निकालते रहे हैं। हम कैसे यह कहें कि इसी का हल सही है, उसका ग़लत है?''

''विभा, धर्म और अध्यात्म की बात अलग है। फ़िलहाल हम साहित्य की ही बात तक सीमित रहें जिसका हमें थोड़ा बहुत अनुभव है। मैं त्रिभुवन से कह रहा था कि कुछ लेखक एक उम्र तक हमें बहुत मोहते हैं, हम उनकी चमकीली राइटिंग़ से प्रभावित होते हैं। पर वे हमारे साथ 'ग्रो' नहीं कर पाते। हमीं उन्हें 'आउटग्रो' कर जाते हैं। नीरद बाबू ऐसे ही लेखक हैं।''

''बीनू, तुम तो बात को ख़ामख़ा खींचे दे रहे हो?''–त्रिभुवन खीझ गया। ''एक वाक्य भर मैंने नीरद चौधुरी का कोट किया जिसमें कुछ दम नज़र आता है। वह कोई विवेकानंद या अरविंद पर टिप्पणी नहीं कर रहा है। औसत हिंदू चरित्र के बारे में

पिछले दो हज़ार वर्षों के इतिहास का जो आकलन उसका है, उसकी जो छवि उसके मन में बनी है उसे भर जता रहा है। बल्कि, मैं तो समझता हूँ—नीरद बाबू—हिंदू सभ्यता के निंदक भी उस तरह नहीं, प्रशंसक ही हैं : किंतु सिर्फ़ उसके आत्म-विश्वासपूर्ण दौर के। वे अगर यूरोफिल हैं तो डंके की चोट पर हैं : उसे छुपाते तो नहीं वे। तुम्हें आनंदकुमार स्वामी से भी चिढ़ है क्या?''

''क्या बात कर रहे हो? दोनों की क्या तुलना है?''—त्रिभुवन बोला।

''ठीक है। मगर याद करो कुमारस्वामी कहते हैं—हमें भारतीय आत्मा चाहिए और यूरोपियन शरीर यानी प्राण-ऊर्जा भी। अर्थात् समन्वय दोनों का। ज़िंदगी भर वे भारतीय दर्शन की व्याख्या में लगे रहे और ज़बर्दस्त अंतर्दृष्टि भी दिखाई। मगर रहने, काम करने को उन्होंने यूरोप ही चुना। क्यों चुना? बताओ। इतना ही नहीं; पत्नियाँ तक चारों उन्होंने विदेशी ही ढूँढ़ीं।''

''मुझे कभी-कभी लगता है, हम लोग यों भी चीन जापान जैसे एशियाई देशों की तुलना में यूरोप के अधिक निकट हैं। क्या आपको ऐसा नहीं लगता?''—विभा ने सहसा सवाल उछाल दिया।

विनायक चौंक गया। उसे विभा से ऐसे स्मार्ट जुमले की अपेक्षा न थी। एकाएक उसे कोई जवाब नहीं सूझा। पर जवाब तो देना ही पड़ेगा।

''हो सकता है, आप ठीक हों। मगर यह तो हिस्टोरिकल कंडीशनिंग हुई। दो सौ साल हम उनके ग़ुलाम रहे। पूरा शिक्षातंत्र, पोलिटिकल सिस्टम, प्रशासन तंत्र हमारा उन्हीं से उधार लिया हुआ है। भाषा तक हमारी अपनी नहीं। अंग्रेज़ी में ही हमारे बुद्धिजीवी सोचते-लिखते हैं। ऐसे में यूरोप तो हमें निकट लगेगा ही। चीनी-जापानी क्यों लगेंगे जिन्होंने सारा यूरोपियन इल्म और टेक्नोलॉजी भी अपनी भाषाओं के माध्यम से सीखी है।''

''आइ थिंक वी आर टॉकिंग ऐट क्रॉस पर्पज़ेज़।'' त्रिभुवन ने टोका। ''विभा औपनिवेशिक ज़ेहनियत की बात नहीं कर रही। वह 'कल्चरल एफिनिटी' की बात कर रही है। मामला वैसे भी इकतरफ़ा नहीं है। यूरोप ने भी भारत से—वाया अरब ही सही—बहुत कुछ लिया और पचाया। मगर तुम्हीं बताओ, चीन-जापान से भारत ने लिया क्या? दिया ज़रूर—पर क्या? बौद्धधर्म दिया, जिसे उन्होंने अपने ही हिसाब से ढाला। माध्यम की बात तुम्हारी ठीक है। मगर—हो सकता है मैं ग़लत होऊँ— पर—मुझे तो ऐसा लगता है कि सारे नक़लचीपन और गड़बड़ी के बावजूद परंपरागत भारत अभी भी काफ़ी कुछ बचा हुआ है; जबकि जापान-चीन का सचमुच यूरोपीकरण हो गया है। 'कल्चरल रिवोल्यूशन' भी चीन का—तथाकथित—क्या था आख़िर? यूरोप की देन कम्युनिज़्म का ही एक ज़्यादा बर्बर संस्करण ही नहीं तो? कम्युनिस्ट हो जाना यूरोप की ग़ुलामी से छुटकारा पा लेना नहीं है। बल्कि और कसके उसमें बँध जाना

है। लोहिया ने क्या कहा था—ज़रा याद करो।''

विनायक ठठाकर हँस पड़ा। ''मगर त्रिभुवन, तुम तो ख़ुद ही 'यूरोफिल' हो। तुम्हें चीन और जापान का अमरीकीकरण या कम्युनिस्टीकरण क्यों अखर रहा है?''

''बात पटरी से उतर रही हे बाश्शाओ...!'' विभा अचानक बोल पड़ी। ''तुम दोनों ही अब पीनक में हो। मुझे बिलकुल मज़ा नहीं आया तुम्हारे 'डिस्कशन' में। वास्तव में...मैं तो अभी इस 'जुदाई' से ही नहीं उबर पा रही हूँ। बहुत ख़ाली-ख़ाली लग रहा है मुझे। भाई साहब, आपने इस तरह जाने क्यों दिया इन दोनों को?''

विनायक ने एक ठंडी साँस छोड़ी।

''स्त्री को जितना स्त्री समझ सकती है, पुरुष कभी नहीं। आप दोनों के बीच मुझे 'कम्युनिकेशन गैप' लगा। मैं ग़लत कह रही हूँ।''—अचानक विभा बोल पड़ी।

अँधेरे में विनायक का चेहरा विभा को नहीं दीख रहा। दीखता तो उसमें उसे खिसियाहट और खिझलाहट दोनों नज़र आतीं।

इतने में त्रिभुवन बोल पड़ा—''डार्लिंग, समटाइम्स यू सरप्राइज़ ईवन मी विद योर विज़्डम।''

''वेल...समटाइम्ज़ इज़ सर्टेनली बेटर दैन नैवर,'' विभा ने भी नहले पर दहला जड़ा।

''यू मीन आइ नैवर डेविएट इंटु सेंस?''—त्रिभुवन ने भी जड़ ही दिया।

विभा मुस्कराती हुई चुप रही। विनायक कुछ बोलने को हुआ। पर हकलाकर रह गया। नींद और नशे के मारे उसकी हालत ख़राब थी।

''यू कैन स्लीप ऑन माइ शोल्डर्ज...बोथ ऑफ़ यू,''—त्रिभुवन बोला। ''आइ कैन बीयर बोथ ऑफ़ यू।''

''दैट्ज़ द वाइज़ेस्ट स्टेटमैंट यू ऐवर मेड,''—विनायक तुतलाया और इत्मीनान से ब्रिगेडियर के कंधे पर लद गया। उधर विभा ने भी अपना सिर उसके दूसरे कंधे पर टिका दिया।

''सो जाओ। अभी पूरे डेढ़ घंटे का सफ़र बाक़ी है।''—त्रिभुवन बोला। यों ऊँघ का झोंका उसे भी आ रहा था। शायद इसीलिए, पूरी तरह चैतन्य दीखने के लिए वह बीच-बीच में गाने की तरह...'सेक्स ऑन द माइंड ऐंड फियर इन द हार्ट'...गुनगुनाने लगता था। विनायक इससे मन-ही-मन कुढ़ रहा था। उसने भी नीरद के 'ऐंटीडोट' की तरह टैगोर का गाना चालू कर दिया—

'व्हेर द माइंड इज़ विदाउट फियर, ऐंड द हेड हैल्ड हाइ...'

पर उसे जाने क्या हुआ—गाना (कविता) ख़त्म होने से पहले ही वह सिसकने लगा।

विभा चौंककर उठ बैठी सीधे। ''क्या हुआ भाई साहब, आपकी तबीयत तो ठीक है? विभा का स्पर्श अपने सिर पर महसूस करते हुए विनायक भी सीधा हो गया।...''ओह! कुछ नहीं विभा''—वह एक क्षण सम्हलने की चेष्टा में रुका रहा। फिर बोला—''सब इसका दोष है। देखो मुझे चिढ़ाने के लिए कब से नीरद चौधुरी की माला जपे जा रहा है। तो मैंने भी उसका जवाब निकाल दिया।''

''ख़ाक़ जवाब!''—त्रिभुवन जाने किस मूड में बोल गया। ''टैगोर तो नीरद बाबू के भी हीरो ही रहे। वो उसके ऐंटीडोट कैसे हो गए?''

''तुम नहीं समझोगे त्रिभुवन! विभा, मेरी मदद करो। इस त्रिभुवन से पूछो—किस तरह लड़कपन के दिनों में मैंने 'भारतमाता ग्रामवासिनी' की ट्यून बनाई थी। मगर जब भी गाता, मुझे रुलाई छूटने लगती। वैसा ही कुछ आज मेरे साथ अभी यह टैगोर की कविता कर रही है। मैं अपने लिए नहीं रोता विभा; मैं अपने देश के लिए रोता हूँ...टैल मी विभा! प्लीज़ टेल मी दि ट्रथ...ऐम आइ इंडल्जिंग इन फॉल्स सेंटीमैंटेलिटी?...टेल मी, टैल मी त्रिभुवन, विभा!...यू आर माइ बैस्ट फ्रेंड्स।''...उसका गला फिर से रुँधने लगा।

'कम ऑन , माइ डियर...'' त्रिभुवन उसका कंधा थपथपाते हुए बोला।

विनायक को अपने ऊपर झेंप सी महसूस हुई। यह क्या हो रहा है उसको? इस तरह रोना...वह भी विभा की प्रेज़ेंस में ! क्या सोच रही होगी वह! कि देखो हाल इनका। यही हैं हमारे बुद्धिजीवी! रोतल, सेंटीमेंटल!''

उसने गला खँखारा। बोला—''डू यू नो त्रिभुवन!...मुझे मेरे पिताजी ने सिखाया था बचपन में...कि जब भी तुम्हें डर लगे अँधेरे में,...तुम 'हनुमान चालीसा' जपना शुरू कर देना। मुझे लगा...तू वैसा ही जाप नीरद चौधुरी का कर रहा है।''

विनायक के इस जुमले पर त्रिभुवन का ड्राइवर किशनसिंह हँसते-हँसते बेहाल हो गया। ''सम्हल के रे किसनुवा!''—त्रिभुवन बोला—''नहीं रुक रही है हँसी, तो पहले गाड़ी किनारे खड़ी कर दे और जी भर के हँस ले। नहीं तो,...चल, तू उठ वहाँ से। मैं चलाता हूँ गाड़ी!''

''नहीं...नहीं साब,''—किसन बोला। ''बिनैक साब तो भौत ही मज़ा लगाते हैं।''

गाड़ी अँधेरे में धीरे-धीरे चढ़ाई पर रेंग रही थी। तीनों जन अब चुपचाप ख़ामोश अपने में ही डूबे हुए थे। ड्राइवर किशनसिंह को यह सन्नाटा अखर रहा था। बोला—''साब—आप लोग तो बिलकुल सुन्न हो गए हैं। कुछ बातचीत करते रहिए ना। गाड़ी चलाने में अच्छा रहता है।''

त्रिभुवन-विभा को इस पर हँसी आनी ही थी। इतने में विनायक ने फिर से सिसकना शुरू कर दिया। ''क्या कर रहा है यार? क्या हो गया आज तुझे?''—त्रिभुवन ने डपटा तो वह 'सॉरी त्रिभुवन, सॉरी विभा'...कहता हुआ सम्हल गया। फिर...उसकी

भर्राई सी आवाज़ उस सन्नाटे में अजीब ढंग से गूँजने लगी।

"तुम ठीक कह रहे थे त्रिभुवन!...यही है फ़िलहाल हमारा राष्ट्रीय चरित्र...यही... सेक्स ऑन द माइंड ऐंड फियर इन द हार्ट'...। यही है त्रिभू...यही है। वो नहीं, जिसका सपना श्री अरविंद ने दिखाया था, गाँधी ने दिखाया था। टैगोर ने दिखाया था।...'व्हेर द माइंड इज़ विदाउट फियर...ऐंड द हेड हेल्ड हाइ।' कहाँ है वह निर्भयता? और कहाँ है वह स्वाभिमान? मुझे शर्म आती है त्रिभु...आइ ऐम अशेम्ड ऑफ़ अवर इंटेलिजेन्सिया। दे हैव बिट्रेड एवरीथिंग। एवरी ड्रीम ऑफ़ अवर ग्रेट मैन...वी आर स्लेव्ज़ त्रिभु–वी आर एप्स। वी आर अटरली अनवर्दी ऑफ़ अवर हेरिटेज...त्रिभू! ऑफ़कोर्स आइ डोंट लाइक योर नीरद चौधुरी। आइ डोंट लाइक ईवन योर अमर्त्य सेन...ऐंड आइ हेट अवर डेमागौग्ज़, अवर सो कॉल्ड इंटेलैक्चुअल्ज़...दे आर एप्स, दे आर मियर शैडो–माइंड्स त्रिभु। लैट अस डू समथिंग अबाउट इट विभा, लैट अस डू समथिंग टु स्टैम दिस रॉट। वी जस्ट कांट एफोर्ड टु रिमेन म्यूट स्पैक्टेटर्स ऑफ़ दिस शेमफुल सेल्फ़-विट्रेयल। इट्ज़ अ शेम...।"[1]

"नाउ कम ऑन बीनू...सॉरी इफ़ आइ हर्ट यू,"–त्रिभुवन उसे थपकाते हुए बोला–"कम ऑन, टेक इट इज़ी वीनू...।"[2]

"ओह, हाउ कैन आइ टेक इट ईज़ी माइ फ्रेंड्स! हाउ कैन आई?"[3]–...विनायक की सिसकियाँ फिर चालू हो गईं। इतने में विभा को जाने क्या सूझा–उसका हाथ बरबस ही विनायक के सिर पर, उसके बालों पर फिरने लगा। "आई नो...आई नो, वीनू भैया! यू कांट टेक इट इज़ी। नॉर कैन वी। रैस्ट अश्योर्ड विनायक भैया...यू आर नॉट अलोन। वी बोथ आर विद यू भैया...बिलीव मी...वी बोथ आर विद यू। स्टॉप क्राइंग वीनू भैया...बी आर ऑल विद यू...यू आर नॉट अलोन...।"[4]

विनायक की सिसकियाँ थम गईं। "थैंक्यू विभा,...आइ एम सो ग्रेटफुल टू यू...आइ ऐम...आइ ऐम...आइ ऐम...। सुनो त्रिभु...सुनो विभा...मुझे कुछ याद आ

1. मुझे शर्म आती है अपने राजनेताओं और इन तथाकथित बुद्धिजीवियों पर। उन्होंने हमारे महापुरुषों के सपनों के साथ विश्वासघात किया है। हम गुलाम हैं त्रिभु, हम नक़लची बंदर हैं–अपनी विरासत सम्हालने में सर्वथा अक्षम! त्रिभु, सच है कि मैं तुम्हारी नीरद चौधुरी को पसंद नहीं करता। मुझे तो अमर्त्य सेन भी बिलकुल नहीं सुहाते। हम सब छायाजीवी हैं त्रिभु। क्या हम इस छायानृत्य के मूकदर्शक ही बने रहेंगे? कुछ करो त्रिभुवन, कुछ करो। इस आत्म-द्राह के ख़िलाफ़ कुछ करो। यह हमारी राष्ट्रीय शर्म है–इसका कुछ तो इलाज होना चाहिए वक़्त रहते त्रिभु।
2. सँभलो बीनू, सब ठीक हो जाएगा–धीरज से काम लो"
3. कैसे त्रिभु। मैं कैसे धीरज रक्खूँ?"
4. मैं जानती हूँ बीनू भैया आपकी तक़लीफ़ मैं समझती हूँ। फ़िक्र मत कीजिए। आप अकेले नहीं हैं, हम सब आपके साथ हैं, रोइए नहीं भैया, हम सब आपके साथ हैं।

रहा है...सुनाऊँ।''...और उसी उखड़े-पुखड़े अंदाज़ में गाना शुरू कर दिया—

मैं हूँ यह वरदान सदृश, क्यों
लगा गूँजने कानों में
मैं भी कहने लगा मैं रहूँ
शाश्वत नभ के गानों में...

''वाह! किसकी कविता है यह भाई साहब?''—विभा बोली।

''और सुनोगी? सुनो''—विनायक फिर चालू हो गया।

हिमाद्रि तुंग शृंग से/ प्रबुद्ध शुद्ध भारती
स्वयं प्रभा समुज्ज्वला/ स्वतंत्रता पुकारती

...''और सुनोगे? लो,''...कहते-कहते विनायक लुढ़क गया त्रिभुवन के कंधे पर।

''हम पहुँच गए।''—त्रिभुवन ने कहा। ''विभा, इसे लच्छू के होटल में छोड़ें, कि अपने साथ अपने घर ही ले चलें?''

''घर ही ले चलो।''—विभा बोली। ''इस वक़्त इन्हें अकेले छोड़ना ठीक नहीं है।''

34

एक सार्वजनिक भाषण

मेरे समानधर्मा, समानशील साथियो!

यह सपना नहीं, हक़ीक़त है कि आप सबने मिलकर स्वामी अभयानंदजी और भाई नारायणरामजी सरीखे दूरदर्शी, कर्मज्ञ महानुभावों की अगुवाई में एक ऐसा समवाय, एक ऐसा समाज रच डाला है, जिसका सपना आपका यह साथी-सगा जाने कब से—शायद होश सँभालने के दिन से ही देखता चला आ रहा है। मैं नहीं कहूँगा कि आपने वह सपना साकार कर दिया है। इसलिए नहीं कहूँगा मेरे भाइयो, कि सपने कभी पूरी तरह साकार और चरितार्थ हो जाने के लिए नहीं होते : वे एक बड़ी भारी ज़िम्मेदारी की तरह—बड़े भारी ऋण की तरह हमारे ऊपर लदे रहते हैं—जिन्हें पीढ़ी-दर-पीढ़ी जीना और निभाना होता है।

मित्रो! आपने कृपापूर्वक, अपनी सहज उदार गुणग्राहकता के चलते मुझ सरीखे कर्महीनों को भी—अपने साथ जोड़ा है, मैं इसके लिए आपका कृतज्ञ हूँ। ऐसा कुछ भी आपको बताने-जताने योग्य मैं स्वयं को नहीं मानता, जो मैं जानता हूँ और आप नहीं जानते होंगे। वास्तव में मेरी भूमिका सिर्फ़ आपको याद दिलाने की है, बूढ़े जामवन्त की है। समुद्र लाँघने की और अपनी अपहृत-निर्वासित प्रज्ञा को साक्षात् भेंटने और वापस लाने की सामर्थ्य मुझमें नहीं, आपमें है। मुझे तो केवल आपकी स्मृति को जगाने और उकसाने का निमित्त भर बनने का कर्तव्य निभाना है जो मैं आपका अंचलवासी सहचर एक लेखक, एक विद्याव्यसनी अध्यापक के रूप में अपनी हज़ार सीमाओं के भीतर निभाने की कोशिश करता रहा हूँ।

मित्रो! मैं आपको सिर्फ़ यह याद दिलाने को प्रेरित हुआ हूँ कि मनुष्यत्व की जिस पूर्णता का, जिस रामराज्य का सपना आपके प्राचीनतम पुरखों ने ही नहीं, बल्कि अभी हाल-हाल में आपके बीच ही जनमे और आपके लिए ही अपनी जान झोंक गए महापुरुष आपको दिखा गए हैं, उसकी बेहद कठिन शर्तें भी वे साथ-ही-साथ आपको जता गए हैं। पाँच या सात या दस हज़ार बरसों के आरपार भी हमारी मनुष्यता के

शिखरों पर देखा-सुना-जाना-गुना गया वह सच—जो कि, ज़ाहिर है, हम पठारों और मैदानों में जीने के आदी सामान्यजनों के लिए सपना ही हो सकता था, मगर जीवित-जाग्रत् सच का सपना—वह आज तक इस बीसवीं सदी के हिंदुस्तान में जीवित-जाग्रत्, चलता-फिरता सच हो सकता है, इसका इससे बड़ा प्रमाण और क्या हो सकता है! उस स्वप्न की अमरता का? पर क्या आपको नहीं लगा कि अपने-यानी स्वातंत्र्योत्तर (या कह लें—दास्योत्तर) भारत के नागरिकों ने उस प्रमाण की जानते-बूझते या अनजाने ही अनदेखी की—किन्हीं और ही प्रमाणों को अपने जीने-सोचने-करने का पैमाना बनाकर चलने की आसानियत अपनाई? मैं आपसे, बल्कि ख़ुद से ही पूछता हूँ कि क्या वह विचलन अनिवार्य था?...काल-गति के सम्मुख हमारी विवशता? क्या यह...'काल सुभाउ करम बरिआई/जस थोरेउ महँ चुकइ भलाई'...वाली बात थी? या कि सदियों से संचित राशिभूत हमारे तमस और तज्जनित आत्महीनता और परमुखापेक्षिता का प्रमाद? जो भी हो, उस जाने-अनजाने हुई भारी चूक की भरपाई अभी संभव है क्या? और क्या हम अभी भी उसके लिए सचेष्ट हो सकते हैं, सवाल यह है? और...इस सवाल का जवाब सकारात्मक हो सकता है, इसका प्रमाण ख़ुद आपने दिया है, दे रहे हैं यह समवाय आयोजित करके। मैं समझता हूँ, देश में अनेक ऐसे छोटे-बड़े स्वतःस्फूर्त उपक्रम हो रहे हैं, जो अख़बारों की सुर्ख़ियाँ नहीं बनते—जिनकी सार्वजनिक चर्चा नहीं होती; या जिन्हें अनदेखा करने में ही हमारे परजीवी सत्ता-प्रतिष्ठानों और प्रचार-प्रसार तंत्रों को अपनी सार्थकता और अपनी कुशल दीखती है।

मित्रो! हम हिन्दुस्तानियों पर कभी से यह आरोप लगाया जाता रहा है कि हममें इतिहास-बोध का अभाव है। यों हमारे पास इसका भी जवाब है और वह यह, कि अगर पश्चिम के पास इतिहास-बोध जिसने उसके धर्म-संस्कृति समाज और राजनीति को गढ़ा तो हमारे पास उससे भी ऊँची चीज़ है और वह है अवस्थिति-बोध : इस जगत् में जीव की जो स्थिति है उसका ज्ञान और उसके प्रकाश में मनुष्य के समस्त जीवन को सार्थकता देने की सामर्थ्य। परंतु मित्रो, हमारी कमी जो है, वह कमी ही है और कितनी भारी क़ीमत हमने चुकाई है उसकी, आप देख सकते हैं : हमारा हज़ार बरसों का इतिहास इसका ग़वाह है। निश्चय ही हमें अपने दुर्भाग्यपूर्ण इतिहास से कुछ ज़रूरी सबक़ सीखने ही पड़ेंगे। यह ख़ुद इतिहास-विधाता की इच्छा है। निस्संदेह विधाता ने जो यह मनुष्य नाम का बीज पृथ्वी में चारों तरफ़ बिखेरा—इतनी अलग-अलग हवा-पानी-मिट्टी वाले भूगोल में, तो इसका भी कोई प्रयोजन रहा होगा, जितनी भी मानव-सभ्यताएँ पनपीं इस पृथ्वी पर, सभी का कुछ न कुछ योगदान होना चाहिए सार्वभौम मनुष्यता के पार्थिव और अपार्थिव जीवन की समृद्धि और उत्कर्ष के लिए। सब कुछ एक ही सभ्यता की मुट्ठी में आ जाए, यह भला कैसे हो सकता

है! होना भी नहीं चाहिए। शायद इस अवश्यंभावी अनुचित एकाधिपत्य की प्रवृत्तियों को भी हटाने-मिटाने की सामर्थ्य भी इस परिस्थिति में और मानव-स्वभाव में ही निहित हैं : तभी तो जहाँ सभ्यताएँ एक दूसरी से अलग, स्वतंत्र और स्वायत्त ढंग से विकसित होती रही हैं, वहीं कालान्तर में वे एक-दूसरे से टकराती घुलती-मिलती भी रही हैं। यानी, संस्कृतियाँ आत्मावलम्बी भी होती हैं और परस्परावलम्बी भी। यानी कि, यह सारा सांस्कृतिक-वैविध्य और मानव-वैविध्य है ही इसीलिए कि मानव-एकता का पथ प्रशस्त हो। पर इस हर तरह से वांछनीय एकता को संभव बनाने या उस दिशा में आगे बढ़ने का सबसे अच्छा तरीक़ा क्या हो सकता है, क्या है, यह भी क्या विश्व का इतिहास ही आपके सामने उद्‌घाटित नहीं कर देता? आप कितना वैविध्य पचा सकते हैं, कितनी दूर की, यहाँ तक कि परस्पर-विरोधी प्रवृत्तियों को भी आपस में जोड़ सकते हैं—उनमें अपने जातीय अनुभव की सचाई के अडिग आत्मविश्वास के बूते ही जीवंत और गतिशील सामंजस्य पैदा कर सकते हैं—यह इसी पर निर्भर करता है कि मनुष्य के इतिहास और भूगोल में आपकी कैसी क्या जगह है या हो सकती है। मैं तो साहित्य का विद्यार्थी और प्राध्यापक हूँ : जो पढ़ा है, समझा है वही पढ़ाता-समझाता हूँ—जिसमें एक ग़ज़ब का सिद्धान्त यह भी है, कि जो काव्य जितनी दूर की चीज़ों को, जितनी ही परस्पर विरुद्ध चीज़ों को जोड़ता है, एक सामंजस्य में घटित कर पाता है, वह उतना ही बड़ा, उतना ही टिकाऊ और कालजयी काव्य होता है।

मित्रो! मुझे लगता रहा है और अपनी इस प्रतीति को मैं नम्रतापूर्वक आपके समक्ष रखना भी चाहता हूँ कि जिस महाभारतीय सभ्यता और संस्कृति में हम जनमे हैं, पले-पुसे हैं, वह ऐसा ही महान् कालजयी काव्य है। और आप जानते हैं, कविता के लिए तो अपमान और दलन भी ख़ुराक़ है, गिज़ा है : याद आता है एक बड़े भारी आधुनिक कवि हैं डब्ल्यू.एच. ऑडेन—उन्होंने तो अपनी डायरी में साफ़ ही इस अनुभव को लिखा है कि 'कविता अपमान और दलन से जन्म लेती है—पोएट्री इज़ बॉर्न आउट ऑफ़ ह्यूमिलियेशन'। इससे कहीं आप यह निष्कर्ष न निकाल बैठें कि मैं अपमान और दलन को उचित ठहरा रहा हूँ या ख़ुशक़िस्मती बता रहा हूँ। कदापि नहीं। मित्रो, पृथ्वी के कई देशों के महाकाव्य मेरे पढ़ने में आए—मुझे यह बात पहले बड़ी विस्मयकारी लगती थी कि पृथ्वी के इन तमाम देशों, सभ्यताओं में ऐसा कोई देश नहीं, ऐसी कोई सभ्यता नहीं, जिसने अपने उद्‌गम पर ही एक-दूसरे से इस क़दर भिन्न—इतने परस्पर विरुद्ध प्रवृत्ति वाले महाकाव्य रचे हों। एक तरफ़ उत्कट, चरम कोटि का आदर्शवाद, दूसरी तरफ़ उतना ही उत्कट, चरम कोटि का यथार्थवाद। एक तरफ़ पारस्परिक प्रेम और निःस्वार्थ बंधुत्व की पराकाष्ठा, दूसरी तरह पारस्परिक वैर-द्रोह और स्वार्थान्धता की पराकाष्ठा। एक तरफ़ अपने को लाँघ जाने, अपनी

उज्ज्वलतम संभावनाओं को चरितार्थ कर डालने का अपराजेय संकल्प और कर्म-ऊर्जा; तो दूसरी ओर, उसी मानव-स्वभाव में अंतर्निहित हद दर्जे की नीचता और लोभलिप्सा और परद्रोही वृत्तियों का चरम विस्फोट। क्या जताता है यह? यही ना, कि मनुष्य को लेकर, स्वयं यह जीवन-जगत् जैसा भी वह हमें मिला है, उसे लेकर भी हमारे पुरखे किसी भ्रान्ति या ख़ुशफ़हमी में नहीं थे : मनुष्य की दिव्यता में उनका स्वानुभूत-साक्षात्कृत विश्वास भी उन्हें आसुरी शक्तियों की प्रबलता के यथावत् ज्ञान और स्वीकार से नहीं डिगाता। वे इस बारे में किसी भ्रान्ति में नहीं पड़ते;–सर्वथा निर्भ्रान्त दृष्टि रखते हैं। और कुल सचाई जैसी है, उसे यथावत् उघाड़ने में भी उन्हें कोई हिचकिचाहट नहीं। वे न तथाकथित जन या जनता को लेकर कोई भ्रान्ति पालते हैं, न तथाकथित श्रेष्ठों को लेकर। यह वह सभ्यता है जो एक तरफ़ उपनिषदों की रचना करती है और दूसरी तरफ़–इस बेरहम दुनिया में कैसे ज़िंदा रहा जाए, कैसे 'सर्वाइव' किया जा सकता है, इसका प्रत्यक्ष और दुर्दान्त सबक़ सिखाने वाला 'हितोपदेश' और 'पंचतंत्र' भी आपको थमा देना ज़रूरी समझते हैं। स्वयं आपका चरम आदर्शवादी महाकाव्य और महाकवि भी–जो आपको रामराज्य का साक्षात् कराता है, वह भी आपको यह दिखाए और जताए बिना नहीं रह पाता कि किस तरह यह तपस्यार्जित रामराज्य भी इसी मनुष्य और इसी 'जन' की क्षुद्रता के सामने किस क़दर निरुपाय और वेध्य हो सकता है। तो, देख लीजिए हमारा आदिकवि भी मनुष्य के स्वभाव की हक़ीक़त को लेकर कदापि किसी भ्रम में नहीं है।

और आपका महाभारत? लड़कपन की वह घटना मुझे भुलाए नहीं भुलती जब वाल्मीकि रामायण पढ़ चुकने के बाद मैं रघुनाथ मंदिर के पुस्तकालय से 'महाभारत' पढ़ने को लाया घर में, तो घर में जैसे भूचाल आ गया था। मानो उसके घर में आने भर से, एक बच्चे के उसको छूने भर से कौटुम्बिक शान्ति तहस-नहस हो जाएगी। मेरे कच्चे किशोर मन के लिए वह एक ज़बर्दस्त झटका था। न सही महाभारत वाल्मीकि रामायण की तरह महाकाव्य; 'इतिहास' ही सही, जैसा कि माना जाता रहा है। मैं ख़ुद ऐसा नहीं मानता, मैं तो उसे महाकाव्य ही कहूँगा। तो भी यदि 'महाभारत' को हम अपने जातीय इतिहास का सारभूत संकलन ही मानें, तो भी बल्कि तब तो,...उसकी अवमानना, उसकी वर्जना और भी ज़्यादा आश्चर्यजनक और ग्लानिप्रद है। यह तो साफ़ तौर पर स्वरूप-विस्मृति का, स्मृति-भ्रंश का सबूत हुआ। सांस्कृतिक आत्मविश्वास गँवा बैठने का भी। तब तो इतिहास-बोध की कमी का जो आरोप आप पर परदेसी लोग लगाते रहे हैं, वह आरोप ख़ुद आपके सामूहिक आचरण से प्रत्यक्ष प्रमाणित हो जाता है। साबित हो जाता है सचमुच, कि पश्चिम जिसे इतिहास या इतिहास-बोध कहता है, उससे ही नहीं, बल्कि आप जिसे इतिहास समझते और कहते आए हैं, उस इतिहास को भी आप झुठला देने की, यानी अपनी स्मृति से ही खारिज

कर देने को उतारू हैं। उसे भी आप अनदेखा और अनहुआ कर देना चाहते हैं। क्यों? आख़िर क्यों? क्या यह एक ज़िंदा और आत्मविश्वास-संपन्न समुदाय का आचरण है? मैं आपका आह्वान करता हूँ कि आप अपनी इस दोहरी विरासत को–समग्र विरासत को–यथावत् समझें-आत्मसात् करें और उसी के बूते आधुनिक जगत् में अपनी अवस्थिति का आकलन और अपनी भूमिका का भी पारदर्शन करें।

मित्रो! मैं अभी परसों ही, हमारे-आपके मार्गदर्शक प्रेरणास्रोत और 'हिमालय बचाओ देश बचाओ' अभियान के मंत्रदाता, अनूठे योगी और कर्मज्ञ स्वामी अभयानंदजी महाराज के सान्निध्य में गंगोत्तरी-जमुनोत्तरी की यात्रा करके लौटा हूँ। मानो–मानो क्या, सचमुच ही–अपनी महा-भारतीय सभ्यता और संस्कृति के मूलोद्गम का स्पर्श करके, उसका अवगाहन करके आने का सौभाग्य मुझे मिला। आप समझ सकते हैं कि मेरे लिए यह मात्र एक आनुष्ठानिक कृत्य भर नहीं था–हालाँकि आनुष्ठानिक या रिचुअलिस्टिक सेंसिबिलिटी भी हमारे जैसे कवि-स्वभाव के लोगों के लिए अर्थहीन नहीं हुआ करती–मैं आपसे कहना चाहता हूँ कि मेरे लिए यह एक सचमुच की वैश्विक आयामों वाली, मानव मात्र को उसकी दैवी संपदा का पता देने वाली, उस संपदा में बाक़ायदा दीक्षित करने वाली सभ्यता और संस्कृति के स्रोत में अवगाहन करके अपने सांस्कृतिक आत्मविश्वास को पुनर्नवा करने का अनुभव था। इस यात्रा में मेरे साथ 'जन-प्रतिनिधि' की संज्ञा को साकार करने वाले, उसे सचमुच अर्थगौरव देने वाले मेरे सहपाठी और अन्यतम बालसखा, आपके लोकमान्य नेता श्रीमन् नारायणराम जी भी थे–और हमारे कुछ अन्य बालसखा भी–जिनके साथ मुझ अकिंचन ने कभी–आज से आधी सदी पहले–स्वाधीन नवजाग्रत् भारत की–बंकिम और श्री अरविंद की–भारतमाता का, महात्मा गाँधी के सपनों के 'यंग इंडिया' का–एक बालसुलभ सपना देखा था। नारायण जानते हैं–हमारे उनके अन्य सहपाठी त्रिभुवन, लच्छू, चंदू और प्रोफ़ेसर हरीश पांडे भी–कि किस तरह उन कच्चे किशोर दिनों में भी किस अतलान्त ऊर्जा और उत्साह से प्रेरित होकर हमने एक छोटा-सा समाज बनाया था–जिसका नाम ही 'स्वाधीन क्लब' था; एक हस्तलिखित पत्रिका भी निकाली थी जिसका नाम 'संदेश' हुआ करता था। तो यह यात्रा इसी भाव से प्रेरित होकर की गई थी कि बालपन से ही हमें जो बात शिद्दत से महसूस होती रही, उस विराट साझेदारी के दायित्व-बोध से अनुप्राणित हम सब लोग अपनी सभ्यता के प्रस्थान-बिंदु के एक प्रतीकात्मक साक्षात्कार में भी साझी बनें। अपने साठ-सत्तर वर्षों के जीवनानुभवों का पुनरवलोकन-पुनरीक्षण करें–और, चूँकि तब उस अचेतावस्था में भी हमारी अपनी व्यक्तिगत जीवनी मानो हमारे स्वदेश की ही जीवनी से तदाकार हो गई थी–हम अपने जीवन के इस मोड़ पर पहुँचकर स्वातंत्र्योत्तर भारत–कहना चाहिए, दास्योत्तर भारत–की उपलब्धियों और विफलताओं- विडंबनाओं का भी

आकलन करें। साथ ही, हमारे उत्तराखंड की इस अखिल भारतीय भाव-बोध के नक्शे में, इतिहास में कैसी क्या जगह रही है, कैसी क्या जगह हो सकती है, और होनी चाहिए—इस बारे में भी गहरा आत्म-मंथन करें।

मेरे समानशील बंधुओ! आपने यह जो उपक्रम किया है, उसका यही उद्‌देश्य है कि हम सेतु बनें सचमुच। समूचे उत्तराखंड में जहाँ जो भी सार्थक रचनात्मक उपक्रम किसी भी क्षेत्र में हो रहे हैं या होने वाले हैं उन्हें आपस में जोड़ने वाले सेतु बनें और साथ ही अखिल भारतीय स्तर पर भी देश की अनेकविध प्रतिभाओं से जीवन्त संवाद और विमर्श की पहल करें। यों तो अराजनीतिक है हमारा यह समवाय, किंतु राजनीति से निरपेक्ष नहीं। स्वातंत्र्यपूर्व भारत में राजनीति और संस्कृति के बीच कुछ तो जीवन्त संबंध था ही। होना तो यह चाहिए था कि वह संबंध और गुणात्मक ढंग से गहराता। किंतु हमने उलटे उसे सूख जाने दिया। क्या हुआ है क्या हो रहा है, सारी वस्तुस्थिति आपके सामने उजागर है। जो राजनीति के प्रत्यक्ष जानकार, उसके भुक्तभोगी और उसे सही दिशा में मोड़ सकने का दमखम रखने वाले मेरे आदरणीय और प्रिय मित्र नारायणराम सरीखे लोग आपके बीच हैं, वे आपको अपने प्रामाणिक अनुभवों से अवगत कराएँगे ही। यह राजनीतिक-बुद्धिमत्ता का नहीं, उसके दिवालिएपन का प्रमाण है मित्रो, कि सही राजनीति की खोज और सही राजनीतिक संस्कृति के निर्माण की कोशिश करने के बदले हमने इसका ठीक उलटा काम किया। सब कुछ के राजनीतीकरण की खुली छूट को प्रश्रय दिया। शिक्षा और संस्कृति के केंद्रों में राजनीति को निर्बाध घुसपैठ करने की छूट दे दी। जड़ को ही खोखला करके हम पेड़ के फलने-फूलने की कामना करें, इससे भयावह अंधापन और क्या होगा? अब यूँ तो स्वतंत्र भारत में विकास नहीं हुआ यह भला कौन कहेगा! सारी दुनिया देख रही है, जान और मान भी रही है कि सारी विकृतियों और विडंबनाओं के बावजूद भारतीय प्रजातंत्र की नींव मज़बूत है और वह प्रगति के पथ पर है। पर इसमें आत्मतुष्ट होने की क़तई कोई गुंजाइश नहीं है। स्वातंत्र्य प्राप्ति की देहरी पर ही हमारी हिन्दी के सर्वाधिक विश्व-चेतस् कवि-चिंतक ने हमें आगाह कर दिया था और कहा था कि हमारी संस्कृति स्व-स्थ नहीं है, परिस्थिति भी प्रतिकूल है। हमें इस अस्वस्थता का सही उपचार ढूँढ़ना है—हमें एक आलोचक राष्ट्र का निर्माण करना है। पर वह चेतावनी अनसुनी ही रही आई। हम उनके पीछे चले, उन्हीं को हमने अपनी राजनीति में ही नहीं, शिक्षा-संस्थाओं में, सांस्कृतिक केंद्रों में भी अंधाधुंध घुसपैठ मचाने की छूट दे दी जो इस देश के शक्ति-स्रोतों से न केवल अनभिज्ञ हैं, बल्कि उसकी अपव्याख्या और प्रदूषण में ही अपनी बुद्धि-ऊर्जा का विनियोग करना अपना कर्तव्य समझते हैं। मित्रो! अपने ही देशवासियों पर, देश को छलने का आरोप लगाना बड़ा कष्टकारी है; पर हम इस लज्जाजनक वस्तुस्थिति का क्या करें जो हमको चारों

ओर से जकड़े हुए है? हमें इस जकड़बंदी को पिघलाना और तोड़ना ही पड़ेगा। परोपजीवी जोंकों से, घुन की तरह देश और समाज से चिपटे हुए लोगों से सावधान रहना होगा और उनसे सबको सावधान करना भी होगा!

मित्रो! यह आत्मरक्षा का बुनियादी तर्क ही नहीं, आत्माभिव्यक्ति और आत्म-निर्माण के अपने बुनियादी अधिकार की रक्षा और संवर्धना का तर्क भी है। इसे आप नहीं समझेंगे और समझकर जो तुरंत तत्काल करणीय है, वह करने को उद्यत न होंगे तो और कौन होगा? हमारा समूचा राष्ट्रजीवन जिस भ्रष्टता, जिस ग़ैर-ज़िम्मेदारी, क़ाहिली और परोपजीवी अहंकार-विमूढ़ता, प्रवृत्तियों की गिरफ़्त में है, उन्हें आप यथावत् समझें—उनका यथातथ्य आकलन करें और तब उनके प्रतिकार की दिशा में सचेष्ट हों, यही इष्ट है। शिक्षा जो—जनजागरण का, आत्म-प्रत्यभिज्ञा का सबसे महत्त्वपूर्ण साधन है, उसकी ऐसी अधोगति क्या जताती है! अपवाद तो सभी जगह होते हैं और वही हमारी आशा का आधार भी हैं—किंतु इसमें—जो शिक्षा हमें दी जा रही है—उसका खोखलापन और दारिद्र्य तो उजागर है। साहित्य और कला के क्षेत्रों में जो कुछ भी मूल्यवान् रचा गया है पिछले साठ-सत्तर वर्षों में—क्या हमारे शिक्षित नागरिकों तक को उसकी ख़बर है? नहीं है तो क्यों नहीं है? हमारी ही असावधानी और अक्षम्य प्रमाद से जो हमारा बड़ा भारी नुक़सान हुआ है, सांस्कृतिक-आत्मविश्वास ही खंडित हो गया है—उसकी भरपाई कब होगी? अभी भी सब कुछ नष्ट नहीं हुआ है, अभी भी समय है, समय रहते हम चेतें और इन हमारे भीतर घुसपैठी विकृतियों के प्रतिकार में जुट जाएँ। निश्चय ही यह काम अत्यधिक कठिन है। मैं उसे हलका करके नहीं देख रहा हूँ। मैं जानता हूँ कि मैं क्या कह रहा हूँ। मेरे जैसे हज़ारों लाखों होंगे जो पश्चिम की प्राणवान् सभ्यता की उपलब्धियों को सचमुच बहुत भीतर से जानते और सराहते हैं। किंतु यह कमाई तभी सार्थक होगी जब वह हमें अपनी सभ्यता को नए सिरे से पहचानने को प्रेरित करेगी। विचारों की इस खुली विश्व-हाट में हमें उसका वास्तविक मूल्य अपने को और अपने साथ सारी दुनिया को पहचनवाना है।

मित्रो, हमें हर प्रकार की संकीर्ण प्रादेशिकता अथवा संकीर्ण राष्ट्रीयता से परहेज़ करना होगा। क्योंकि वह हमारा मूल मनःसंस्कार नहीं है। आत्मरक्षा के चक्कर में एक लम्बी आत्मग्लानि और परवशता के लम्बे दौर में हमने अपने ही समाज की जीवनीशक्ति को मर्माहत कर डाला। उसका इलाज हमें ढूँढ़ना है—दूसरों के सिखाने से नहीं, अपनी ही बुद्धि और अनुभव के बूते। जो हमारी शक्ति-स्रोतों से वास्तव में संवेदित नहीं, जो सिर्फ़ अपने स्वार्थ के लिए उनका आहरण और शोषण करने के अभ्यस्त रहे, जो सिर्फ़ अपनी चराचरद्रोही , ऐंटी-पैगन सभ्यता के विश्वविजयी दर्प-रथ में ख़ुद ही तुरंग बनके जुते हैं। और फिर भी अपने को सारथी मानकर हमीं को उसमें

जोतने के अहंकार के वशीभूत हो हमारा इस्तेमाल भर करते रहे हैं, उनकी शर्तों पर अपने को समझना...तो हद दरज़े की आत्महीनता है। बेशक, यदि आप अनासक्त भाव से देश की सेवा कर सकते हों तो–देश के पुनर्निर्माण में जिसका जो सहयोग हमारे लिए वांछनीय होगा, हम लेंगे–मगर अपनी ही शर्तों पर। कितनी बड़ी क़ीमत चुकाई है हमने इस पुण्यासक्त 'डू गुडर्ज' आत्मद्रोही पुण्य-लिप्सा की! अपनी जातीय स्मृति का ही विभाजन स्वीकार कर लिया हमने। क्या हम अब भी नहीं चेतेंगे?

मित्रो! आपने मुझ अपने ही बीच के एक बंधु को अपनी आत्मीयता दी–उसे अपने हृदय की बात कहने का मौक़ा दिया, इस उदारता के लिए मैं आपके सामने नतमस्तक हूँ, कृतज्ञ हूँ। मैं कोई वाग्मी नहीं, राजनेता नहीं, अपने देश की दशा-दिशा को लेकर आपकी ही तरह चिंतित-विक्षुब्ध एक लेखक और अध्यापक हूँ और समानशीलों की खोज करता रहा हूँ। हर संकीर्णता से परहेज़ करते हुए हमें एक सच्चे अर्थों में आत्मचेतस् और विश्व-चेतस् बौद्धिक बिरादरी का निर्माण करना है जिसका असर अंततः जिसे हम राजनीति कहते हैं–उस पर भी पड़े बिना न रहेगा। हम राजनीतिज्ञों को भी अपने मंच पर बुलाएँगे, उनकी बात भी सुनेंगे–अपनी बात उन्हें सुनाएँगे। हम देश के कोने-कोने से ऐसे वैज्ञानिकों, साहित्यकारों, कलाकारों और चिंतकों को आमंत्रित करेंगे और उनके विचारों-अनुभवों को पुनः समूचे देश में प्रसारित करने की ज़िम्मेदारी निभाएँगे। धन्यवाद!

35

विनायक स्वगत

किस क़दर उलझ गया हूँ मैं! किस क़दर उलझ जाने दिया है मैंने ख़ुद को! इतनी सामाजिक, इतनी मुखर, इतनी व्यस्त-संकुल दिनचर्या हो सकती है मेरी—कभी कल्पना भी नहीं की थी मैंने। परंतु...जो हो रहा है, होने दो। ढीला छोड़ दो फ़िलहाल अपने को।

मेरा कॉलेज कभी का खुल चुका। जीवन में पहली बार मुझे इतनी लम्बी छुट्टी—वह भी गर्मी की छुट्टियों के साथ—ले डालने की ज़रूरत लगी। पहली बार मुझमें अपने गृहनगर के ही क्यों, अपने पूरे अंचल में इतने सारे तरह-तरह के चरित्रों से मिलने-जुलने-टकराने की उमंग जागी। शकुंतला पर अपने हिस्से की भी ज़िम्मेदारी थोप दी मैंने और फिर भी मेरे मन में इसे लेकर कोई हिचकिचाहट नहीं हुई। शिकायत नहीं की उसने; पर मैं जानता हूँ मेरी ग़ैर-हाज़िरी उसे कितनी खटक रही होगी। फ़ोन पर बात होती है। मगर फ़ोन तो फ़ोन ही है।

मैं तुम्हें पत्र लिखूँगा शकुंतला। पत्रों की एक समूची शृंखला जो मेरे-तुम्हारे संबंध की अंतर्गाथा होगी।...बिलकुल अभी-अभी यह प्रेरणा मेरे मन में कौंधी है और इसे सच्ची प्रेरणा होना चाहिए। हाँ, तुम्हीं मेरा अक्षय पात्र बनोगी—और मैं आज सच्चे पूरे मन से कह रहा हूँ बिना किसी गर्वोक्ति की गंध के, कि तुम स्वयं अपने आपमें पूरी होते हुए भी कहीं मेरी रचना भी हो। क्या तुम यह नहीं जानतीं—ज़रूर जानती हो। देखो कितने बरस लग गए मुझे तुम्हारे नाम से तुम्हें पुकारने में। और फिर भी. ..मेरे मन में इसका ज़रा भी मलाल नहीं। तुम्हारे जैसी शिष्या-सखी को पाना किसी के लिए भी उसके जीवन की उपलब्धि है। मैंने इसी तरह तुम्हें देखा शकुन! कितना निर्दोष कितना पवित्र, कितना उजला साथ रहा है हमारा!...क्या उसमें कोई अंतर पड़ा—वह जो उथल-पुथल मेरे निजी जीवन में हुई—और जिसके कारण तुम मेरे और निकट आई—इतनी निकट, जिसकी कि मैंने कभी कल्पना भी नहीं की थी। पर क्यों नहीं की थी—तुम तो पहले दिन से ही मेरे उतने ही निकट थीं शकुंतला—बस, इतना

ही, कि उस सत्य को अपनी ही गति से, अपनी ही लय से इसी तरह परिपक्व होना था। जैसे कि, जो कुछ भी घटा, हुआ, वह होना घटना भी उसी प्रक्रिया की परिणति थी। हाँ शकुन, तुम्हें जब मिसेज़ दुबे कहके पुकारता था तब भी वह पुकार भी मेरे उतने ही भीतर से उठती थी। सच। ओह, कितनी आत्मीय, कितनी सघन और कितनी सन्निकट थी वह दूरी भी तुम्हारे-मेरे बीच की। वही तो उसका सौंदर्य था; और क्या तुम भी मेरी तरह ही, बिलकुल वैसा ही नहीं सोचती और महसूस करती रही थी?

अब मैं जो मिलूँगा तुम्हें अपने पत्रों में—वह और भी प्रगाढ़ आसव सरीखा होगा हमारे सख्य-संबंध का। परंतु वह ऐसा होगा शकुन, जैसा तुम भी नहीं सोच सकतीं और शायद मैं भी नहीं जान सकूँगा—तब तक, जब तक लिखूँगा नहीं। लिखकर ही मैं जानूँगा कि तुम मेरे लिए क्या-क्या हो या कि मुझसे क्या क्या कहलवा ले सकती हो। सच्ची शकुन, तुम जब मेरे शब्दों के भीतर से झाँकोगी, तभी मैं तुम्हें और तुम्हारे-मेरे साथ को भी एक नई रोशनी में देख सकूँगा और अपने को भी तुम्हारे कारण, तुम्हारी ही रोशनी से वास्तव में रचते हुए पहचानूँगा। तुम ही मेरी वाग्देवी बनोगी—ऐसा मेरा हृदय मुझसे कह रहा है शकुन, और मेरा हृदय कभी झूठ नहीं बोलता।

शकुन, इस निमित्त से मुझे भी एक ज़रिया मिल जाएगा तुमसे मिलने का और तुमसे बतियाने का—तुम्हें इस दूरी, इस अंतराल के बावजूद—बल्कि (सच में) उसी के बूते—उसी के आर-पार प्रत्यक्ष पाने का। दूसरे शब्दों में, तुम्हें रचने का। तुम्हें ही क्यों, अपने को भी क्यों नहीं! आख़िर गरज़ तो मेरी ही है ना—मैं कहाँ हूँ किस तरह हूँ क्यों हूँ क्या कर रहा हूँ—मेरे भीतर क्या घट रहा है, मेरे बाहर जो घट रहा है उसमें भी मैं कैसे कहाँ-कहाँ जुड़ा हूँ आदि-आदि बातें मैं आख़िर तुम्हीं को न बताऊँगा!...हाँ, मैं मालती को भी ज़रूर ही बताऊँगा—सच पूछो तो दो-तीन चिट्ठियों में बता भी चुका हूँ अभी तक। तुम्हें लिखने की तो मुझे आज अभी इस क्षण से पहले तो सूझी भी नहीं थी शकुन—तुमसे झूठ क्यों बोलूँ मैं! वह बिलकुल ही अलग दुनिया है शकुन--जिसमें मालती को दिलचस्पी हो सकती है—मगर तुम्हें भी हो ही, यह क्यों ज़रूरी है। बिलकुल ज़रूरी नहीं है शकुन, यही तो मैं कह रहा हूँ। तुम्हारा मेरा सख्य एक बिलकुल ही भिन्न भावभूमि पर अवस्थित है। मालती और मेरा संबंध उससे बिलकुल ही अलग धरातल पर है। तुम भी नहीं चाहोगी दोनों को गड्डमड्ड करना और मैं भी नहीं चाहूँगा। ठीक है ना शकुन!

नहीं, नहीं! तुम घबराना मत—मैं तुम्हें प्रेमपत्र नहीं लिखूँगा। हमारा तुम्हारा रिश्ता वैसी प्रेम-पत्रों वाली दुनिया का रिश्ता नहीं है—कुछ और ही है शकुन, जिसे कोई नाम देना बहुत ही कठिन है। पर वह समूची पत्र-शृंखला उसी रिश्ते को नाम देने की

विकलता से ही तो उत्पन्न होने जा रही है। शकुन, मैं तो यहाँ तक कह जाने को प्रस्तुत कर रहा हूँ अपने को इस क्षण, कि मैं तुम्हें जो लिखूँगा—वह कोई भी—मालती तक—पढ़ ले तो उसे कोई कष्ट नहीं पहुँचेगा—लगेगा ही नहीं किसी को भी, कि दो लोगों के बीच की निहायत ही निजी बातें सुन लेने का अनुचित सा काम कर रहा है। ऐसा कुछ भी निजी गोपनीय नहीं होगा उन पत्रों में शकुन—जिसके कारण तुम्हें परेशानी में पड़ना पड़े। या इसे यूँ कहूँ कि वह इतना परम गोपनीय, अंतरंग का भी अंतरंग होगा कि हर कोई उसमें अपनी अंतरात्मा का संगीत सुन सकेगा, हर किसी को उसमें अपने हृदय की धड़कनें सुनाई दे जाएँगी।

प्रतीक्षा करो शकुन। जैसे कि मैं भी प्रतीक्षा कर रहा हूँ। उस पल की—जब मैं सचमुच अपनी अंतरात्मा को तुम्हारे सामने, यानी अपनी वाग्देवी के सामने अनावृत करने की पात्रता हासिल कर लूँगा।

उफ़! मालती मुझसे किस क़दर ख़फ़ा होगी। मेरे एक भी पत्र का उत्तर नहीं दिया उसने। क्या इसलिए, कि मैंने उसे अकेला छोड़ रक्खा है इतने दिनों से अपने इस जुनून के कारण, जिसकी उसे शायद कहीं से कोई आशंका नहीं थी? या कि इसलिए, कि मैं उसके बिना भी—घर से बाहर इतने दिन अकेला रह सकने में समर्थ हूँ। परंतु...क्या इसमें कहीं उसकी भी प्रेरणा नहीं है?

जो भी हो, इसे लेकर किसी क़िस्म का अपराध-बोध जैसा मेरे मन में नहीं है। मालती को मैं चाहे जितनी चिट्ठियाँ लिख डालूँ—पर सच नहीं लिख सकता उसे, कि इतना कम अकेला, इतना ज़्यादा अपने साथ और इतना भरा-पूरा तो मैं कभी था ही नहीं, जितना इन दिनों हूँ। उसे अच्छा नहीं लगेगा—मैं जानता हूँ—मेरा ऐसा कहना। हालाँकि वह सुन पाती मेरे व्याख्यान, तो चकित अवश्य होती। नारायणराम से उसकी भेंट नहीं हो पाई। पता नहीं वह नारायण को कितना क्या पसंद कर पाती! नारायणराम के उकसावे पर ही तो जीवन में पहली बार मेरे इतनी बड़ी भीड़ के सामने जगह-जगह भाषण देने की नौबत आई। पर आ ही गई तो कैसा विचित्र और आप्लावी अनुभव था वह! मैं ख़ुद आश्चर्यचकित हो गया। लगा, लिखना-विखना फ़िज़ूल है: अपने लोगों का मूल संस्कार पढ़ने का नहीं, अपनी आँखों से देखने और ख़ुद अपने कानों से सुनने का है। उसी में उन्हें रस आता है। मैं तो हैरान हूँ; कभी सपने में भी नहीं सोचा था मैंने—मुझे वक्ता की भूमिका निबाहनी पड़ेगी और वह भी इतना लगातार। आख़िर क्यों टूटे पड़ते हैं लोग मेरे व्याख्यानों को सुनने? क्या देखते होंगे वे मुझमें? क्या मिलता होगा उन्हें मुझसे? कभी-कभी तो बड़ी ग्लानि सी मन में उमड़ने लगती है...यह हो क्या

रहा है मुझको? कहाँ से उमड़ आते हैं मेरे भीतर ये शब्दों के रेले...? अजस्र और बेरोक...। क्या यह अच्छी बात है? इस तरह अपने ही मुख से निकलते शब्दों के प्रवाह में बह जाना...क्या यह भी एक लत ही नहीं—इतने सारे लोगों को—तरह-तरह के लोगों को अपने जुनून से सम्मोहित होते देखने की लत...क्या यह मेरा स्वधर्म है, स्व-भाव है? नहीं-नहीं। यह तो मेरा स्वधर्म या स्व-भाव कभी नहीं था। अब भी नहीं है। फिर, यह कौन है जो मुझे मेरे ही भीतर से बेदख़ल करके मेरी जगह आ बैठता है?

मैं मानो एक दुश्चक्र से उबर आया हूँ। दुश्चक्र?...और क्या कहूँ उसे? दुश्चक्र ही तो हुआ वह, जो मेरी जान लेने पर आमादा हो गया था। कैसे उबरा हूँ—यह मैं ही जानता हूँ। या फिर...शकुंतला ही जानती होगी। और इसके लिए मुझे निश्चय ही मार्गरेट का ऋणी होना चाहिए—ऋणी हूँ ही। अयाचित वरदान की तरह टूटी थी वह मुझ पर। परंतु...क्या ग़लत कहा था शकुंतला ने उस दिन? बूढ़ी स्नायुओं का बवंडर। यही ना?...तो फिर उस बवंडर की परिणति और क्या होनी थी—सिवा उसके, जो हुई?

यह सब होना ही था। उसी तरह जिस तरह हुआ। उस 'क्राइसिस' से मुझे गुज़रना ही था। नर्वस ब्रेकडाउन ही अगर कहा जाए उसे—जैसा कि त्रिभुवन और विभा ही नहीं, मालती और शकुंतला भी समझते और कहते रहे। उसका भी कुछ तो प्रयोजन और अर्थ रहा ही होगा।

उफ़—यह चंदू तो मेरे पीछे ही पड़ गया था। मैंने उसे कहा नहीं—कहना व्यर्थ होता उससे—कि मेरी समस्या उसकी समस्या से अनंत गुना जटिल और दुस्साध्य है और उसके गुरु मेरी कोई मदद नहीं कर सकते। अपने पुरातन बालसखा का दिल कैसे दुखा सकता था मैं! आख़िर, मेरे लिए न सही, उसके और उस जैसे हज़ारों-लाखों लोगों के लिए तो वे उद्धारकर्ता होंगे ही। वह गायत्री-परिवार भी हमारे धर्म और अध्यात्म का एक समाजोपयोगी रूप तो है ही। मैं उसे निरर्थक नहीं कहूँगा : जिस स्तर पर भी अपनी परंपरा की जैसी भी समझ से जो भी जहाँ भी कुछ ठोस काम कर पा रहा है—इस सदियों से मूर्च्छित और मर्माहत देश में—उसका मख़ौल मैं नहीं उड़ा सकता। तो भी...ये संस्थाएँ मुझे अपनी आत्मतुष्ट, निश्शंक कर्मण्यता और

ज्ञान-संवेदना में हमारे अपने सांस्कृतिक संकट का उपचार करने में असमर्थ लगती आई हैं। मुझे तो लगता नहीं, वे हमारे असली—संकट का वस्तुतः सामना भी कर पा रही हैं। इन लोगों को न तो पाश्चात्य सभ्यता की उपलब्धियों का—उनके बुद्धिवैभव और प्राणशक्ति का ही वास्तविक इल्म है, न आज का भारतीय जीवन, और भारतीय दिलोदिमाग़ जिस चक्रव्यूह में फँसा हुआ है, उसी का सही-सही अनुमान है। तब फिर ऐसी हालत में इनकी सारी निष्ठा और सक्रियता भी क्या परिणाम उपजा सकती है? क्या ये हमारे चतुर्दिक् व्याप्त अपसंस्कृति की बाढ़ को रोकने में सक्षम है? क्या ये हमारे सांस्कृतिक मरुस्थल का, बौद्धिक खोखलेपन का कारगर इलाज कर सकते हैं? क्या ये इस देश के लिए सही और उपयुक्त और नए मूल्यों को स्थापित करने, कर सकने वाली राजनीति की खोज को ही कोई प्रभावी योगदान कर सकते हैं? नहीं! नहीं! नहीं! ही गूँजता है इन सारे प्रश्नों के उत्तर में मेरे भीतर। तब फिर...विकल्प क्या है?

मैं अपनी बात जानता हूँ—मैंने कहा। इसलिए, कि मैं जिस एक चीज़ को पूरी प्रामाणिकता के साथ जानता हूँ, वह ख़ुद मैं हूँ। इसलिए,...(मैंने वहाँ बात ही यहीं से शुरू की)—कि, इस सार्वजनिक जगह में भी, मैं—मेरा निजी चेहरा—ही आपसे मुख़ातिब है। मैं भाषण नहीं संभाषण माँगता हूँ।—मैंने कहा। मैं कोई ऐसी बात नहीं बोलना चाहता जो मेरे नितांत निजी, ऑथेंटिक अनुभव की उपज नहीं। मैं जानता हूँ कि भाषण-सार्वजनिक भाषण—देना भी एक कला है और उस कला को साध लेना कोई मुश्किल भी नहीं है। पर मैं यहाँ भाषण फटकारने आपके बीच नहीं आया हूँ। मैं अपना खोया हुआ जीवन और भूला हुआ अर्थ खोजने आया हूँ और जानता हूँ कि आप भले ठीक इसी तरह सोचते या महसूस न करते हों, आपकी समस्या मेरी समस्या से अलग नहीं है। हम एक ही भँवर, एक ही चक्रव्यूह, एक ही तूफ़ान में फँसे हैं और हमें अपने को इस भँवर से निकालना है। इसलिए मुझे सीधे अपनी नस-नाड़ियों के भीतर से बोलने दीजिए। अपनी समूची युवावस्था के दौरान—बल्कि प्रौढ़ावस्था भी—काफ़ी कुछ इसी भँवरजाल में ही छटपटाती रही—और, अभी भी...उससे मुक्त हो ही गया हूँ—ऐसा दावा नहीं करता। मुक्त किससे? समूचे विश्व को व्यापने वाली इस परम आधुनिक संशयात्मा बुद्धि की गिरफ़्त से। पर...मैं जान रहा हूँ, यह सिर्फ़ एक स्थूल-भौतिक मायने में ही नहीं, हर मायने में मेरी घर-वापसी है और मैं आप लोगों के बीच अपनी इस घर-वापसी पर पक्की मुहर लगवाना चाहता हूँ। एक भयानक स्मृति-भ्रंश, स्मृति-लोप जैसी घटना हम सबके साथ घटी है। मेरी पीढ़ी के साथ ही नहीं, उससे पहले की और बाद की भी पीढ़ी के साथ भी, जिससे

हम बेख़बर तो शायद नहीं होंगे, बाख़बर भी नहीं हैं।

अब जाकर धीरे-धीरे मुझे लगने लगा है कि मेरी विलुप्त स्मृति मुझे वापस मिल रही है। मुझे मेरे बचपन की दुनिया–देवताओं के भरे-पूरे प्रजातंत्र की वह खोई हुई दुनिया–वापस मिल रही है–निस्संदेह एक नए और वयस्क धरातल पर–जिसने सारी दुनिया में–'पैगन' बहुदेववादी दुनिया को उजाड़कर एक तथाकथित एकेश्वरवादी, ऐतिहासिक मसीहाई दृष्टि की साम्राज्यवादी बर्बरता का अभियान चलाया। जिस अभियान ने समूचे विश्व को अपनी चपेट में लेना ही था।

हम भारतवासी भी जाने-अनजाने, चाहे-अनचाहे इसी दिग्विजयी दर्प के रथ में जुत जाने को बाध्य किए जा रहे हैं जाने कब से। हम, जो अभी तक–हाँ, अभी तक विश्व की एकमात्र बची-खुची किंतु अभी भी जीवित-जाग्रत् पैगन सभ्यता हैं–हम, जो आत्मा और अद्वैत के प्रथम आविष्कारक हैं और साथ-ही-साथ पुनर्जन्म और बहुदेववादी कॉमनसेंस को भी निरंतर जीते चले आ रहे हैं। हमारी नस-नाड़ियों में भरे हुए सारे भय-आतंक, पाखंड और आत्मभ्रामक आत्मतुष्टि के बावजूद हमने न तो सामान्य लोकजीवन और लोक-मन के स्तर पर, और न ही आत्मज्ञानी बुद्धिमत्ता के स्तर पर, उक्त यूरो-अमेरिकी साम्राज्यवाद के समक्ष आत्म-समर्पण किया है। हमारा आध्यात्मिक कॉमनसेंस अभी पूरी तरह नष्ट नहीं हो पाया है, उसमें अभी भी नए कल्ले फोड़ने की, अपने को नया जन्म दे पाने की सामर्थ्य अभी तक शेष है।

किंतु...मैंने कहा–आज के भारत में भी बहुत सारे बुद्धिजीवी–सबसे तेज़तर्रार, ताक़तवर और सत्तालोलुप बुद्धिजीवी अपनी परंपरा और संस्कृति को लेकर सारी दुनिया के सामने क्षमायाची और आत्मधिक्कारी मुद्राओं और हरकतों में लिथड़े हुए हैं। सच पूछा जाए तो अंतिम विश्लेषण में वे उसी एकेश्वरवादी, ऐंटी-पैगन मज़हबी साम्राज्यवाद के ही सेक्युलराइज़्ड संस्करण हैं। बेशक ये प्रपंचबुद्धि बड़े रणनीतिज्ञ (क्योंकि रणनीति ही उनकी एकमात्र नीति, एकमात्र नैतिकता है।) और संगठन-कुशल हैं। देश के सारे शिक्षा-संस्थाओं में, संचार-माध्यमों में, साहित्य और पत्रकारिता के, सब जगह इनका प्रचार-तंत्र और ख़ुफिया तंत्र सक्रिय है। हज़ार बरसों की दासता से मर्माहत, अपना सहज सांस्कृतिक-आत्मविश्वास खो चुके इस अभागे देश में जहाँ कहीं भी राई-रत्ती भर भी कोई स्वाभिमानी स्वावलम्बी स्वाधीन बुद्धि इन परोपजीवियों को चलती-फिरती-हरकत करती नज़र आती है, ये उसे दबाने-कुचलने या नेस्तनाबूद ही कर देने में कोई कसर नहीं छोड़ते। सर्वत्र इन आत्मद्रोही प्रपंचबुद्धियों का नेटवर्क फैला हुआ है। हराम के अपराध-बोध और नक़ली आत्म-विगर्हणा में लिथड़े हुए कुछ सामन्ती संस्कारों वाले राजनेताओं और ब्यूरोक्रैटों

का गुपचुप अथवा खुल्लमखुल्ला संरक्षण और वरदहस्त भी इन्होंने कबाड़ रक्खा है जो इनके मन्सूबों को—यानी आत्म-घाती, देश-घाती गतिविधियों को बाक़ायदा कुमुक और रसद पहुँचाते रहते हैं।

'काश!'—मैंने कहा—काश, कि मैं तीस बरस पहले का युवा या अधेड़ ही होता! जीवन की कैसी विडंबना है कि जब तक आदमी कुछ सचमुच समझने और करने योग्य बन पाता है, जरा व्याध आकर उसे धर दबोचता है। मानो हमारी बुद्धि ऊर्जा का हमारी शारीरिक ऊर्जा के साथ एकदम उलटे अनुपात का रिश्ता हो।

कितना अमूल्य समय गँवा दिया मैंने! दुविधा, संभ्रम और संशयग्रस्तता में। किंतु संशय में होना आत्महीन या आत्मद्रोही होना तो नहीं है। मुझे अपने लोगों को चेताना है ताकि वे बाहरी दुश्मनों से ही नहीं; घर के भेदियों से भी निपट सकें। वही—जो मुझसे पूछते हैं—कि, तुम्हारा पक्ष क्या है?

मेरा पक्ष? सृजन की पीड़ा का और क्या पक्ष हो सकता है!

मेरा पक्ष विचार का—सचमुच के विचार का—चराचरसंवेदी, लोकसंग्रही और आत्मान्वेषी विचार का पक्ष है।

मेरा पक्ष एकेश्वरवादी, धर्मान्तरणवादी, इतिहासवादी, एकमात्र मसीहावादी दृष्टि के संपूर्ण नकार का, तथा पैगन-बहुदेवधर्मी अद्वैतमूलक दृष्टि यानी—'रिलीज़न ऑफ़ दि सेल्फ़' के संपूर्ण स्वीकार का पक्ष है।

मेरा पक्ष वैदिक अभय और कर्मयोग का, नश्वरता के अकुंठ स्वीकार पर खड़ी मर्त्य मानवता का पक्ष है। मेरा पक्ष मनुष्य की इस आन्तर विकास-यात्रा के माध्यम से उद्घाटित विश्वात्मा-जीवात्मा-परमात्मा की एकता का, उस एकता की साधना का पक्ष है। और उसकी राह के रोड़ों को हटाने का पक्ष भी।

मेरा पक्ष 'मैं सोचता हूँ, इसलिए मैं हूँ' के विपरीत—'मैं हूँ, इसलिए मैं सोचता भी हूँ' का पक्ष है। भोक्ता मनुष्य के 'द्रष्टा' पद पर आरूढ़ होकर अनासक्त कर्म करने का पक्ष है। यह कोई 'डॉग्मा' नहीं, मज़हबी मतवाद नहीं, मनुष्य की प्रत्यक्ष जीवनानुभूति की साखी है। मेरा पक्ष प्रत्येक मनुष्य के लिए सदैव प्रत्यक्ष और सदैव-सर्वथा सत्यापनीय इस अनुभूति का पक्ष है।

मेरा पक्ष उस अत्याधुनिक मनोभूमि का पक्ष है, जिसमें एक बार उक्त स्पिरिच्युअल कॉमनसेंस के जड़ पकड़ते ही सारे ऐतिहासिक मज़हब, सारे मतवाद, सारी विचारधाराएँ अपना पुनरीक्षण-पुनमूर्ल्यांकन करने को अंतर्विवश हो जाएँगी। कौन नहीं जानता कि दुनिया फ़िलहाल जैसी है, जीवन जैसा है, वह अपनी ही संभावनाओं से बहुत-बहुत नीचे के धरातलों पर जीने को विवश, इस रचनाधर्मी, न्यायधर्मी, प्रेमधर्मी मनुष्य को सहज स्वीकार्य नहीं हो सकती। रचनात्मक प्रेरणा का स्रोत ही इस असंतोष और विद्रोह में है। मेरा पक्ष मनुष्य में निहित इस दुर्निवार्य

मौलिक असंतोष से प्रेरित रचनाधर्मिता का पक्ष है। मेरा पक्ष विश्व के अवधारणात्मक वशीकरण और दोहन की लिप्सा से परिचालित इस कैलकुलेटिव बुद्धि के विरुद्ध मनुष्य की पारमार्थिक बुद्धि-पारमार्थिक स्वार्थ का पक्ष है। मेरा पक्ष इसी त्रासजनित–नहीं पावनताजनित–बोध से प्रेरित देवासुर संग्राम का–पक्ष है...।

... ...

विनायक की डायरी यहीं तक है। ज़ाहिर है, अधूरी है। आगे इसमें क्या-क्या दर्ज़ होगा...हम अनुमान ही कर सकते हैं। उतावली में घसीटे गए ये पन्ने गवाही देते हैं उसके इस दौर के अंतर्मंथन का।

और,...जो इस भोक्ता-साक्षी विनायक का भी साक्षी उसकी कहानी कहने बैठा था, वह?...उसका पक्ष?

36

फ़ैसला और उसके बाद

आख़िरकार विनायक ने बम्बई की नौकरी छोड़कर कुमाऊँ विश्वविद्यालय ज्वॉइन करने का फ़ैसला कर ही मारा। फ़ैसला, क्या, वह तो इस बीच ज्वॉइन भी कर चुका है और इस घटना को भी तीनेक माह हो ही गए होंगे। मालती अभी बम्बई में ही है। मालती का प्रतिरोध इतनी आसानी से गल जाएगा, विनायक ने सोचा न था। विनायक तो सदा की तरह दुचित्ता ही था...पहाड़ से लम्बी छुट्टी के बाद लौटने पर वह एकदम दूसरे मूड में आ गया था कि बम्बई अभी नहीं छोड़ना हैः रिटायरमेंट तक यहीं रहना है—पहाड़ कहाँ भागा जा रहा है!...जुड़ाव तो बना ही रहेगा...इत्यादि-इत्यादि। शकुंतला की भी यही सलाह थी। विनायक के बग़ैर उसका अतिप्रिय कॉलेज भी जैसे उसे काट खाने दौड़ता था : और अपने 'सर' से एकदम बिछुड़ जाने की तो कल्पना ही उसके लिए असह्य थी। वे दो माह उनकी अनुपस्थिति के उसने कैसे काटे, वही जानती है। पर, तब उसे प्रतीक्षा थी, भरोसा था कि दो ही माह तो काटने हैं, फिर तो सर को आना ही है। यह भी एक तगड़ी वजह थी विनायक के दुचित्तेपन की।

मगर...दूसरी ओर, मालती, जो अभी तक विनायक के पहाड़ जा बसने की अभिलाषा को महज़ भावुकता और घोर अव्यावहारिकता क़रार देकर नकारती आई थी, वही मालती अब अचानक इस पहाड़-प्रवास के बाद उसी के पक्ष में तर्क जुटाने लगी थी। ख़ुद अपनी ओर से उसे प्रेरित करने लगी थी : अब उसे विनायक की मित्र-मंडली में गुण ही गुण दिखाई देने लगे थे। अकसर ही वह उन्हें याद करती और फ़ोन भी करती। प्रोफ़ेसर हरीश को तो ख़ासतौर पर। विनायक को उदासीन देखती तो उसे उकसाती। यहाँ तक कि, जिन लोगों में अभी तक उसने कोई रुचि नहीं ली थी—जिनसे उस महीने भर के प्रवास के दौरान उसकी वैसी निकटता भी नहीं बन पाई थी—जैसे विभा और त्रिभुवन—उनकी भी तारीफ़ों के पुल बाँधने लगी थी। विनायक मालती के इस अप्रत्याशित 'यू-टर्न' से एकदम चकरा गया था। विनायक

तो उसकी सामाजिक गतिविधियों के प्रति अब भी कोई विशेष रुचि नहीं दिखाता था। किंतु मालती अपने पति में आए परिवर्तन की तारीफ़ करते नहीं थकती थी। उसे आकस्मिक सनक नहीं मानती थी; बल्कि विनायक अब जाकर अपने असली स्वभाव में, असली कर्म में प्रतिष्ठित हुआ है—ऐसा विश्वास जताती थी। विनायक—स्वभावतः इससे प्रसन्न होता था। मगर शकुंतला को इससे बड़ी उलझन होती थी। एक बार तो इसे लेकर दोनों में बहस भी हो गई जो शकुंतला के मुँह में बड़ा कड़वा स्वाद छोड़ गई। वह कड़वापन या कसैलापन शायद अभी तक नहीं छूटा। उस बहस में विनायक ने भी मालती का ही साथ दिया था—शकुंतला अकेली छूट गई थी, यह बात उसे भूलती नहीं।

कहीं इसमें शकुंतला नामक प्रच्छन्न प्रतिद्वन्द्वी को गुपचुप मात खिलाने की अचेतन अथवा अर्धचेतन प्रेरणा भी तो काम नहीं कर रही थी? कभी-कभी अपने अकेलेपन और दुर्निवार्य आत्मावसाद की घड़ियों में, विनायक के मन में ऐसी बात भी आई ही है, इससे वह इनकार नहीं कर सकेगा।

चिट्ठी-पत्री तो दोनों से चलती है। पर...शकुंतला को लिखी गई चिट्ठियों में और मालती को लिखी जाने वाली चिट्ठियों के बीच कोई भी देख सकता है—धरती-आसमान का फ़र्क़ है। बहुत बड़ा सहारा, बहुत बड़ा सम्बल है विनायक की चिट्ठी-पत्री शकुंतला के लिए। विनायक ने डायरी में जो लिखा था, ग़लत नहीं लिखा था।

त्रिभुवन-विभा इस बीच बम्बई अपने बेटे के पास दसेक दिन रह के गए। बेटा मेडिकल कॉलेज में पढ़ता है : उसके पास रहने का तो सवाल ही नहीं; और होटल में उन्हें कौन रहने देता! मालती और शकुंतला के बीच उन्हें अपने घर टिकाने की होड़ लगनी ही थी और कहना न होगा कि इस होड़ में जीत शकुंतला की ही होनी तय थी—और वही हुआ। दस दिन कहाँ बीत गए—कुछ पता ही नहीं चला। ख़ूब सैर-सपाटे हुए, जिनमें मालती तो अपनी अतिव्यस्त दिनचर्या के कारण बिलकुल भी भागीदारी नहीं कर सकी; मगर उसे शिकायत करने का भी मौक़ा नहीं दिया दोनों ने—उसके स्कूल और आश्रम में न केवल बाक़ायदा 'विज़िट' करके, बल्कि एक ख़ासा मोटा-तगड़ा चेक भी बतौर सहयोग के पेश करके। शकुंतला को न केवल विभा के साथ का दुर्लभ सुख मिला, बल्कि दीपंकर की गार्जियनशिप भी। दीपंकर सचमुच ही विभा का अंशावतार निकला। शकुंतला मौसी के स्नेहाधिकार को उससे भी आगे बढ़के शिरोधार्य करने वाला। अब तो प्रत्येक शनिवार उसका भोजन मौसी के यहाँ ही होता है। दीपंकर पढ़ाई लगभग पूरी कर चुका है। एम.डी. की थीसिस भी सम्मिट कर चुका है। वहीं मेडिकल कॉलेज में लेक्चररशिप भी उसकी पक्की ही समझो। इस तरह शकुंतला को साथ देने वाला—सचमुच का साथ देने वाला एक

और मिल गया जो विभा का ही प्रतिरूप है। उसके कारण विभा से भी जुड़ाव बना रहता है।

पिछले चार महीनों के भीतर ही घटना-चक्र अप्रत्याशित मोड़ ले चुका है। छुटकू सिंगापुर में अपना काम-धाम छोड़के बम्बई वापस आ गए हैं और वहीं जम गए हैं। पता नहीं किस प्रेरणा से उन्हें माँ के स्कूल और आश्रम में ही अपने को झोंक देने की प्रेरणा हुई और अब वे दिन-रात उसी में जुट गए हैं–अपने सुनहले भविष्य को, कैरियर को लात मार के। विनायक को इस उलटफेर की सिर्फ़ इत्तला दे दी गई है। क़ायदे से तो विनायक को ख़ुश ही होना चाहिए कि बेटा उनका भी बाप निकल आया जो ऐसे असंभव आदर्शवाद को समर्पित हो गया। किंतु विनायक को तो धक्का ही लगा है। पता नहीं, बड़कू क्या करेंगे! निस्संदेह, इच्छा तो विनायक की भी यही थी कि दोनों बच्चे अपनी इतनी उच्च शिक्षा-दीक्षा का लाभ देश को ही पहुँचाएँ–विदेश में न टँगे रहें। मगर...यह जो छुटकू महाशय अपने बेहद उजले वर्तमान और भविष्य को लात मार के अचानक सोशल सर्विस में कूद पड़े हैं जिसके पहले तो कभी कोई लक्षण उनमें उजागर नहीं हुए थे–इससे विनायक को हैरानी ही नहीं, घोर निराशा भी हुई है। कहीं बड़कू भी...। नहीं-नहीं! बड़कू ऐसी बेवकूफ़ी कभी नहीं करेगा। वे पितृमुखी संतान हैं, उसी तरह जैसे छुटकू महाशय शुरू से ही 'मातृमुखी' रहे हैं।

शकुंतला का बेटा अपनी माँ को अमरीका बुला रहा है। पर शकुंतला उत्साहित नहीं है बिलकुल। शकुंतला अपने साथ रहना जानती है। अकेले पड़ जाने से सभी डरते हैं। बिरला ही कोई इतना मज़बूत और स्वावलम्बी होता होगा जैसी यह शकुंतला नाम की जीव है। उस आयरलैंड वाली फ़ेलोशिप का क्या हुआ–कुछ ज़िक्र ही नहीं शकुंतला की चिट्ठी में उसका। क्या यह संभव नहीं कि शकुंतला के लिए भी नैनीताल विश्वविद्यालय में ही रीडर की जगह निकल आए। हो तो सकता है–क्यों नहीं हो सकता। प्रोफ़ेसर विनोद पांडे शकुंतला की विद्वत्ता से बेहद प्रभावित हुए थे–सेमिनार में जब यहाँ आई थी और रही थी उनके साथ। तो उन्हें भी ज़रूर दिलचस्पी होगी ऐसे सहयोगी को अपने विभाग के लिए कबाड़ने में। बस इतना ही है, कि यह चेंज शकुंतला को रास आएगा कि नहीं। प्रोफ़ेशनली तो विनायक को भी यहाँ नैनीताल में कुछ अच्छा नहीं लग रहा है। नैनीताल शहर भी रास नहीं आ रहा। सारा जीवन जैसे दो आपस में एकदम असंबद्ध खानों में बँट गया है। एक निहायत प्राइवेट सेक्टर है, तो दूसरा निहायत ही पब्लिक सेक्टर।

मगर ऐसी अद्‌भुत मित्र-मंडली जुट गई है यहाँ, जिससे शकुंतला भी जुड़ेगी तो कितना मज़ा आएगा! ख़ैर, शकुंतला को अपनी ओर से वह इसके लिए नहीं उकसाएगा। फिर शकुंतला का साथ जितना विनायक के लिए ज़रूरी लगता है, उससे कहीं ज़्यादा क्या वह मालती के लिए ज़रूरी नहीं? मालती से तो इसका ज़िक्र तक नहीं करना है कभी। बहुत टेढ़ा दिमाग़ है मालती का। कब किस बात पर कैसे 'रिएक्ट' कर जाएगी—कोई ठिकाना नहीं। इधर वह शकुंतला की बात भी ज़्यादा नहीं करती। लगता है, वह पहले वाला तापमान नहीं रहा उनके रिश्ते में। कुछ बदलाव ज़रूर आया है इस बीच—मगर कैसे, क्यों? भगवान जाने।

मामला बहुत कॉम्प्लीकेटेड है। इतना, कि उसे सुलझाने की कोशिश में उसके और ज़्यादा उलझ जाने का ख़तरा है।

अजीब रस्साकशी है। देखना है कब तक चलती है। कहीं रस्सी ही न टूट जाए!

नहीं! रस्सी नहीं टूटेगी। कुछ भी नहीं टूटेगा। जो जहाँ जिस तरह रहना चाहता है, ख़ुशी से रहे। दुनियावी दायित्व जो भी थे विनायक के, सब पूरे हो गए। क्या आदमी मरते दम तक इसी सब में लिथड़ा रहेगा? कहता है, परिवार, समाज, देश सब ज़रूरी हैं। पर मैं भी अपने लिए बहुत ज़रूरी हूँ। मेरी बारी कब आएगी? आ ही पहुँची है। मैं क्यों ज़िंदग़ी के इस आख़िरी मोड़ पर किसी को भी अपना हक़—असली हक़ छीनने दूँ?

कैसा हक़? कौन सा हक़?

वही, जो मनुष्यमात्र का हक़ है। सर्वोच्च पुरुषार्थ। तीन तो निभ गए जैसे भी निभने थे। अब चौथे का समय है। चौथापन यूँ ही नहीं कहते उम्र के इस दौर को।

परंतु क्या सचमुच? क्या विनायक को मोक्ष चाहिए। मोक्ष पाने के लिए चुनी उसने यह घर-वापसी? और...ये क्या मोक्ष के लक्षण हैं?—ये इतने सारे घिराव, इतनी सारी व्यस्तताएँ...?

क्या विनायक जानता है, वह क्या चाहता है? क्या उसे सचमुच भरोसा है कि जो वह चाहता है,—जिसकी उसे सिर्फ़ कभी-कभार एक कौंध, एक झलक भर मिल पाती है—क्या वह आश्वस्त है कि दुनिया से विदा लेने के पूर्व वह उस काम को अंजाम दे जाएगा—जीवन के संपूर्ण ऋणशोध सरीखा काम? वह काम, जिसके बारे में कहा जा सके कि...'ही हैज़ रिटन दि बुक ऑफ़ हिज़ लाइफ़।' बिना वह काम पूरा किये मुक्ति कैसे मिलेगी उसे?

मुक्ति! किससे? क्यों? और कैसे? विनायक जिस तरह उलझा हुआ है इन दिनों—जहाँ-तहाँ, जिसके-तिसके-सबके साथ, उसे देखकर कौन कहेगा, यह आदमी मुक्ति की तलाश में है!

37

प्रतिस्मृति

मैंने ही तुम्हें रचा था कभी। कुछ दूर तक–बल्कि काफ़ी दूर तक–तुम्हारे साथ-साथ भी चला था। या इसे यूँ कहूँ, कि तुम ही मेरे साथ-साथ चले थे मज़े-मज़े में, और मुझे यही जताते हुए, कि तुमने मेरी उँगली ज़रूर थाम रक्खी है, मगर जहाँ-जहाँ मैं तुम्हें ले जाना चाहता रहा हूँ, वहाँ-वहाँ उसी तरह जाने के लिए नहीं, जिस तरह मैं तुम्हें ले चलना चाहता रहा था। अकसर मैं पाता कि तुम्हीं उलटे, मुझे अपने पीछे चलने को विवश किए दे रहे हो और वह विवशता मुझे अच्छी लग रही है : मुझे मुझी से कुछ अलग और नए ढंग की पहचान दे रही है, जिस तरह मैं ही ख़ुद को नहीं पहचानता था। कहना न होगा कि तुम्हारे ही कारण, तुम्हारा ही अनुसरण करते हुए मैं अपनी जानी-पहचानी, मगर धुँधली पड़ गई जगहों, चीज़ों, लोगों से भी नए सिरे से परिचित होता रहा।

सच में, विनायक! मैं तो कई बार भूल ही जाता रहा कि मैंने तुम्हें जन्म दिया है, न कि तुमने मुझे; कि, मैं तुमको रच रहा हूँ, न कि तुम मुझे।

...अकस्मात् एक ऐसा मोड़ आया जब तुम मुझे साफ़-साफ़ और अपने से अलग और स्वतंत्र एक रोचक और जटिल संभावनाओं वाले चरित्र की तरह दीखना बंद हो गए। तुम्हारे-मेरे बीच का संबंध-सूत्र ही कुछ ऐसा उलझ गया कि मुझे तुमसे अपना पिंड छुड़ा लेने में ही अपनी–और, तुम्हारी भी–कुशल दिखाई देने लगी। तुम मेरी उस फँसावट की कल्पना नहीं कर सकते विनायक। मगर...मैं भी देखो, कैसी मूर्खतापूर्ण बात कर रहा हूँ! कल्पना करना तुम्हारा काम है कि मेरा? तुम मेरी कल्पना हो, कि मैं तुम्हारी?

निकट से निकट, आत्मीय से आत्मीय संबंधों में भी एक दूरी या अंतराल बना रहता है, बना रहना चाहिए। उसी अंतराल में उस संबंध की सारी संभावनाएँ खिलती हैं। किंतु हम हैं कि उसे अपनी भावुकता से ही पाट देना चाहते हैं। ऐसे न तो हम ख़ुद मुक्त रह पाते हैं, न उस 'दूसरे' को ही मुक्त रहने देते हैं।

क्या एक कथाकार और उसके द्वारा रचे गए चरित्र का संबंध भी ऐसा ही मुक्त संबंध नहीं होना चाहिए? आख़िर हम ख़ुद किसकी रचना हैं? हमसे पूछकर, हमारी मर्ज़ी से हमें उतारा गया था क्या यहाँ इस संसार में? क्या हम जानते हैं–सचमुच, कि हम यहाँ क्यों हैं और किसलिए हैं? हम तो यह भी नहीं जानते कि हम यहाँ कब से हैं और कब तक रहेंगे। होने के इस आदि-अंतहीन संसार में मात्र एक पलक झपकने भर के लिए हमारा होना क्या कोई अर्थ रखता है? न तो हम अपने आरंभ को जानते हैं, न अंत को। सुनी-सुनाई ही तो है सब। महाभारत की उस कथा में यक्ष के उस प्रश्न का उत्तर युधिष्ठिर ने क्या दिया था? 'किमाश्चर्यमतः परम्?'...पर...क्यों है वह सबसे बड़ा आश्चर्य? क्या हम वास्तव में ऐसा पक्के तौर पर जानते और महसूस करते हैं कि ऐसा भी कोई समय था जब हम नहीं थे और ऐसा भी कोई समय होगा जब हम नहीं होंगे? 'मैं हूँ'–इस बोध में क्या यह अहसास भी अपने आप शामिल नहीं है कि मैं हमेशा से था और हमेशा ही रहने वाला हूँ?

तुमने देखा विनायक, मैं कोई किताबी बात नहीं कर रहा हूँ। 'मैं हूँ' से ज़्यादा असन्दिग्ध कोई सत्य हो सकता है क्या? तुम्हीं बताओ। मैं कोई मोक्ष की बात नहीं कर रहा हूँ, बल्कि यह जो लगातार होने वाली चीज़ है–'आत्मा' ('यस्यास्ति संततो भावः स आत्मेति कीर्त्यते') उसी के मतलब की और उसी की अभिव्यक्ति की बात कर रहा हूँ। आख़िर लेखक जो हूँ। क्यों हूँ मैं लेखक? किसने मुझे नियुक्त किया इस काम के लिए, कि मैं लेखक बनूँ और इस लेखन के ज़रिए अपनी तथा अपने जैसे औरों की फँसावट को भी साफ़-साफ़ देखूँ और दिखलाऊँ। और हो सके, तो उस फँसावट से बाहर निकलने का कोई रास्ता भी सुझाऊँ? माना, ऐसी किसी नियुक्ति का आदेश मेरे पास नहीं; 'यह काम तुम्हें करना ही है', ऐसा भी मुझसे किसी ने नहीं कहा। और, यूँ भी मेरा लेखक होना या लेखक बन जाना मेरे कुल-गोत्र या वातावरण आदि से भी कदापि नहीं निकलता। परंतु...तब इसका मतलब यही न हुआ कि हम लेखक लोग लिख-लिखकर अपने सिरजनहार से ही बदला लेते हैं–उसी का अनुकरण करके। आख़िर क्यों पढ़ते हैं लोग हमें? क्यों पूरे-के-पूरे मानव-समाज और सभ्यताएँ हमारे रचे चरित्रों को ही अपना आदर्श अपना रोल-मॉडल बनाकर चलती रही हैं? इसका मतलब...कुछ तो जगह बनती ही है हमारी इस मनुष्य समाज में। कि नहीं बनती? पुरोहित, पादरी, धर्माचार्य, दार्शनिक, समाजशास्त्री, नृतत्त्वशास्त्री, अर्थशास्त्री, राजनीतिज्ञ–इन सबके रहते भला हमारी क्या ज़रूरत है? कुछ काम के होंगे हम, तभी न! और...इतना ही नहीं। आए दिन जाने कितने लोग हमें अपनी आपबीती सुना जाते हैं–क्यों सुनाना चाहते है हमें लोग अपनी जीवन-कथा? क्या है हमारे पास उनकी मदद करने को? कुछ भी तो

नहीं। फिर वो क्यों आते हैं हमारे पास? इसीलिए ना, कि उनको कहीं लगता होगा कि—हमारे पास वह समझ है, वह सहानुभूति और न्याय-बुद्धि है जो और किसी के पास नहीं है। हमीं उनके घट में पैठकर उनकी सच्ची कहानी जान सकते हैं और सुना भी सकते हैं सबको। सही-सही तस्वीर खींच के दिखा सकते हैं उनकी दुनिया की।

विनायक! तुम तो जानते हो—अपने इस विपन्न घर-परिवेश में तो दो आखर पढ़ के साक्षर कहलाने के ही लाले पड़े रहते थे।...''मति अति नीच ऊँच रुचि आछी/चहिय अमिय जग जुरइ न छाँछी।''...तुम तो कम-से-कम जानते ही हो, यह कोई वक्रोक्ति या अत्युक्ति नहीं है; स्वभावोक्ति है—एकदम सच्ची सपाट। जो मैंने और मेरे साथ तुमने भी ख़ूब अच्छी तरह भुगती है। तुम्हें 'गोबरगणेश' कहने वाले आख़िर थे कौन? मैंने तो नहीं दिया था तुम्हें वह ख़िताब। मैंने तो अपने जाने तुम्हें 'ऐंटी हीरो' यानी असली हीरो बनाना चाहा था : वह भी कैसा? साक्षात् सिद्धिविनायक, देवताओं का आशुलिपिक। नहीं?

तो...प्यारे विनायक! अब तो तुम समझ ही गए होगे कि तुम इस दुनिया में क्यों आए, कैसे आए? तुम्हें किसने रचा और क्यों रचा? बेशक, तुम्हें मैंने रचा, तो कोई अहसान नहीं किया तुम पर। जैसे कि, इस जातक को, अर्थात् तुम्हारे स्रष्टा को भी विधाता ने इस मर्त्यलोक में ला पटका तो कोई अहसान नहीं किया उस पर। यह तो उसकी अपनी गरज़, अपनी मजबूरी थी—मुझे जन्म देना—यानी अपने ही एक अंश को इस धराधाम पर चलते-फिरते, रोते-हँसते देखना! आख़िर वह अगर 'नारायण' कहलाता है तो मैं भी तो 'नर' हूँ। वह अगर परम-आत्मा है, तो मैं भी तो जीव-आत्मा हूँ। अब, वह तो ख़ुद अपनी सृष्टि में कूदकर हस्तक्षेप करने से रहा। करता भी होगा, तो लाखों बरसों में भूले-भटके एकाध बार, जब उसे लगता होगा कि सत्यानाश की नौबत आ पहुँची है। और इस चक्कर में इतनी बार मिट्टी पलीद हो चुकी है उसकी यहाँ आकर, कि अब...लगता है उसने भी तौबा कर ली है। मगर ज़रा देखो, यह बात भी हमें किसने बताई? किसने दर्ज किया है उसके अंशावतारों या पूर्णावतारों को? तुम्हीं बताओ, कौन सी योनि छूटी है उससे?...'आकर चारि लाख चौरासी/जाति जीव जल-थल नभवासी'...सभी तो 'ट्राई' कर चुका वह। वे सारे पुराण आख़िर कौन लिख के धर गया? कोई लेखक-छाप जीवात्मा ही ना!

यहाँ पर तुम ज़रूर मुझे टोकोगे और कहोगे कि वाल्मीकि, व्यास आदि नरपुंगव तो कभी-कभी—बल्कि कभी-कभी क्या, अकसर ही—ख़ुद अपनी रची कहानी में कूद पड़ते और घटना-क्रम को ही नहीं, चरित्रों की नियति को भी मनमाने ढंग से मोड़ने-मरोड़ने की कोशिश करते दिखाई पड़ते हैं। पक्षपात भी कभी-कभी झलक ही जाता है उनका, अपने ही रचे किसी चरित्र के प्रति। कभी-कभी तो अपने प्रिय पात्रों

को कोई गुर या मंत्र भी थमाते हुए रँगे हाथ पकड़े गए हैं वे। तो, तुम्हारे इस लेखक में ही कौन ऐसे सुर्ख़ाब के पर लगे हैं, जो वह सौ फ़ीसदी तटस्थ, निर्विकार और निष्पक्ष होने का दावा करेगा! आख़िर उसका भी तो कोई-न-कोई पक्ष होगा ही कि नहीं?

विनायक, होगा ऐसा, जब तुम भी ऐसा कह रहे हो तो। मगर...सच-सच बताऊँ तुम्हें, मैं भी कुछ नहीं जानता इस बारे में। तुम जिनके बारे में बात कर रहे हो, वे मेरे जैसे मामूली लेखक नहीं थे। तभी तो वे ऋषि-मुनि कहलाते हैं। और भी कई विशेषताएँ रही होंगी उनमें लिखने की महारत के अलावा भी। मैं कहाँ का ऋषि-मुनि! और यह मेरा समय ही कौन सतयुग या त्रेता या द्वापर है! तो भाई, मेरे सरीखे कलजुगी लेखकों की चरित्र-सृष्टि भी तो कलजुगी ही होगी। जैसे, कि मसलन, तुम ही हो। हो कि नहीं?

'अब तुम कहोगे'—यह जो वाक्य तुम्हें संबोधित करते हुए अभी-अभी मेरे मुँह से निकला, वह मैं वापस लेता हूँ। मैं तो भूल ही गया कि तुम कुछ नहीं कह सकते। उस दुनिया से बाहर तुम्हारा कोई अस्तित्व नहीं, जिसमें मैंने तुम्हें उतारा है। उसी, मेरी रची हुई दुनिया के भीतर ही तुम साँस लेते, चलते-फिरते, सोचते-महसूस करते हो। और...वैसे भी, यह आख़िरी अध्याय मेरा है, तुम्हारा नहीं। मैं इसमें अपनी अलग-थलग हैसियत से बोल रहा हूँ। इसलिए, कि अपनी रची हुई दुनिया से अलग और स्वतंत्र भी मेरा व्यक्तित्व और अस्तित्व है। तुम्हारा नहीं है। तुम भला कैसे मुझसे जवाब तलब करोगे विनायक?

अब, यही देख लो ना, कि तुम मेरे जिस उपन्यास के भीतर जन्मे, जिसमें तुम बतौर एक नायक इतने मज़े-मज़े में उभरे, वह तो आज से कोई तैंतीस बरस पहले ही लिखा जा चुका था। यानी पूरा हो चुका था और काफ़ी कुछ पढ़ा भी जा चुका था। तुम भी उसी के साथ पूरे हो चुके थे। मैंने कभी सोचा भी नहीं था एक क्षण के लिए भी—कि मुझे फिर से तुम्हारी खोज-ख़बर लेनी होगी। जिस मोड़ पर मैंने तुमसे विदा ली थी, उस मोड़ पर से आगे, तुम्हारा क्या हश्र हुआ, तुम अभी तक इस धरती पर साँस ले भी रहे हो कि नहीं—और अगर ले रहे हो, तो कैसे हो, क्या हो, आगे क्या मंसूबे हैं तुम्हारे इत्यादि-इत्यादि...। यह सब मुझे ही पता लगाना है, यानी तुम्हें एक बार फिर से रचना है—तुम्हारी जीवन-कथा का सूत्र जहाँ जिस जगह पर हाथ से छूटा था—वहीं से मुझे तुमको अपने साथ लेकर तुम्हारा बाक़ी सफ़र भी तय करवाना है।

बेशक, यह तुमने तो कहा नहीं मुझसे—कि मेरी आगे की कथा कहो। कहा भी होगा तो मैं नहीं सुन पाया। हो सकता है कहा हो तुमने कभी मेरी नींद में—कि...''अरे मेरे स्रष्टा! मुझे मेरे निहायत ही अधूरेपन में पटककर तुम ख़ुद कहाँ ग़ायब हो गए?

कभी तो ख़बर ली होती मेरी, कि मैं मरा हूँ कि ज़िंदा। माना, मैं तुम्हारा सपना ही था; मगर हर सपना अपने साथ कुछ ज़िम्मेदारी भी लेकर आता है, कि नहीं? क्या मेरे प्रति तुम्हारी कोई ज़िम्मेदारी नहीं? कैसे तुम इस तरह भुला दे सकते हो मुझे—जो कि तुम्हारा ही अंश है? और वह भी कैसा! क्या तुम इससे इनकार करोगे कि तुम्हारे विनायक की हैसियत ठीक वही नहीं है जैसी तुम्हारे द्वारा रचे गए और तमाम दूसरे चरित्रों की होगी। माना, वे सब भी तुम्हारे ही अंश होंगे किन्हीं मानों में,—परंतु, मेरा मामला थोड़ा स्पेशल है—है कि नहीं? आख़िर मैं तुम्हारी सबसे जेठी-पाठी संतान हूँ—तुम्हारी जवानी की औलाद; तुम्हारा हरिलाल। तुम मुझे इतनी आसानी से गुमनामी के हवाले नहीं कर सकते, मेरे स्रष्टा! करना चाहो, तो भी तो नहीं कर सकोगे।''

मगर...यह तुमने मुझसे कहा कि मैंने तुमसे कहा? अभी-अभी तो मैंने तुमसे कहा था कि मेरी रचना के बाहर तुम्हारा अस्तित्व ही नहीं। तो...फिर तुम कैसे यह सब बोलोगे?

मगर...बोले तो। मुँह खोले तो। कुछ तो घटा होगा तुम्हारे-मेरे बीच—उन दो अनजान पाठकों की चिट्ठियों के अलावा भी—जिन्होंने अकस्मात् मुझे इतने बरसों बाद तुम्हारी सुध दिलाई और मुझसे जवाब भी तलब किया कि क्या मुझे अपने पहलेपहल उपन्यास के हीरो विनायक उर्फ़ गोबरगणेश की उससे आगे की कहानी सुनने-सुनाने की कभी कोई प्रेरणा नहीं हुई?

कुछ तो घटा ही होगा तुम्हारे-मेरे बीच उन दो पाठकों की जवाबतलबी और चुनौती के फलस्वरूप, या उस निरे संजोग के अलावा!

जो भी हो, इसका मतलब तब यही न हुआ कि मैं तुमसे अभी तक मुक्त नहीं हो सका? कि, कुछ देना-पावना बचा हुआ था अभी भी तुम्हारा मेरी तरफ़—जिसे तुम्हें मुझसे वसूल करना ही था और कसके वसूल करना था। क्या यह कुछ वैसी ही बात नहीं है विनायक, जैसी कि हमारी कुछ पुरानी कुटेवों के साथ देखी जाती है। कि हम तो अपनी समझ से उनसे कभी का पिंड छुड़ा चुके थे; किंतु वे ही हमें नहीं भूलीं; कभी भी हम उनकी पकड़ में आ सकते हैं। कभी भी।

तो,...ठीक है—मैंने तुमसे कहा होगा—''तुम अगर मेरा पिंड नहीं छोड़ सकते तो मुझे भी जितनी दूर तक बन पड़ेगा, तुम्हारा साथ देना ही है।''

दूरबीन लगाकर देखा—तुम अच्छी-ख़ासी जगह पहुँच चुके हो। तुम्हारी ऊँच रुचि कुछ क्या, काफ़ी कुछ रंग ले आई है और अमृत भले अभी तुझसे बहुत दूर हो, छाँछ को तो कम-से-कम तुम काफ़ी पीछे छोड़ आए हो। मति भी ऐसी कोई 'नीच' नहीं है तुम्हारी, यह भी साबित कर ही चुके हो। अपनी आरंभिक युवावस्था में जैसी जो भी हाड़मारी भुगती होगी तुमने, वह अकारथ तो नहीं ही गई, ख़ासी पूछ और प्रतिष्ठा है तुम्हारी—निरक्षरता के समुद्र में तैरते इन मुट्ठी भर पढ़े-लिखों के बीच। सहधर्मिणी

इस क़दर तेजस्विनी पा गए हो, और बच्चे भी एक से बढ़कर एक। सेवा-निवृत्ति की सरहद पर हो, मगर अभी भी एक और लम्बी छलाँग लगाने की ठाने हुए हो। इस सबके बीच तुम्हें घर की याद सरीखी पिछड़ी और बासी-तूसी चीज़ क्यों एकाएक सताने लगी—यह तुम्हारे स्रष्टा की समझ से बाहर है। देखता हूँ तुम्हारे भीतर का वह कौतुकी-खिलन्दड़ा-बजरिया बीनू अभी भी ज़िंदा है। अभी भी अपनी हरकतों से बाज़ नहीं आ रहा। तुम्हीं जानो—तुम्हारी सयानी बुद्धिमत्ता के साथ—तुम्हारी प्रोफ़ेशनल प्रतिष्ठा के साथ-इस तरह की भावुक गतिविधियों का कैसे क्या मेल बैठता है।

उफ़! ऐसी भरी-पूरी और हर तरह से फलती-फूलती गृहस्थी के बीचोंबीच यह कैसा बवंडर बो दिया था तुमने! 'क्रतो स्मर'...विनायक...! कुछ तो सबक़ सीखो अपने इतिहास से।...'दि ओनली लैसन म्यन लर्न फ्रॉम हिस्ट्री इज़ दैट म्यन लर्न नथिंग फ्रॉम हिस्ट्री'✦...यह तुम बोले, कि मैं?...नहीं, विनायक, नहीं। इस तरह उद्धरणों से ख़ुद को मत बहलाओ, मत भरमाओ। माना, मनुष्य नब्बे फ़ीसदी अपनी नियति, यानी अपने संचित कर्मों के फल से ही निर्धारित और परिचालित होता है; मगर कम-से-कम दस प्रतिशत मार्जिन तो 'फ्री विल' कहो, या जो अभी भी अपने हाथ में 'कर्म' है—उसका भी छोड़ोगे कि नहीं? और...तुम वह मुक्तिदायी, मुक्ति-साधक कर्म करने के लिए कभी भी—अभी भी—सर्वथा स्वतंत्र और सक्षम हो विनायक! अपने कर्मों के बंधन से छुड़ाने वाला कर्म करने के लिए। बल्कि, क्या पता, तुम वही कर भी रहे होओ फ़िलवक़्त। पर मैं सच-सच कहूँ, तो—इस बारे में निश्चित और आश्वस्त हो पाना मेरे बस में नहीं है। मैं एक बार फिर से तुम्हें याद दिला दूँ विनायक, कि मनुष्य केवल प्रारब्ध का पुतला भर नहीं है। याद करो तुम्हारे जगन काका की डायरी का वह जुमला—"है, मुझमें कुछ है जो पूरी तरह क़ंडीशंड नहीं है, पूर्वनियत नहीं है। और उसी का पता लगाने के लिए यह मानव-जन्म मुझे मिला है।" यही न लिखा था अपनी डायरी में तुम्हारे जगन काका ने? तो...तुम्हीं बताओ विनायक! आख़िर क्या मतलब हुआ इसका? सोचो तो सही विनायक। नहीं! सोचो नहीं, करो। सोचना तुम्हारा बहुत पुराना ख़ब्त है; पर...सोचना बहुत हुआ। सच मानो, सोचने से कभी कुछ नहीं होता। क्योंकि सोचना भी अंततः एक मशीनी और कंडीशंड चीज़ ही है विनायक। इसलिए तुम सोचो नहीं, करो। ठोस कर्म करो। कविता जैसी चीज़ को भी कवि-कर्म कहा गया अपने यहाँ, तो यूँ ही नहीं कहा गया

✦ एकमात्र सबक, जो अपने इतिहास से लोग सीखते हैं, वह यही, कि आदमी अपने इतिहास से कभी भी कुछ नहीं सीखता।

होगा। चलो, वही सही।

अजीब भँवर में डाल दिया है तुमने मुझे विनायक। लगता है, यह जो नए सिरे से तुम्हारा योग-क्षेम वहन करने की ज़िम्मेदारी मैंने अपने सिर पर उठाली थी, अब आगे मुझसे निभेगी नहीं। तुम मेरे क़ाबू से बाहर होते जा रहे हो। मैं क्या करूँ तुम्हारा अब?

महाभारत का वह प्रसंग हठात् इसी क्षण क्यों मेरी स्मृति में उभर आया है? क्या सिर्फ़ इसलिए कि तुम्हारी तरह मैं भी कभी-कभी मिथक की दुनिया में दुबक रहना चाहता हूँ?

क्या था वह मंत्र, जिसे अर्जुन को सौंपने के लिए महाभारत के रचयिता कृष्ण द्वैपायन व्यास को ख़ुद अपनी रचना में दाख़िल होना पड़ा था? मन में आता है क्या यह रचना की निर्वैयक्तिकता की शर्तों का सरासर उल्लंघन करना नहीं है? क्यों किया उन्होंने ऐसा? यूँ और भी कई ऐसे मौक़े आए होंगे उस महाकाव्य में, मुझे ठीक याद नहीं। फ़िलहाल तो मुझे वही एक प्रसंग बुरी तरह हॉण्ट कर रहा है। पता नहीं क्यों!

कौन सा मंत्र था वह, जिसे अर्जुन को सौंपे बिना उन्हें कल ही नहीं पड़ रही थी? मानो, यह नहीं किया उन्होंने, तो कोई बड़ी भारी कसर रह जाएगी।

नहीं! मैंने अच्छी तरह पढ़ा है महाभारत। एक नहीं, तीन-तीन बार। मुझे याद है—यूँ कुछ भी फ़र्क़ नहीं पड़ना था महाभारत के घटना-क्रम को—यदि वे यह नहीं करते।

तो...फिर, क्यों घुसे व्यास ख़ामख़ाह अपनी रचना के भीतर अपने चरित्र से रूबरू मुख़ातिब होने? ऐसा क्या था उस मंत्र में, जिसे अपने चहेते चरित्र को सौंपे बग़ैर उन्हें कल ही नहीं पड़ रही थी?

मेरी स्मृति मेरा साथ नहीं दे रही। ओह! ओह! ओह!...अब याद आया। प्रतिस्मृति? हाँ, 'प्रतिस्मृति'।—यही तो नाम था उस मंत्र का, जो व्यास देने गए थे अर्जुन को। अर्जुन को ही ना? कि...युधिष्ठिर को?

हाँ, विनायक, हाँ। स्मृति नहीं, 'प्रतिस्मृति'! जानते हो यह क्या होती है?

किससे पूछ रहा हूँ मैं यह? विनायक से?—जो स्मृति की ही उपज है, स्मृति का ही आवाहन।...'रिमम्ब्रेंस ऑफ़ थिंग्ज़ पास्ट'...।

हाँ। लेकिन अब मात्र स्मृति भर से काम नहीं चलने का। स्मृति के आर-पार जाकर, उसे भी लाँघकर उस दूसरी 'स्मृति' को उपलब्ध करना होगा जो मोह नहीं उपजाती, जो मोह को नष्ट करती है, जो उलटे मनुष्य को, इस निजी स्मृति की जकड़बंदी से ही छुड़ाती है सचमुच, उसके सारे कर्मबंधन को, मशीनी कंडीशनिंग को तोड़ती है, उसे 'मैं हूँ' इस महावाक्य के मर्म में सीधे प्रवेश दिलाती है।

अर्थात् जो 'स्मृति' है, और फिर भी स्मृति नहीं है।

अर्थात्...जो 'प्रतिस्मृति' है।

'नष्टोमोहः स्मृतिर्लब्धा...त्वत्प्रसादान्मयाऽ च्युत!'...ऐसी स्मृति।

पर...विनायक; यह अब मेरी ज़िम्मेदारी है, तुम्हारी नहीं। तुम्हें मैं जहाँ तक देख सका, दिखा चुका; जहाँ तक तुम्हारा साथ दे सकता था, दे चुका। इससे आगे तुम्हारा साथ देना मेरे लिए संभव नहीं।

अब तुम अपनी राह चुनने के लिए स्वतंत्र हो, और मैं अपनी।

●●●